Wolf-Michael Kähler

dBASE IV – Programmieranleitung für die Arbeit mit einem relationalen Datenbanksystem

W0258907

Anwender-Software

SPSS/PC⁺-Datenanalyse mit dem PC
von Wolf-Michael Kähler

Textverarbeitung mit Microsoft Word 5.0 auf dem PC
von Ernst Tiemeyer

Multiplan 4.0 – Makroprogrammierung für kaufmännische Anwendungen
von Gerhard Sielhorst und Erika Sticht

Lotus 1–2–3 Version 3 – eine praxisgerechte, schrittweise Einführung
von Ekbert Hering und Hans-Peter Bürgler

dBASE IV - Programmieranleitung für die Arbeit mit einem relationalen Datenbanksystem
von Wolf-Michael Kähler

Lotus Symphony Schritt für Schritt
von Ekbert Hering und Hans-Peter Bürgler

Unternehmensanalyse mit Javelin
von Ekbert Hering

dBASE IV Programmierung für betriebswirtschaftliche Anwendungen
von R. A. Byers (Ein ASHTON-TATE/VIEWEG-Buch)

dBASE IV – Schritt für Schritt
von R. A. Byers und C. Prague (Ein ASHTON-TATE/VIEWEG-Buch

Vieweg

WOLF-MICHAEL KÄHLER

dBASE IV™

PROGRAMMIERANLEITUNG FÜR DIE ARBEIT MIT EINEM RELATIONALEN DATENBANKSYSTEM

2., überarbeitete und erweiterte Auflage

Friedr. Vieweg & Sohn Braunschweig/Wiesbaden

CIP-Titelaufnahme der Deutschen Bibliothek

Kähler, Wolf-Michael:
dBASE IV: Programmieranleitung für die Arbeit mit einem rationalen Datenbanksystem / Wolf-Michael Kähler. – 2., überarb. u. erw. Aufl. – Braunschweig; Wiesbaden: Vieweg, 1990
(Software-Trainer: Aufbaustufe)
Frühere Aufl. u. d. T.: Kähler, Wolf-Michael: dBASE III plus

ISBN 978-3-528-14679-5 ISBN 978-3-322-85481-0 (eBook)
DOI 10.1007/978-3-322-85481-0

1. Auflage 1988
2., überarbeitete und erweiterte Auflage 1990

Das in diesem Buch enthaltene Programm-Material ist mit keiner Verpflichtung oder Garantie irgendeiner Art verbunden. Der Autor und der Verlag übernehmen infolgedessen keine Verantwortung und werden keine daraus folgende oder sonstige Haftung übernehmen, die auf irgendeine Art aus der Benutzung dieses Programm-Materials oder Teilen davon entsteht.

Der Verlag Vieweg ist ein Unternehmen der Verlagsgruppe Bertelsmann International.

Alle Rechte vorbehalten
© Friedr. Vieweg & Sohn Verlagsgesellschaft mbH, Braunschweig 1990

Das Werk einschließlich aller seiner Teile ist urheberrechtlich geschützt. Jede Verwertung außerhalb der engen Grenzen des Urheberrechtsgesetzes ist ohne Zustimmung des Verlags unzulässig und strafbar. Das gilt insbesondere für Vervielfältigungen, Übersetzungen, Mikroverfilmungen und die Einspeicherung und Verarbeitung in elektronischen Systemen.

Umschlaggestaltung: Schrimpf und Partner, Wiesbaden

Vorwort

In der kommerziellen und administrativen Datenverarbeitung werden in zunehmendem Maße Datenbanksysteme bei der Verwaltung und Auswertung von Datenbeständen eingesetzt. Dabei werden bevorzugt relationale Datenbanksysteme verwendet, da bei diesen Systemen die Datenspeicherung unabhängig von der jeweils durchzuführenden Verarbeitung erfolgen kann.

Dieses Buch stellt den Leistungsumfang des relationalen Datenbanksystems dBASE IV (ein Produkt der Firma Ashton-Tate) vor, das auf Mikrocomputern zum Einsatz kommt. Als Vorbereitung für die Anwendung dieses Systems wird gezeigt, wie Datenbestände gegliedert sein müssen, damit die Daten in möglichst nur einfacher Ausfertigung - und nicht an mehreren Stellen identisch - abgespeichert werden können. Diese Gliederung des Bestands wird an Beispieldaten erläutert, auf die bei der nachfolgenden Beschreibung der dBASE-Befehle Bezug genommen wird.

Einleitend wird das Prinzip dargestellt, nach dem sich Daten aus dem Datenbestand zur Verarbeitung bereitstellen lassen. Es schließt sich die Darstellung der grundlegenden Befehle für den Aufbau, die Sicherung und den Zugriff auf eine Datenbank an. Danach wird gezeigt, wie sich Bestandsänderungen durchführen und Daten auf dem Bildschirm anzeigen oder einem Drucker ausgeben lassen.

Beim Einsatz von dBASE IV können Befehle nicht nur einzeln über die Tastatur eingegeben werden, sondern es lassen sich auch Befehle, die zuvor gespeichert worden sind, packetweise ausführen. Diese gespeicherten Befehle können wiederholt bzw. in Abhängigkeit von Bedingungen ausgeführt werden. Die diesbezüglich möglichen Kontrollstrukturen zur Ablaufsteuerung werden zunächst durch Struktogramme graphisch beschrieben, bevor die zugehörigen Befehle vorgestellt und deren Einsatz bei der Verarbeitung der Beispieldaten erläutert wird.

Besondere Berücksichtigung finden in diesem Buch die folgenden, gegenüber der Vorgängerversion dBASE III PLUS erfolgten Leistungserweiterungen:

- Möglichkeit zur Dialogführung mit Hilfe der Window-Technik und des Einsatzes von Bar-, Pop-up- und Pull-down-Menüs,
- Menüs für die dialog-gestütze Einrichtung von Views (Sichten) zur Datenauswahl,

- Möglichkeit zur Eingabe von SQL-Befehlen für die Bearbeitung von Datenbasen gemäß der standardisierten Datenbank-Abfragesprache SQL (Structured Query Language) und
- Absicherung von Änderungen der Datenbasis durch die Ausführung von Transaktionen.

Dieses Buch unterstützt sowohl das spontane Arbeiten mit dBASE IV als auch die Auseinandersetzung mit den theoretischen Grundkonzepten für einen erfolgreichen Einsatz eines relationalen Datenbanksystems auf einem Mikrocomputer. Die Darstellung ist so gehalten, daß keine Vorkenntnisse aus dem Bereich der Elektronischen Datenverarbeitung vorhanden sein müssen. Das Buch eignet sich zum Selbststudium und als Begleitlektüre für Kurse, die das Datenbanksystem dBASE IV zum Inhalt haben.

Zur Lernkontrolle sind Aufgaben gestellt, deren Lösungen im Anhang in einem gesonderten Lösungsteil angegeben sind.

Das diesem Buch zugrundeliegende Manuskript wurde in dBASE-Kursen eingesetzt, die am Rechenzentrum der Universität Bremen durchgeführt wurden.

Meiner Frau möchte ich für ihr Verständnis und dem Vieweg-Verlag für die gewohnt gute Zusammenarbeit danken.

Ritterhude, im September 1989 Wolf-Michael Kähler

Inhaltsverzeichnis

1 Traditionelle Datenverarbeitung und Datenbanksysteme

Traditionelle Datenverarbeitung

Gegenstand der kommerziellen und administrativen Datenverarbeitung ist die Speicherung, die Verwaltung und die Auswertung von Datenbeständen unter Einsatz von elektronischen Datenverarbeitungsanlagen. Zur Lösung der gestellten Aufgaben werden Programme zur Ausführung gebracht. Unter einem *Programm* wird eine in einer künstlichen Sprache - einer sogenannten Programmiersprache - abgefaßte Beschreibung verstanden, die angibt, wie Daten verarbeitet werden sollen. Programme unterscheiden sich unter anderem dadurch, wie sie Bestandsdaten speichern und wie sie auf diese Datenbestände zugreifen. Hierbei sind die Methoden der traditionellen Datenverarbeitung zu unterscheiden von den Prinzipien, nach denen sogenannte Datenbanksysteme eingesetzt werden. Wir erläutern diesen Unterschied beispielhaft an der Verarbeitung von Vertreterstammdaten (wie etwa Vertretername und Anschrift), Artikelstammdaten (wie z.B. Artikelname und Preis) und Umsatzdaten (wie etwa Datum und Anzahl). Bestandsänderungen und mögliche Auswertungen der Bestandsdaten lassen sich in der traditionellen Datenverarbeitung etwa wie folgt beschreiben:

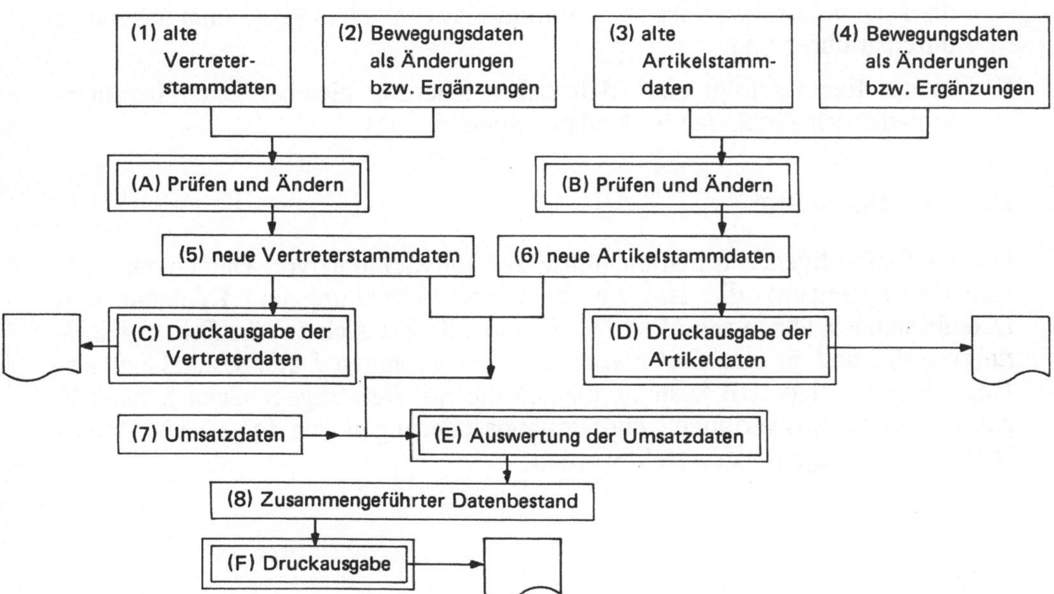

Hinweis:

Zur Unterscheidung von den Datenbeständen sind Programme in der Zeichnung durch eine doppelte Umrahmung markiert.

Die Programme (A), (B), (C), (D), (E) und (F) müssen sämtlich Kenntnis davon haben, wie die jeweils zu verarbeitenden Datenbestände strukturiert und abgespeichert sind. Dabei haben sich die Programme (A) und (B) an den Speicherformen von (1) und (2) bzw. von (3) und (4) zu orientieren. Innerhalb der Programme (A) und (B) werden die Speicherformen für die Ablage von (5) und (6) bestimmt, wonach wiederum die Programme (C), (D) und (E) ausgerichtet sein müssen. Durch (E) wird die Ablage von (8) vorgegeben, woran sich wiederum (F) orientieren muß. Auffällig ist, daß die Datenbestände (1), (5) und (8) bzw. (3), (6) und (8) in einigen Teilen übereinstimmen, so daß Daten redundant, d.h. doppelt oder sogar mehrfach, gespeichert sind.

Jedes Programm sollte die zu verarbeitenden Daten überprüfen, so daß in (A), (C) und (E) jeweils gleichartige Kontrollen eingebaut sein müssen. Sind nach der Ausführung von (A) und (E) zur Aktualisierung der Daten weitere Änderungen in (1) durch eine erneute Ausführung von (A) vorzunehmen, so ist der Bestand (8) solange nicht mehr im Einklang (konsistent) mit dem Bestand (5), bis er durch eine erneute Ausführung von (E) auf den aktuellen Stand gebracht worden ist.

Durch dieses Beispiel sind die wesentlichen Merkmale der *traditionellen Datenverarbeitung* hervorgehoben:

- zur Verarbeitung von Daten muß ein Programm genaue Kenntnis darüber haben, wie die Daten auf dem Datenträger physikalisch gespeichert sind,
- die Datenkontrolle (Konsistenzprüfung) ist von jedem Programm gesondert durchzuführen und
- in der Regel erfolgt eine Mehrfachspeicherung gleicher Daten in unterschiedlichen Beständen (redundante Speicherung).

Datenbanksysteme

Diese unbefriedigende Situation führte zur Entwicklung von Datenbanksystemen (DB-Systemen), die dem Anwender die Verwaltung und Kontrolle von Datenbeständen abnehmen. Ein *DB-System* gliedert sich in ein *Datenverwaltungssystem* und in eine *Datenbasis*, die den gesamten Datenbestand enthält. Unter Einsatz eines DB-Systems können die im oben angegebenen Schaubild beschriebenen Auswertungen und Bestandsänderungen wie folgt - als Datenbank-Anwendungen - dargestellt werden:

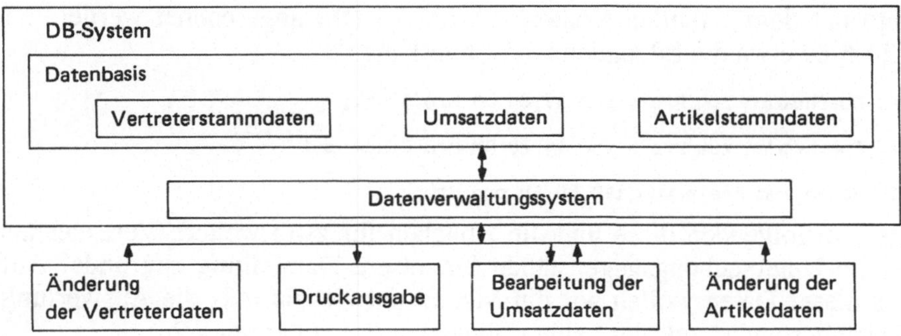

Jetzt bildet das Datenverwaltungssystem die Schnittstelle zum gesamten Datenbestand, so daß jede DB-Anwendung ihre Anforderungen an das Datenverwaltungssystem stellen muß. In dieser Situation werden nur die Kenntnisse über die logischen Beziehungen in demjenigen Teil der Datenbasis benötigt, der von einer Anwendung bearbeitet werden soll. Es ist nicht mehr erforderlich, daß die logische Struktur des Gesamtbestands und die Form, in der die Daten auf dem Datenträger physikalisch abgespeichert sind, bekannt sind.

Konzeption einer Datenbasis und Datenmodelle

Vor der Einrichtung einer Datenbasis unter Einsatz eines DB-Systems muß ein geeignetes *Datenmodell* entwickelt werden, das die Untersuchungsgegenstände (Objekte) und ihre Beziehungen zueinander im Rahmen des vorgegebenen Problemzusammenhangs geeignet widerspiegelt. Das Ergebnis der Modellbildung wird das *konzeptuelle Schema* genannt. Dieses Schema gibt einen Überblick über das Gesamtmodell auf der logischen Ebene, indem es die Daten, die zugehörigen Datenstrukturen und deren Verknüpfungen beschreibt.

Elemente einer Modellbildung - zur Entwicklung eines konzeptuellen Schemas - sind die *Objekte* der betrachteten Untersuchungsgesamtheit und die Beziehungen zwischen ihnen im vorgegebenen Problemzusammenhang. Diese Untersuchungsgegenstände werden durch *Eigenschaften* (Merkmale) beschrieben, die sie im Hinblick auf die vorgegebene Problemstellung charakterisieren.

Im folgenden führen wir eine Modellbildung an einem Beispiel durch. Dazu legen wir die Tagesumsätze von Vertretern einer Vertriebsgesellschaft als Untersuchungsgegenstände zugrunde. Ein Element dieser Untersuchungsgesamtheit ist etwa der Tagesumsatz des Vertreters Emil Meyer, wohnhaft im Wendeweg 10, 2800 Bremen. Dieser Vertreter erhält grundsätzlich 7% Provision, die über ein Konto mit dem aktuellen Kontostand 725,15 DM abgerechnet werden. Er hat am 24.6.89 etwa die folgenden Artikel verkauft:

- 40 Oberhemden zum Preis von 39,80 DM pro Stück,
- 70 Oberhemden zum Preis von 44,20 DM pro Stück und
- 35 Hosen zum Preis von 110,50 DM pro Stück.

Wir legen im folgenden diese und die Angaben für zwei weitere Vertreter als ausgewählte Untersuchungsgegenstände für unsere Darstellung zugrunde. Auf der Basis dieser Daten wollen wir ein Modell entwickeln, das die Auswertung dieses Datenbestands bzgl. der beiden folgenden Fragen ermöglicht:

- Welche einzelnen Umsätze wurden von jedem der Vertreter getätigt?
- Welche Vertreter haben einen bestimmten Umsatz gemacht?

Aufgrund der Aufgabenstellung erscheint es sinnvoll, den gesamten Datenbestand in zwei Teilbestände zu gliedern, nämlich in Vertreterstammdaten und Artikel-Umsatzdaten. Wir fassen die jeweils zusammengehörenden Daten in *Datensätzen* zusammen und legen für die von den drei Vertretern getätigten Umsätze die folgenden Verbindungen (Zugriffspfade, Satzzeiger) zwischen den Datensätzen fest:

Hinweis:

Die Anordnung der Datensätze haben wir bewußt unsortiert vorgenommen, da die Zugehörigkeiten durch die (durch Pfeile gekennzeichneten) Satzzeiger vollständig bestimmt sind.

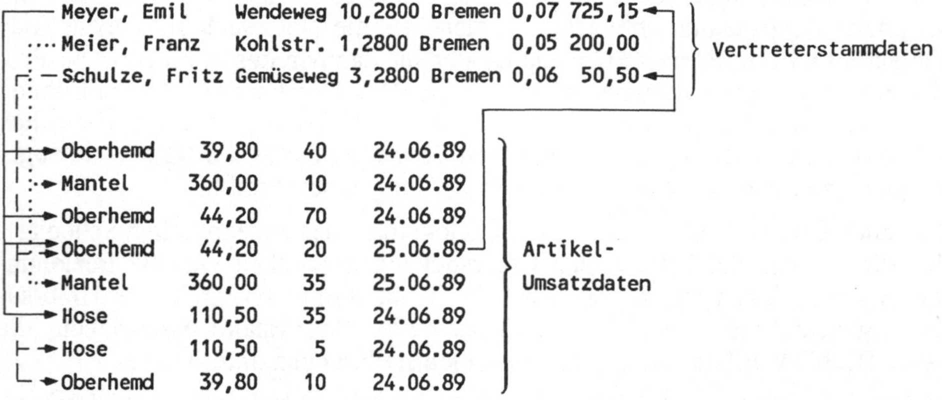

Dieser Darstellung ist z.B. zu entnehmen, daß je 20 Stück der Oberhemden zum Preis von 44,20 DM am 25.6.89 von den Vertretern Emil Meyer und Fritz Schulze umgesetzt wurden.

Die im linken Teil der Zeichnung angegebenen Zugriffspfade müssen eingerichtet werden, damit eine Auswertung bzgl. der 1. Frage durchführbar ist, d.h. es muß vom Vertreterdatensatz auf die zugehörigen Artikel-Umsatzdatensätze zugegriffen werden können.

Für eine mit der 2. Frage verbundene Auswertung muß jeder Artikel-Umsatzdatensatz auf die zugehörigen Vertretersätze verweisen - dazu haben wir als Beispiel zwei Zugriffspfade im rechten Teil der Zeichnung angegeben.

Diese Darstellung beschreibt eine *Netzwerksbeziehung*, da jeweils ein Artikel mit gleichem Preis und gleicher Stückzahl am gleichen Tag von mehreren Vertretern verkauft werden kann, und andererseits auch jeder Vertreter mehrere unterschiedliche Artikel umsetzen kann.

Als Beispiel für ein anderes Datenmodell leiten wir aus dieser Netzwerksbeziehung ein *hierarchisches Datenmodell* ab, bei dem jeder Datensatz aus dem Bestand der Artikel-Umsatzdaten auf höchstens einen Datensatz der Vertreterstammdaten verweist. Dazu formen wir das oben angegebene Datenmodell dadurch um, daß wir das Datum "Vertretername" zusätzlich in den Datenbestand der Artikel-Umsatzdaten übernehmen.

Hinweis:

Dieses Vorgehen dient nur zur Demonstration. In der Praxis würden geeignete Kennzahlen eingetragen werden.

In diesem Fall enthält jeder Satz der Artikel-Umsatzdaten einen Eintrag mehr, so daß gilt:

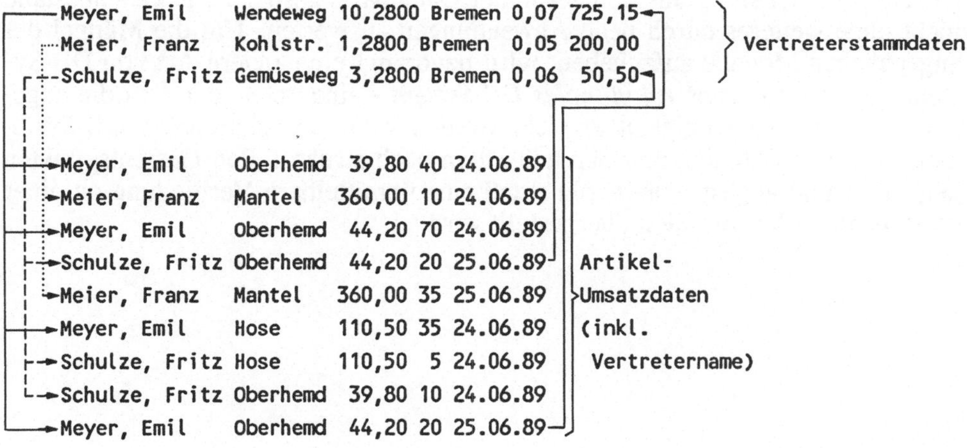

Der Vorteil dieses hierarchischen Modells gegenüber dem oben angegebenen Netzwerkmodell besteht darin, daß es einfacher strukturiert ist. Allerdings ist dies in unserer Situation mit dem Nachteil verbunden, daß sich der Speicheraufwand durch die zusätzliche Speicherung der Vertreternamen und die zusätzliche Aufnahme eines weiteren Datensatzes (an der letzten Position) erhöht hat.

Auffällig bei den beiden oben angegebenen Modellen ist die *redundante Speicherung*, d.h. die wiederholte Speicherung von identischen Bestandsdaten. Um eine redundanzfreiere Ablage beim hierarchischen Modell zu erhalten, könnten wir die Artikel-Umsatzdaten (inkl. Vertretername) etwa wie folgt aufgliedern:

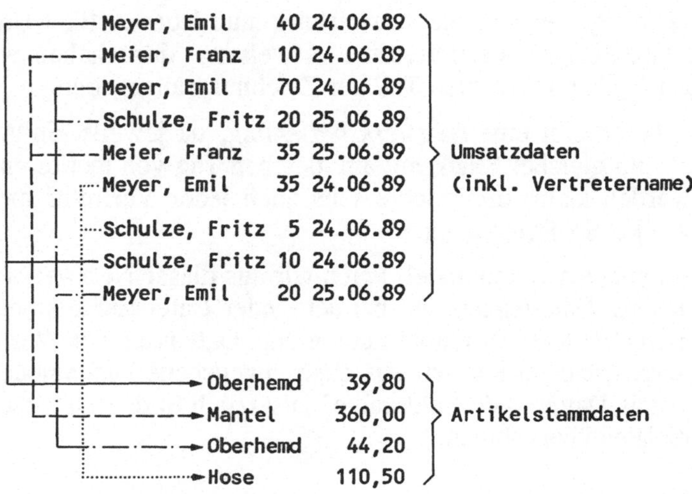

Sowohl in diesem hierarchischen Modell als auch beim oben angegebenen Netzwerkmodell besteht *keine Datenunabhängigkeit*, da die Zugriffspfade innerhalb des Datenbestands durch *starre Satzzeiger* festgelegt sind. Da diese Verbindungen der Datensätze auf ein oder mehrere bestimmte DB-Anwendungen ausgerichtet sind, läßt sich der in der Datenbasis gespeicherte Datenbestand nicht ohne weiteres durch neue Anwendungen auswerten. Um die Mängel der angegebenen Modelle aufzuheben, wird bevorzugt eine andere Art von DB-System - ein sogenanntes *relationales DB-System* - eingesetzt, bei dem die angestrebte Datenunabhängigkeit erreicht werden kann. In relationalen DB-Systemen wird der Datenbestand nämlich allein nach strukturellen Gesichtspunkten gegliedert und abgespeichert, ohne daß eine unmittelbare Verbindung zu einer bestimmten DB-Anwendung hergestellt wird.

2 Das relationale Datenbanksystem

2.1 Begriffe und Fallbeispiel

Tabellen

Bei einem *relationalen* DB-System werden alle Daten über die Untersuchungsgegenstände in *Tabellen* zusammengestellt. Durch eine derartige Tabelle sind sämtliche Beziehungen, die für die Untersuchungsobjekte bzgl. der ausgewählten Merkmale bestehen, in ihrer Gesamtheit beschrieben - man sagt, daß dadurch eine *Relation* gekennzeichnet wird.

Auf der Basis der oben angegebenen Beispieldaten bauen wir die folgende Tabelle auf:

VERTRETER-TAETIGKEIT(V_NR, V_NAME, V_ANSCH, ...V_PROV, V_KONTO, A_NR, A_NAME, A_PREIS, A_STUECK, DATUM)

V_NR	V_NAME	V_ANSCH	V_PROV	V_KONTO	A_NR	A_NAME	A_PREIS	A_STUECK	DATUM
8413	Meyer, Emil	Wendeweg 10, 2800 Bremen	0,07	725,15	12	Oberhemd	39,80	40	24.06.89
5016	Meier, Franz	Kohlstr. 1, 2800 Bremen	0,05	200,00	22	Mantel	360,00	10	24.06.89
8413	Meyer, Emil	Wendeweg 10, 2800 Bremen	0,07	725,15	11	Oberhemd	44,20	70	24.06.89
1215	Schulze, Fritz	Gemüseweg 3, 2800 Bremen	0,06	50,50	11	Oberhemd	44,20	20	25.06.89
5016	Meier, Franz	Kohlstr. 1, 2800 Bremen	0,05	200,00	22	Mantel	360,00	35	25.06.89
8413	Meyer, Emil	Wendeweg 10, 2800 Bremen	0,07	725,15	13	Hose	110,50	35	24.06.89
1215	Schulze, Fritz	Gemüseweg 3, 2800 Bremen	0,06	50,50	13	Hose	110,50	5	24.06.89
1215	Schulze, Fritz	Gemüseweg 3, 2800 Bremen	0,06	50,50	12	Oberhemd	39,80	10	24.06.89
8413	Meyer, Emil	Wendeweg 10, 2800 Bremen	0,07	725,15	11	Oberhemd	44,20	20	25.06.89

Als Bezeichnung für diese Tabelle (Relation) haben wir den Namen VERTRETER-TAETIGKEIT gewählt und im Tabellenkopf eingetragen. Jede *Tabellenzeile* (Tupel) enthält die Daten eines Untersuchungsobjekts. Jede *Tabellenspalte* nimmt die Werte (Attributswerte) einer Eigenschaft (Attribut) auf, die wir durch einen Namen im Spaltenkopf kennzeichnen.

In unserer Situation haben wir die Namen V_NAME (Vertretername), V_ANSCH (Anschrift), V_PROV (Provision), V_KONTO (Kontostand), A_NAME (Artikelname), A_PREIS (Artikelpreis), A_STUECK (Stückzahl) und DATUM (Datum des Umsatzes) gewählt. Neben diesen Merkmalen haben wir Vertreterkennzahlen (V_NR) und Artikelkennzahlen (A_NR) in den Datenbestand einbezogen. Da nämlich nicht ausgeschlossen werden kann, daß zwei Vertreter gleichen Namens im Unternehmen beschäftigt sind, muß jeder Vertreter über eine ihm zugeordnete Kennzahl eindeutig identifizierbar sein. Darüberhinaus sind in der Tabelle gleichnamige Artikel enthalten, die bislang nur durch ihre unterschiedlichen Preise unterscheidbar sind. Deshalb ist eine Kennzahl zur eindeutigen Identifizierung eines Artikels hilfreich. Die Wahl von derartigen numerischen Kennwerten ist beim Einsatz der elektronischen Datenverarbeitung besonders gut geeignet, da der Erfassungsaufwand gering ist und die Korrektheit der Dateneingabe über Prüfziffern gesichert werden kann.

Hinweis:

Dies sind Ziffern, die zusätzlich zu den numerischen Stellen einer Zahl eingegeben werden, damit der Wert nach der Erfassung formal auf fehlerhafte Ziffern abgeprüft werden kann.

Im Hinblick auf die Beschreibung der Eigenschaften der Untersuchungsobjekte ist die Reihenfolge der Zeilen und der Spalten völlig belanglos - wir können die Tabellenspalten willkürlich aneinanderreihen und die Tabellenzeilen in beliebiger Abfolge eintragen.

Zugriffsschlüssel

Sollen für eine Anwendung bestimmte Tabellenwerte bereitgestellt werden, so sind die Tabellenzeilen zu kennzeichnen, aus denen diese Werte ermittelt werden sollen. Dazu sind geeignete Spaltenkennungen als *Zugriffsschlüssel* festzulegen.

Soll der Zugriff z.B. über die Vertreterkennzahl (V_NR) erfolgen, so läßt sich etwa durch die Kennzahl 8413 auf die Werte in der 1., in der 3., in der 6. und in der 9. Tabellenzeile zugreifen. Dieser Zugriff ist nicht eindeutig, da mehr als eine Tabellenzeile identifiziert wird.

Die Spaltenkennungen "V_NR", "A_NR" und "DATUM" haben wir unterstrichen, um hervorzuheben, daß sich jede Tabellenzeile *eindeutig* durch die Kombination von Werten dieser Merkmale charakterisieren läßt. Somit bilden V_NR, A_NR und DATUM gemeinsam - wir schreiben dafür abkürzend "(V_NR,A_NR,DATUM)" - einen eindeutigen Zugriffsschlüssel, der *Identifikationsschlüssel* genannt wird.

Grundsätzlich muß bei einem relationalen DB-Modell für jede Tabelle ein Identifikationsschlüssel (Primärschlüssel) als eindeutiger Zugriffsschlüssel festgelegt sein, den wir stets durch Unterstreichung kenntlich machen. Dies bedeutet für die theoretische Erörterung, daß innerhalb einer Tabelle niemals zwei gleiche Identifikationsschlüssel und damit zwei gleiche Tabellenzeilen auftreten dürfen, da sonst die Eindeutigkeit des Zeilenzugriffs nicht gewährleistet ist.

Zergliederung von Tabellen

Für die nachfolgende Erörterung der Tabellen-Struktur wählen wir für die Tabelle VERTRETER-TAETIGKEIT eine Kurzschreibweise in der Form:

```
VERTRETER-TAETIGKEIT(V_NR,V_NAME,V_ANSCH,V_PROV,V_KONTO,
                     ----
                         A_NR,A_NAME,A_PREIS,A_STUECK,DATUM)
                         ----                         -----
```

Diese Tabelle ist sehr unübersichtlich, weil in ihr Eigenschaften zusammengefaßt sind, die nicht unmittelbar zueinander in Beziehung stehen wie etwa V_NAME und A_PREIS. Zudem gehören zu verschiedenen Werten von (A_NAME,A_PREIS,A_STUECK,DATUM) stets mehrere gleiche Werte von (V_NAME,V_ANSCH,V_PROV,V_KONTO) - siehe z.B. die Zeilen 1, 3, 6 und 9. Dies ist sehr speicheraufwendig und zeitintensiv, wenn etwa der Kontostand V_KONTO für einzelne Vertreter verändert werden muß. Damit der Datenbestand konsistent ist, muß eine derartige Änderung nämlich nicht nur innerhalb einer Tabellenzeile, sondern innerhalb aller Zeilen durchführt werden, in denen Angaben über den jeweiligen Vertreter enthalten sind.

Somit ist es sinnvoll, die Tabelle VERTRETER-TAETIGKEIT zu zergliedern, damit die Werte zusammengehörender Eigenschaften platzsparend - möglichst redundanzfrei - in jeweils einer eigenständigen Tabelle zusammengefaßt werden. Allerdings ist dabei zu beachten, daß die ursprüngliche Beziehung der Daten jederzeit wiederherstellbar ist.

Wir lassen uns bei der nachfolgenden Tabellen-Zergliederung von der Anschauung leiten und stellen im Anhang A.1 ergänzend einen theoretischen Ansatz dar, der zu einer redundanzfreien Tabellierung der Daten führt. Zunächst teilen wir die Tabelle VERTRETER-TAETIGKEIT in die Tabelle

```
VERTRETER (V_NR, V_NAME,         V_ANSCH,                V_PROV,V_KONTO)
           ----
           8413  Meyer, Emil     Wendeweg 10,2800 Bremen 0,07 725,15
           5016  Meier, Franz    Kohlstr. 1,2800 Bremen  0,05 200,00
           1215  Schulze, Fritz  Gemüseweg 3,2800 Bremen 0,06  50,50
```

und in die Tabelle

ARTIKEL-UMSATZ(V_NR, A_NR, A_NAME, A_PREIS, A_STUECK,DATUM)

V_NR	A_NR	A_NAME	A_PREIS	A_STUECK	DATUM
8413	12	Oberhemd	39,80	40	24.06.89
5016	22	Mantel	360,00	10	24.06.89
8413	11	Oberhemd	44,20	70	24.06.89
1215	11	Oberhemd	44,20	20	24.06.89
5016	22	Mantel	360,00	35	25.06.89
8413	13	Hose	110,50	35	24.06.89
1215	13	Hose	110,50	5	24.06.89
1215	12	Oberhemd	39,80	10	24.06.89
8413	11	Oberhemd	44,20	20	25.06.89

auf. Bei dieser Zergliederung gewinnen wir die Tabelle VERTRETER dadurch aus der Tabelle VERTRETER-TAETIGKEIT, daß wir nur die Spalten V_NR, V_NAME, V_ANSCH, V_PROV und V_KONTO aus der Ausgangstabelle in die neu eingerichtete Tabelle VERTRETER übernehmen. Wir sagen, daß wir eine *Projektion* von der Tabelle VERTRETER-TAETIGKEIT auf die Tabelle VERTRETER durchführen. Diese Projektion beschreiben wir durch das folgende Diagramm:

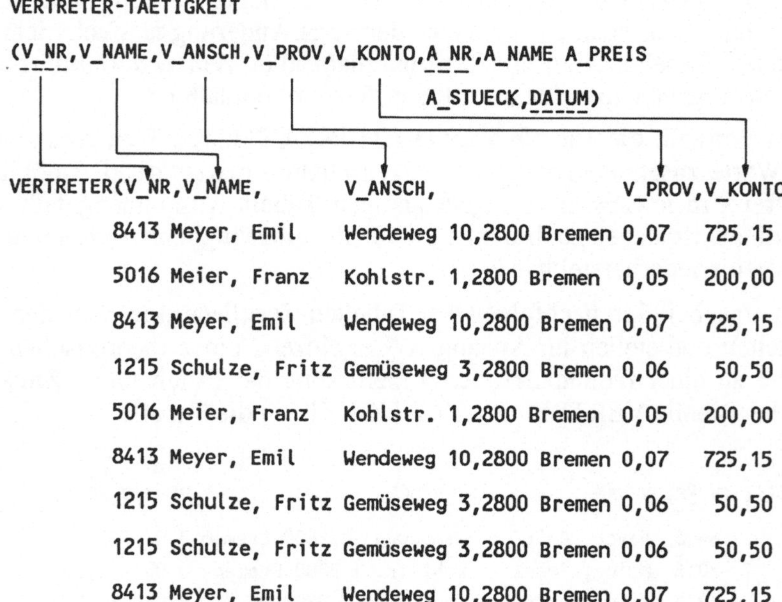

V_NR	V_NAME	V_ANSCH	V_PROV	V_KONTO
8413	Meyer, Emil	Wendeweg 10,2800 Bremen	0,07	725,15
5016	Meier, Franz	Kohlstr. 1,2800 Bremen	0,05	200,00
8413	Meyer, Emil	Wendeweg 10,2800 Bremen	0,07	725,15
1215	Schulze, Fritz	Gemüseweg 3,2800 Bremen	0,06	50,50
5016	Meier, Franz	Kohlstr. 1,2800 Bremen	0,05	200,00
8413	Meyer, Emil	Wendeweg 10,2800 Bremen	0,07	725,15
1215	Schulze, Fritz	Gemüseweg 3,2800 Bremen	0,06	50,50
1215	Schulze, Fritz	Gemüseweg 3,2800 Bremen	0,06	50,50
8413	Meyer, Emil	Wendeweg 10,2800 Bremen	0,07	725,15

Damit V_NR als Identifikationsschlüssel für die Tabelle VERTRETER erhalten bleibt, müssen wir mehrfach auftretende Tabellenzeilen bis auf jeweils eine Zeile wegstreichen.

In der resultierenden Tabelle VERTRETER sind die 1., die 3., die 6. und die 9. Tabellenzeile identisch, so daß wir die 3., die 6. und die 9. Zeile löschen müssen. Ferner stimmt die 2. mit der 5. Zeile und die 4., die 7. und die 8. Zeile überein, so daß sich nach der Löschung der redundanten Tabellenzeilen die oben angegebene Tabelle VERTRETER mit 3 Tabellenelementen ergibt.

Die Tabelle ARTIKEL-UMSATZ haben wir durch eine Projektion von VERTRETER-TAETIGKEIT eingerichtet, die wir in der folgenden Form vorgenommen haben:

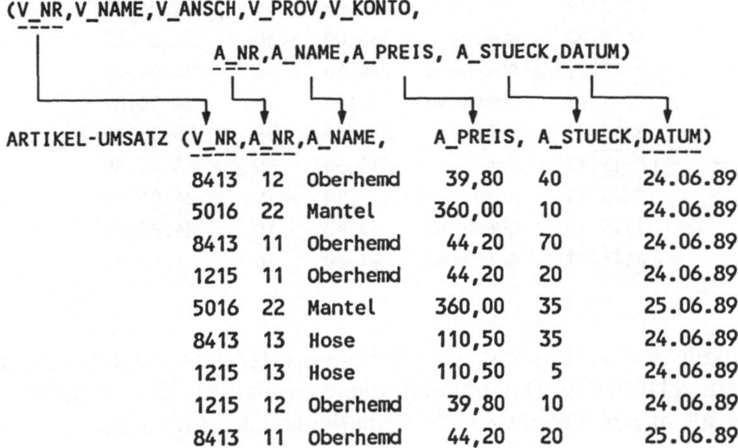

V_NR	A_NR	A_NAME	A_PREIS	A_STUECK	DATUM
8413	12	Oberhemd	39,80	40	24.06.89
5016	22	Mantel	360,00	10	24.06.89
8413	11	Oberhemd	44,20	70	24.06.89
1215	11	Oberhemd	44,20	20	24.06.89
5016	22	Mantel	360,00	35	25.06.89
8413	13	Hose	110,50	35	24.06.89
1215	13	Hose	110,50	5	24.06.89
1215	12	Oberhemd	39,80	10	24.06.89
8413	11	Oberhemd	44,20	20	25.06.89

Bei dieser Projektion brauchen keine Tabellenzeilen in der resultierenden Tabelle ARTIKEL-UMSATZ gelöscht zu werden, da sich die erhaltenen Tabellenzeilen paarweise unterscheiden. Somit ist durch die Kombination (V_NR, A_NR, DATUM) ein eindeutiger Zugriff auf die Zeilen von ARTIKEL-UMSATZ gewährleistet.

Der oben angegebenen Forderung, daß die ursprüngliche Beziehung der Daten jederzeit wiederherstellbar sein muß, werden wir dadurch gerecht, daß wir bei beiden Projektionen die Spalte V_NR in die neu eingerichteten Tabellen VERTRETER und ARTIKEL-UMSATZ übernommen haben.

Zur Durchführung des *Verbunds* von VERTRETER und ARTIKEL-UMSATZ über die Vertreterkennzahl V_NR lassen sich z.B. die 1., die 3., die 6. und die 9. Zeile von VERTRETER-TAETIGKEIT über den Wert 8413 von V_NR wieder aufbauen:

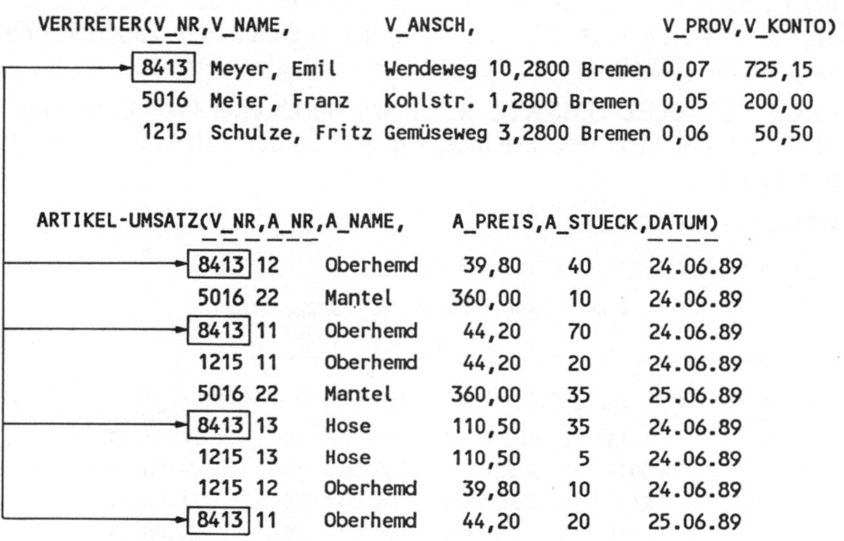

VERTRETER(V_NR,V_NAME, V_ANSCH, V_PROV,V_KONTO)

V_NR	V_NAME	V_ANSCH	V_PROV	V_KONTO
8413	Meyer, Emil	Wendeweg 10,2800 Bremen	0,07	725,15
5016	Meier, Franz	Kohlstr. 1,2800 Bremen	0,05	200,00
1215	Schulze, Fritz	Gemüseweg 3,2800 Bremen	0,06	50,50

ARTIKEL-UMSATZ(V_NR,A_NR,A_NAME, A_PREIS,A_STUECK,DATUM)

V_NR	A_NR	A_NAME	A_PREIS	A_STUECK	DATUM
8413	12	Oberhemd	39,80	40	24.06.89
5016	22	Mantel	360,00	10	24.06.89
8413	11	Oberhemd	44,20	70	24.06.89
1215	11	Oberhemd	44,20	20	24.06.89
5016	22	Mantel	360,00	35	25.06.89
8413	13	Hose	110,50	35	24.06.89
1215	13	Hose	110,50	5	24.06.89
1215	12	Oberhemd	39,80	10	24.06.89
8413	11	Oberhemd	44,20	20	25.06.89

Diese Möglichkeit der Verbindung von Tabellenzeilen aus verschiedenen Tabellen ist für ein relationales Datenmodell charakteristisch. Ein Schlüssel wird gegebenenfalls als neues Datum in die Tabellenzeilen aufgenommen, so daß zwei einander logisch zugeordnete Tabellenzeilen nicht - wie bei hierarchischen und netzwerkartigen DB-Systemen - über einen festen (internen) Satzzeiger verbunden werden, sondern durch einen Abgleich der Zeilen im Schlüssel-Attribut identifiziert werden können.

Während die Tabelle VERTRETER redundanzfrei ist, enthält die Tabelle ARTIKEL-UMSATZ viele redundante Daten in den Tabellenspalten A_NR, A_NAME und A_PREIS. Somit erscheinen die beiden folgenden Projektionen sinnvoll:

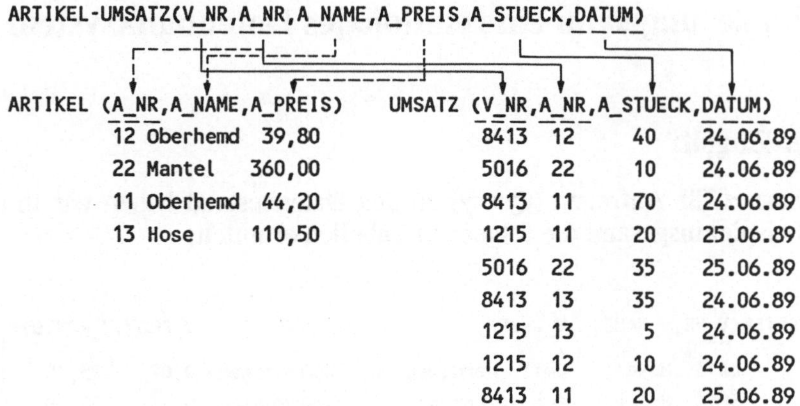

ARTIKEL-UMSATZ(V_NR,A_NR,A_NAME,A_PREIS,A_STUECK,DATUM)

ARTIKEL (A_NR,A_NAME,A_PREIS)

A_NR	A_NAME	A_PREIS
12	Oberhemd	39,80
22	Mantel	360,00
11	Oberhemd	44,20
13	Hose	110,50

UMSATZ (V_NR,A_NR,A_STUECK,DATUM)

V_NR	A_NR	A_STUECK	DATUM
8413	12	40	24.06.89
5016	22	10	24.06.89
8413	11	70	24.06.89
1215	11	20	25.06.89
5016	22	35	25.06.89
8413	13	35	24.06.89
1215	13	5	24.06.89
1215	12	10	24.06.89
8413	11	20	25.06.89

Dabei wird über die Spalte mit den Artikelnummern (A_NR) die Zuordnung der beiden Tabellen aufrecht erhalten, so daß ARTIKEL-UMSATZ über die Artikelnummer als Verbund der Tabellen ARTIKEL und UMSATZ rekonstruierbar ist.

Eine weitere Zerlegung der Tabellen ARTIKEL und UMSATZ erscheint nicht sinnvoll, so daß wir insgesamt die folgenden Tabellen als Bausteine der eingangs zugrundgelegten Tabelle VERTRETER-TAETIGKEIT ermittelt haben:

- VERTRETER(V_NR,V_NAME,V_ANSCH,V_PROV,V_KONTO)
- ARTIKEL(A_NR,A_NAME,A_PREIS)
- UMSATZ(V_NR,A_NR,A_STUECK,DATUM)

Dabei sind die Tabellen VERTRETER und UMSATZ durch die Werte von V_NR und die Tabellen ARTIKEL und UMSATZ durch A_NR miteinander verknüpft.

Wir verweisen an dieser Stelle auf den Anhang A.1, in dem ein theoretischer Ansatz zur Zergliederung von Tabellen beschrieben wird, der zur redundanzfreien Speicherung unserer Bestandsdaten in Form der Tabellen VERTRETER, ARTIKEL und UMSATZ führt.

2.2 Forderungen an ein relationales Datenbanksystem

Gezielter Zugriff

Als Datenbasis für Anfragen (Query) an den Datenbestand haben wir in unserem Fallbeispiel insgesamt die folgenden Tabellen ermittelt:

```
VERTRETER(V_NR,V_NAME,  V_ANSCH,                          V_PROV,V_KONTO)<-┐
          ----                                                             │
          8413  Meyer,   Emil  Wendeweg 10, 2800 Bremen   0,07   725,15    │
          5016  Meier,   Franz  Kohlstr. 1, 2800 Bremen   0,05   200,00    │
          1215  Schulze, Fritz Gemüseweg 3, 2800 Bremen   0,06    50,50    │
                                                                      V_NR ┐
ARTIKEL(A_NR,A_NAME,A_PREIS) <---------------------------------------- A_NR ├┐
        ----                                                         DATUM ┘│
         12   Oberhemd  39,80                                               │
         22   Mantel   360,00                                               │
         11   Oberhemd  44,20                                               │
         13   Hose     110,50                                               │
                                                                            │
UMSATZ(V_NR,A_NR,A_STUECK,DATUM) <------------------------------------------┘
       ---- ----          -----
       8413  12       40  24.06.89
       5016  22       10  24.06.89
       8413  11       70  24.06.89
       1215  11       20  25.06.89
       5016  22       35  25.06.89
       8413  13       35  24.06.89
       1215  13        5  24.06.89
       1215  12       10  24.06.89
       8413  11       20  25.06.89
```

Durch die angegebenen Pfeile deuten wir an, daß auf die einzelnen Zeilen der jeweiligen Tabellen entweder über die Identifikationsschlüssel V_NR oder A_NR bzw. über die Kombination (V_NR,A_NR,DATUM) eindeutig zugegriffen werden kann.

Z.B. ermitteln wir durch die Vorgabe des Werts 5016 für V_NR die 2. Tabellenzeile innerhalb der Tabelle VERTRETER und somit etwa die zu 5016 korrespondierenden Werte 0,05 für V_PROV und 200,00 für V_KONTO. Betrachten wir die Wertekombination, bestehend aus der Vertreterkennzahl 5016, der Artikelkennzahl 22 und dem Datumswert "24.06.89", so korrespondiert zu dieser Kombination innerhalb UMSATZ die 2. Tabellenzeile mit dem Wert 10 für A_STUECK.

Neben dem Zugriff über den jeweiligen Identifikationsschlüssel sind weitere Zugriffsformen denkbar - etwa der Zugriff auf die Daten innerhalb der Tabelle UMSATZ über die Artikelnummer. In diesem Fall ist der Zugriffsschlüssel jedoch nicht mehr eindeutig. Geben wir nämlich z.B. den Wert 12 von A_NR vor, so ist dadurch die 1. und 8. Tabellenzeile von UMSATZ bestimmt - A_NR allein ist kein Identifikationsschlüssel von UMSATZ.

Welche Zugriffsschlüssel eingerichtet werden sollen, ist durch die jeweilige Anwendung zu bestimmen. Dabei ist zu berücksichtigen, daß nach einem Direktzugriff unter Umständen schon auf Sätze anderer Tabellen zugegriffen werden kann - auch wenn für diese Tabellen kein gesonderter Zugriffsschlüssel eingerichtet ist.

Haben wir - wie oben angegeben - über die Artikelkennzahl 12 auf den 1. bzw. den 8. Satz von UMSATZ zugegriffen, so lassen sich nämlich über die jeweils korrespondierenden Werte von V_NR zusätzlich (über 8413) die 1. und (über 1215) die 3. Tabellenzeile von VERTRETER identifizieren.

Selektion

Durch den gezielten Zugriff über Identifikationsschlüssel bzw. andere Zugriffsschlüssel lassen sich jeweils einzelne Zeilen aus einer Tabelle auswählen. Oftmals ist es wünschenswert, mehrere Tabellenzeilen, die für eine DB-Anwendung bereitgestellt werden sollen, nach einem Auswahlkriterium zu bestimmen. Somit müssen die einzelnen Tabellenzeilen während der Verarbeitung jeweils daraufhin geprüft werden, ob sie das angegebene Kriterium erfüllen oder nicht. Diese Filterung der Tabellenzeilen wird *Selektion* genannt.

Z.B. lassen sich aus der Tabelle UMSATZ alle Umsatzangaben des Vertreters mit der Kennzahl 8413 dadurch auswählen, daß alle diejenigen Tabellenzeilen von der Verarbeitung ausgeschlossen werden, deren Wert in der Spalte V_NR von 8413 verschieden ist.

Weitere Forderungen

Neben der Möglichkeit des gezielten Zugriffs und der Selektion von Daten werden die folgenden Leistungen von einem relationalen DB-System erwartet:

- es soll die Einrichtung von Tabellen und die Erfassung und Änderung von Daten unterstützen (Kreation und Modifikation),
- jeder Zugriff auf abgespeicherte Daten soll über die Werte von Daten ohne Kenntnis der Art der internen Datenspeicherung möglich sein,
- Projektionen müssen möglich sein, d.h. das Löschen von Tabellenspalten sowie von Tabellenzeilen mit identischen Inhalten muß durchgeführt werden können, und

- Verbunde müssen möglich sein, d.h. Tabellen müssen über miteinander korrespondierende Tabellenzeilen zu einer umfassenderen Tabelle zusammengefügt werden können.

dBASE IV erfüllt alle diese Kriterien, die an ein relationales DB-System gestellt werden.

In den folgenden Kapiteln beschreiben wir den Leistungsumfang von dBASE IV. Ist dabei die Ausführung von Befehlen am Beispiel zu erläutern, so wird dies an dem oben angegebenen Datenbestand geschehen. Damit der Leser seine erworbenen Kenntnisse überprüfen kann, sind Aufgaben (am Kapitelende) gestellt, deren Lösungen im Anhang in einem Lösungsteil angegeben sind. Die einzelnen Aufgabenstellungen orientieren sich an einem Auftragsdatenbestand, dessen Strukturierung im Hinblick auf redundanzfreie Speicherung und auf die für Anwendungen jeweils erforderlichen Zugriffsschlüssel im Anhang A.2 erläutert ist.

3 Einsatz des Datenbanksystems dBASE IV

3.1 Voraussetzungen

Mikrocomputer

Nachdem wir für unser Fallbeispiel der Vertreterumsätze die logische Struktur analysiert und die Grundkonzeption unserer Datenbasis in Form der drei Tabellen VERTRETER, UMSATZ und ARTIKEL als konzeptuelles Schema entwickelt haben, setzen wir das relationale DB-System dBASE IV ein, um unsere Daten zu speichern, abzufragen und zu verändern.

Voraussetzung dafür ist ein geeignet ausgerüsteter *Mikrocomputer* (Personalcomputer, PC), der sich - vereinfacht dargestellt - aus folgenden Bausteinen zusammmensetzt:

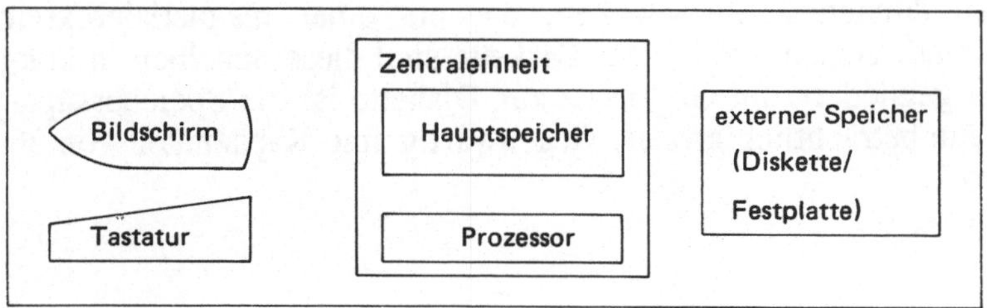

Ein Mikrocomputer ist ein selbständiges Datenverarbeitungssystem, das sich von einem Großrechnersystem nicht im Aufbau und in der Wirkungsweise, sondern nur im Hinblick auf die Speicherkapazität und die Verarbeitungsgeschwindigkeit unterscheidet. Die räumlichen Ausmaße des Mikrocomputers erlauben den unmittelbaren Einsatz am Arbeitsplatz. Der Kern des Systems ist die Zentraleinheit, die aus dem Hauptspeicher und dem Prozessor zur Ausführung von Befehlen eines im Hauptspeicher enthaltenen Programms besteht. Zur Eingabe von Daten ist eine Tastatur und zur Datenausgabe ein Bildschirm und evtl. ein Drucker an die Zentraleinheit angeschlossen.

Für den Einsatz von dBASE IV ist ein Mikrocomputer der Firma IBM (IBM-PC/XT oder IBM-PC/AT) bzw. ein dazu kompatibler Mikrocomputer mit mindestens 640 KB Hauptspeicher (1 KB (KiloByte) entspricht 1024 Bytes), einer

Festplatte ab 10 MB (MegaByte), d.h. 10*1024 KB, und einem Diskettenlaufwerk erforderlich.

Wir setzen für unsere Beschreibung voraus, daß ein Disketten- und ein Festplattenlaufwerk an die Zentraleinheit angeschlossen sind. Damit unterschieden werden kann, welches der beiden Laufwerke für den Zugriff ausgewählt werden soll, wird das Diskettenlaufwerk durch den Buchstaben "A" und die Festplatte durch den Buchstaben "C" gekennzeichnet.

Externe Speicher

Die *Diskette* ist ein Datenträger, bei dem die zu speichernden Daten auf einer magnetisch beschichteten Kunststoffscheibe aufgezeichnet werden. Zum Schutz gegen Verschmutzung und mechanische Beschädigung befindet sich die Platte in einer quadratischen Plastikhülle, in der sie auch während der Benutzung im Diskettenlaufwerk verbleibt. Die Daten werden auf konzentrischen Spuren (tracks) aufgezeichnet. Die Speicherkapazität beträgt - je nach Aufzeichnungsdichte - bei 5 1/4-Zoll-Disketten 360 KB bzw. 1,2 MB und bei 3 1/2-Zoll-Disketten 720 KB (einseitig formatiert) bzw. 1,44 MB (zweiseitig formatiert).

Eine *Festplatte* besteht aus mehreren übereinandergelagerten, auf einer Achse zusammengefaßten dünnen Plattenscheiben, die mit einer magnetisierbaren Schicht versehen sind. Genau wie bei der Diskette sind diese Scheiben in konzentrische Spuren gegliedert. Im Gegensatz zur Diskette ist die Speicherkapazität einer Festplatte beträchtlich größer. Gegenwärtig sind Kapazitäten von 20 bis 130 MB üblich.

Tastatur

Über die Tastatur lassen sich Daten an das jeweils in der Zentraleinheit ablaufende Programm übermitteln. Für den Mikrocomputer IBM-PC ist die (deutsche) Tastatur wie folgt gegliedert:

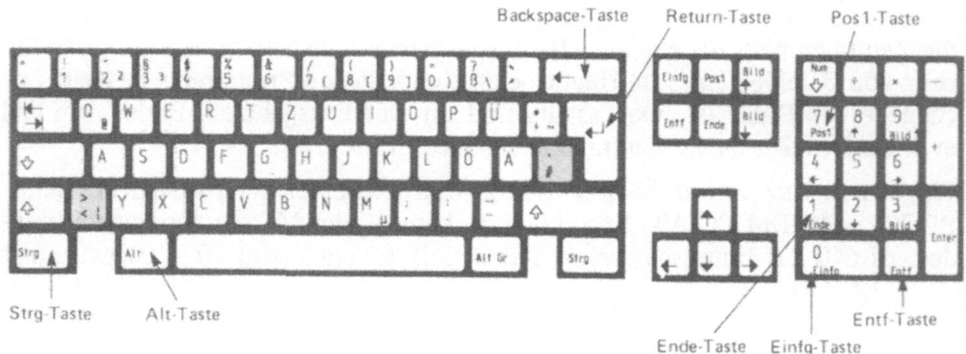

Neben den von der Schreibmaschinentastatur her bekannten Zeichentasten enthält die Tastatur eines Mikrocomputers mehrere Spezialtasten (zum Auslösen spezieller Aktionen) und Tasten zur Positionierung des *Cursors*. Dies ist eine Schreibmarke auf dem Bildschirm, welche die aktuelle Bildschirmposition anzeigt und durch die Tasten Cursor-Links (←), Cursor-Rechts (→), Cursor-Hoch (↑), Cursor-Tief (↓) und die Pos1-Taste bewegt werden kann. Weitere wichtige Spezialtasten sind etwa die Return-Taste, die Backspace-Taste, die Entf-Taste, die Einfg-Taste, die Strg-Taste, die Ende-Taste, die Esc-Taste und die Funktionstasten, mit denen spezielle Anforderungen an dBASE IV eingegeben werden können.

Durch Betätigung der *Return-Taste* - im Text gekennzeichnet durch "<ret>" - wird eine unmittelbar vorausgehende Dateneingabe abgeschlossen, so daß die zuvor über die Tastatur eingegebenen Zeichen dem ablaufenden Programm übermittelt werden.

Durch die *Backspace-Taste* wird das zuletzt eingegebene (fehlerhafte) Zeichen nicht übertragen. Das auf dem Bildschirm angezeigte Zeichen wird gelöscht, und die aktuelle Cursorposition wird um eine Stelle nach links (an die Position des gelöschten Zeichens) zurückgesetzt.

Mit der *Entf-Taste* wird das Zeichen an der aktuellen Cursorposition gelöscht und der Rest der Zeile eine Position nach links verschoben.

Die *Einfg-Taste* ermöglicht die Einfügung von Zeichen an der aktuellen Cursorposition (durch erneuten Druck auf diese Taste wird der Einfügemodus beendet). Der Rest der Zeile wird um die Anzahl der eingefügten Zeichen nach rechts verschoben.

Die *Strg-Taste* wirkt nur in Verbindung mit einer anderen Taste. Dabei ist sie stets als erste zu drücken, anschließend gedrückt zu halten und erst nach Betätigung der gewünschten weiteren Taste wieder loszulassen. So bedeutet z.B. "Strg+Ende", daß die Ende-Taste bei gleichzeitig gedrückter Strg-Taste zu betätigen ist.

Betriebssystem

Für den Einsatz des Programmsystems dBASE IV - im folgenden kurz *dBASE-System* genannt - wird als Betriebssystem MS-DOS (bzw. PC-DOS) in der Version 2.1 oder einer höheren Versionsnummer vorausgesetzt. Dabei wird unter einem *Betriebssystem* eine Menge von Programmen verstanden, die den Mikrocomputer zur Ausführung bestimmter Grundfunktionen - wie etwa zur Steuerung des sinnvollen Zusammenwirkens von Prozessor, Hauptspeicher, Bildschirm, Tastatur und Hintergrundspeicher - befähigt und damit überhaupt erst für den Anwender benutzbar macht. Ein Steuerprogramm des Betriebssystems nimmt Anforderungen des Anwenders, die als Kommandos formuliert sein müssen, entgegen und bringt die dadurch angeforderten Programme zur Ausführung. Für das folgende setzen wir voraus, daß das Betriebssystem zusammen mit dem dBASE-System auf der Festplatte installiert ist.

Der Mikrocomputer wird durch Betätigung des Netzschalters in Betrieb gesetzt. Nach dem Aufbau der Verbindungen aller Rechnerkomponenten meldet das System seine Bereitschaft zur Entgegennahme eines Kommandos durch das Anzeigen der *Systemanfrage* (Systemprompt)

```
C>
```

auf dem Bildschirm.

Für die Ablage des einzurichtenden Datenbestands sehen wir eine *Daten-Diskette* im Laufwerk A vor, die wir nach dem Start des Betriebssystems und der Bildschirmausgabe "C>" in das Diskettenlaufwerk einlegen. In unserer Situation, in der wir den Leistungsumfang des dBASE-Systems kennenlernen wollen, reicht der Speicherbereich einer Daten-Diskette für die Ablage unseres Datenbestands aus. Für Anwendungen in der Praxis ist es in der Regel jedoch unumgänglich, die Daten auf der Festplatte abzuspeichern. Dies hat den Vorteil, daß auch größere Bestände geführt werden können und daß auf die Daten schneller zugegriffen werden kann.

Formatieren einer Diskette

Bevor wir eine neue Daten-Diskette zum ersten Mal als Datenträger benutzen können, muß sie durch eine Formatierung für die Datenaufnahme vorbereitet werden. Die *Formatierung*, bei der das Aufzeichnungsformat für die Datenablage festgelegt wird, lassen wir durch ein Formatierungsprogramm vornehmen, das wir durch die Eingabe von

```
C>FORMAT A:<ret>
```

zur Ausführung bringen.

Hinweis:

Der Prompt "C>" fordert zur Eingabe auf. Er wird nicht mit eingegeben.

Durch die Betätigung der Return-Taste, im Text gekennzeichnet durch "<ret>", übermitteln wir diese Eingabe dem Betriebssystem, das daraufhin das Formatierungsprogramm startet, das die folgende Meldung auf dem Bildschirm ausgibt:

```
Neue Diskette in Laufwerk A: einlegen
Wenn bereit, EINGABE betätigen
```

Nach dem Druck auf die Return-Taste werden Kenninformationen (für die Ansteuerung der Sektoren bei späteren Disketten-Zugriffen) auf die Diskette im Laufwerk A übertragen. Dabei erscheint der Text:

```
Formatieren läuft...
```

Nach der Ausgabe des Textes

```
Formatieren beendet
```

wird nachgefragt, ob noch eine weitere Diskette zu formatieren ist. Diese Anfrage wird durch Drücken der Taste mit dem Buchstaben "N" beantwortet, so daß damit die Formatierung der Daten-Diskette abgeschlossen ist. Das System geht in den Wartezustand (Prompt "C>") und ist bereit, weitere Kommandos entgegenzunehmen.

Datei und Dateiname

Auf einem externen Speicher werden Daten in Form von Dateien abgespeichert, die das Betriebssystem über Einträge in einem *Inhaltsverzeichnis* (directory) verwaltet. Unter einer *Datei* (file) wird dabei eine Sammlung von *Datensätzen* verstanden, die von einem Programm aufgebaut und bearbeitet werden kann. Bei der Einrichtung einer Datei wird der Dateiname zusammen mit den Informationen über die Lage der Datensätze auf dem Speicher in das jeweilige Inhaltsverzeichnis (in das Hauptverzeichnis bzw. in ein untergeordnetes Unterverzeichnis) eingetragen. Der *Dateiname* kann unter Berücksichtigung der Namenskonvention

```
<Grundname aus bis zu 8 Zeichen>.<Ergänzung aus bis zu 3 Zeichen>
```

frei gewählt werden, d.h. jeder Dateiname besteht aus einem *Grundnamen*, dem eine durch einen Punkt "." abgetrennte Ergänzung folgen darf. Im Grundnamen und in der *Ergänzung* sollten nur Buchstaben und Ziffern verwendet werden. Zur Kennzeichnung des Laufwerks, auf dem die Datei gespeichert oder zu speichern ist, muß dem Dateinamen eine *Laufwerkskennzeichnung* (mit nachfolgendem Doppelpunkt ":") in der Form "A:" oder "C:" vorangestellt werden.

Sofern das innerhalb der Systemanfrage angegebenen Laufwerk verwendet werden soll (in unserem Fall ist dies das Laufwerk C), kann auf die Angabe der Laufwerksbezeichnung verzichtet werden.

3.2 Grundprinzip

Tabellen-Datei

Beim Einsatz des dBASE-Systems wird eine Datenbasis dadurch eingerichtet, daß jede Tabelle des konzeptuellen Schemas in einer Datei - fortan *Tabellen-Datei* genannt - abgespeichert wird.

Hinweis:

Im dBASE-Handbuch wird von einer "Datenbankdatei" gesprochen. Dieser Begriff ist problematisch, sofern der Inhalt einer Datenbasis in mehreren Dateien gespeichert ist.

Jeder *Datensatz* einer Tabellen-Datei enthält die Werte einer Tabellenzeile. Er ist aus *Datenfeldern* aufgebaut, in denen die Werte der korrespondierenden Tabellenspalten enthalten sind.

Z.B. sind die Werte der Tabelle ARTIKEL somit in einer Tabellen-Datei abzuspeichern, die wie folgt strukturiert ist:

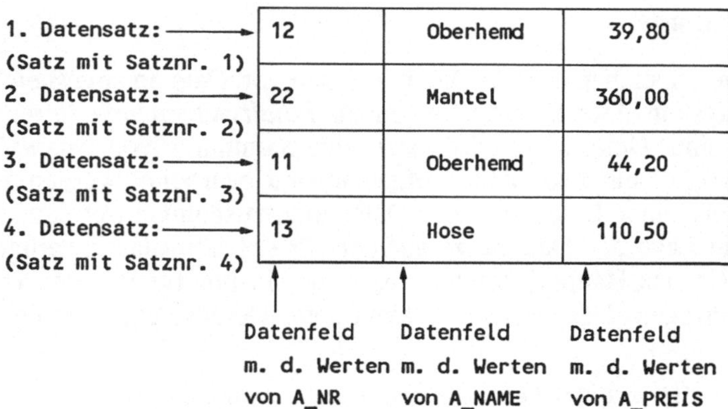

Zur Einrichtung dieser und anderer Tabellen-Dateien muß ein Dateiname festgelegt werden, unter dem das dBASE-System die Tabellen-Datei ansprechen kann.

Für unsere Datenbank mit den Tagesumsätzen der Vertreter werden wir als Namen für die Tabellen-Dateien die Dateinamen VRTRTR, ARTIKEL und UMSATZ wählen. Diesen Grundnamen wird vom dBASE-System automatisch die für eine Tabellen-Datei charakteristische Namensergänzung "*DBF*" ("DBF" ist das Kürzel für "Data Base File", d.h. Datenbasis-Datei) angefügt, so daß im Inhaltsverzeichnis des externen Speichers die Dateien VRTRTR.DBF, ARTIKEL.DBF und UMSATZ.DBF eingetragen werden.

Anstelle von VERTRETER haben wir den Grundnamen VRTRTR festgelegt. Wenn nämlich ein Tabellenname länger als 8 Zeichen ist - wie etwa VERTRETER -, müssen wir eine geeignete Abkürzung wählen, da der Grundname nur aus maximal 8 Zeichen bestehen darf. Wenn klar ist, daß es sich um den Namen einer Tabellen-Datei handelt, lassen wir gegebenenfalls die Namensergänzung "DBF" weg, so daß wir etwa VRTRTR anstelle von VRTRTR.DBF schreiben.

Arbeitsbereiche als Satzpuffer

Nach der Einrichtung unserer Tabellen-Dateien - wie wir diese Leistung vom dBASE-System abrufen, lernen wir im nächsten Kapitel kennen - stellt sich das Verarbeitungsschema wie folgt dar:

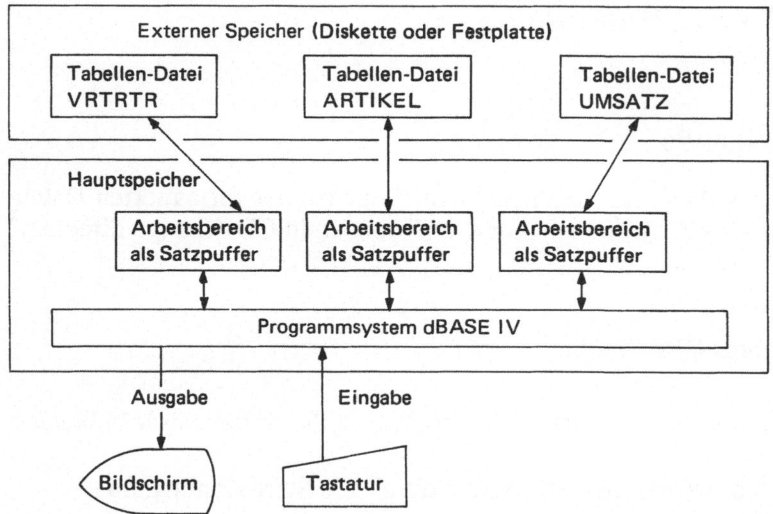

Für die Aufnahme eines Datensatzes in eine Tabellen-Datei bzw. für die Bereitstellung eines Datensatzes aus einer Tabellen-Datei zur weiteren Verarbeitung muß jeweils ein der Tabellen-Datei zugeordneter *Arbeitsbereich als Satzpuffer* im Hauptspeicher bereitgehalten werden. Ein derartiger Arbeitsspeicher wird vom dBASE-System automatisch eingerichtet, wenn die Tabellen-Datei zur Verarbeitung angemeldet wird.

Greifen wir etwa nach der Anmeldung von ARTIKEL auf den 2. Datensatz, d.h. den Satz mit der Satznummer 2, zu - wie wir dies anfordern, lernen wir im Kapitel 5 kennen -, so enthält der Arbeitsbereich nach der Datenübertragung vom magnetischen Datenträger die folgenden Datenfeldinhalte:

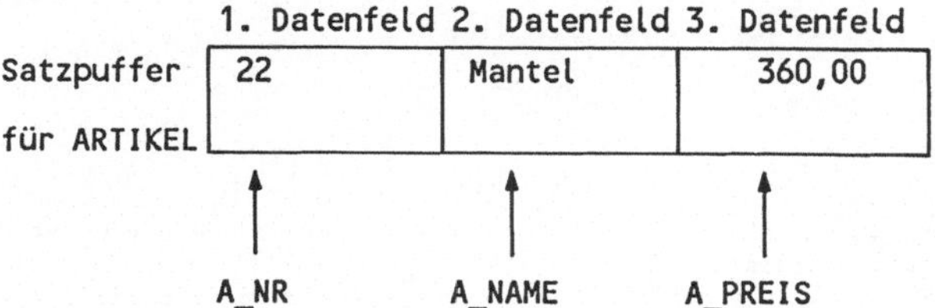

Für den gezielten Zugriff auf die Inhalte der einzelnen Datenfelder wollen wir die Namen der Tabellenspalten aus der zugrundegelegten Tabelle verwenden, so daß sich in dieser Situation etwa die Bildschirmausgabe der Werte 22 und 360,00 über die Ausgabeanforderung (siehe den DISPLAY-Befehl im Abschnitt 5.4)

```
DISPLAY A_NR, A_PREIS
```

abrufen lassen.

Bevor wir lernen, wie wir unsere Tabellen-Dateien mit den gewünschten Datenfeldnamen einrichten können, beschreiben wir zunächst, wie das dBASE-System gestartet wird.

3.3 Aufruf von dBASE IV

Das Start-Kommando

Nach dem Start des Betriebssystems und dem Einlegen der formatierten Daten-Diskette im Laufwerk A stellen wir mit dem Kommando CD (change directory) in der Form

```
C>CD DBASE<ret>
```

das Unterverzeichnis DBASE ein.

Hinweis:

Wir unterstellen, daß das dBASE-System auf der Festplatte im Unterverzeichnis DBASE installiert ist.

Anschließend rufen wir das dBASE-System durch das Start-Kommando

```
C>DBASE<ret>
```

auf. Es meldet sich das dBASE-System mit der Ausgabe der Lizenzbedingungen, die durch Druck der Return-Taste anzuerkennen sind. Daraufhin wird das "Regiezentrum"-Menü angezeigt, in dem die Leistungsanforderungen menüorientiert eingegeben werden können. Diese Form des Dialogs ist dann sinnvoll einsetzbar, wenn der Anwender bereits mit der Arbeitsweise eines relationalen DB-Systems vertraut ist. Da wir diese Kenntnis in diesem Buch nicht voraussetzen, verlassen wir das "Regiezentrum"-Menü durch die Esc-Taste. Daraufhin wird ein Bestätigungs-Menü in der Form

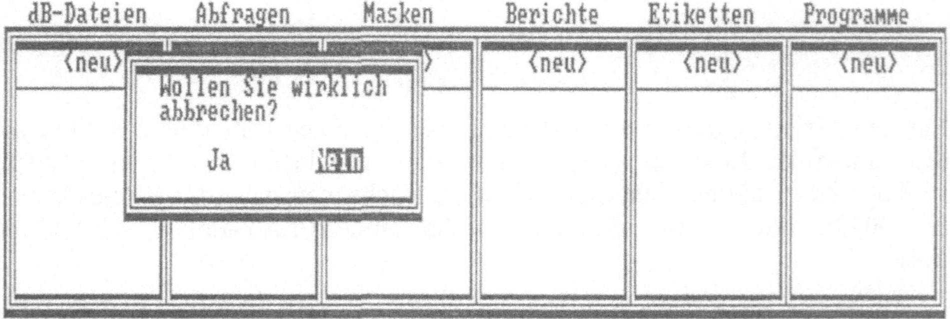

angezeigt, in das wir das Zeichen "J" eingeben. Anschließend befinden wir uns im *Befehls-Modus*, in dem wir einzelne Befehle an das dBASE-System dialogorientiert eingeben können. Dies wird durch die Eingabeanforderung (Prompt) - gekennzeichnet durch die Ausgabe von Punkt "." und nachfolgendem Leerzeichen - in der *Befehls-Zeile* (Zeile 21 auf dem Bildschirm) angezeigt.

Hinweis:

Es ist möglich, die Ausgabe des "Regiezentrum"-Menüs bei Dialogbeginn zu unterdrücken, so daß sogleich die Eingabeanforderung ". " angezeigt wird. Dazu ist die Zeile mit dem Inhalt "COMMAND=ASSIST" innerhalb der Datei CONFIG.DB (siehe Anhang A.3) zu löschen oder dafür zu sorgen, daß die Datei CONFIG.DB beim Aufruf des dBASE-Systems nicht zur Verfügung steht (dazu kann z.B. das Kommando "RENAME CONFIG.DB K_CONFIG.DB" eingesetzt werden, mit dem CONFIG.DB in K_CONFIG.DB umbenannt wird).

Beginn des Dialogs mit dem dBASE-System

Unterhalb der Befehls-Zeile mit dem Prompt ". " enthält der Bildschirm die *Status-Zeile* (Zeile 22), in der besondere Systemzustände angezeigt werden - etwa die Einstellung des Einfüge-Modus durch die Zeichenfolge "Ins" (nach vorausgehendem Druck der Einfg-Taste). Um diese Zeile zu löschen, geben wir den folgenden Befehl ein:

```
. SET STATUS OFF<ret>
```

Hinweis:

Die Zeichenfolge ". " fordert zur Eingabe auf. Sie wird nicht mit eingegeben. In der nachfolgenden Darstellung leiten wir jede Anforderung, die im Dialog gestellt wird, durch diesen Prompt ein.

Anschließend werden in bestimmten Situationen Meldungen in der ersten Bildschirmzeile eingetragen, und die Befehls-Zeile mit dem Prompt erscheint als letzte Bildschirmzeile. Soll zu einem späteren Zeitpunkt die Status-Zeile wieder in der Zeile 22 eingerichtet und die Befehls-Zeile wiederum in der Zeile 21 angezeigt werden, so ist dazu der Befehl

```
. SET STATUS ON<ret>
```

einzugeben.

Befehle

Grundsätzlich muß jede Leistung, die wir vom dBASE-System anfordern, durch die Eingabe eines Befehls abgerufen werden.

Ein *Befehl* ist durch seinen Befehlsnamen - wie z.B. SET - einzuleiten. Ihm dürfen - dies ist befehls-spezifisch - ein oder mehrere Klauseln folgen, die jeweils aus ein oder mehreren Sprachelementen aufgebaut sind (z.B. "STATUS OFF" im oben angegebenen SET-Befehl).

Alle Sprachelemente sind durch ein oder mehrere Leerzeichen voneinander abzugrenzen. In Sonderfällen dürfen zwei Sprachelemente auch durch ein Komma getrennt werden. *Schlüsselwörter* - wie etwa die Befehlsnamen oder auch Elemente von Klauseln wie z.B. "STATUS" - lassen sich durch ihre ersten 4 Zeichen abkürzen.

Bei der Darstellung der *Syntax* eines Befehls geben wir Schlüsselwörter stets in *Großbuchstaben* an. An der Position für vom Anwender frei wählbare Bezeichnungen tragen wir *Platzhalter* mit klein geschriebenen Namen ein.

So läßt sich z.B. die Syntax (noch unvollständig!) für den bereits oben verwendeten Befehl DISPLAY zur Bildschirmausgabe von Feldinhalten durch die folgende Angabe beschreiben:

```
DISPLAY feldname-1 [ , feldname-2 ]...
```

Dabei zeigen die beiden *Optionalklammern* "[" und "]" an, daß der Klammerinhalt angegeben werden darf oder auch fehlen kann. Die hinter der schließenden Klammer aufgeführten Punkte "..." legen fest, daß der Klammerinhalt geeignet oft wiederholt werden darf.

Bei der Eingabe von dBASE-Befehlen dürfen wir innerhalb der Schlüsselwörter und der Feldnamen auch *Kleinbuchstaben* verwenden, weil nicht zwischen Klein- und Großbuchstaben unterschieden wird.

Pro Befehl können jeweils bis zu 255 Zeichen über die Tastatur eingegeben werden (führende Leerzeichen zählen mit!). Ab der 78. Zeichenposition wird für jedes zusätzlich angegebene Zeichen das innerhalb der aktuellen Eingabezeile am weitesten links positionierte Zeichen ausgeblendet.

Bei langen Befehlen ist die Eingabe innerhalb der Befehls-Zeile sehr unübersichtlich. Deshalb empfiehlt es sich, in dieser Situation durch die *Tastenkombination* von *Strg*-Taste und der *Pos1*-Taste (kurz: "Strg+Pos1") ein *Befehls-Window* einzurichten, in das der Befehl in Form mehrerer Zeilen eingegeben werden kann (ein innerhalb eines Befehls-Windows aufgebauter Befehl darf sogar aus bis zu 1024 Zeichen bestehen). Der Wechsel auf die jeweils nächste Zeile erfolgt durch Druck der Return-Taste (es sind alle Editier-Operationen erlaubt, die durch den MODIFY COMMAND-Befehl bereitgestellt werden - siehe Anhang A.6). Zur Ausführung des Befehls ist die Tastenkombination "*Strg+Ende*" zu betätigen. Anschließend wird das Befehls-Window gelöscht, und nach der Ausführung des Befehls wird automatisch wieder in die Befehls-Zeile zur Eingabe des nächsten Befehls zurückgeschaltet.

Korrektur von Eingabefehlern

Betätigen wir bei der Befehls-Eingabe eine falsche Taste, so können wir diesen Fehler durch die Backspace-Taste unmittelbar korrigieren. Bemerken wir den Fehler erst zu einem späteren Zeitpunkt - jedoch noch vor dem Absenden des Befehls -, so positionieren wir mit der Taste Cursor-Links bzw. Cursor-Rechts auf die zu ändernde Textstelle und führen die Korrektur durch die Eingabe des richtigen Zeichens bzw. durch den zusätzlichen Einsatz der Einfg- oder Entf-Taste durch.

Wird ein an das dBASE-System abgesandter Befehl als falsch erkannt, so erscheinen im Anschluß an einen erläuternden Fehlertext die drei Optionen "Abbrechen", "Bearbeiten" (evtl. stattdessen "Weiter") und "Hilfe".

Hinweis:

Die Möglichkeit, über die Eingabe des Buchstabens "H" unmittelbar in das Help-System wechseln zu können, läßt sich durch den Befehl "SET HELP OFF" abschalten. Die Anwahl des Help-Systems kann ansonsten jederzeit durch den Druck der F1-Taste bzw. von der Befehls-Zeile aus durch den HELP-Befehl mit einleitendem Schlüsselwort HELP und nachfolgendem Schlüsselwort für den jeweiligen Befehl vorgenommen werden.

In diesem Fall können wir uns entweder Informationen über den betreffenden Befehl auf dem Bildschirm ausgeben lassen (Eingabe von "H"), oder wir können wieder - zur Editierung des fehlerhaften Befehls (durch Eingabe von"B" bzw. "W") - eingabeberechtigt werden. Bei Eingabe von "A" bzw. durch den Druck der Return-Taste wird der Cursor in der Befehls-Zeile zur Eingabe des nächsten Befehls angezeigt. Anschließend läßt sich der zuvor übermittelte Befehl in einer von uns als richtig erachteten Form erneut eingeben. Um diesen Vorgang der erneuten Zeicheneingabe abzukürzen, können wir durch den Druck auf die Taste *Cursor-Hoch* den zuletzt eingegebenen Befehl in die Befehls-Zeile *zurückholen* und ihn nach einer Korrektur erneut absenden.

Da die Befehle in einem eigenständigen *Befehlspuffer* abgespeichert werden, kann nicht nur der letzte, sondern auch ein davor eingegebener Befehl in die Befehls-Zeile übertragen werden.

Standardmäßig werden stets die letzten 20 Befehle zur erneuten Ausgabe in die Befehls-Zeile aufbewahrt. Soll diese Anzahl verändert werden, so ist die neue Anzahl über die Eingabe des *SET HISTORY ON*-Befehls in der Form

```
SET HISTORY ON anzahl
```

zu übermitteln.

Hinweis:

Es kann auch ein entsprechender Eintrag in der Datei CONFIG.DB vorgenommen werden (siehe Anhang A.3).

Mit Hilfe der Taste *Cursor-Tief* können wir auch wiederum auf nachfolgende Befehle "vorblättern", so daß wir Befehle in beliebiger Abfolge aus zuvor eingegebenen Befehlen zur erneuten Eingabe auswählen können.

Die Aufbereitung (Editierung) eines aus dem Befehlspuffer in die Befehls-Zeile übertragenen Befehls darf auch innerhalb eines *Befehls-Windows* geschehen, das nach Anzeige des zu editierenden Befehls durch "*Strg+Pos1*" eingerichtet und durch "*Strg+Ende*" bei gleichzeitiger Ausführung des aufbereiteten Befehls wieder ausgeblendet wird.

Zur Anzeige der im Befehlspuffer abgespeicherten Befehle läßt sich der *DISPLAY HISTORY*-Befehl in der Form

```
DISPLAY HISTORY [ LAST anzahl ]
                [ TO { PRINTER | FILE text-dateiname } ]
```

einsetzen. Es werden alle bzw. nur die hinter dem Schlüsselwort *LAST* angegebene Anzahl von Befehlen angezeigt. Durch die zusätzliche Angabe von "*TO PRINTER*" erfolgt zudem eine Ausgabe auf einen angeschlossenen Drucker. Wird stattdessen die Alternative "*TO FILE*" mit nachfolgendem Dateinamen eingegeben, so wird der Inhalt des Befehlspuffers zusätzlich in die aufgeführte Text-Datei übertragen.

Umstellung des Laufwerks

Da wir unsere Tabellen-Dateien auf der Daten-Diskette im Laufwerk A und nicht auf dem standardmäßig voreingestellten Laufwerk C speichern wollen, müssen wir in den dBASE-Befehlen einem Tabellen-Dateinamen die Laufwerksbezeichnung "A" - mit nachfolgendem Doppelpunkt ":" - voranstellen oder aber das Laufwerk von C auf A umstellen. Diese Änderung der Laufwerksbezeichnung wird möglich durch die Eingabe eines *SET DEFAULT TO*-Befehls in der Form:

```
SET DEFAULT TO laufwerksbezeichnung
```

Für unsere folgenden Beschreibungen setzen wir grundsätzlich voraus, daß wir nach dem Start des dBASE-Systems durch den Befehl

```
. SET DEFAULT TO A<ret>
```

(ohne den auf der Betriebssystemebene hinter "A" notwendigen Doppelpunkt) das Laufwerk von C auf A eingestellt haben.

Beenden des Programmlaufs

Wollen wir die Ausführung des dBASE-Systems beenden, so müssen wir den Befehl *QUIT* in der Form

```
. QUIT<ret>
```

eingeben. Daraufhin meldet sich wiederum das Betriebssystem mit seinem Prompt

```
C>
```

und erwartet unsere nächste Kommandoeingabe.

Eingabe von MS-DOS-Kommandos

Sollen MS-DOS-Kommandos während des Dialogs mit dem dBASE-System ausgeführt werden, so ist ihre Eingabe innerhalb eines *!-Befehls* durch das Ausrufungszeichen "!" einzuleiten:

```
! ms-dos-befehl
```

So können wir uns z.B. durch den Befehl

```
. !TYPE \DBASE\CONFIG.DB
```

den Inhalt der Konfigurations-Datei CONFIG.DB (siehe Anhang A.3) am Bildschirm anzeigen lassen.

In den folgenden Kapiteln demonstrieren wir das Arbeiten mit dem dBASE-System. Dabei stellen wir die jeweils erforderlichen Befehle vor, die wir zum Abruf unserer Wünsche an das System richten müssen. Wir werden die möglichen Anforderungen nicht summarisch beschreiben, sondern stets das funktionsorientierte Arbeiten mit unserer Beispiel-Datenbasis in den Vordergrund der Betrachtung stellen.

4 Einrichtung und Sicherung einer Tabellen-Datei

4.1 Einrichtung einer Tabellen-Datei (CREATE)

Das Create-Menü

Nachdem wir (im Abschnitt 2.1) für unsere Beispieldaten der Vertreterumsätze ein relationales Datenmodell konzipiert haben, stellen wir uns jetzt die Aufgabe, die zur Speicherung des Datenbestands erforderlichen Tabellen-Dateien auf unserer Daten-Diskette einzurichten.

Zum Aufbau einer Tabellen-Datei geben wir den *CREATE-Befehl* in der Form

```
CREATE tabellen-dateiname
```

an. Für den Platzhalter "tabellen-dateiname" ist ein Dateiname (mit oder ohne die Ergänzung "DBF") aufzuführen, dem eine Kennzeichnung für das Laufwerk (mit nachfolgendem Doppelpunkt ":") vorangestellt sein kann.

Für den fortgeschrittenen Anwender merken wir an, daß einem Dateinamen auch ein *Pfadname* zur Kennzeichnung eines Unterverzeichnisses vorangestellt sein darf. Diese Regelung gilt grundsätzlich für alle Befehle, in denen Dateinamen anzugeben sind.

Ohne eine Laufwerksangabe wird die Tabellen-Datei auf dem aktuellen Laufwerk - in unserem Fall auf dem Disketten-Laufwerk A - eingerichtet. Sollen Dateien auf der Festplatte angelegt werden, so empfiehlt es sich, die zu einer Datenbasis gehörenden Dateien in einem eigenständigen Unterverzeichnis abzuspeichern.

Hinweis:

Dazu ist nach dem Start des Betriebssystems z.B. das Kommando "SUBST E: C:\DBASE\DB" und anschließend im Dialog mit dem dBASE-System der Befehl "SET DEFAULT TO E" einzugeben. Dadurch werden die Tabellen-Dateien im Unterverzeichnis DB abgespeichert.

Zur Vereinbarung der *Datensatz-Struktur* wird das folgende *Create-Menü* auf dem Bildschirm ausgegeben:

Layout Verwaltung Hinzufügen Suchen Ende

Byte frei: 4000

Num	Feldname	Feldtyp	Länge	Dez	Index
1		Zeichen			N

In diesem Menü sind die Datenfelder der gewünschten Datensatz-Struktur zu beschreiben, wobei die Angaben für das erste Feld in der ersten (durch "1" gekennzeichneten) Zeile und die Angaben für die weiteren Felder darunter vorzunehmen sind.

Hinweis:

Wir verzichten an dieser Stelle auf die nähere Erläuterung der Menüspalte "Index" zur Bestimmung eines Direkt-Zugriffsschlüssels (siehe dazu die Angaben im Abschnitt 8.5).

Jeder *Feldname* darf aus max. 10 Zeichen bestehen. Er ist durch einen Buchstaben einzuleiten, dem weitere Buchstaben oder Ziffern oder das Unterstreichungszeichen "_" folgen können. Die Namen A, B, C, D, E, F, G, H, I, J und M dürfen nicht verwendet werden, da sie zur Kennzeichnung von Arbeitsbereichen und des Variablenbereichs reserviert sind (siehe unten).

Entsprechend dem Datenfeldinhalt müssen wir in die Menüspalte "Feldtyp" eines der folgenden Zeichen eintragen:

- das Zeichen "Z" für ein *alphanumerisches* Feld, d.h. der Feldinhalt wird als Text aufgefaßt (Voreinstellung),
- das Zeichen "N" für ein *numerisches* Feld, d.h. der Feldinhalt wird als Zahl interpretiert, oder
- das Zeichen "D" für ein *Datums-Feld*, d.h. der Feldinhalt ist ein Datumswert und folglich von der Form "tt.mm.jj" ("Tag.Monat.Jahr").

Die jeweils zugehörige Länge ist in der Menüspalte "Länge" einzutragen, wobei für "Z" ein Wert kleiner gleich 255 und für "N" ein Wert kleiner gleich 19 (inklusive Vorzeichen, Dezimalkomma und Nachkommastellen) anzugeben ist. Für "D" wird automatisch der Wert 8 eingetragen.

Für numerische Felder mit nichtganzzahligem Inhalt muß in der Menüspalte "Dez" bestimmt werden, wieviele Stellen hinter dem Dezimalkomma zu speichern sind. Soll die Trennung von ganzzahligem Anteil und den Nachkommastellen - wie im angelsächsischen Sprachraum üblich - durch den Dezimalpunkt vorgenommen werden, so ist der *SET POINT*-Befehl in der Form

```
SET POINT TO "."
```

zu Beginn des Dialogs mit dem dBASE-System einzugeben.

Hinweis:

Diese Angabe sollte zweckmäßigerweise in der Datei CONFIG.DB enthalten sein (siehe Anhang A.3).

Für die Felder unserer Tabellen-Dateien müssen wir somit verabreden:

- V_NR: numerisch ganzzahlig mit Länge 4,
- V_NAME, V_ANSCH: alphanumerisch mit Länge 30,
- V_PROV: numerisch mit Länge 4 (inkl. Dezimalpunkt), davon 2 Nachkommastellen,
- A_NR: numerisch ganzzahlig mit Länge 2,

- A_NAME: alphanumerisch mit Länge 20,
- V_KONTO, A_PREIS: numerisch mit Länge 7 (inkl. Dezimalpunkt), davon 2 Nachkommastellen, und
- A_STUECK: numerisch ganzzahlig mit Länge 3.

Neben den Standard-Feldtypen "Z", "N" und "D" gibt es für besondere Anwendungen die Möglichkeit, ein logisches Feld oder ein Memo-Feld zu verabreden.

Ein *logisches* Feld wird mit dem Feldtyp "L" gekennzeichnet, die Länge ist 1, und die möglichen Feldinhalte sind die Wahrheitswerte "T" für "true" (wahr) und "F" für "false" (falsch).

Zur platzsparenden Speicherung von Texten (Anmerkungen oder Dokumente), die ein oder mehreren Feldern innerhalb eines Datensatzes zugeordnet sind, lassen sich *Memo-Felder* innerhalb der Datensatz-Struktur vereinbaren. Ein Memo-Feld hat den Feldtyp "M", ist stets 10 Zeichen lang und verweist auf einen Eintrag in einer gesonderten *Memo-Datei*, deren Name aus dem im CREATE-Befehl angegebenen Grundnamen der Tabellen-Datei und der Namensergänzung "*DBT*" besteht. Jeder mit einem Datensatz korrespondierende Eintrag in dieser Memo-Datei darf aus maximal 64000 Zeichen bestehen.

Hinweis:

Für die Speicherung von (vornehmlich bei technisch-wissenschaftlichen Anwendungen auftretenden) sehr kleinen bzw. sehr großen Zahlen gibt es den Feldtyp "*F*", der die Ablage als *Gleitkommazahl* bestimmt. Die Anzahl der Ziffern (inklusive Dezimalpunkt und Vorzeichen) muß zwischen 1 und 20 liegen, und die Anzahl der Dezimalstellen darf den Wert 18 nicht überschreiten. Dadurch lassen sich Zahlen speichern, deren absolutmäßiger Wert im Bereich zwischen $0{,}1*10^{-307}$ bis $0{,}9*10^{308}$ liegt. Gleitkommazahlen können in halblogarithmischer Form angegeben werden wie z.B. der numerische Wert "$-3{,}9*10^{-17}$" in der Form "-3,9E-17".

Die Gesamtlänge eines Datensatzes innerhalb einer Tabellen-Datei darf 4000 Zeichen nicht überschreiten, und es dürfen maximal 256 Felder in einer Datensatz-Struktur verabredet werden. Insgesamt lassen sich maximal 2 Billionen Zeichen innerhalb von maximal 1 Billion Sätzen speichern, d.h. die Höchstwerte sind durch die Speicherkapazität des Mikrocomputers begrenzt.

Die Eingabe der Strukturangaben in das Create-Menü wird durch die folgenden Tasten unterstützt:

Return-Taste	: Sprung auf das nächste Bildschirm-Feld,
↑ (Cursor-Hoch)	: Sprung auf den Anfang der vorausgehenden Menü-Zeile,
↓ (Cursor-Tief)	: Sprung auf den Anfang der nachfolgenden Menü-Zeile,
←	: Cursor eine Position nach links (Cursor-Links),
→	: Cursor eine Position nach rechts (Cursor-Rechts),
"Strg+N"	: Zeile einfügen vor der Zeile, in welcher der Cursor plaziert ist,
"Strg+U"	: Zeile löschen, in welcher der Cursor steht,
Entf-Taste	: Löschen des Zeichens, das durch den Cursorge gekennzeichnet ist,

```
Einfg-Taste          : Einfügen eines Zeichens an der Position, an welcher der
                       Cursor steht, und
Backspace-Taste      : Löschen des zuletzt eingegebenen Zeichens.
```

Zum Aufbau der Tabellen-Datei für die Daten aus der Tabelle ARTIKEL geben wir den Befehl

```
. CREATE ARTIKEL
```

an, woraufhin die Tabellen-Datei ARTIKEL.DBF auf der Diskette eingerichtet wird, da das Laufwerk A von uns voreingestellt wurde. Die zugehörige Datensatz-Struktur ist durch die Spalten der Tabelle ARTIKEL bestimmt, so daß wir die folgenden Angaben machen:

Layout Verwaltung Hinzufügen Suchen Ende

Byte frei: 3971

Num	Feldname	Feldtyp	Länge	Dez	Index
1	A_NR	Numerisch	2	0	N
2	A_NAME	Zeichen	20		N
3	A_PREIS	Numerisch	7	2	N

Zur Kennzeichnung, daß die angezeigte Struktur als Datensatz-Struktur verabredet werden soll, müssen wir die Tastenkombination "*Strg+Ende*" und anschließend - zur Bestätigung, daß die angezeigte Struktur auch die von uns gewünschte Struktur ist - die *Return-Taste* betätigen.

Dateneingabe

Wollen wir noch während der Ausführung des CREATE-Befehls Datensätze dialog-gestützt in die vereinbarte Tabellen-Datei übertragen, so müssen wir die anschließend auf dem Bildschirm angezeigte Frage

```
"Möchten Sie jetzt Daten eingeben (J/N)"
```

mit "J" beantworten, woraufhin - in unserem Fall - das folgende Erfassungs-Menü am Bildschirm angezeigt wird:

Standardmäßig werden die Eingabefelder in diesem Menü (wie auch in anderen Menüs) invers angezeigt, so daß dunkle Zeichenkonturen auf erhelltem Untergrund ausgegeben werden. Aus Gründen der Darstellung setzen wir zu Dialogbeginn die Befehle

```
. SET DELIMITERS TO "<>"
. SET DELIMITERS ON
. SET INTENSITY OFF
```

ein, so daß die Kennzeichnung der Eingabefelder jeweils durch die Zeichen "<" und ">" erfolgt.

Hinweis:

Diese Angaben sollten zweckmäßigerweise in der Datei CONFIG.DB enthalten sein (siehe Anhang A.3).

Im oberen Bildschirmteil sind Menü-Optionen angezeigt, welche die Bearbeitung unterstützen (siehe die Erläuterung im Abschnitt 5.5). Darunter sind die Erfassungsfelder angezeigt, in welche die Daten für einen Datensatz einzutragen sind. Bei der Eingabe von nichtganzzahligen Werten ist das Dezimalkomma mit einzugeben.

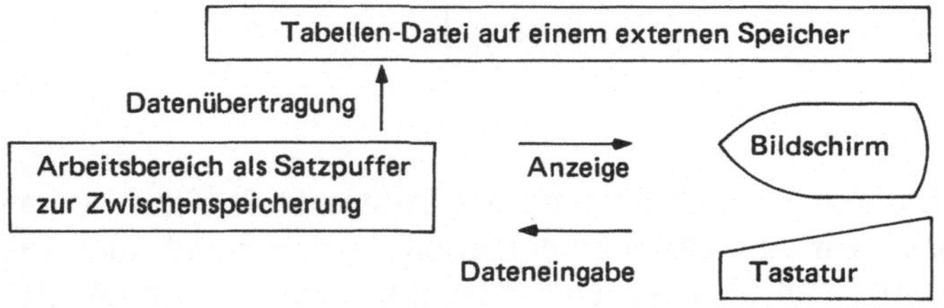

Zur Zwischenspeicherung der eingegebenen Werte ist der Tabellen-Datei im Hauptspeicher ein *Arbeitsbereich als Satzpuffer* zugeordnet - man sagt, daß die Tabellen-Datei im Arbeitsbereich *angemeldet* ist. In diesem Satzpuffer werden die über die Tastatur eingegebenen Daten zusammengestellt, von wo sie als *ein* Datensatz auf die Diskette übertragen werden. Der Satztransport wird immer dann vorgenommen, wenn der Puffer zur Zusammenstellung der Werte für den nächsten Datensatz benötigt wird. Ist der letzte Satz erfaßt worden, so ist anschließend das Ende der Erfassung durch den Druck auf die Tasten "*Strg+Ende*" (ersatzweise durch den Druck auf die Esc-Taste oder die Return-Taste bei der Ausgabe des nächsten leeren Erfassungs-Menüs) anzuzeigen.

Anschließend stehen die erfaßten Datensätze zur Verarbeitung bereit, da die Tabellen-Datei weiterhin im Arbeitsbereich angemeldet bleibt. Der Satzpuffer enthält den zuletzt erfaßten Datensatz. Dieser Satz wird erst dann in die Tabellen-Datei übertragen, wenn die Tabellen-Datei aus dem Puffer abgemeldet oder der Puffer zur Aufnahme eines anderen Datensatzes benötigt wird.

Genau wie bei der soeben beschriebenen Einrichtung der Tabellen-Datei ARTIKEL verabreden wir auch beim Aufbau der Tabellen-Dateien VRTRTR und UMSATZ als Feldnamen die von uns zuvor gewählten Namen der Tabellenspalten, so daß wir jede gewünschte Auswertung des Datenbestands mit Hilfe der uns von der Modellbildung (im Abschnitt 2.1) her bekannten Namen formulieren können.

Entgegen der im Abschnitt 2.2 angegebenen Struktur der Tabelle VERTRETER vereinbaren wir innerhalb der zugeordneten Tabellen-Datei VRTRTR.DBF ein zusätzliches Feld namens V_MEMO (am Ende des Datensatzes). Bei diesem Feld soll es sich um ein *Memo-Feld* handeln, in dem für jeden Vertreter seine bisherigen Jahresumsätze gespeichert werden, etwa mit den Werten:

Vertreterkennzahl:	8413:	5016:	1215:
	1985 360000	1985 320000	1985 400000
	1986 375000	1986 340000	1986 410000
	1987 380000	1987 350000	1987 350000
			1988 380000

Hinweis:

Bei der Erfassung ist hinter dem jeweils letzten Jahresumsatz ein Wechsel auf die nächste Zeile vorzunehmen. Dies ist nicht von grundsätzlicher Bedeutung, sondern nur aus Gründen der Konsistenz im Hinblick auf weiter unten dargestellte Bearbeitungsformen wichtig.

Dateneingabe in ein Memo-Feld

Um in ein Memo-Feld Text eingeben zu können, müssen wir den Cursor an den Anfang dieses Felds - an die Zeichenposition von "M" der als Feldinhalt angezeigten Zeichenfolge "MEMO" - positionieren und die Tastenkombination "Strg+Pos1" drücken. Anschließend lassen sich Texte mit dem dBASE-Editierprogramm (siehe Anhang A.6) erfassen. Zur Speicherung des oben angegebenen Textes (mit den Jahresumsätzen) werden die Zeichen jeweils zeilenweise in drei bzw. vier aufeinanderfolgenden Bildschirmzeilen eingetragen. Eventuell erforderliche Eingabekorrekturen sind mit Hilfe der Entf- und der Einfg-Taste vorzunehmen. Zum Zeilenwechsel muß die Return-Taste und zum Abschließen der Erfassung die Tastenkombination "Strg+Ende" betätigt werden.

Übernahme des alten Satzinhalts

Sind Datensätze zu erfassen, bei denen Datenfeldinhalte über Sätze hinweg gleich bzw. nur geringfügig zu ändern sind, so läßt sich durch die Angabe des *SET CARRY*-Befehls in der Form

```
SET CARRY ON
```

verabreden, daß der jeweils alte Satzpufferinhalt für die Erfassung der Daten des nächsten Satzes *unverändert* bereitgestellt wird. In diesem Fall sind nur die Änderungen gegenüber dem zuletzt erfaßten Satz in den Erfassungsfeldern einzutragen, so daß Erfassungsfehler vermieden und die Effizienz bei der Datenerfassung gesteigert wird.

Hinweis:

Wird keine Eingabe in das Erfassungsfeld vorgenommen, sondern nach der Anzeige des zuletzt erfaßten Satzinhalts nur die Return-Taste betätigt, so wird die Dateneingabe abgebrochen.

Der SET CARRY-Befehl ist *vor* der Eingabe des CREATE-Befehls anzugeben. Seine Wirkung wird durch eine nachfolgende Angabe des *SET CARRY*-Befehls in der Form

```
SET CARRY OFF
```

wieder aufgehoben.

4.2 Anmeldung einer Tabellen-Datei zur Verarbeitung (USE)

Der USE-Befehl

Sollen die Datensätze einer auf der Diskette vorhandenen Tabellen-Datei verarbeitet werden, so muß diese Datei in einem Arbeitsbereich als Satzpuffer *angemeldet* sein. Diese Anmeldung wird durch die Ausführung des *USE*-Befehls in der Form

```
USE tabellen-dateiname
```

vorgenommen. Als "tabellen-dateiname" ist der Dateiname (mit oder ohne die Ergänzung "DBF") aufzuführen. Ihm muß eine Laufwerksangabe vorangestellt werden, sofern die Disketten-Datei nicht auf dem aktuellen Laufwerk (mit dem SET DEFAULT TO-Befehl einstellbar) vorhanden ist. War bereits eine Tabellen-Datei im Arbeitsbereich angemeldet, so wird sie abgemeldet und die im USE-Befehl aufgeführte Datei an ihrer Stelle im Arbeitsbereich angemeldet.

Durch die Ausführung des USE-Befehls enthält der Satzpuffer, in dem eine Tabellen-Datei angemeldet ist, den *ersten* Datensatz der Tabellen-Datei, so daß z.B. durch die Befehle

```
. USE ARTIKEL
. DISPLAY
```

der erste Datensatz von ARTIKEL auf dem Bildschirm angezeigt wird (zum DISPLAY-Befehl siehe Abschnitt 5.4).

Ausgabe der Tabellen-Dateinamen

Wollen wir uns vor der Angabe des USE-Befehls über den aktuellen Stand der auf einem externen Speicher vorhandenen Tabellen-Dateien informieren, so können wir dazu den Befehl *DIR* in der Form

```
DIR [ laufwerk ]
```

angeben, woraufhin alle Tabellen-Dateien, die auf dem aktuellen bzw. hinter dem Wort "DIR" angegebenen Laufwerk vorhandenen sind, am Bildschirm angezeigt werden.

Ausgabe der Datensatz-Struktur

Sollen Angaben über die *Datensatz-Struktur* einer Tabellen-Datei auf dem Bildschirm angezeigt werden, so müssen wir den *DISPLAY STRUCTURE*-Befehl (nach der Anmeldung der Tabellen-Datei im aktuellen Satzpuffer) in der Form

```
DISPLAY STRUCTURE [ TO { PRINTER | FILE text-dateiname } ]
```

eingeben. Bei dieser Darstellung beschreiben die durch die Zeichen "{" und "}" eingeklammerten und durch das Zeichen "|" voneinander abgegrenzten Sprachelemente die möglichen *Alternativen*, von denen jeweils genau eine auszuwählen ist.

Durch die Aufführung von "*TO PRINTER*" läßt sich die Struktur-Beschreibung zusätzlich auf einen angeschlossenen Drucker ausgeben. Dagegen wird diese Beschreibung durch die Angabe von "*TO FILE* text-dateiname" zusätzlich in eine Text-Datei übertragen, deren Name hinter dem Schlüsselwort *FILE* aufgeführt ist.

Für die angemeldete Tabellen-Datei ARTIKEL.DBF führt dieser Befehl zur folgenden Bildschirmausgabe:

```
Datensatzformat der dB-Datei: A:\ARTIKEL.DBF

Anzahl der Datensätze: 4

Datum der letzten Aktualisierung: 25.06.89

Feld        Feldname     Typ               Länge    Dez    Index

1           A_NR         Numerisch         2               N

2           A_NAME       Zeichen           20              N

3           A_PREIS      Numerisch         7        2      N

**Gesamt **                                30
```

Hinweis:
Die Gesamtlänge eines Datensatzes errechnet sich aus der um 1 erhöhten Summe der Feldlängen.

4.3 Erfassung von Datensätzen (APPEND)

Anfügen von Datensätzen

Wollen wir in eine mit dem CREATE-Befehl definierte Tabellen-Datei neue Datensätze anfügen, so muß diese Datei im Arbeitsbereich angemeldet sein. Ist der CREATE-Befehl nicht unmittelbar vorausgegangen, so ist die Tabellen-Datei zunächst durch den Befehl

```
USE tabellen-dateiname
```

im Arbeitsbereich anzumelden. Es gibt dann mehrere Möglichkeiten, die gewünschten Ergänzungen vorzunehmen:

- z.B. über die Tastatureingabe in der Form, wie sie im Zusammenhang mit der Beschreibung des CREATE-Befehls vorgestellt wurde, oder
- durch die Eingabe von Datensatz-Inhalten aus einer anderen Tabellen-Datei, oder auch
- durch die Eingabe aus einer sogenannten Text-Datei, deren Sätze mit einem Editier- oder einem Anwenderprogramm eingerichtet wurden.

Dateneingabe über die Tastatur

Wollen wir die Datenerfassung über die Tastatur vornehmen, so müssen wir den *APPEND*-Befehl in der Form

```
APPEND
```

angeben. Es wird das vom CREATE-Befehl her bekannte Erfassungs-Menü auf dem Bildschirm angezeigt, so daß wir die Dateneingabe genauso, wie wir es für die Ausführung des CREATE-Befehls oben beschrieben haben, durchführen können. Sind in der Tabellen-Datei bereits Sätze vorhanden, so werden die erfaßten Datensätze - in der Reihenfolge ihrer Eingabe über die Tastatur - *hinter* dem letzten in der Datei vorhandenen Satz angefügt.

Dateneingabe aus einer Tabellen-Datei

Soll hinter den Sätzen einer durch den USE-Befehl angemeldeten Tabellen-Datei der Inhalt einer anderen Tabellen-Datei mit gleicher (oder ähnlicher Datensatz-Struktur) angefügt werden, so muß der *APPEND*-Befehl in der Form

```
APPEND FROM tabellen-dateiname
```

eingegeben werden. Dadurch wird an den letzten Satz der angemeldeten Tabellen-Datei der Inhalt des ersten Satzes von "tabellen-dateiname" angefügt, anschließend wird der Inhalt des zweiten Satzes übernommen usw. Bei dieser Anfügung wird jeweils satzweise der Inhalt eines Feldes von "tabellen-dateiname" in ein Feld gleichen Namens übertragen. Nach der Ausführung des APPEND-Befehls steht die im aktuellen Arbeitsbereich angemeldete Tabellen-Datei zur weiteren Verarbeitung zur Verfügung, wobei der zuletzt übernommene Satz der aktuelle Satz des Arbeitsbereichs ist.

Dateneingabe aus einer Text-Datei

Sind die in die Tabellen-Datei zu übertragenden Datensätze bereits in einer Text-Datei enthalten, die mit einem unter MS-DOS ablaufenden Editierprogramm oder einem Anwenderprogramm eingerichtet wurde, so können wir diese Sätze durch die Ausführung des *APPEND FROM*-Befehls mit den Schlüsselwörtern *TYPE* und *SDF* (kürzt "System Data Format" ab) in der Form

```
APPEND FROM text-dateiname TYPE SDF
```

an die in der Tabellen-Datei vorhandenen Sätze anfügen. Natürlich muß diesem APPEND FROM-Befehl eine Anmeldung der Tabellen-Datei vorausgehen, und die Datensatz-Struktur der Text-Datei muß mit der Struktur der Tabellen-Datei verträglich sein. Dies bedeutet, daß die Reihenfolge, in der die Daten hintereinander - ohne eine Trennung durch zusätzliche Zwischenräume - abgespeichert sind, mit der Anordnung der Felder innerhalb der Tabellen-Datei übereinstimmen müssen.

Hinweis:

Zur Eingabe von Daten aus einem anderen Anwendersystem siehe Anhang A.4.

Haben wir etwa die Umsatzdaten mit dem MS-DOS-Editierprogramm EDLIN in der Text-Datei UMSATZ.TXT auf der Daten-Diskette erfaßt, wobei die Daten in der Form (Datum als: Jahr, Monat, Tag)

```
841312 4019890624
501622 1019890624
841311 7019890624
121511 2019890625
501622 3519890625
841313 3519890624
121513  519890624
121512 1019890624
841311 2019890625
```

gespeichert sind, so können wir diese Datei durch die Befehle

```
. USE UMSATZ
. APPEND FROM UMSATZ.TXT TYPE SDF
```

in die Tabellen-Datei UMSATZ.DBF übertragen lassen.

4.4 Veränderung der Tabellen-Struktur (MODIFY STRUCTURE)

Sind die in einer Tabellen-Datei zu speichernden Daten in einer Text-Datei vorhanden, so können wir für den Fall, daß die Strukturen beider Dateien nicht übereinstimmen, in folgender Weise vorgehen:

Zunächst legen wir durch den CREATE-Befehl die innerhalb der Text-Datei vorhandene Anordnung der Datenfelder als Struktur der Tabellen-Datei fest; anschließend geben wir den APPEND FROM-Befehl zur Übertragung der Daten aus der Text-Datei an, und danach setzen wir den *MODIFY STRUCTURE*-Befehl in der Form

```
MODIFY STRUCTURE
```

zur *Veränderung* der ursprünglichen Satz-Struktur ein. Bei diesem Befehl wird das vom CREATE-Befehl (zur Vereinbarung einer Tabellen-Datei) her bekannte Menü auf dem Bildschirm ausgegeben, das mit Hilfe der im oberen Bildschirmbereich beschriebenen Tastenfunktionen - wie etwa "Strg+U" für das Löschen von Datenfeldern - verändert werden kann. Es ist zu beachten, daß bei einer bereits gefüllten Tabellen-Datei bei gleichzeitig erforderlichen Änderungen von Feldname, Typ und Länge wie folgt vorzugehen ist: In einem ersten Schritt sollten Feldname und Typ und erst in einem zweiten Schritt die Längenangabe geändert werden.

Nach der abschließenden Eingabe der Tastenkombination "*Strg+Ende*" wird die bislang gültige Struktur der Tabellen-Datei gemäß unserer Menü-Eintragung verändert. Dabei werden die Datenfelder der abgespeicherten Datensätze, die für die neue Struktur vorgesehen sind, in der verabredeten Reihenfolge zu Datensätzen zusammengestellt und in die Tabellen-Datei übertragen.

Liegen etwa die Daten aus der Tabelle ARTIKEL-UMSATZ (siehe Abschnitt 2.1) in der Text-Datei ARTUMS.TXT auf der Daten-Diskette in der Form

```
841312Oberhemd       39,80 4019890624
501622Mantel        360,00 1019890624
841311Oberhemd       44,20 7019890624
121511Oberhemd       44,20 2019890625
501622Mantel        360,00 3519890625
841313Hose          110,50 3519890624
121513Hose          110,50  519890624
121512Oberhemd       39,80 1019890624
841311Oberhemd       44,20 2019890625
```

vor, so können wir die Tabellen-Datei UMSATZ.DBF in der folgenden Weise aufbauen:

Zunächst richten wir die Tabellen-Datei UMSATZ.DBF durch den CREATE-Befehl mit den folgenden Kenndaten (als vorläufige Struktur) ein:

Layout Verwaltung Hinzufügen Suchen Ende 11:41:37

Byte frei: 3956

Num	Feldname	Feldtyp	Länge	Dez	Index
1	V_NR	Numerisch	4	0	N
2	A_NR	Numerisch	2	0	N
3	A_NAME	Zeichen	20		N
4	A_PREIS	Numerisch	7	2	N
5	A_STUECK	Numerisch	3	0	N
6	DATUM	Datum	8		N

Anschließend übertragen wir die Sätze von ARTUMS.TXT in die Datei UMSATZ.DBF, indem wir die Befehle

```
. USE UMSATZ
. APPEND FROM ARTUMS.TXT TYPE SDF
```

ausführen lassen. Nach dem anschließenden Aufruf von

```
. MODIFY STRUCTURE
```

löschen wir die Felder (durch "Strg+U"), die durch die Feldnamen A_NAME und A_PREIS gekennzeichnet sind, so daß wir das gewünschte Ergebnis erhalten.

Durch den Einsatz des MODIFY STRUCTURE-Befehls können nicht nur die Anzahl und die bestehende Reihenfolge von Datenfeldern, sondern auch der Feldtyp und die Feldlänge geeignet angepaßt werden. Somit läßt sich der Befehl MODIFY STRUCTURE auch in den Fällen einsetzen, in denen eine mit dem CREATE-Befehl erfolgte Strukturverabredung nachträglich zu korrigieren ist (siehe die oben angegebene Anmerkung zum Vorgehen bei einer Änderung).

4.5 Sicherung von Tabellen-Dateien (COPY)

Kopie einer Tabellen-Datei

Nach der Einrichtung und Übertragung von Datensätzen in eine Tabellen-Datei sollte vom Dateiinhalt eine Sicherungskopie angelegt werden. Dazu läßt sich der *COPY TO*-Befehl in der Form

```
COPY TO tabellen-dateiname
```

verwenden. Durch diesen Befehl wird eine neue Tabellen-Datei namens "tabellen-dateiname" eingerichtet und mit den Sätzen der im aktuellen Arbeitsbereich angemeldeten Tabellen-Datei gefüllt.

So können wir z.B. durch

```
. USE VRTRTR
. COPY TO C:VRTRTRKP
```

den Inhalt der angemeldeten Tabellen-Datei VRTRTR in die Tabellen-Datei VRTRTRKP.DBF auf der Festplatte übertragen. Die neu erstellte Tabellen-Datei kann anschließend durch einen USE-Befehl in einem anderen Arbeitsbereich zur Verarbeitung angemeldet werden. Die Tabellen-Datei, von der die Kopie gezogen wurde, bleibt im aktuellen Arbeitsbereich angemeldet und kann weiter verarbeitet werden.

Soll nicht der gesamte Bestand, sondern nur ausgewählte Felder kopiert werden, so ist der *COPY TO*-Befehl in der Form

```
COPY TO tabellen-dateiname
        FIELDS feldname-1 [,feldname-2]...
```

anzugeben. In diesem Fall werden *nur* die hinter dem Schlüsselwort *FIELDS* aufgeführten Felder in die neue Tabellen-Datei übernommen.

Übernahme der Satz-Struktur

Soll *nicht* der Datenbestand kopiert, sondern *nur* die Satz-Struktur zur Einrichtung einer neuen Tabellen-Datei übertragen werden, so ist der *COPY STRUCTURE*-Befehl in der Form

```
COPY STRUCTURE TO tabellen-dateiname
                    [ FIELDS feldname-1 [ , feldname-2 ]... ]
```

anzugeben. Soll nicht die gesamte Struktur, sondern nur ausgewählte Datenfelder übernommen werden, so sind die Feldnamen in der gewünschten Reihenfolge hinter dem Schlüsselwort *FIELDS* aufzuführen.

Übertragung der Datensätze

Eine weitere Einsatzmöglichkeit für den *COPY TO*-Befehl ergibt sich in der Form:

```
COPY TO text-dateiname TYPE SDF
```

In diesem Fall werden *alle* Datensätze der Tabellen-Datei, die im aktuellen Arbeitsbereich angemeldet ist, in eine *Text-Datei* übertragen. Anschließend kann eine Verarbeitung durch das Editierprogramm EDLIN oder ein anderes Anwenderprogramm erfolgen.

So lassen sich etwa die in der Tabellen-Datei VRTRTR erfaßten Daten durch die Befehle

```
. USE VRTRTR
. COPY TO VRTRTR.TXT TYPE SDF
```

in der Text-Datei VRTRTR.TXT auf der Daten-Diskette sichern.

4.6 Übernahme einer Tabellen-Struktur (COPY STRUCTURE EXTENDED)

In besonderen Anwendungsfällen kann es erforderlich sein, den Aufbau einer Tabellen-Datei nicht (wie bisher) dialog-gestützt vorzunehmen, sondern die einzurichtende Datensatz-Struktur durch Angaben innerhalb einer gesonderten *Tabellen-Struktur-Datei* bereitzustellen. Zur Einrichtung einer derartigen Datei ist der *COPY STRUCTURE EXTENDED*-Befehl in der Form

```
COPY STRUCTURE EXTENDED TO tabellen-struktur-dateiname
```

anzugeben. Dadurch werden die Strukturdaten der im aktuellen Arbeitsbereich angemeldeten Tabellen-Datei als Satzinhalte in eine Datei ausgegeben, deren Name hinter dem Schlüsselwort TO aufgeführt ist. *Jeder* Datensatz dieser Datei besteht aus den Datenfeldern "FIELD_NAME (Feldname)", "FIELD_TYP (Feldtyp)", "FIELD_LEN (Länge)", "FIELD_DEC (Dez)" und "FIELD_IDX"

(Index). Für jedes in der angemeldeten Tabellen-Datei vorhandene Feld wird ein Datensatz in die Struktur-Datei ausgegeben.

So werden z.B. durch die Ausführung der Befehle

```
. USE VRTRTR
. COPY STRUCTURE EXTENDED TO VRTRTRST
. USE VRTRTRST
. DISPLAY STRUCTURE
```

die Angaben

```
Datensatzformat der dB-Datei: A:\VRTRTRST.DBF

Anzahl der Datensätze:       6

Datum der letzten Aktualisierung: 25.06.89

Feld   Feldname     Typ         Länge   Dez    Index

    1  FIELD_NAME   Zeichen       10               N

    2  FIELD_TYPE   Zeichen        1               N

    3  FIELD_LEN    Numerisch      3               N

    4  FIELD_DEC    Numerisch      3               N

    5  FIELD_IDX    Zeichen        1               N

** Gesamt **                      19
```

angezeigt. Geben wir anschließend den Befehl

```
. DISPLAY ALL
```

zur Ausgabe der vorhandenen Datensätze ein (zum DISPLAY-Befehl siehe Abschnitt 5.4), so erhalten wir die folgende Bildschirmausgabe:

```
Datensatz# FIELD_NAME FIELD_TYPE FIELD_LEN FIELD_DEC FIELD_IDX

        1  V_NR       N                  4         0 N

        2  V_NAME     C                 30         0 N

        3  V_ANSCH    C                 30         0 N

        4  V_PROV     N                  4         2 N

        5  V_KONTO    N                  7         2 N

        6  V_MEMO     M                 10         0 N
```

Um aus diesen Angaben eine neue Tabellen-Datei mit dieser Struktur einzurichten, müssen wir den *CREATE*-Befehl mit dem Schlüsselwort *FROM* in der Form

```
CREATE tabellen-dateiname FROM tabellen-struktur-dateiname
```

verwenden, den wir in Fortführung des oben angegebenen Beispiels wie folgt einsetzen können:

```
. CREATE VRTRTR2 FROM VRTRTRST
. APPEND FROM VRTRTR2.TXT TYPE SDF
```

Dadurch wird die neu eingerichtete Tabellen-Datei VRTRTR2.DBF durch den CREATE-Befehl im aktuellen Arbeitsbereich angemeldet und durch den nachfolgenden APPEND FROM-Befehl mit den Sätzen der Text-Datei VRTRTR2.TXT, in welche die Vertreterdaten zuvor geeignet erfaßt sein müssen (siehe Abschnitt 4.1), gefüllt.

Aufgaben

Aufgabe 4.1
In der Text-Datei KUNDE.TXT sind die folgenden 3 Datensätze enthalten:

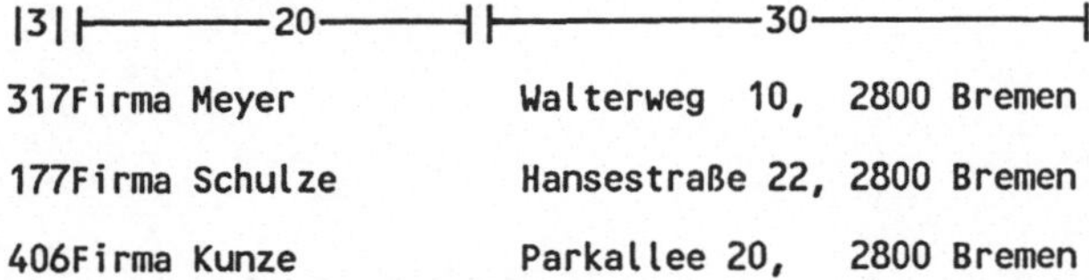

```
|3||-------20--------||-----------30-----------|
317Firma Meyer          Walterweg  10,  2800 Bremen
177Firma Schulze        Hansestraße 22, 2800 Bremen
406Firma Kunze          Parkallee 20,   2800 Bremen
```

Hieraus ist die Tabellen-Datei KUNDE.DBF - mit den Tabellenspalten KDNR (numerisch, 3-stellig), KDNAME (alphanumerisch, 20-stellig) und KDANSCH (alphanumerisch, 30-stellig) - durch Kopieren zu erstellen!

Aufgabe 4.2
Aus Auftragsformularen (vgl. Anhang A.2) sind die folgenden Daten entnommen:

AUFNR	DATUM	TERMIN	POSNR	TEILENR	TEILEANZ	KDNR
416	11.11.88	05.02.89	1	116	60	317
416	11.11.88	05.02.89	2	037	60	317
416	11.11.88	05.02.89	3	128	30	317
417	11.11.88	15.02.89	1	037	20	406
417	11.11.88	15.02.89	2	116	20	406
418	12.11.88	29.01.89	1	128	10	177
418	12.11.88	29.01.89	2	116	15	177
419	12.11.88	10.02.89	1	037	10	317
419	12.11.88	10.02.89	2	116	5	317
419	12.11.88	10.02.89	3	128	10	317

Es ist eine Tabellen-Datei namens AUFPOSKD.DBF - mit den aufgeführten Tabellenspalten - einzurichten und mit den Daten zu füllen! Dabei ist die Auftragsnummer (AUFNR) eine 3-stellige, die Positionsnummer (POSNR) eine 1-stellige, die Teilenummer (TEILENR) eine 3-stellige, die Teileanzahl (TEILEANZ) eine 3-stellige und die Kundennummer (KDNR) eine 3-stellige numerische Größe.

Aufgabe 4.3
Zur Kontrolle sind die Tabellen-Strukturen von KUNDE.DBF und AUFPOSKD.DBF auf dem Bildschirm anzuzeigen!

Aufgabe 4.4
Aus AUFPOSKD.DBF sind die beiden Tabellen-Dateien AUFTRAG.DBF und AUFPOS.DBF durch geeignete Veränderung der Satz-Struktur einzurichten! Dabei soll AUFTRAG.DBF die Tabellenspalten AUFNR, DATUM, TERMIN und KDNR und AUFPOS.DBF die Tabellenspalten AUFNR, POSNR, TEILENR und TEILEANZ enthalten.

5 Arbeitsbereich und Datenausgabe

5.1 Arbeitsbereiche und ihre Adressierung (SELECT)

Einstellung des aktuellen Arbeitsbereichs

Jede Tabellen-Datei, deren Datensätze bearbeitet werden sollen, muß in einem *Arbeitsbereich als Satzpuffer* innerhalb des Hauptspeichers *angemeldet* sein:

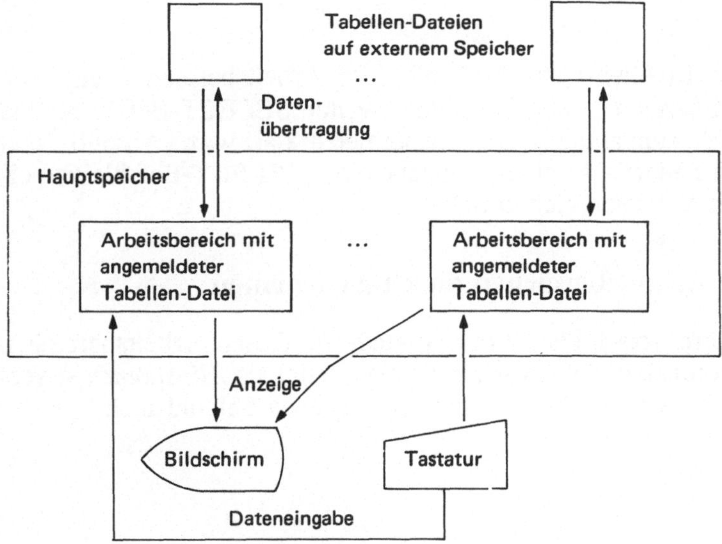

Es können bis zu *maximal 10* Arbeitsbereiche gleichzeitig bereitgehalten werden. Diese Arbeitsbereiche sind mit den Nummern *1 bis 10* durchnumeriert. Anforderungen, die wir z.B. durch die Befehle APPEND, DISPLAY und COPY formulieren, beziehen sich stets auf diejenige Tabellen-Datei, die im aktuellen Arbeitsbereich angemeldet ist.

Der jeweils aktuelle Arbeitsbereich wird durch den *SELECT*-Befehl in der Form

```
SELECT nummer
```

eingestellt. Alle nachfolgenden Befehle bis zum nächsten SELECT-Befehl beziehen sich dann auf diesen Arbeitsbereich. Nach dem Start des dBASE-Sy stems ist stets der Arbeitsbereich mit der Nummer 1 als *aktueller Arbeitsbereich* eingestellt.

Jeder USE-Befehl meldet die innerhalb des Befehls aufgeführte Tabellen-Datei in dem (durch den SELECT-Befehl eingestellten) aktuellen Arbeitsbereich an.

So führt z.B. die Befehlsfolge

```
. SELECT 2
. USE UMSATZ
. SELECT 1
. USE VRTRTR
```

zur Anmeldung der Tabellen-Datei UMSATZ im Arbeitsbereich 2 und von VRTRTR im Arbeitsbereich 1, der durch den zweiten SELECT-Befehl für die nachfolgenden Befehle zum aktuellen Arbeitsbereich erklärt wird. Anschließend können wir - je nach Bedarf - durch die Eingabe eines SELECT-Befehls von einem auf den anderen Arbeitsbereich umschalten.

Adressierung von Arbeitsbereichen durch Aliasnamen

Anstelle der Nummern von 1 bis 10 dürfen auch die diesen Arbeitsbereichen standardmäßig zugeordneten Namen A bis J - man nennt sie *Aliasnamen* - verwendet werden, so daß wir anstelle der oben angegebenen Befehle auch

```
. SELECT B
. USE UMSATZ
. SELECT A
. USE VRTRTR
```

schreiben dürfen.

Neben den Aliasnamen A bis J darf auch der Name "tabellen-dateiname", den wir beim *USE*-Befehl

```
USE tabellen-dateiname
```

zur Anmeldung der Tabellen-Datei angegeben haben, als Aliasname zur Bezeichnung des Arbeitsbereichs verwendet werden.

So ist z.B. durch die Befehlsfolge

```
. SELECT 2
. USE UMSATZ
. SELECT A
. USE VRTRTR
. SELECT UMSATZ

 |<--- Befehle zur Bearbeitung der Tabellen-Datei UMSATZ.DBF

. SELECT VRTRTR

 |<--- Befehle zur Bearbeitung der Tabellen-Datei VRTRTR.DBF
```

der Arbeitsbereich 1 neben dem Standardnamen A auch über den Aliasnamen VRTRTR und der Arbeitsbereich 2 neben dem Standardnamen B auch über den Aliasnamen UMSATZ ansprechbar.

Eine weitere Möglichkeit zur Verabredung von Aliasnamen für Arbeitsbereiche besteht darin, daß wir einen selbst gewählten Aliasnamen innerhalb des *USE*-Befehls in der Form

```
USE tabellen-dateiname ALIAS aliasname
```

bei der Anmeldung einer Tabellen-Datei angeben, z.B. den Aliasnamen UMS durch den Befehl:

```
. USE UMSATZ ALIAS UMS
```

Dieser Arbeitsbereich, in dem die Tabellen-Datei UMSATZ angemeldet ist, kann zu einem späteren Zeitpunkt durch den Befehl

```
. SELECT UMS
```

wieder als aktueller Arbeitsbereich eingestellt werden.

Wir fassen die angegebenen Möglichkeiten zur Bestimmung des aktuellen Arbeitsbereichs durch die folgende Syntax-Darstellung des *SELECT*-Befehls zusammen:

```
SELECT { nummer-von-1-bis-10 | aliasname }
```

Soll eine Tabellen-Datei nicht im aktuell eingestellten, sondern in einem anderen Arbeitsbereich angemeldet werden, so braucht der betreffende Arbeitsbereich zuvor nicht unbedingt durch einen SELECT-Befehl eingestellt werden. Stattdessen läßt sich ein erweiterter *USE*-Befehl in der Form

```
USE tabellen-dateiname IN aliasname-1 [ ALIAS aliasname-2 ]
```

einsetzen. Dadurch wird - ohne den aktuellen Arbeitsbereich verlassen zu müssen - die aufgeführte Tabellen-Datei in demjenigen Arbeitsbereich *angemeldet*, der durch "aliasname-1" mittels einer Ziffer (von 1 bis 10) bzw. eines Buchstabens (von "A" bis "J") bzw. eines zuvor für diesen Arbeitsbereich durch einen USE-Befehl festgelegten Aliasnamen gekennzeichnet ist.

So können wir z.B. die oben angegebene Befehlsfolge wie folgt abkürzen:

```
. SELECT 2
. USE UMSATZ
. USE VRTRTR IN A
 |<--- Befehle zur Bearbeitung der Tabellen-Datei UMSATZ.DBF
. SELECT VRTRTR
 |<--- Befehle zur Bearbeitung der Tabellen-Datei VRTRTR.DBF
```

Zugriff auf Felder des Arbeitsbereichs

Alle Felder des aktuell eingestellten Arbeitsbereichs lassen sich durch ihren bei der Einrichtung der Tabellen-Datei vereinbarten Feldnamen adressieren. Auf die Feldinhalte weiterer Arbeitsbereiche kann ebenfalls zugegriffen werden, auch wenn sie nicht als aktuelle Arbeitsbereiche eingestellt sind. Dazu ist der Feldname durch einen *Aliasnamen* in der Form

```
aliasname -> feldname
```

einzuleiten. Dabei besteht der Pfeil "->" aus den beiden Zeichen "-" und ">", die *ohne* Zwischenraum aufeinanderfolgen müssen.

So können wir etwa durch die Befehle

```
. SELECT 2
. USE UMSATZ ALIAS UMS
. SELECT 1
. USE ARTIKEL
```

die Tabellen-Dateien ARTIKEL.DBF und UMSATZ.DBF (mit dem Aliasnamen UMS) im Arbeitsbereich 1 bzw. 2 anmelden und anschließend durch den DISPLAY-Befehl

```
. DISPLAY A_NR, UMS -> A_NR
```

die Artikelnummer des 1. Artikelsatzes (A_NR) und die Artikelnummer des 1. Umsatzdatensatzes (UMS -> A_NR) am Bildschirm anzeigen lassen.

Mit Hilfe von Aliasnamen lassen sich in wiederholt auszuführenden Befehlsfolgen, die in Programm- bzw. Prozedur-Dateien (siehe Kapitel 12) abgespeichert sind, Tabellen-Dateien adressieren, deren Dateiname nicht vorab bekannt ist. Wir müssen somit lediglich der Tabellen-Datei bei der Anmeldung im Arbeitsbereich den innerhalb der Befehlsfolge verwendeten Aliasnamen zuweisen.

Abmeldung aus einem Arbeitsbereich

Grundsätzlich wird eine Tabellen-Datei dann von der Verarbeitung *abgemeldet*, wenn eine andere Tabellen-Datei in dem ihr zugeordneten Arbeitsbereich neu angemeldet wird.

Wollen wir eine Tabellen-Datei aus einem Arbeitsbereich abmelden *ohne* gleichzeitig eine andere Tabellen-Datei in diesem Arbeitsbereich anzumelden, so müssen wir den Befehl *USE* in der Form

```
USE
```

angeben. Dies ist z.B. erforderlich, wenn auf eine weitere Tabellen-Datei zugegriffen werden soll und dadurch die Maximalzahl der gleichzeitig vom dBASE-System verwaltbaren Dateien (Tabellen-Dateien und zusätzliche Hilfs-Dateien wie z.B. Index- und Format-Dateien, siehe unten) überschritten wird.

Sollen alle innerhalb von Arbeitsbereichen angemeldeten Tabellen-Dateien gleichzeitig abgemeldet werden, so müssen wir den *CLOSE DATABASES*-Befehl in der Form

```
CLOSE DATABASES
```

eingeben.

Anzeige der Arbeitsbereiche

Der aktuelle Arbeitsbereich läßt sich jederzeit mit Hilfe des SELECT-Befehls wechseln. Wird dabei ein Arbeitsbereich, über den bereits eine Tabellen-Datei bearbeitet wurde, erneut angesprochen, so befindet sich der zugehörige Satzpuffer in dem Zustand, in dem er bei seiner Deaktivierung verlassen wurde.

Mit Hilfe des *DISPLAY STATUS*-Befehls in der Form

```
DISPLAY STATUS [ TO { PRINTER | FILE text-dateiname } ]
```

können wir uns einen Überblick darüber verschaffen, welche Tabellen-Dateien in welchen Arbeitsbereichen unter welchen Aliasnamen angemeldet sind und welcher Arbeitsbereich gerade als aktueller Arbeitsbereich eingestellt ist. Mit der Angabe "*TO PRINTER*" erfolgt die Ausgabe nicht nur auf den Bildschirm, sondern zusätzlich auch auf einen angeschlossenen Drucker. Desgleichen wird bei der Angabe von "*TO FILE*" eine zusätzliche Übertragung in die hinter dem Schlüsselwort *FILE* aufgeführte Text-Datei vorgenommen.

Z.B. ergibt sich nach der Anmeldung der Tabellen-Dateien UMSATZ.DBF und VRTRTR.DBF durch die Befehle

```
. SELECT 2
. USE UMSATZ
. SELECT 1
. USE VRTRTR
```

nach der Eingabe von

```
. DISPLAY STATUS
```

die folgende Bildschirmausgabe:

```
dB-Datei im Arbeitsbereich:

Bereich: 1, Geöffnete dB-Datei: A:\VRTRTR.DBF   ALIAS: VRTRTR
                 Memodatei: A:\VRTRTR.DBT


Bereich: 2, Geöffnete dB-Datei: A:\UMSATZ.DBF   ALIAS: UMSATZ


Suchpfad für Datei:

Standardlaufwerk:   A:

Rand                      =   0

Aktualisierungszähler     =   0

Wiederholungszähler       =   0

Zahl der offenen Dateien  =   7

Aktivierter Arbeitsbereich =  1

   Feldbegrenzer sind '<' und '>'
```

5.2 Positionierung in einer Tabellen-Datei (GO, SKIP, LOCATE, CONTINUE)

Bei der Anmeldung einer Tabellen-Datei im aktuellen Arbeitsbereich wird stets der erste Datensatz der Tabellen-Datei im Satzpuffer bereitgestellt. Ist nicht dieser erste, sondern ein anderer Satz zu verarbeiten, so muß der angeforderte Satz zunächst aus der Tabellen-Datei in den Satzpuffer übertragen werden:

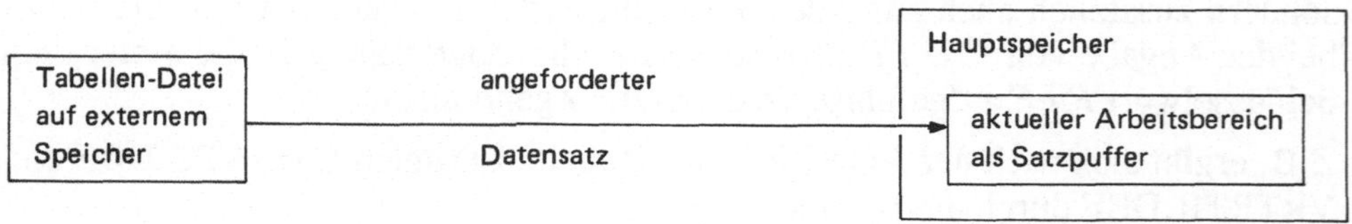

Beim Zugriff auf eine Tabellen-Datei läßt sich die *Satznummer* als Zugriffsschlüssel für den *direkten* Zugriff auf einzelne Datensätze einsetzen. Dabei wird durch die Satznummer die Position angegeben, an welcher der Satz innerhalb

der Tabellen-Datei abgespeichert ist. Der erste Satz hat die Satznummer 1, der zweite Satz die Satznummer 2 usw. Ist die Satznummer des gewünschten Satzes nicht bekannt, so kann auf den Satz über die Angabe einer Bedingung zugegriffen werden, die vom Satzinhalt dieses Satzes erfüllt wird. In diesem Fall werden die Sätze solange *sequentiell*, d.h. der Reihenfolge ihrer Abspeicherung nach, in den Satzpuffer der Tabellen-Datei übertragen, bis der durch die Bedingung spezifizierte Satz eingelesen wurde.

Für den Direktzugriff über die Satznummer bzw. den durch einen sequentiellen Suchprozeß bestimmten Zugriff über eine Bedingung lassen sich die folgenden Befehle einsetzen:

Übertragungs-Befehl	der Satzpuffer enthält den
GO BOTTOM	letzten Satz
GO TOP	ersten Satz
[GO [RECORD]] satznummer	Satz mit der Nummer "satznummer"
SKIP [{ + | - } satzzahl]	um "satzzahl" Sätze folgenden (bei "+") bzw. (bei "-") vorausgehenden Datensatz
LOCATE FOR bedingung	Satz, der durch die Bedingung spezifiziert wird
CONTINUE	Satz, der unmittelbar hinter dem zuvor im (durch LOCATE gefundenen) Satzpuffer enthaltenen Satz abgespeichert ist

Durch den *LOCATE*-Befehl wird derjenige Satz in den aktuellen Satzpuffer übertragen, der (in der vorliegenden Reihenfolge der Sätze innerhalb der Tabellen-Datei) als *erster* (vom Beginn der Datei an) die hinter dem Wort "FOR" angegebene Bedingung erfüllt. Gibt es einen derartigen Satz, so können alle weiteren Sätze, die ebenfalls diese Bedingung erfüllen, durch den Einsatz des *CONTINUE*-Befehls nacheinander in den aktuellen Satzpuffer transportiert und verarbeitet werden.

Soll die Suche *nicht* vom Dateianfang aus begonnen werden, so ist der *LOCATE*-Befehl in der Form

```
LOCATE { NEXT anzahl | REST } FOR bedingung
```

einzusetzen. Bei der Angabe von "NEXT anzahl" wird die Suche mit dem aktuellen Satz begonnen und für die nächsten durch "anzahl" festgelegten, nachfolgenden Sätze fortgesetzt. Wird "REST" aufgeführt, so wird die Suche vom aktuellen Satz aus bis zum letzten in der Tabellen-Datei vorhandenen Satz durchgeführt.

Hinweis:

Diese sequentielle Suche innerhalb des Datenbestands ist sehr langsam. Deshalb sollten Tabellen-Dateien indiziert werden, so daß der SEEK-Befehl für den Direktzugriff eingesetzt werden kann (siehe Kapitel 8).

Ist bei der Ausführung eines der oben angegebenen Übertragungsbefehle der gesuchte Datensatz nicht in der Tabellen-Datei enthalten, so ist der Inhalt des Satzpuffers undefiniert. Dies ist z.B. der Fall, wenn das Dateiende erreicht wird, was wir durch den Aufruf der Funktion EOF feststellen können (siehe unten).

5.3 Bedingungen und Funktionsaufrufe

Bedingungen

Als Bedingung innerhalb des LOCATE-Befehls (und aller nachfolgend dargestellten Befehle, für welche die Angabe einer Bedingung erforderlich bzw. zulässig ist) darf eine *Vergleichsbedingung* wie z.B.

```
V_NR = 8413 (V_NR enthält den Wert 8413)
```

oder

```
"Meyer" $ V_NAME (die Zeichenfolge "Meyer" ist
                  Bestandteil der im Feld V_NAME
                  enthaltenen Zeichenfolge)
```

oder

```
V_KONTO > 1000 (der in V_KONTO enthaltene Wert
                ist größer als 1000)
```

aufgeführt sein. Trifft eine Bedingung zu, so hat sie den *Wahrheitswert* ".T." (für "true"). Ist sie nicht erfüllt, so besitzt sie den Wahrheitswert ".F." (für "false"). Bei der Datenausgabe bzw. bei der Verwendung als Konstante werden die Wahrheitswerte mit Punkten eingegrenzt, während bei der Speicherung dieser logischen Werte auf die Ablage der Punkte verzichtet wird (siehe Abschnitt 4.1).

Generell dürfen *arithmetische* Ausdrücke über die Operatoren "<" (kleiner), ">" (größer), "=" (gleich), "<>" bzw. "#" (ungleich), "<=" (kleiner gleich) und ">=" (größer gleich) verglichen werden.

Ein *arithmetischer* Ausdruck besteht aus einer Folge von Operanden (Feldern oder Konstanten), die durch die numerischen Operatoren "+" (Addition), "-" (Subtraktion), "*" (Multiplikation), "/" (Division) und "**" (Potenzierung) - gegebenenfalls unter Einsatz einer durch "(" und ")" vorgenommenen Klammerung - verknüpft sind.

Bei der *Auswertung* eines arithmetischen Ausdrucks hat die Potenzierung die höchste Priorität. Es folgen die multiplikativen Operatoren "*" und "/" und anschließend die additiven Operatoren "+" und "-". Bei gleicher Priorität wird von "links nach rechts" ausgewertet, und Klammern werden von innen nach außen aufgelöst.

So legt etwa der arithmetische Ausdruck

```
V_KONTO + UMSATZ -> A_STUECK * ARTIKEL -> A_PREIS * V_PROV
```

fest, daß der Feldinhalt von A_STUECK (aus dem durch den Aliasnamen UMSATZ gekennzeichneten Arbeitsbereich) mit dem Feldinhalt von A_PREIS (aus dem durch den Aliasnamen ARTIKEL gekennzeichneten Arbeitsbereich) zu multiplizieren ist. Das Resultat dieser Operation ist anschließend mit dem Feldinhalt von V_PROV zu multiplizieren, und mit diesem Ergebnis ist der Feldinhalt von V_KONTO zu summieren.

Auch *alphanumerische Ausdrücke* dürfen über die Vergleichsoperatoren (gemäß der lexikographischen Sortierfolgeordnung, d.h. der "Telefonbuchordnung") oder über den *Inklusionsoperator* "$" miteinander verglichen werden, wobei ein alphanumerischer Ausdruck entweder ein alphanumerisches Feld oder eine (durch Anführungszeichen eingeschlossene) Zeichenkonstante ist oder sich als Aneinanderreihung durch den Verkettungsoperator "+" bzw. "-" ergibt.

Durch den *Operator* "+" lassen sich die Werte zweier alphanumerischer Ausdrücke zu einer Zeichenfolge aneinanderreihen. Dies gilt gleichfalls beim Einsatz des *Operators* "-", jedoch werden in diesem Fall die innerhalb der resultierenden Zeichenfolge enthaltenen Leerzeichen an das Ende dieser Zeichenfolge verschoben.

Sofern z.B. das Feld V_NAME den aktuellen Wert "Meyer, Emil   " enthält, ergibt die Operation

```
"Name : " + V_NAME
```

den Wert "Name : Meyer, Emil   " und die Operation

```
"Name : " - V_NAME
```

liefert den Wert "Name:Meyer,Emil   " (am Ende der Zeichenfolge sind 2 Leerzeichen mehr enthalten!).

Bei der Abfrage auf Gleichheit ist zu berücksichtigen, daß z.B. der Vergleich

```
"Meyer, Emil" = "Meyer"
```

zutrifft und zum logischen Ergebniswert ".T." führt. Es wird nämlich überprüft, ob der rechte Operand *identisch* vom Beginn an innerhalb des linken

Operanden enthalten ist. Soll dagegen auf *exakte* Übereinstimmung (die Operanden müssen auch gleichlang sein!) verglichen werden, so ist zuvor der *SET EXACT*-Befehl

```
SET EXACT ON
```

einzugeben.

Durch den Einsatz der *logischen* Operatoren .AND. (logisches Und), .OR. (logisches Oder) und .NOT. (Verneinung) können Bedingungen miteinander verknüpft werden, z.B. in der Form:

```
V_PROV = 0,05 .AND. V_KONTO > 1000
```

Diese Bedingung trifft für diejenigen Datensätze der Tabellen-Datei VRTRTR zu, für die das Datenfeld V_PROV den Wert 0,05 und zugleich das Feld V_KONTO einen Wert enthält, der größer als die Zahl 1000 ist.

Funktionsaufrufe

Als Operanden innerhalb von numerischen oder alphanumerischen Ausdrücken dürfen auch *Funktionsaufrufe* der Form

```
funktionsname ( [ argument-1 [ , argument-2 ]... ] )
```

eingesetzt werden.

Hinweis:

Eine Liste der innerhalb des dBASE-Systems möglichen Funktionsaufrufe ist im Anhang A.5 angegeben.

Z.B. ergibt der Aufruf der Funktion UPPER in der Form

```
UPPER( V_NAME )
```

den Wert "MEYER, EMIL   ", sofern der aktuelle Wert des Felds V_NAME gleich "Meyer, Emil   " ist, da die Funktion UPPER Kleinbuchstaben in Großbuchstaben umwandelt.

Funktionsaufrufe dürfen auch *geschachtelt* sein wie z.B.:

```
TRIM( UPPER( V_NAME ) )
```

Das Ergebnis ist "MEYER, EMIL", da die TRIM-Funktion die Leerzeichen am Ende der Zeichenkette unterdrückt.

Besondere Funktionen stellen die *logischen* Funktionen - wie etwa EOF - dar, deren Aufruf einen Wahrheitswert als Ergebnis liefert. Dabei ergibt der Funktionsaufruf

```
EOF()
```

den Wert ".T.", falls das *Dateiende* für die im aktuellen Arbeitsbereich angemeldete Tabellen-Datei erreicht ist, andernfalls den Wert ".F.".

Zur Anzeige des Funktionswerts können wir den *Fragezeichen*-Befehl (kurz: ?-Befehl) in der Form

```
? { feldname-1 | ausdruck-1 } [{ feldname-2 | ausdruck-2 }]...
```

einsetzen. Es lassen sich ein oder mehrere Ausdrücke aufführen. Bei der Angabe von Feldnamen bzw. von durch Aliasnamen gekennzeichneten Feldern wird nicht deren Name, sondern der Inhalt der Felder auf dem Bildschirm protokolliert.

Ist z.B. bei einem LOCATE-Befehl die aufgeführte Bedingung für den aktuell im Satzpuffer enthaltenen Satz und für alle in der Tabellen-Datei dahinter abgespeicherten Datensätze *nicht* erfüllt, so können wir diesen Sachverhalt mit Hilfe des Funktionsaufrufs "EOF()" ermitteln und durch den ?-Befehl

```
. ?EOF()
```

den Wert ".T." ausgeben lassen. Da bei der Ausführung des LOCATE-Befehls die Sätze nacheinander in den aktuellen Satzpuffer übertragen und jeweils die Gültigkeit der aufgeführten Bedingung überprüft wird, enthält letztendlich der Satzpuffer den letzten Datensatz der Datei, und die Übertragung eines nächsten Datensatzes ist nicht mehr möglich - das Dateiende ist erreicht. Diese Situation wird dadurch gekennzeichnet, daß der Aufruf "EOF()" den Wahrheitswert ".T." annimmt. Wir setzen die EOF-Funktion immer dann ein, wenn mehrere Befehle nacheinander ausgeführt werden sollen und die angeforderten Tätigkeiten nur dann sinnvoll sind, wenn das Dateiende der Tabellen-Datei noch nicht erreicht ist (vgl. z.B. Abschnitt 14.5).

5.4 Datenausgabe (DISPLAY, LIST, COPY)

Der DISPLAY-Befehl

Zur Ausgabe aller bzw. ausgewählter Datensätze einer Tabellen-Datei können wir den *DISPLAY*-Befehl in der Form

```
DISPLAY [ OFF ] [ bereich ] [ feldname-1 [ , feldname-2 ]... ]
        [ WHILE bedingung-1 ] [ FOR bedingung-2 ]
        [ TO { PRINTER | FILE text-da    teiname } ]
```

verwenden. Mit diesem Befehl können die Satzinhalte nicht nur auf dem Bildschirm angezeigt, sondern darüberhinaus auch entweder auf einem angeschlossenen Drucker ausgegeben oder aber in eine Text-Datei übertragen werden. Die Ausführung dieses Befehls - ohne Zusatzangaben - in der Form

```
DISPLAY
```

bewirkt, daß der gesamte Inhalt des aktuellen Satzpuffers auf dem Bildschirm ausgegeben wird. Neben den Datenfeldnamen als erläuternde Überschrift wird auch die Satznummer protokolliert. Ist bei der Angabe des DISPLAY-Befehls bereits das Dateiende erreicht (der Funktionsaufruf "EOF()" liefert den Wert ".T."), so erfolgt keine Ausgabe. Soll die Ausgabe einer Überschrift *unterdrückt* werden, so ist zuvor der *SET HEADING*-Befehl

```
SET HEADING OFF
```

einzugeben. Wollen wir nicht alle, sondern nur die Werte *ausgewählter* Datenfelder am Bildschirm protokollieren lassen, so müssen wir die gewünschten Feldnamen hinter dem Wort "DISPLAY" aufführen.

Ist etwa die Tabellen-Datei VRTRTR im aktuellen Arbeitsbereich angemeldet, so wird durch

```
. DISPLAY V_NR, V_KONTO
```

die Vertreterkennzahl und der Kontostand aus dem im Satzpuffer enthaltenen Satz am Bildschirm angezeigt.

Wollen wir nicht den aktuell im Satzpuffer enthaltenen Satz, sondern einen anderen bzw. eine Auswahl von Sätzen oder sogar alle Sätze ausgeben lassen, so müssen wir eine geeignete Bereichsangabe - vor den aufgeführten Feldnamen - innerhalb des DISPLAY-Befehls machen oder eine durch "FOR" oder "WHILE" eingeleitete Bedingung spezifizieren.

Bereichsangaben

Generell werden wir fortan durch die Angabe des *Platzhalters "bereich"* innerhalb einer Syntax-Darstellung entweder einen konkreten Datensatz in der Form

```
RECORD satznummer
```

oder eine Gruppe von Sätzen, die dem aktuell im Puffer enthaltenen Satz (einschließlich des aktuellen Satzes) folgt, in der Form

```
NEXT anzahl
```

bzw. sämtliche auf den aktuellen Satz folgenden Sätze (einschließlich des aktuellen Satzes) in der Form

```
REST
```

oder aber alle Sätze durch die Angabe von

```
ALL
```

kennzeichnen. Ist das Schlüsselwort *FOR* mit nachfolgender Bedingung angegeben, so werden alle Sätze - beginnend mit dem ersten Satz der Tabellen-Datei - bearbeitet, für welche die angegebene Bedingung zutrifft. Dagegen wird bei der Angabe des Schlüsselworts *WHILE* die Ausgabe nur für alle diejenigen Sätze vorgenommen, welche die angegebene Bedingung *ohne Unterbrechung* mit Beginn des aktuell im Satzpuffer enthaltenen Satzes erfüllen. Falls sowohl eine FOR- als auch eine WHILE-Bedingung aufgeführt ist, hat die WHILE-Bedingung *Vorrang* vor der FOR-Bedingung.

Somit ergibt sich etwa für die im aktuellen Arbeitsbereich angemeldete Tabellen-Datei UMSATZ:

```
. USE UMSATZ
. DISPLAY V_NR, A_STUECK FOR A_NR = 11
Datensatz#  V_NR A_STUECK
        3   8413       70
        4   1215       20
        9   8413       20
. DISPLAY V_NR, A_STUECK WHILE A_NR = 11
                                   ←. Dateiende ist erreicht
. GO TOP
UMSATZ: Datensatznummer        1
. DISPLAY NEXT 3 V_NR, A_STUECK
Datensatz#  V_NR A_STUECK
        1   8413       40
        2   5016       10
        3   8413       70
. DISPLAY V_NR, A_STUECK WHILE A_NR = 11
Datensatz#  V_NR A_STUECK

        3   8413       70  ← der 3. Satz ist noch im Satzpuffer enthalten
        4   1215       20
. DISPLAY
Datensatz#  V_NR A_NR A_STUECK DATUM
        5   5016   22       35 25.06.89
```

Druckausgabe

Wollen wir die Bildschirmausgabe auf einen angeschlossenen Drucker leiten, so müssen wir die Schlüsselwörter "*TO PRINTER*" innerhalb des DISPLAY-Befehls aufführen.

Kann bei der Ausgabe auf die jeden Datensatz einleitende Satznummer *verzichtet* werden, so ist das Schlüsselwort *OFF* hinter DISPLAY anzufügen, so daß z.B. durch

```
. DISPLAY OFF ALL TO PRINTER
```

alle Datensatzinhalte - *ohne* einleitende Satznummer - auf dem Drucker ausgegeben werden.

Alternativ zur Druckausgabe können wir neben der Bildschirmanzeige eine Übertragung in eine Text-Datei vornehmen lassen, indem wir z.B. den Befehl

```
. DISPLAY OFF ALL TO FILE INHALT.TXT
```

mit dem Dateinamen "INHALT.TXT" für die Text-Datei eingeben.

Ausgabe von Memo-Feldinhalten

Sollen Inhalte von Memo-Feldern auf dem Bildschirm oder auf einen Drucker ausgegeben werden, so ist der Name des Memo-Felds im DISPLAY-Befehl anzugeben. Standardmäßig sind 50 Zeichenpositionen pro Zeile für die Textausgabe reserviert. Diese Voreinstellung kann durch den *SET MEMOWIDTH TO*-Befehl in der Form

```
SET MEMOWIDTH TO ganzzahl
```

geeignet verändert werden. Dabei muß die hinter dem Schlüsselwort TO angegebene ganze Zahl größer als 7 und kleiner oder gleich 32000 sein.

Die Ausgabe von Memo-Feldinhalten läßt sich mit Hilfe des *Inklusionsoperators* "$" von Bedingungen abhängig machen, so daß z.B. durch die Befehle

```
. USE VRTRTR
. DISPLAY ALL V_NR, V_MEMO FOR "1985" $ V_MEMO
```

die Inhalte nur für diejenigen Vertreter angezeigt werden, für die Angaben zum Jahr 1985 vorliegen. Da für unsere Vertreter jeweils die Jahresumsätze für die Jahre 1985, 1986 und 1987 erfaßt worden sind, führt der DISPLAY-Befehl somit zur folgenden Anzeige:

```
Datensatz#  V_NR V_MEMO
         1  8413 1985 360000
                 1986 375000
                 1987 380000


         2  5016 1985 320000
                 1986 340000
                 1987 350000


         3  1215 1985 400000
                 1986 410000
                 1987 350000
                 1988 380000
```

Memo-Feldinhalte lassen sich auch in einer gesonderten Text-Datei speichern. Dazu ist der *COPY MEMO*-Befehl in der Form

```
COPY MEMO feldname TO text-dateiname
```

zu verwenden. Dadurch werden alle im Memo-Feld "feldname" des aktuellen Satzes enthaltenen Textzeilen in diejenige Text-Datei übertragen, deren Name hinter dem Schlüsselwort TO aufgeführt ist.

Der LIST-Befehl

Sind mehr als 19 Bildschirmzeilen für die Ausgabe der Datensätze einer Tabellen-Datei erforderlich, so werden die Sätze bei der Ausführung des DISPLAY-Befehls in Blöcken von jeweils 19 Zeilen am Bildschirm angezeigt. Nach der Ausgabe eines Blocks muß die Ausgabe des nächsten Blocks durch die Eingabe eines (beliebigen) Zeichens angefordert werden. Zum Abbruch der Datenausgabe ist die Escape-Taste zu betätigen. Anders ist dies beim Einsatz des *LIST*-Befehls in der Form

```
LIST [ OFF ] [ bereich ] [ feldname-1 [ ,feldname-2 ]... ]
       [ WHILE bedingung-1 ] [ FOR bedingung-2 ]
       [ TO { PRINTER | FILE text-dateiname } ]
```

wodurch die Sätze - ohne Unterbrechung - *fortlaufend* am Bildschirm angezeigt werden. Im Gegensatz zum DISPLAY-Befehl wird nämlich durch den Aufruf von

```
LIST
```

nicht der Inhalt des aktuellen Satzpuffers, sondern - entsprechend der Leistung von "DISPLAY ALL" - der gesamte Inhalt der Tabellen-Datei ausgegeben.

Der COPY TO-Befehl

Sollen Datensätze nicht auf den Bildschirm oder Drucker, sondern in eine Text-Datei übertragen werden, so läßt sich der *COPY TO*-Befehl in der Form

```
COPY TO text-dateiname [bereich]
       [ FIELDS feldname-1 [,feldname-2 ]...]
       [ WHILE bedingung-1 ] [ FOR bedingung-2 ] TYPE SDF
```

einsetzen (vgl. die Angaben im Abschnitt 4.5). Dadurch werden die durch die Bereichsangabe bzw. durch die Bedingung gekennzeichneten Datensätze in eine Text-Datei übertragen, welche die Struktur der im aktuellen Arbeitsbereich angemeldeten Tabellen-Datei übernimmt. Wollen wir die Struktur bei der Übertragung verändern, so müssen wir die einzurichtenden Datenfelder durch ihre Namen hinter dem Schlüsselwort *FIELDS* innerhalb des COPY TO-Befehls spezifizieren.

Ausgabe auf Drucker und in Protokoll-Dateien

Die eingegebenen dBASE-Befehle und die durch sie angeforderten Ausgaben werden standardmäßig auf dem Bildschirm angezeigt. Zur Druckausgabe ist der *SET PRINTER*-Befehl in der Form

```
SET PRINTER { ON | OFF }
```

zu verwenden. Bei eingeschalteter Druckausgabe (ON) werden die über die Tastatur eingegebenen Befehle und die dadurch angeforderten Ausgaben auf einem angeschlossenen Drucker protokolliert. Durch den Einsatz des *SET PRINTER*-Befehls mit dem Schlüsselwort *OFF* in der Form

```
SET PRINTER OFF
```

läßt sich die Druckausgabe wieder *abschalten*.

Hinweis:

Dies gilt nicht für die menü-orientierten Befehle wie etwa APPEND, BROWSE, EDIT, INSERT und @ (siehe Kapitel 6).

Wollen wir die Bildschirm- bzw. Druckausgabe für eine nachfolgende Anwendung sichern, so können wir dazu den *SET ALTERNATE TO*-Befehl in der Form

```
SET ALTERNATE TO text-dateiname
```

eingeben. Dadurch wird eine Text-Datei als *Protokoll-Datei* eingerichtet, in die alle Bildschirm- und Druckausgaben übertragen werden können. Ohne Angabe einer Namensergänzung im Dateinamen wird automatisch die Ergänzung "TXT" an den Grundnamen angefügt.

Hinweis:

Dies gilt nicht für die menü-orientierten Befehle wie etwa APPEND, BROWSE, EDIT, INSERT und @ (siehe Kapitel 6).

Wurde bereits eine Protokoll-Datei eingerichtet, die nicht überschrieben, sondern durch weitere Ausgaben ergänzt werden soll, so ist das Schlüsselwort *ADDITIVE* in der Form

```
SET ALTERNATE TO text-dateiname ADDITIVE
```

ergänzend aufzuführen.

Nachdem die Protokoll-Datei durch den SET ALTERNATE TO-Befehl festgelegt ist, läßt sich die Ausgabe in diese Datei durch den *SET ALTERNATE*-Befehl mit dem Schlüsselwort *ON* in der Form

```
SET ALTERNATE ON
```

einschalten. Anschließend werden alle durch dBASE-Befehle angeforderten Bildschirm- bzw. Druckausgaben in diese Datei eingetragen. Diese Ausgabe erfolgt solange, bis wir die Protokoll-Datei durch den *CLOSE ALTERNATE*-Befehl in der Form

```
CLOSE ALTERNATE
```

von der Verarbeitung abmelden. Nach dem Dialogende, d.h. nach der Ausführung des QUIT-Befehls, läßt sich die Protokoll-Datei unter MS-DOS z.B. mit dem Kommando PRINT auf einen Drucker ausgeben bzw. mit einem Editierprogramm bearbeiten.

Soll die Protokollausgabe während des Dialogs zunächst *unterbrochen* (OFF) und anschließend wieder aufgenommen werden (ON), so können wir dazu den *SET ALTERNATE*-Befehl in der Form

```
SET ALTERNATE{ ON | OFF }
```

verwenden.

Nicht nur am Dialogende, sondern auch schon während des Dialogs läßt sich der Inhalt einer durch den CLOSE ALTERNATE-Befehl abgemeldeten Protokoll-Datei auf den Drucker oder auf den Bildschirm ausgeben. Dazu müssen wir den *TYPE*-Befehl in der Form

```
TYPE text-dateiname [ TO PRINTER ] [ NUMBER ]
```

einsetzen. Der im TYPE-Befehl aufgeführte Dateiname muß den Grundnamen und die zuvor (bei der Einrichtung der Protokoll-Datei) gewählte Namensergänzung (standardmäßig ist dies "TXT") enthalten.

Wird das Schlüsselwort *NUMBER* angegeben, so wird jede Zeile von einer Zeilennummer eingeleitet. Soll die zu Beginn jeder Ausgabeseite standardmäßige Angabe des Dateinamens, des Datums und der Seitennummer unterdrückt werden, so ist zuvor der *SET HEADING*-Befehl in der Form

```
SET HEADING OFF
```

einzugeben.

Der DISPLAY FILES-Befehl

Oftmals ist es nützlich, sich alle oder ausgewählte Dateinamen eines Unterverzeichnisses anzeigen zu lassen. Dazu dient der *DISPLAY FILES*-Befehl, der in der Form

```
DISPLAY FILES [ LIKE namensmaske ]
                        [ TO { PRINTER | FILE text-dateiname } ]
```

einzugeben ist. Innerhalb einer *Namensmaske* lassen sich die sog. *Wildcardzeichen* "*" und "?" verwenden. Das Symbol "*" steht stellvertretend für eine beliebige Zeichenfolge, deren Länge nicht festgelegt ist. Dagegen wird das Symbol "?" als Platzhalter für ein einzelnes Zeichen eingesetzt.

So können wir z.B. durch

```
. DISPLAY FILES LIKE *.DBF TO PRINTER
```

die Namen sämtlicher Tabellen-Dateien - bei gleichzeitiger Ausgabe auf einen Drucker - anzeigen lassen (siehe den DIR-Befehl im Abschnitt 4.3). Sollen andererseits etwa die Namen der im aktuellen Unterverzeichnis enthaltenen Text-Dateien mit der einleitenden Zeichenfolge "INH" angezeigt und zusätzlich in die Text-Datei TXTDAT.TXT übertragen werden, so müssen wir dazu den Befehl

```
. DISPLAY FILES LIKE INH*.TXT TO FILE TXTDAT.TXT
```

eingeben.

5.5 Ausgabe von Etiketten

Aufbau einer Label-Datei

Mit dem DISPLAY- und dem LIST-Befehl können die Inhalte eines Datensatzes nur nebeneinander bzw. - bei zu vielen Datenfeldern - in mehreren Zeilen untereinander angezeigt werden, wobei unter Umständen mitten in einem Datenfeld ein Zeilenwechsel stattfindet. Wollen wir Datenfeldinhalte in mehreren Zeilen ausgeben, wobei die Plazierung der einzelnen Felder von uns vorgegeben werden soll, so können wir dazu die Befehle CREATE LABEL und LABEL FORM einsetzen. Dies ist z.B. erforderlich für die Ausgabe von Adreßaufklebern. Zur Unterscheidung von der standardmäßigen Ausgabe beim DISPLAY-Befehl sprechen wir von *Etiketten*, die jeweils den Inhalt eines oder mehrerer Datenfelder aufnehmen.

Zur Vorbereitung der Datenausgabe müssen wir zunächst die Länge und Anordnung der Etiketten beschreiben und dazu eine *Label-Datei* mit Hilfe des Befehls *CREATE LABEL* in der Form

```
CREATE LABEL label-dateiname
```

aufbauen. Dazu muß diejenige Tabellen-Datei im aktuellen Arbeitsbereich *angemeldet* sein, für welche die Etiketten zur Datenfeldausgabe in einer Label-Datei eingerichtet werden sollen.

Nachdem wir die Befehle

```
. USE VRTRTR

. CREATE LABEL VRTRTR
```

eingegeben haben, wird auf dem Bildschirm das *Label-Menü* in der folgenden Form angezeigt:

Layout Maße Felder Text Suchen Drucken Ende 12:39:14

Zur Beschreibung der gewünschten Strukturierung für die Etiketten-Ausgabe sind Angaben innerhalb der (in der ersten Bildschirmzeile eingetragenen) Menü-Option "Maße" zu machen, die sich auf die folgende Layout-Struktur beziehen (die jeweils zulässigen Grenzwerte sind in Klammern eingetragen):

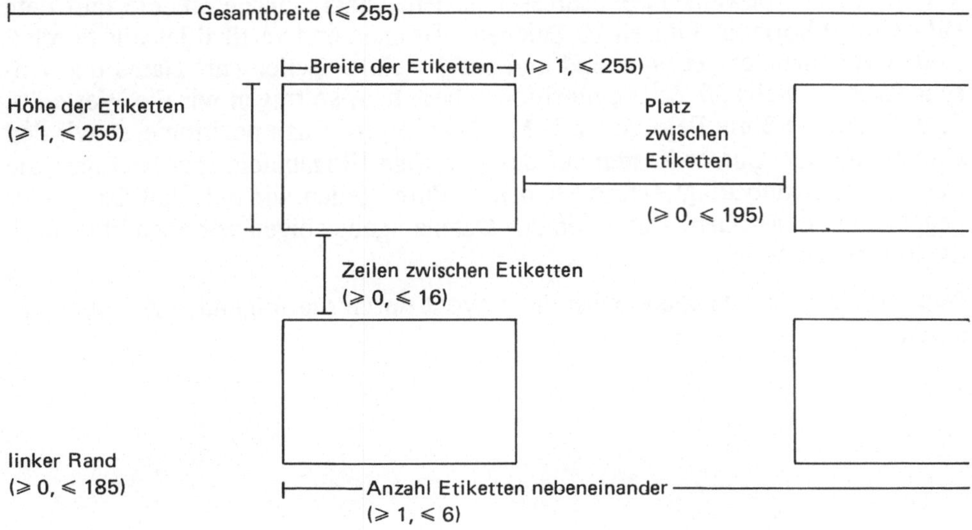

Zur Anwahl einer Menü-Option müssen wir eine Tastenkombination betätigen, bei der wir bei festgehaltener *Alt-Taste* die Zeichentaste desjenigen Buchstabens drücken, der die gewünschte Menü-Option einleitet.

Somit müssen wir die Menü-Option "Maße" durch die Tastenkombination "*Alt+M*" ansteuern. Daraufhin wird das folgende Menü am Bildschirm angezeigt:

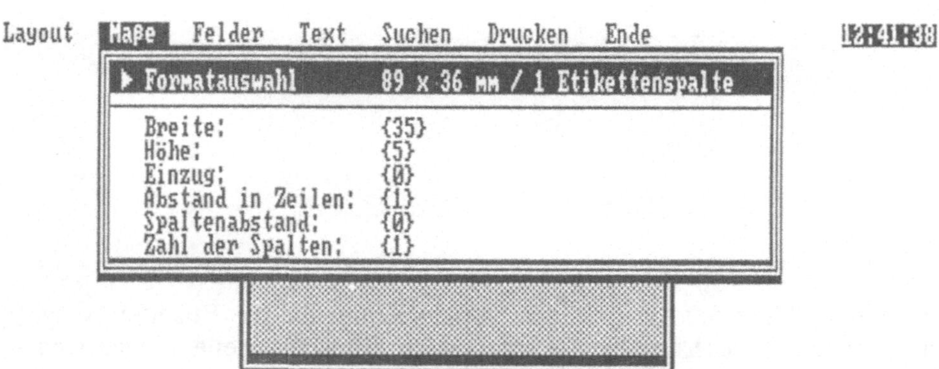

Wollen wir z.B. für die Ausgabe der Adressen aus der Tabellen-Datei VRTRTR.DBF jeweils zwei Adressen nebeneinander plazieren, die (auf dem Bildschirm) horizontal durch 10 Zeichenpositionen und vertikal jeweils durch 5 Zeilen voneinander getrennt sind und aus jeweils 2 Zeilen (für Name und Anschrift) mit jeweils 30 Zeichenpositionen bestehen, so tragen wir die Werte 30, 2, 0, 5, 10 und 2 mit Beginn der 2. Menü-Zeile ein. Dazu positionieren wir den Cursor mit den Cursor-Tasten auf das jeweilige Eingabefeld und betätigen die *Return-Taste* (unbedingt erforderlich!). Dadurch teilen wir mit, daß Daten eingegeben werden sollen. Das Ende der Dateneingabe zeigen wir ebenfalls durch die Return-Taste an.

Nach unserer Dateneingabe wird das Layout durch die folgenden Angaben bestimmt:

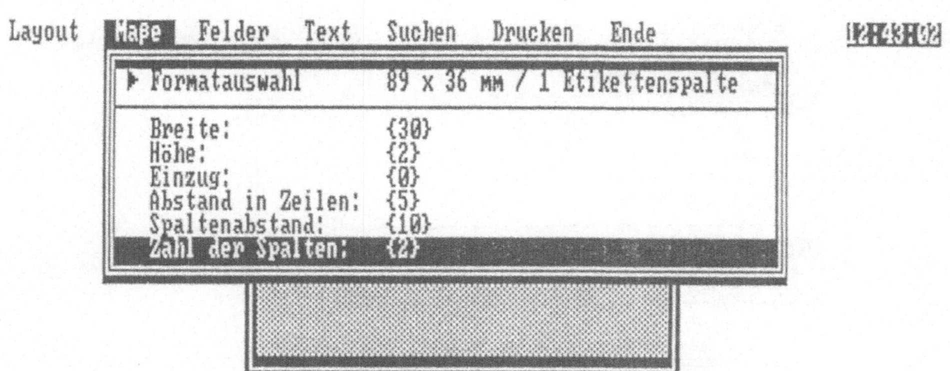

Um die Inhalte für die Etiketten festzulegen, drücken wir anschließend die Taste *Cursor-Rechts*, woraufhin die Menü-Option "Felder" mit der voreingestellten Option "Hinzufügen" ausgewählt wird.

Wie oben angegeben, wollen wir die Feldinhalte von V_NAME und V_ANSCH (dies sind Datenfelder der im aktuellen Arbeitsbereich angemeldeten Tabellen-Datei VRTRTR.DBF) untereinander ausgeben lassen. Deshalb positionieren wir innerhalb des auf den Druck der Return-Taste hin ausgegebenen Menüs

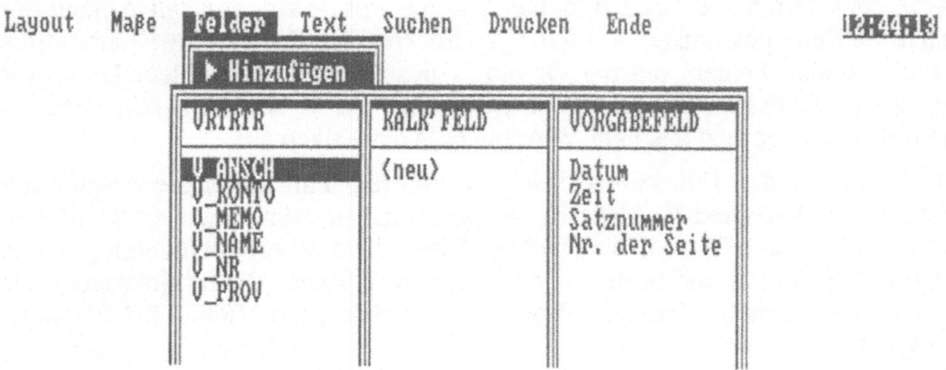

auf die Zeile mit dem Feldnamen "V_NAME" und bestätigen diese Wahl mit der Return-Taste. Daraufhin wird ein Menü mit den aktuellen Attributen von V_NAME in der folgenden Form angezeigt:

Wir bestätigen diese Angaben mit "*Strg+Ende*", woraufhin V_NAME als erstes Feld innerhalb des Etiketts verabredet ist (das im Label-Menü angezeigte Etikett wird daraufhin auf genau 20 Zeichenpositionen reduziert).

Der Cursor, der zu Beginn der ersten Zeile innerhalb des Etiketts angezeigt wird, muß durch die Taste Bild-Tief und die Pos1-Taste auf den Anfang der nächsten Zeile positioniert werden. Anschließend ist durch "*Alt+F*" erneut die Menü-Option "Felder" mit der Option "Hinzufügen" auszuwählen. Durch die gleichen Arbeitsschritte, die wir oben für das Feld V_NAME beschrieben haben, nehmen wir jetzt das Feld V_ANSCH in das Etikett auf.

Nachdem wir den Etiketten-Aufbau - in unserem Fall durch die Angabe der Felder V_NAME und V_ANSCH - festgelegt haben, wählen wir die Menü-Option "Ende" durch "*Alt+E*" aus und bestätigen die diesbezüglich voreingestellte Option "Speichern und beenden" mit der Return-Taste. Daraufhin werden die getroffenen Struktur-Vereinbarungen in der Label-Datei VRTRTR.LBL abgespeichert.

Genauso wie eine Tabellen-Datei durch die Namensergänzung "DBF" charakterisiert ist, wird eine Label-Datei durch die Namensergänzung "*LBL*" (als Kurzform für "LABEL") gekennzeichnet.

Neben der Label-Datei wird zusätzlich eine Datei gleichen Grundnamens mit der Namensergänzung "*LBG*" eingerichtet. Diese Datei enthält diejenigen dBASE-Befehle, durch deren Ausführung die Etiketten in der innerhalb des Label-Menüs vereinbarten Form ausgegeben werden.

Bearbeitung von Bildschirm-Menüs

Grundsätzlich erlauben die menü-orientierten Befehle des dBASE-Systems - wie etwa CREATE LABEL - die Auswahl einer befehls-spezifischen Menü-Option durch den Druck einer Tastenkombination, in der die *Alt-Taste* zusammen mit der Zeichentaste desjenigen Buchstabens gedrückt werden muß, der die Menü-Option einleitet. Zum Wechsel zwischen den jeweils in der ersten Bildschirmzeile angezeigten Menü-Optionen lassen sich die Tasten *Cursor-Rechts* und *Cursor-Links* verwenden:

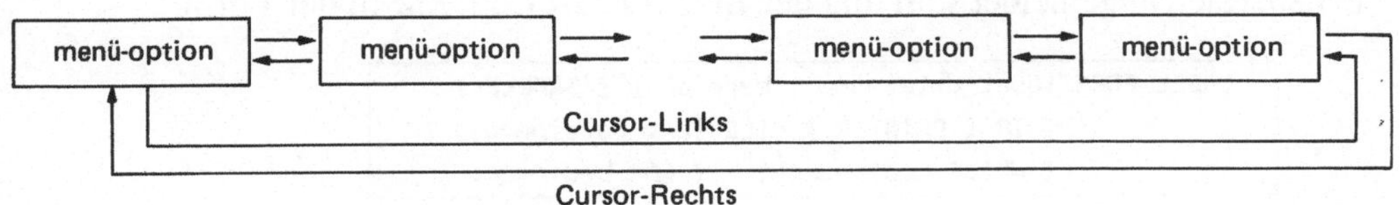

Alternativ zur Anwahl einer Menü-Option durch eine Tastenkombination in Verbindung mit der Alt-Taste kann auch die Funktionstaste *F10* betätigt werden. Dadurch wird der Cursor auf die zuletzt ausgewählte (bei erstmaliger Ansteuerung einer Menü-Option auf die erste) Menü-Option positioniert. Von dort kann durch die Taste Cursor-Rechts die jeweils gewünschte Menü-Option erreicht werden.

Um die Auswahl einer Menü-Option rückgängig zu machen, müssen wir die *Esc-Taste* betätigen. Haben wir bereits eine der Menü-Option untergeordnete Option angesteuert, so bewirkt die Esc-Taste ein schrittweises Zurücksetzen auf die Ebene der jeweils unmittelbar zuvor ausgewählten Option.

Zur Dateneingabe in ein Menü ist die jeweils gewünschte Option durch die Tasten *Cursor-Tief* und *Cursor-Hoch* auszuwählen:

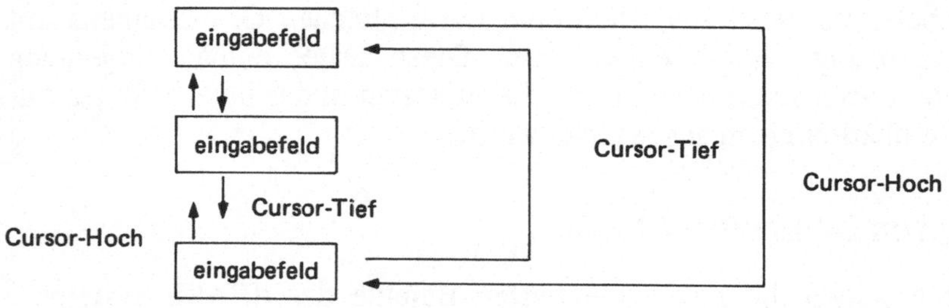

Die Anforderung einer Dateneingabe ist stets durch den Druck der Return-Taste anzuzeigen. Jede Eingabe wird mit der Return-Taste abgeschlossen.

Etiketten-Ausgabe

Zur Ausgabe der Etiketten muß die zugehörige Tabellen-Datei im aktuellen Arbeitsbereich angemeldet sein und der Befehl *LABEL FORM* in der Form

```
LABEL FORM label-dateiname [ bereich ] [ SAMPLE ]
           [ TO { PRINTER | FILE text-dateiname } ]
           [ WHILE bedingung-1 ] [ FOR bedingung-2 ]
```

angegeben werden, so daß wir z.B. die Druckausgabe aller Adressen durch den Befehl

```
. LABEL FORM VRTRTR TO PRINTER
```

abrufen können.

Bei der erstmaligen Bearbeitung einer Label-Datei durch den LABEL FORM-Befehl wird zunächst der Inhalt der ihr zugeordneten Datei mit der Namensergänzung "*LBG*" in eine ausführbare Form *übersetzt* (kompiliert). Die resultierende *kompilierte* Form mit den Maschinenbefehlen wird in einer Datei gleichen Grundnamens mit der Namensergänzung "*LBO*" abgespeichert.

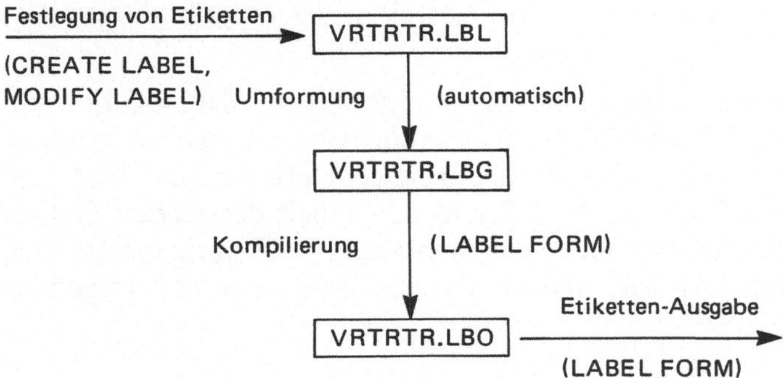

Wird zu einem späteren Zeitpunkt wiederum eine Etiketten-Ausgabe von derselben Label-Datei abgerufen, so wird keine Kompilierung mehr durchgeführt, sondern *unmittelbar* auf die kompilierte Form in der zugehörigen Datei mit der Namensergänzung "LBO" zurückgegriffen.

Standardmäßig wird die Ausgabe der Etiketten auf dem Bildschirm vorgenommen. Sie kann - durch die Angabe von "*TO PRINTER*" - zusätzlich auf einen angeschlossenen Drucker oder aber - durch die Angabe von "*TO FILE text-dateiname*" - in eine Text-Datei zur weiteren Bearbeitung ausgegeben werden. Außerdem können wir durch die Aufführung einer Bereichsangabe oder einer durch das Schlüsselwort FOR oder WHILE eingeleiteten Bedingung die Ausgabe, die standardmäßig für alle Sätze erfolgt, auf einen Teil der Sätze beschränken.

Zur Justierung eines Druckers bei der Druckausgabe der Etiketten sollte beim Aufruf des LABEL FORM-Befehls zusätzlich das Schlüsselwort *SAMPLE* angeben werden. Dadurch wird zunächst eine Ausgabe von Sternzeichen für die gesamte Druckbreite durchgeführt, so daß der Drucker geeignet eingestellt werden kann. Die Testausgabe kann wiederholt werden, und erst dann, wenn auf die Anfrage "Sollen weitere Probeetiketten erstellt werden? (J/N/ESC)" mit der Eingabe des Zeichens "N" geantwortet wird, erfolgt die angeforderte Ausgabe der Etiketten.

Änderung einer Label-Datei

Für den Fall, daß die Angaben zur Etiketten-Ausgabe innerhalb der eingerichteten Label-Datei geändert werden müssen, ist der Befehl *MODIFY LABEL* in der Form

```
MODIFY LABEL label-dateiname
```

einzugeben, woraufhin eine menü-gesteuerte Korrektur der ursprünglichen Angaben möglich ist.

So können wir z.B. für die Etiketten-Ausgabe der Satzinhalte von VRTRTR.DBF vorsehen, daß alle Adressen untereinander ausgegeben werden. Dazu ändern wir in den durch "Alt+M" angezeigten Optionen den Wert der Option "Abstand in Zeilen" in den Wert 2 und den Inhalt der letzten Option ("Zahl der Spalten") in den Wert 1 ab, so daß sich nach Beendigung des Befehls MODIFY LABEL - durch "Alt+E" und die Return-Taste - und nachfolgender Eingabe des Befehls

```
. LABEL FORM VRTRTR TO PRINTER
```

die folgende Druckausgabe ergibt:

```
Meyer, Emil
Wendeweg 10, 2800 Bremen

Meier, Franz
Kohlstr. 1, 2800 Bremen

Schulze, Fritz
Gemüseweg 3, 2800 Bremen
```

Hierbei ist zu beachten, daß durch den MODIFY LABEL-Befehl eine veränderte Label-Datei VRTRTR.LBL und eine entsprechend modifizierte Datei namens VRTRTR.LBG abgespeichert und die zugehörige Datei VRTRTR.LBO mit der kompilierten Form *gelöscht* wird. Eine Datei namens VRTRTR.LBO wird erst dann wieder eingerichtet, wenn durch eine nachfolgende Ausführung des LABEL FORM-Befehls der Inhalt von VRTRTR.LBG *erneut* kompiliert wird.

Aufgaben

Aufgabe 5.1

Es sind die Tabellen-Dateien KUNDE.DBF, AUFTRAG.DBF und AUFPOS.DBF (in dieser Reihenfolge) in den Arbeitsbereichen 1, 2 und 3 anzumelden. Der aktuelle Status und der Inhalt dieser Dateien ist auf dem Bildschirm auszugeben!

Aufgabe 5.2

Stelle fest, welche Sätze in der Tabellen-Datei AUFTRAG.DBF zu löschen sind, damit keine doppelten Sätze vorliegen!

Aufgabe 5.3
Zu welchen Ergebnissen führen die folgenden Anforderungen?

```
. SELECT 1
. USE AUFTRAG
. GO 2
. SELECT 2
. USE AUFPOS
. DISPLAY AUFNR, AUFTRAG -> AUFNR FOR AUFNR <= 417
```

Welche Befehle müssen ergänzt werden, wenn die Bildschirmausgabe in die Text-Datei DIALOG.TXT eingetragen werden soll?

Aufgabe 5.4
Richte die Label-Datei KUNDE.LBL ein, damit sich die Kundendaten auf dem Bildschirm - untereinander - in der folgenden Form ausgeben lassen:

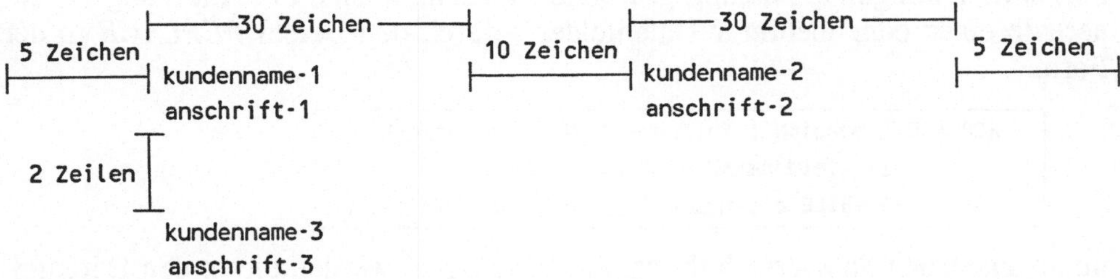

Gib diese Etiketten auf dem Bildschirm aus!

6 Änderung des Bestands

6.1 Korrektur von Datensätzen (REPLACE, APPEND MEMO, EDIT, BROWSE)

Der REPLACE-Befehl

Sind Datensatzinhalte zu ändern, so können wir die erforderlichen Korrekturen mit oder ohne dialog-orientierter Menü-Steuerung vornehmen. Grundsätzlich wirken die möglichen Korrektur-Befehle stets auf die Tabellen-Datei, die im aktuellen Arbeitsbereich angemeldet ist.

Soll *ohne* Dialogunterstützung gearbeitet werden, so sind die Änderungen - innerhalb eines oder mehrerer Datenfelder - durch den Befehl *REPLACE* in der Form

```
REPLACE [ bereich ] feldname-1 WITH ausdruck-1
        [ , feldname-2 WITH ausdruck-2 ]...
        [ WHILE bedingung-1 ] [ FOR bedingung-2 ]
```

im angegebenen Satzbereich durchzuführen. Dabei werden die in den Datenfeldern enthaltenen alten Werte durch die Werte der jeweils hinter "WITH" angegebenen Ausdrücke ersetzt.

Hinweis:

Ohne Angabe eines Bereichs und ohne eine WHILE- bzw. FOR-Klausel wird allein der im Satzpuffer enthaltene Satz bearbeitet.

Bei der Korrektur von Datumswerten ist zu beachten, daß der neue Wert mit Hilfe der *Datumsfunktion* CTOD in der Form

```
CTOD("tt.mm.jj")
```

wie z.B. durch

```
. REPLACE DATUM WITH CTOD("24.06.89")
```

angegeben werden muß. Durch diesen Funktionsaufruf wird die als Funktionsargument aufgeführte Zeichenfolge in das interne Datumsformat umgewandelt (siehe Anhang A.5). Diese Vorkehrung ist bei der dialog-gestützten Änderung von Datensätzen mit Hilfe des Befehls *EDIT* nicht zu treffen, da ein in das angezeigte Menü eingegebener Wert automatisch in das interne Datumsformat umgewandelt wird.

Der Inhalt eines Memo-Feldes läßt sich durch den *REPLACE*-Befehl in der Form

```
REPLACE [ bereich ] feldname WITH ausdruck [ ADDITIVE ]
```

verändern. Wird das Schlüsselwort *ADDITIVE* eingegeben, so wird der durch "ausdruck" gekennzeichnete Text an die Textzeilen angefügt, die für das Memo-Feld "feldname" bereits gespeichert sind. *Fehlt* das Schlüsselwort ADDITIVE, so wird der ursprüngliche Inhalt des Memo-Felds durch den hinter dem Schlüsselwort WITH angegebenen Text *überschrieben.*

Somit können wir z.B. eine fehlerhafte Angabe für den Vertreter mit der Kennzahl 1215 wie folgt ersetzen:

```
. USE VRTRTR
. LOCATE FOR V_NR=1215
. REPLACE V_MEMO WITH "1985 400000"+CHR(13)+
                      "1986 410000"+CHR(13)+"1987 350000"+CHR(13)
```

Hinweis:

Aus darstellungstechnischen Gründen geben wir Befehle unter Umständen in mehr als einer Zeile an, obwohl die gesamte Zeichenfolge bei ihrer Eingabe hintereinander in die Befehls-Zeile bzw. in geeigneter Form in ein Befehls-Window eingetragen wird.

Dabei wird durch den Funktionsaufruf "CHR(13)" dasjenige Zeichen ermittelt, das innerhalb von Text-Dateien einen Zeilenwechsel kennzeichnet (siehe Anhang A.5).

Wollen wir etwa den Umsatz für das Jahr 1988 - unter der Annahme, daß dieser Eintrag noch nicht vorliegt - in einer weiteren Zeile an den bisherigen Memo-Feldinhalt des Vertreters mit der Kennzahl 1215 anfügen, so können wir dazu die Befehle

```
. LOCATE FOR V_NR=1215
. REPLACE V_MEMO WITH "1988 380000"+CHR(13) ADDITIVE
```

eingeben.

Der APPEND MEMO-Befehl

Soll der Inhalt eines Memo-Felds nicht durch Textzeilen, die innerhalb eines REPLACE-Befehls aufgeführt sind, sondern durch den gesamten Inhalt einer Text-Datei überschrieben werden, so ist der *APPEND MEMO*-Befehl in der Form

```
APPEND MEMO feldname FROM text-dateiname OVERWRITE
```

einzugeben. Dadurch wird der Inhalt des im aktuellen Datensatz enthaltenen Memo-Felds "feldname" durch die in der Text-Datei gespeicherten Zeilen überschrieben.

Wollen wir den Memo-Feldinhalt des aktuellen Satzes *nicht* ersetzen, sondern einen ergänzenden Eintrag im Memo-Feld vornehmen, so müssen wir den *APPEND MEMO*-Befehl ohne das Schlüsselwort *OVERWRITE* in der Form

```
APPEND MEMO feldname FROM text-dateiname
```

verwenden. Dadurch werden die innerhalb der angegebenen Text-Datei gespeicherten Textzeilen hinter die im Memo-Feld "feldname" eingetragenen Textzeilen angefügt.

Der EDIT-Befehl

Zur Datenkorrektur im Dialog setzen wir den Befehl *EDIT* in der Form

```
EDIT [ bereich ] [ FIELDS feldname-1 [, feldname-2 ]... ]
                 [ WHILE bedingung-1 ] [ FOR bedingung-2 ]
```

ein. Dadurch werden schrittweise - für jeden Satz des angegebenen Satzbereichs - alle Datenfelder bzw. - bei Angabe des Schlüsselworts *FIELDS* - nur die hinter FIELDS aufgeführten Datenfelder am Bildschirm angezeigt. Die alten Datenfeldinhalte eines Datensatzes werden untereinander ausgegeben - etwa nach der Eingabe von

```
. USE VRTRTR
. EDIT 2
```

in der Form:

```
  Datensätze      Suchen      Ende                                  13:07:23
V_NR        <5016>
V_NAME      <Meier, Franz                  >
V_ANSCH     <Kohlstr. 1, 2800 Bremen       >
V_PROV      <0,05>
V_KONTO     < 200,00>
V_MEMO      <MEMO>
```

Hinweis:

Ohne Angabe eines Bereichs und ohne eine WHILE- bzw. FOR-Klausel wird allein der im Satzpuffer enthaltene Satz bearbeitet. Die Begrenzungszeichen "<" und ">" werden automatisch eingeblendet, da der von uns zuvor eingegebene SET DELIMITER-Befehl (siehe Abschnitt 4.1) wirksam ist.

Nachdem die angezeigten Datenfeldinhalte durch geeignete Dateneingaben verändert wurden, wird der korrigierte Satz (mit neuem Satzinhalt) in die Tabellen-Datei zurückgeschrieben (siehe unten) und der nächste Datensatz automatisch im aktuellen Satzpuffer bereitgestellt. Die Korrekturmöglichkeit wird für alle nachfolgenden Datensätze solange fortgesetzt angeboten, bis der letzte Satz bearbeitet wurde oder durch die Eingabe von "*Strg+Ende*" der Abbruch der Befehlsausführung gefordert wird. Während der Editierung können wir uns durch die Tasten Bild-Hoch und Bild-Tief die Inhalte der jeweils vorausgehenden bzw. folgenden Sätze in den Bildschirm-Masken bereitstellen lassen.

Soll bei wiederholter Eingabe des EDIT-Befehls auf die Angabe der Feldnamen verzichtet werden, so läßt sich mit Hilfe des *SET FIELDS TO*-Befehls in der Form

```
SET FIELDS TO feldname-1 [ /R ] [ , feldname-2 [ /R ] ]...
```

eine Voreinstellung für die zu verwendenden Felder treffen. Durch die Angabe der Zeichenfolge "/R" (ohne Leerzeichen zwischen "/" und "R") wird festgelegt, das auf das jeweils unmittelbar zuvor aufgeführte Feld *nur lesend* zugegriffen werden darf, so daß wir uns dadurch vor einer versehentlichen Änderung eines Feldinhalts schützen können.

Hinweis:

Sollen keine Bestandsänderungen innerhalb einer Tabellen-Datei möglich sein, so muß die Tabellen-Datei durch die zusätzliche Angabe des Schlüsselworts NOUPDATE innerhalb des USE-Befehls angemeldet werden.

Es ist zu beachten, daß mehrere SET FIELDS-Befehle *kumulativ* wirken, d.h. ein Befehl hebt nicht die Wirkung des vorausgehenden Befehls auf, sondern er erweitert die Liste der Feldnamen um die in ihm aufgeführten Felder. Soll die Verabredung der jeweils zu berücksichtigenden Feldnamen wieder aufgehoben werden, so ist der *SET FIELDS TO*-Befehl in der Form

```
SET FIELDS TO
```

einzugeben.

Es ist zu beachten, daß die Feld-Auswahl nicht nur für den EDIT-Befehl, sondern für alle Befehle gilt, in denen Felder aufgeführt werden dürfen.

Der BROWSE-Befehl

Sollen die zu editierenden Datensätze nicht einzeln, sondern mehrere aufeinanderfolgende Sätze zusammen angezeigt werden, so ist anstelle des EDIT-Befehls der *BROWSE*-Befehl in der Form

```
BROWSE   [ FIELDS feldname-1 [ /R ] [ spaltenbreite-1 ]
                 [ , feldname-2 [ /R ] [ spaltenbreite-2 ] ]... ]
```

zu verwenden. Auf dem Bildschirm wird das *Browse-Menü* ausgegeben, in dem die Inhalte der (bis zu ersten 17) Datensätze tabellenartig untereinander eingetragen sind. *Ohne* das Schlüsselwort *FIELDS* werden die gesamten Satzinhalte und *mit* dem Schlüsselwort FIELDS allein die jeweils spezifizierten Datenfeldinhalte ausgegeben. Sind hinter den Feldnamen keine Angaben zur Spaltenbreite (erlaubt sind Werte kleiner gleich 100) eingetragen, so werden die Daten gemäß der vereinbarten Datensatz-Beschreibung angezeigt.

So erhalten wir z.B. durch die Eingabe der Befehle

```
. USE UMSATZ

. BROWSE
```

das folgende Browse-Menü:

```
Datensätze     Felder     Suchen     Ende                    13:08:20
```

V_NR	A_NR	A_STUECK	DATUM
8413	12	40	24.06.89
5016	22	10	24.06.89
8413	11	70	24.06.89
1215	11	20	25.06.89
5016	22	35	25.06.89
8413	13	35	24.06.89
1215	13	5	24.06.89
1215	12	10	24.06.89
8413	11	20	25.06.89

Hinweis:

Zur Ansteuerung der innerhalb der ersten Menüzeile angezeigten Menü-Optionen siehe die Angaben im Kapitel 11.

Zur Positionierung innerhalb des Browse-Menüs lassen sich die Cursor-Tasten einsetzen. Ferner kann mit den Tasten Cursor-Hoch und Cursor-Tief der sich jeweils anschließende Satzbereich angezeigt werden. Zur Beendigung der Editierung ist die Tastenkombination "*Strg+Ende*" einzugeben.

Im Gegensatz zum EDIT-Befehl ist es innerhalb des BROWSE-Befehls erlaubt, Daten ausgeben zu lassen, die nicht geändert werden können. Dazu ist hinter dem betreffenden Feldnamen ein Schrägstrich "/" mit nachfolgendem Buchstaben "R" aufzuführen, so daß die jeweiligen Feldinhalte *schreibgeschützt* sind. Zu beachten ist ferner, daß im BROWSE-Befehl *keine* Bereichsangaben und *keine* Bedingungen aufgeführt werden können, so daß stets der *gesamte* Datenbestand zur Editierung innerhalb des Browse-Menüs angeboten wird.

Der SET AUTOSAVE-Befehl

Werden Änderungen am Satzbestand einer Tabellen-Datei durchgeführt, so ist zu beachten, daß jeder bearbeitete Satz *nicht* sogleich auf den externen Speicher in die Tabellen-Datei zurückgeschrieben wird. Um den Datentransport zu optimieren, wird eine Sicherung vielmehr erst dann durchgeführt, wenn eine genügend große Satzzahl zur Übertragung bereitsteht. Dieses standardmäßige Vorgehen birgt die Gefahr, daß eine Tabellen-Datei nach einem Fehler wie z.B. einem Stromausfall trotz bereits durchgeführter Satzkorrekturen noch die alten

Werte enthält. Soll derartigen Inkonsistenzen vorgebeugt werden, so muß der *SET AUTOSAVE*-Befehl in der Form

```
SET AUTOSAVE ON
```

verwendet werden. Dadurch wird jeder Satz im unmittelbaren Anschluß an eine Änderung auf den externen Speicher zurückgeschrieben.

6.2 Einfügen von Datensätzen (INSERT)

Wollen wir einen Datensatz nachträglich zwischen zwei vorhandene Sätze in die Tabellen-Datei eintragen, so müssen wir den Befehl *INSERT* in der Form

```
INSERT [ BLANK ] [ BEFORE ]
```

eingeben. Ist das Schlüsselwort *BEFORE* in diesem Befehl aufgeführt, so wird der neue Satz *vor* dem aktuell im Satzpuffer enthaltenen Satz eingefügt, ansonsten erfolgt die Eingliederung *hinter* diesem Satz.

Ohne Angabe des Schlüsselworts *BLANK* werden die Inhalte der Datenfelder interaktiv über das vom CREATE-Befehl her bekannte Bildschirm-Menü für die Datenerfassung erfragt.

Mit Angabe von *BLANK* wird ein neuer Satz, der *nur* Leerzeichen enthält, in den Bestand eingefügt. Dadurch läßt sich die Satzposition festlegen, auch wenn die jeweilige Belegung erst zu einem späteren Zeitpunkt erfolgen soll. Dieses Vorgehen ist z.B. dann erforderlich, wenn der Satzpuffer nicht durch Eingaben in Bildschirm-Masken gefüllt, sondern aus gespeicherten Daten aufgebaut werden soll.

6.3 Anfügen von Datensätzen (APPEND)

Sollen ein oder mehrere Datensätze in eine leere Tabellen-Datei eingetragen oder an einen vorhandenen Bestand einer Tabellen-Datei angefügt werden, so ist der *APPEND*-Befehl in der Form

```
APPEND [ BLANK ]
```

anzugeben. Dies ist z.B. dann erforderlich, falls eine (etwa bei der Ausführung des CREATE-Befehls) unterbrochene Erfassung wiederaufgenommen werden soll oder aber in Abhängigkeit von anderen Verarbeitungsschritten neue Datensätze in eine Tabellen-Datei einzutragen sind.

Ohne Angabe des Schlüsselworts *BLANK* werden die Datenfelder innerhalb von Bildschirm-Masken angezeigt und können über die Tastatureingabe mit Werten gefüllt werden. Die eingegebenen Werte werden im Satzpuffer der Tabellen-Datei zusammengestellt und - durch den Druck auf die Return-Taste nach der

Eingabe des Werts für das letzte Datenfeld - als neuer Satz hinter dem zuletzt in der Tabellen-Datei übertragenen Satz angefügt.

Hinweis:

Die Satzausgabe in die Tabellen-Datei wird erst dann durchgeführt, wenn der Satzpuffer zur Aufnahme der Werte für den nächsten Datensatz benötigt wird.

Nach der Eingabe der Werte für den ersten Satz stehen die Bildschirm-Masken zur Aufnahme der Werte für den nächsten Satz zur Verfügung. Die Erfassung weiterer Datensätze erfolgt solange, bis wir die Tasten "*Strg+Ende*" betätigen. Alternativ kann auch die Return- oder die Escape-Taste unmittelbar nach dem Aufbau der Bildschirm-Masken gedrückt werden.

Wollen wir einen Datensatz, der *nur* aus Leerzeichen besteht, an den letzten in der Tabellen-Datei abgespeicherten Satz anfügen, so müssen wir das Schlüsselwort *BLANK* im APPEND-Befehl aufführen. Dieses Vorgehen ist z.B. dann erforderlich, wenn der Satzpuffer nicht durch Eingaben in Bildschirm-Masken gefüllt, sondern aus gespeicherten Daten aufgebaut werden soll.

Es ist zusätzlich möglich, Sätze aus einer Tabellen-Datei an den vorhandenen Bestand einer anderen Tabellen-Datei anzufügen. Dazu ist der *APPEND FROM*-Befehl (vergleiche Abschnitt 4.3) in der Form

```
APPEND FROM tabellen-dateiname [ FOR bedingung ]
```

einzugeben. Dadurch werden alle Sätze von "tabellen-dateiname" bzw. - bei Aufführung des Schlüsselworts *FOR* - die durch die angegebene Bedingung gekennzeichneten Sätze in diejenige Tabellen-Datei übertragen (und dort an den vorhandenen Bestand angefügt), die im aktuellen Arbeitsbereich angemeldet ist.

6.4 Löschen von Datensätzen (DELETE, PACK, ZAP)

Wollen wir Datensätze einer Tabellen-Datei aus dem Bestand löschen, so können wir sie nur dann physikalisch entfernen, wenn sie zuvor durch eine Markierung als *logisch gelöscht* gekennzeichnet sind. Um Sätze einer im aktuellen Arbeitsbereich angemeldeten Tabellen-Datei logisch zu löschen, ist der *DELETE*-Befehl in der Form

```
DELETE [ bereich ] [ WHILE bedingung-1 ] [ FOR bedingung-2 ]
```

anzugeben. Daraufhin werden alle betroffenen Sätze bei nachfolgenden Editier- und Ausgabebefehlen als löschmarkiert gekennzeichnet. Z.B. wird beim DISPLAY- und LIST-Befehl ein löschmarkierter Satz durch einen Stern "*" eingeleitet, während bei menü-orientierten Befehlen wie etwa EDIT die Zeichenfolge "Del" angezeigt wird.

Hinweis:

Ohne Angabe eines Bereichs und ohne eine WHILE- bzw. FOR-Klausel wird allein der im Satzpuffer vorhandene Satz bearbeitet.

Sollen die löschmarkierten Sätze für die weitere Verarbeitung nicht mehr berücksichtigt werden, so ist der *SET DELETED*-Befehl in der Form

```
SET DELETED ON
```

einzugeben. Allerdings wirkt er nicht auf alle Befehle - Ausnahmen sind z.B. "GO satznummer", "DISPLAY aktueller-satz", "DISPLAY RECORD satznummer" und alle Befehle, in denen als Bereichsangabe "RECORD satznummer" bzw. "NEXT anzahl" angegeben ist. Den Ausschluß der löschmarkierten Sätze von der Verarbeitung können wir durch den *SET DELETED*-Befehl in der Form

```
SET DELETED OFF
```

wieder rückgängig machen.

Die Gesamtheit der innerhalb einer Tabellen-Datei löschmarkierter Sätze läßt sich durch den Einsatz des *DISPLAY*-Befehls in der Form

```
DISPLAY FOR DELETED()
```

auf dem Bildschirm anzeigen, weil der Funktionswert "DELETED()" *nur* für einen löschmarkierten Satz den Wahrheitswert ".T." annimmt (siehe Anhang A.5).

Wollen wir Löschmarkierungen innerhalb einer im aktuellen Arbeitsbereich angemeldeten Tabellen-Datei wieder aufheben, so müssen wir den Befehl *RECALL* in der Form

```
RECALL [ bereich ] [ WHILE bedingung-1] [ FOR bedingung-2 ]
```

verwenden.

Hinweis:

Ohne Angabe eines Bereichs und ohne eine WHILE- bzw. FOR-Klausel wird allein der im Satzpuffer vorhandene Satz bearbeitet.

Sind dagegen alle löschmarkierten Sätze aus der Tabellen-Datei *physikalisch* zu entfernen, so ist der Befehl *PACK* in der Form

```
PACK
```

im Anschluß an den DELETE-Befehl einzugeben. Anschließend sind die löschmarkierten Sätze nicht mehr im Bestand enthalten.

Dieses *zweistufige* Löschen - zuerst logisch, dann physikalisch - hat den Vorteil, daß der zum physikalischen Löschen erforderliche Kopiervorgang nur einmal erforderlich ist. Werden vor der Ausführung des PACK-Befehls Anwendungen mit den Datensätzen durchgeführt, so ist sicherzustellen, daß nur der nicht löschmarkierte Bestand ausgewertet wird.

Hinweis:

Dies läßt sich z.B. mit dem Funktionsaufruf "DELETED()" im Zusammenhang mit dem Selektions-Befehl "SET FILTER TO" bewerkstelligen (siehe Abschnitt 10.5)

Wollen wir alle Sätze einer Tabellen-Datei - *ohne* vorausgehende logische Löschung - *physikalisch entfernen*, so können wir den Befehl *ZAP* in der Form

```
ZAP
```

einsetzen. Dadurch wird die im aktuellen Arbeitsbereich angemeldete Tabellen-Datei in den Stand versetzt, den sie bei ihrer Einrichtung mit dem CREATE-Befehl - vor der Datenerfassung - besessen hat.

Soll nicht nur der Satzbestand, sondern die gesamte Tabellen-Datei gelöscht werden, so können wir den *ERASE*-Befehl in der Form

```
ERASE dateiname
```

einsetzen. Ist die zu löschende Tabellen-Datei in einem Arbeitsbereich angemeldet, so muß sie vor Ausführung des ERASE-Befehls abgemeldet werden. Als Dateiname ist - zusammen mit dem Grundnamen - auch die jeweilige Namensergänzung aufzuführen, so daß wir z.B. die Tabellen-Datei mit den Umsatzdaten durch den Befehl

```
. ERASE UMSATZ.DBF
```

löschen können.

6.5 Format-Dateien zur Gestaltung von Bildschirm-Masken (@, SAY, GET, CLEAR)

Aufgabenstellung

Bei den Befehlen APPEND, EDIT und INSERT werden die Erfassungsfelder auf dem Bildschirm standardmäßig untereinander angezeigt, so daß wir die Daten in der Abfolge eingeben müssen, in der die Felder innerhalb des Datensatzes angeordnet sind. Falls die Daten in einer anderen Reihenfolge auf Erhebungsbelegen eingetragen sind, ist es unter Umständen sinnvoll, *maßgeschneiderte* Bildschirm-Masken für den Erhebungsbeleg aufzubauen. Dazu müssen wir die gesamte Bildschirm-Maske durch Angaben in einer *Format-Datei* beschreiben. Anschließend läßt sich der Inhalt dieser Format-Datei, deren Dateiname durch die Namensergänzung "*FMT*" (als Abkürzung von "FORMAT") gekennzeichnet ist, für den Bildschirm-Aufbau bei der Ausführung der Befehle APPEND, EDIT oder INSERT bereitstellen.

Wir stellen uns die Aufgabe, eine Format-Datei namens UMSATZ.FMT auf der Daten-Diskette zu erstellen, mit der wir die Umsatzdaten geeignet erfassen können. Dazu setzen wir voraus, daß die Daten auf einem Erhebungsbeleg vorliegen, der wie folgt strukturiert ist:

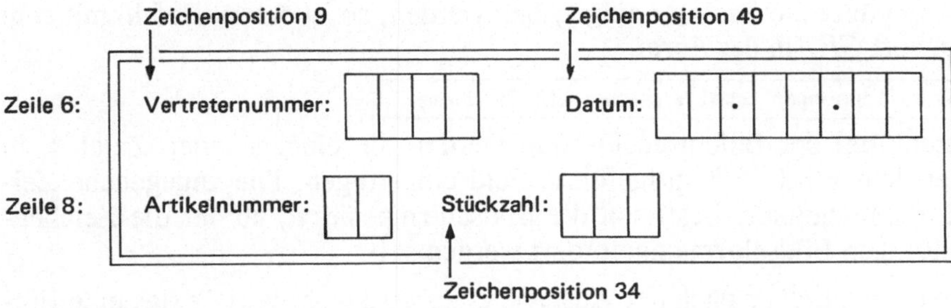

Der @-Befehl

Zum Aufbau dieser Bildschirm-Maske setzen wir den @-Befehl ein, mit dem sich Bildschirmbereiche festlegen lassen, in denen Daten angezeigt bzw. über die Tastatur eingetragen werden können.

Zur Bezeichnung der Bildschirmpositionen sind die Bildschirmzeilen von 0 bis 23 und die Bildschirmspalten von 0 bis 79 durchnumeriert:

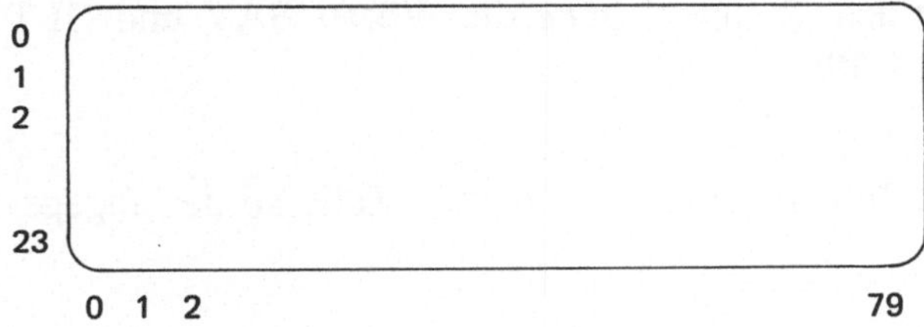

Zur Datenausgabe auf den Bildschirm ist das Schlüsselwort *SAY* innerhalb des @-Befehls in der Form

```
@ zeilennummer, spaltennummer SAY { "zeichenfolge" | feldname }
```

anzugeben. Bei der Ausführung dieses Befehls wird eine Zeichenfolge (ist in Anführungszeichen zu setzen!) bzw. der Inhalt des Datenfelds "feldname" ab der angegebenen Position auf dem Bildschirm angezeigt.

Hinweis:

Reicht zur Darstellung eines Feldinhalts eine Bildschirmzeile nicht aus, so wird die Zeichenfolge aufgebrochen und ihre Ausgabe in Folgezeilen fortgesetzt, wobei die jeweilige Anfangsposition durch die Spaltennummer im @-Befehl festgelegt ist.

Sollen Daten über die *Tastatur* eingegeben werden, so ist der @-Befehl mit dem Schlüsselwort *GET* in der Form

```
@ zeilennummer, spaltennummer GET feldname
```

einzusetzen. Bei der Befehlsausführung werden die eingegebenen Zeichen in das hinter dem Wort GET aufgeführte Feld eingetragen. Die angegebene Zeilen- und Spaltennummer bestimmt die Bildschirmposition, ab der die Zeicheneingabe auf dem Bildschirm angefordert werden soll.

Wollen wir *unmittelbar* nach der Ausgabe eines (erläuternden) Textes eine Eingabe innerhalb eines Bildschirmbereichs anfordern, so können wir die beiden dazu erforderlichen @-Befehle mit den Wörtern *SAY* und *GET* innerhalb eines @-Befehls *abkürzend* in der Form

```
@ zeilennummer, spaltennummer
          SAY { "zeichenfolge" | feldname-1 } GET feldname-2
```

zusammenfassen.

Löschen von Bildschirmbereichen

Wollen wir den Inhalt eines Bildschirmbereichs durch Leerzeichen überschreiben (löschen), so müssen wir den @-Befehl *ohne* die Wörter SAY und GET verwenden. Der Einsatz in der Form

```
@ zeilennummer, spaltennummer
```

löscht den Rest der durch die Zeilennummer bestimmten Zeile ab der angegebenen Spaltenposition:

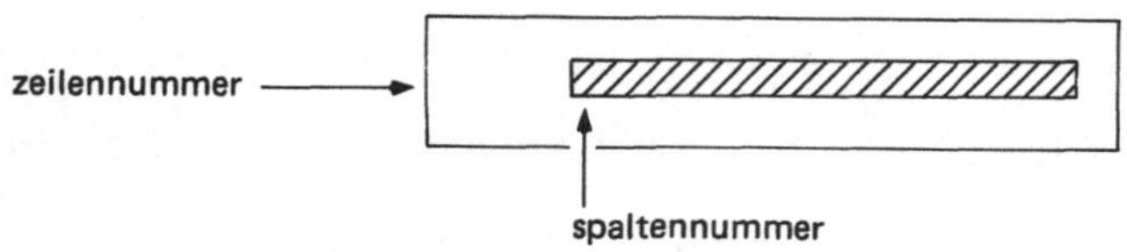

Wird der @-Befehl mit den Schlüsselwörtern *CLEAR* und *TO* in der Form

```
@ zeilennummer-1, spaltennummer-1
                  CLEAR TO zeilennummer-2, spaltennummer-2
```

verwendet, so wird der rechteckige Bildschirmbereich gelöscht, dessen linke obere Ecke durch die vor CLEAR aufgeführte Zeilen- und Spaltennummer und dessen rechte untere Ecke durch die hinter TO angegebenen Werte gekennzeichnet ist:

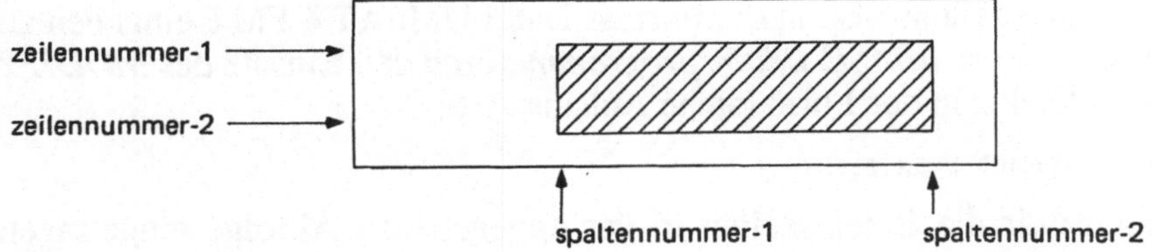

Fehlt hinter CLEAR die Angabe "TO zeilennummer-2, spaltennummer-2", so ist die rechte untere Ecke durch die Zeilennummer 23 und die Spaltennummer 79 bestimmt.

Zur Löschung des gesamten Bildschirms läßt sich der Befehl

```
@ 0, 0 CLEAR
```

durch den *CLEAR*-Befehl in der Form

```
CLEAR
```

abkürzen.

Einrahmungen

Wollen wir einen Bildschirmbereich durch eine Linie einrahmen lassen, so müssen wir den @-Befehl mit dem Schlüsselwort *TO* in der Form

```
@ zeilennummer-1, spaltennummer-1
                    TO zeilennummer-2, spaltennummer-2
```

verwenden. Die Angabe vor dem Schlüsselwort TO legt die linke obere Ecke und die Angabe hinter TO die rechte untere Ecke dieses Rahmens fest.

Sollen die Linien des Rahmens doppelt gezogen werden, so ist der @-Befehl durch das Schlüsselwort *DOUBLE* zu ergänzen, wie etwa durch die Angabe:

```
. @ 3, 7 TO 9, 67 DOUBLE
```

Einsatz von Format-Dateien

Den von uns gewünschten Bildschirmaufbau können wir z.B. durch die folgenden @-Befehle festlegen:

```
@ 5, 10 SAY "Vertreternummer:" GET V_NR
@ 5, 50 SAY "Datum:" GET DATUM
@ 7, 10 SAY "Artikelnummer:" GET A_NR
@ 7, 35 SAY "Stückzahl:" GET A_STUECK
@ 3, 7 TO 9, 67 DOUBLE
```

Um diese Befehle zeilenweise in die Format-Datei UMSATZ.FMT eingeben zu können, rufen wir das *dBASE-Editierprogramm* durch den Einsatz des *MODIFY COMMAND*-Befehls in der Form (siehe Anhang A.6)

```
. MODIFY COMMAND UMSATZ.FMT
```

auf. Nachdem wir die Befehlszeilen in der angegebenen Abfolge eingetragen haben, beenden wir die Erfassung durch den Druck auf die Tasten "*Strg+Ende*". Anschließend können wir die Format-Datei UMSATZ.FMT für die Dateneingabe mit den Befehlen APPEND, EDIT oder INSERT zur Ausgabe der von uns festgelegten Bildschirm-Maske aktivieren. Dazu müssen wir den Namen der Format-Datei in einem *SET FORMAT TO*-Befehl in der Form

```
SET FORMAT TO format-dateiname
```

aufführen, damit sie im aktuellen Arbeitsbereich - zusammen mit der zuvor aktivierten Tabellen-Datei - angemeldet wird.

Bei der erstmaligen Anmeldung einer Format-Datei wird zunächst eine zu dieser Datei korrespondierende Datei mit demselben Grundnamen und der Namensergänzung "*FMO*" eingerichtet. Diese Datei enthält den Inhalt der Format-Datei in *übersetzter* (kompilierter) Form. Die aus der Kompilierung resultierenden Maschinenbefehle führen zu einer beschleunigten Ausführung.

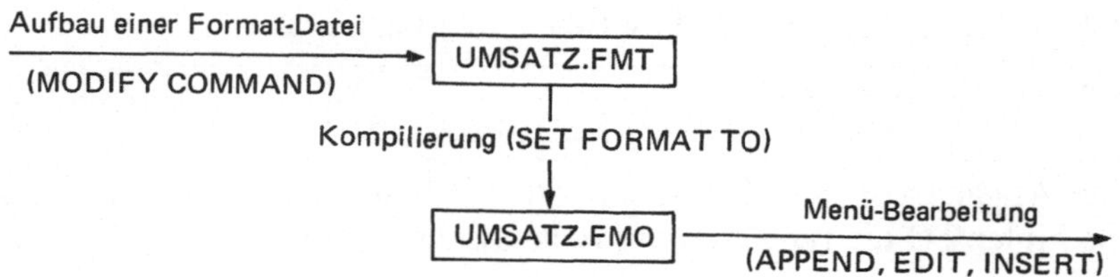

Wird die Format-Datei zu einem späteren Zeitpunkt erneut angemeldet, so ist keine Kompilierung mehr erforderlich, sondern die in der zugehörigen Datei mit der Namensergänzung "FMO" gespeicherten Maschinenbefehle lassen sich *unmittelbar* aktivieren. Dabei ist jedoch zu beachten, daß nach einer Änderung der Format-Datei der SET FORMAT TO-Befehl *erneut* eingegeben werden muß, damit nicht die zuvor erzeugten Maschinenbefehle, sondern der *aktuelle* Inhalt der Format-Datei - nach einer Übersetzung - zur Ausführung gelangt.

Nach der Einrichtung unserer Format-Datei UMSATZ.FMT mit dem MODIFY COMMAND-Befehl erhalten wir somit durch die Eingabe der Befehle

```
. USE UMSATZ
. SET FORMAT TO UMSATZ
. APPEND
```

die folgenden Bildschirm-Masken für die Datenerfassung angezeigt:

```
Vertreternummer:<   >                Datum:<  .  .  >
Artikelnummer:< >       Stückzahl:<   >
```

Hinweis:
Die Begrenzungszeichen "<" und ">" werden automatisch eingeblendet, da der von uns zuvor eingegebene SET DELIMITER-Befehl (siehe Abschnitt 4.1) wirksam ist.

Wollen wir eine in einem Arbeitsbereich *angemeldete* Format-Datei abmelden, um den Inhalt der Format-Datei zu korrigieren oder aber die Dateneingabe wieder mit der standardmäßig eingestellten Bildschirm-Maske durchführen zu lassen, so müssen wir den *CLOSE FORMAT*-Befehl in der Form

```
CLOSE FORMAT
```

eingeben.

Mehrseitiger Menü-Aufbau

Reicht für den Aufbau eines Eingabe-Menüs der Zeilenbereich des Bildschirms nicht aus, so kann mit Hilfe des *READ*-Befehls in der Form

```
READ
```

ein *mehrseitiges* Menü eingerichtet werden. Dieses Menü wird in Menü-Seiten gegliedert, wobei jede einzelne Menü-Seite den Inhalt eines Bildschirms füllt. Die Einteilung des Menüs in die Menü-Seiten (maximal 32 Seiten sind möglich) müssen wir wie folgt vornehmen:

```
 I @-Befehle für die 1. Menü-Seite

[ READ

 I @-Befehle für die nächste Menü-Seite
                                        ]...
```

Durch den *READ*-Befehl wird die Dateneingabe für alle die @-Befehle aktiviert, die *vor* diesem READ-Befehl und *nach* einem evtl. vorausgehenden READ-Befehl angegeben sind.

Bei der Ausgabe eines *mehrseitigen* Menüs, das durch den Inhalt einer Format-Datei beschrieben ist, wird zunächst die 1. Menü-Seite angezeigt. Zum Wechsel zwischen den Menü-Seiten müssen wir die Tasten *Bild-Tief* (zum Vorwärtsblättern) bzw. *Bild-Hoch* (zum Rückwärtsblättern) bedienen. Die Dateneingabe für das gesamte Menü beenden wir dadurch, daß wir die durch den letzten @-Befehl auf der letzten Menü-Seite angeforderte Eingabe vornehmen.

PICTURE-Angabe

Wollen wir bei der Datenerfassung die eingegebenen Zeichen auf ihre Zulässigkeit hin abprüfen lassen, so können wir dazu das *Schlüsselwort PICTURE* innerhalb des @-Befehls einsetzen. Dadurch wird eine Schablone verabredet, die beschreibt, welche Zeichen an welcher Position in dieses Feld eingegeben werden dürfen.

So sind etwa die von uns in die Format-Datei UMSATZ.FMT eingetragenen Befehlszeilen zu den folgenden Zeilen äquivalent:

```
@ 5, 10 SAY "Vertreternummer:" GET V_NR PICTURE "9999"
@ 5, 50 SAY "Datum:" GET DATUM PICTURE "99.99.99"
@ 7, 10 SAY "Artikelnummer:" GET A_NR PICTURE "99"
@ 7, 35 SAY "Stückzahl:" GET A_STUECK PICTURE "999"
@ 3, 7 TO 9, 67 DOUBLE
```

Durch die Angabe des PICTURE-Symbols "9" ist für die Felder V_NR, A_NR und A_STUECK festgelegt, daß nur Ziffern eingegeben werden können. Der Versuch, ein anderes Zeichen einzutasten, wird abgewiesen. Ohne PICTURE-Schablonen ist bei der Dateneingabe für die ganzzahlig numerischen Felder V_NR, A_NR und A_STUECK ohne vorausgehende Anmeldung der Format-Datei UMSATZ.FMT auch die Eingabe von Leerzeichen erlaubt.

Bei der Eingabe des Datums in der Form ""tt.mm.jj" wird überprüft, ob die Angaben für Tag (tt), Monat (mm) und Jahr (jj) zulässig sind.

In *PICTURE-Schablonen* (Länge mindestens 2 Zeichen) lassen sich z.B. die folgenden *Symbole* zur Beschreibung der möglichen Eingabezeichen verwenden:

- 9 : nur Ziffern und Vorzeichen bei numerischen bzw. nur Ziffern bei alphanumerischen Feldern,
- # : nur Ziffern, Vorzeichen und Leerzeichen,
- ! : wandelt Klein- in Großbuchstaben,
- A : nur Buchstaben,
- N : nur Buchstaben und Ziffern,
- X : jedes beliebige Zeichen,
- L : nur die logischen Werte "F" bzw. "T", und
- J : nur das Zeichen "J" bzw. "N" oder die Kleinbuchstaben "j" bzw. "n", die automatisch in Großbuchstaben umgewandelt werden.

Bei der Eingabe einer Dezimalzahl muß der Dezimalpunkt in der Schablone als PICTURE-Symbol "." eingetragen werden.

Überprüfungen bei der Dateneingabe

Bei der Dateneingabe mit dem @-Befehl können wir durch den Einsatz des Schlüsselworts *RANGE* abprüfen lassen, ob der eingetragene Wert im zulässigen Bereich liegt.

Setzen wir z.B. voraus, daß gültige Artikelnummern stets größer oder gleich 11 und kleiner oder gleich 22 sind, so läßt sich die Eingabe einer Artikelnummer durch den Befehl

```
@ 7, 10 SAY "Artikelnummer:" GET A_NR PICTURE "99" RANGE 11, 22
```

anfordern. Ist der eingegebene Wert unzulässig, so wird eine Fehlermeldung ausgegeben, auf die mit dem Druck der Leertaste geantwortet werden muß.

Ist eine Bereichsangabe eine noch zu grobe Überprüfung, so läßt sich durch das Schlüsselwort *VALID* eine konkrete Untersuchung der Eingabewerte durchführen.

So wird z.B. durch den Befehl

```
@ 7, 10 SAY "Artikelnummer:" GET A_NR PICTURE "99";
VALID A_NR = 11 .OR. A_NR = 12 .OR. A_NR = 13 .OR. A_NR = 22
```

eine eingegebene Artikelnummer dahingehend überprüft, ob sie eine der Werte 11, 12, 13 oder 22 annimmt.

Hinweis:

Befehle innerhalb einer Format-Datei, die in Fortsetzungszeilen weitergeführt werden, sind am Zeilenende durch das Semikolon ";" aufzutrennen.

Soll bei einer fehlerhaften Eingabe eine qualifizierte Fehlermeldung am Bildschirm angezeigt werden, so ist das Schlüsselwort *ERROR* mit einem nachfolgenden Fehlertext innerhalb eines @-Befehls aufzuführen.

Um Feldinhalte vor einem Schreibzugriff zu schützen, läßt sich das Schlüsselwort *WHEN* mit nachfolgender Bedingung verwenden. Dadurch kann der Cursor nur dann in das betreffende Eingabefeld positioniert werden, wenn die hinter WHEN aufgeführte Bedingung erfüllt ist.

Soll z.B. die Eingabe einer Artikelnummer nur solange möglich sein, wie das Feld A_STUECK noch keinen Eintrag erhalten hat (die Artikelnummer muß somit immer vor der Stückzahl erfaßt werden), so ist der @-Befehl etwa in der folgenden Form einzusetzen:

```
@ 7, 10 SAY "Artikelnummer:" GET A_NR PICTURE "99";
VALID A_NR = 11 .OR. A_NR = 12 .OR. A_NR = 13 .OR. A_NR = 22;
ERROR "erlaubte Artikelnummern: 11, 12, 13, 22";
WHEN A_STUECK = 0;
DEFAULT 13;
MESSAGE "Gib Artikelnummer ein!"
```

Durch das Schlüsselwort *DEFAULT* kann ein Wert für die Vorbesetzung von A_NR bei der Eingabe neuer Satzinhalte festgelegt werden, wobei allerdings ein evtl. zuvor eingegebener SET CARRY-Befehl höhere Priorität besitzt.

In Verbindung mit dem Schlüsselwort *MESSAGE* läßt sich ein beliebiger Text aufführen, der immer dann angezeigt wird, wenn der Cursor in das betreffende Eingabefeld bewegt wird.

Insgesamt stellt sich die Syntax des @-Befehls wie folgt dar:

```
@ zeilennummer, spaltennummer
  [ SAY ausdruck-1 [ PICTURE schablone-1 ] ]
  [ [ GET ausdruck-2 [ PICTURE schablone-2 ] ]
  [ RANGE untere-grenze, obere-grenze ] ]
  [ VALID bedingung-1 [ ERROR "zeichenfolge-1" ] ]
  [ WHEN bedingung-2 ]
  [ DEFAULT ausdruck-3 ]
  [ MESSAGE "zeichenfolge-2" ]
```

6.6 Automatischer Aufbau von Format-Dateien (CREATE SCREEN)

Nachdem wir dargestellt haben, wie @-Befehle zum Aufbau eines Bildschirm-Menüs anzugeben und mit Hilfe eines Editierprogramms in eine Format-Datei einzutragen sind, wollen wir jetzt die @-Befehle automatisch erzeugen lassen. Dazu setzen wir einen *Maskengenerator* ein, der durch den Befehl *CREATE SCREEN* in der Form

```
CREATE SCREEN screen-dateiname
```

gestartet wird und eine *Screen-Datei* namens "screen-dateiname" mit der Namensergänzung "*SCR*" (als Abkürzung von "SCREEN") und eine zugehörige Format-Datei (siehe unten) erzeugt.

Um die im Abschnitt 6.5 erzeugten Bildschirm-Masken zur Bearbeitung von UMSATZ.DBF mit dem Maskengenerator zu entwickeln, geben wir zunächst den Befehl

```
. USE UMSATZ
```

und danach den Befehl

```
. CREATE SCREEN UMSATZSC
```

ein. Daraufhin meldet sich der Masken-Generator durch die Ausgabe des *Screen-Menüs* in der Form:

```
Layout   Felder   Text   Suchen   Ende
[·······▼·1·····▼···2···▼·····3·▼·······▼·······▼·5·····▼···6···▼·····7·▼······]
```

Wir positionieren den Cursor auf die Zeichenposition 10 innerhalb der 5. Bildschirmzeile (die jeweils aktuelle Cursorposition wird unten in der Status-Zeile angezeigt). Dort tragen wir den Text "Vertreternummer:" ein und betätigen anschließend die Tastenkombination "*Alt+F*" zur Anwahl der Menü-Option "Felder" mit der Option "Hinzufügen". Nach Druck der Return-Taste werden die in der Tabellen-Datei enthaltenen Feldnamen angezeigt. Wir bewegen den Cursor mit der Taste Cursor-Tief auf den Namen "V_NR" und bestätigen diesen Namen mit der Return-Taste. Daraufhin enthält der Bildschirm die folgenden Angaben:

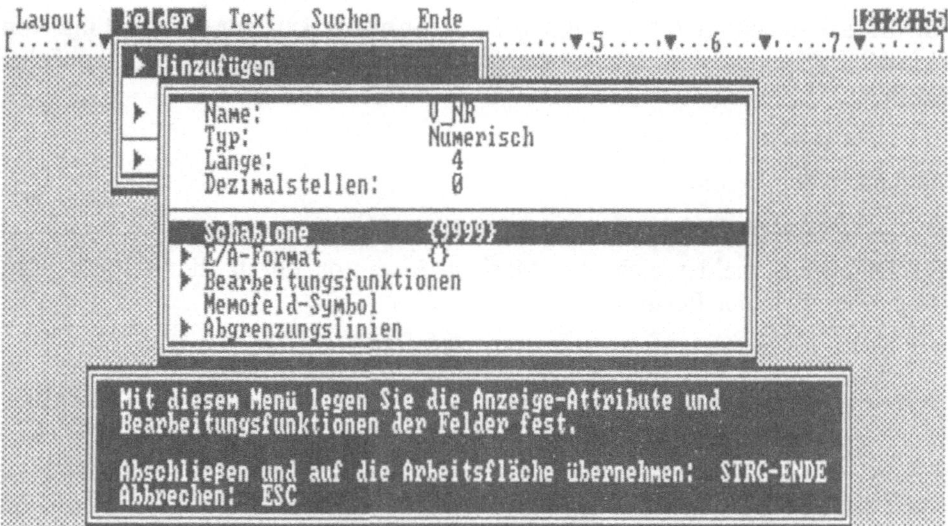

Nach Druck von "*Strg+Ende*" wird ein Bildschirmfeld mit der Bildschirm-Maske (PICTURE-Schablone) "9999" hinter dem Text "Vertreternummer:" im Screen-Menü eingetragen.

Die Texte "Datum:", "Artikelnummer:" und "Stückzahl" und die zu ihnen gehörenden Eingabefelder richten wir in der gleichen Weise ein. Dabei berücksichtigen wir die im Abschnitt 6.5 vorgegebenen Positionierungsangaben und erhalten somit innerhalb des Screen-Menüs die folgende Anzeige:

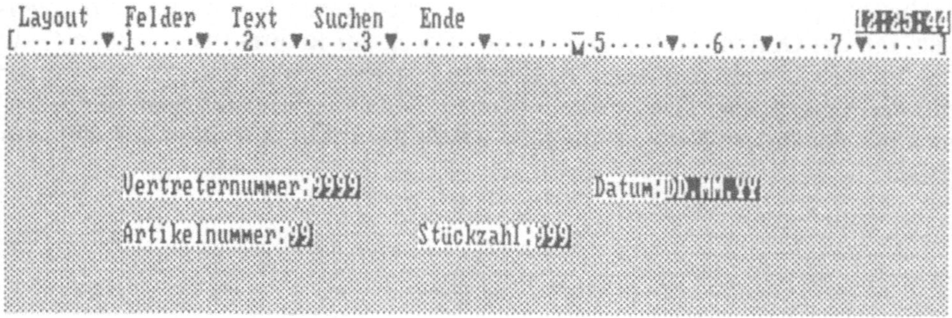

Fehlerhafte Texte lassen sich durch Überschreiben unter Zuhilfenahme der *Entf*- und der *Einfg*-Taste korrigieren. Ist ein Eingabefeld falsch plaziert, so positionieren wir den Cursor auf dieses Eingabefeld und drücken die Entf-Taste zum Löschen dieses Felds, so daß wir anschließend eine neue Plazierung vornehmen können.

Um eine Einrahmung zu erzeugen, steuern wir durch "*Alt+L*" die Menü-Option "Layout" und dort die Option "Umrahmung" an. Aus den daraufhin angezeigten Optionen wählen wir die Option "Doppelte Linie" aus, damit die Umrahmung durch eine doppelte Linie begrenzt wird. Nach dem Druck der Return-Taste wird das Begrenzungszeichen angezeigt, und wir bewegen den Cursor an die linke obere Ecke des Rahmens, d.h. in unserem Fall an die 7. Zeichenposition innerhalb der 3. Bildschirmzeile. Dort drücken wir die Return-Taste und positionieren den Cursor anschließend an die rechte untere Ecke der Umrahmung, d.h. in unserem Fall an die 67. Zeichenposition innerhalb der 9. Bildschirmzeile. Nach der Bestätigung durch die Return-Taste ist die bereits während der Cursorpositionierung aufgebaute Umrahmung innerhalb des Screen-Menüs vereinbart.

Hinweis:

Eine Umrahmung läßt sich dadurch löschen, daß wir den Cursor auf eine (beliebige) Linienposition setzen und die Entf-Taste betätigen.

Um den Inhalt des Screen-Menüs in einer Screen-Datei zu sichern, wählen wir durch "*Alt+E*" die Menü-Option "Ende" und die dadurch voreingestellte Option "Speichern und beenden" aus. Durch die *Return-Taste* wird der Inhalt des Screen-Menüs in die *Screen-Datei* UMSATZSC.SCR übertragen. Ferner werden die zum Inhalt des Screen-Menüs korrespondierenden @-Befehle erzeugt und in einer *Format-Datei* abgespeichert, die als Grundnamen den vereinbarten Namen der Screen-Datei erhält. Diese Format-Datei trägt in unserem Fall den Namen UMSATZSC.FMT. Zusätzlich wird die zugehörige *kompilierte* Form erzeugt und in der Datei UMSATZSC.FMO abgespeichert.

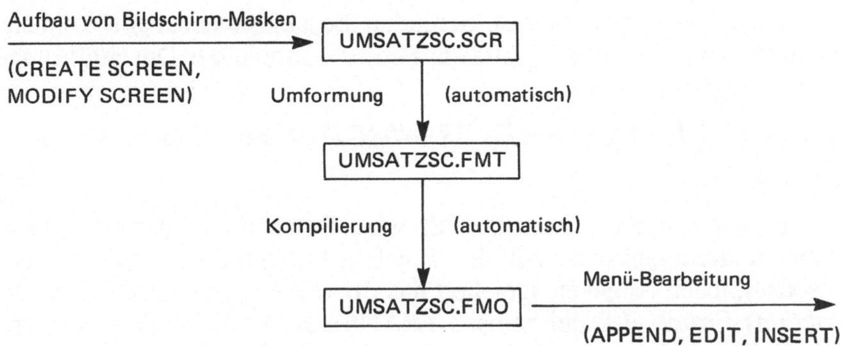

Wollen wir ein in einer Screen-Datei gesichertes Bildschirm-Menü modifizieren, so müssen wir durch den Befehl *MODIFY SCREEN* in der Form

```
MODIFY SCREEN screen-dateiname
```

den Inhalt der Screen-Datei zur Verarbeitung bereitstellen. Nach der am Bildschirm vorgenommenen Modifikation des Screen-Menüs ist der Menü-Inhalt zu sichern. Dabei wird der ursprüngliche Inhalt der zugeordneten Format-Datei durch die zum neuen Screen-Menü gehörenden @-Befehle überschrieben und eine dazu korrespondierende neue Datei mit der Namensergänzung "*FMO*" angelegt.

Mit Hilfe des CREATE SCREEN-Befehls können nicht nur Bildschirm-Menüs aus maximal 20 Zeilen (eine Bildschirmseite) eingerichtet werden, sondern es lassen sich auch *mehrseitige* Menüs durch den Einsatz der Tasten *Bild-Tief* und *Bild-Hoch* aufbauen.

6.7 Transaktionen (BEGIN TRANSACTION, END TRANSACTION, ROLLBACK)

Da Änderungen am Datenbestand sehr sensible Aktionen sind, weil die Konsistenz der Tabellen-Dateien innerhalb einer Datenbasis stets gewährleistet sein muß, sollten Änderungs-Befehle nur nach vorausgehenden Schutzvorkehrungen durchgeführt werden. Es empfiehlt sich z.B., zuvor Sicherungskopien von den die Bestandsdaten enthaltenen Tabellen-Dateien (etwa durch den COPY TO-Befehl) zu erstellen. Bei auftretenden Fehlern, welche die Konsistenz beeinträchtigen können, läßt sich der alte Bestand anschließend wieder herstellen.

Darüberhinaus können wir Änderungen auch in der Weise absichern, daß wir Befehle nicht mehr einzeln eingeben, sondern sie zu Transaktionen zusammenfassen. Dabei umfaßt eine *Transaktion* einen oder mehrere Befehle (als unzertrennliche Einheit). Die durch sie resultierenden Bestandsänderungen können wieder rückgängig gemacht werden, falls ein Fehler während der Durchführung der Transaktion festgestellt wird.

Eine Transaktion wird durch den *BEGIN TRANSACTION*-Befehl in der Form

```
BEGIN TRANSACTION
```

eingeleitet. Nach der Eingabe dieses Befehls wird fortan intern darüber Buch geführt, welche Änderungen innerhalb der Tabellen-Dateien durchgeführt werden. Die diesbezüglichen Angaben speichert das dBASE-System automatisch in einer *Transaktions-Protokoll*-Datei namens TRANSLOG.LOG. Zudem werden alle während der Transaktion bearbeiteten Tabellen-Dateien durch eine (nicht sichtbare) *Integritäts-Markierung* gekennzeichnet.

Während der Ausführung einer Transaktion sind keine Befehle erlaubt,

- die eine vorhandene Datei löschen oder überschreiben bzw.
- die eine neue Datei einrichten, so daß eine zuvor in einem Arbeitsbereich aktuell angemeldete Datei abgemeldet werden muß.

Ferner sind auch die Befehle INSERT, MODIFY STRUCTURE, PACK und ZAP innerhalb einer Transaktion nicht zugelassen (sie werden bei der Eingabe zurückgewiesen).

Führt keiner der innerhalb einer Transaktion angegebenen Befehle zu einem Fehler und besteht auch ansonsten kein Grund, den Bestand auf seinen alten Stand zurückzusetzen, so ist die Transaktion durch den *END TRANSACTION*-Befehl in der Form

```
END TRANSACTION
```

zu beenden. Durch diesen Befehl wird die Datei TRANSLOG.LOG gelöscht, und es werden alle gesetzten Integritäts-Markierungen der Tabellen-Dateien zurückgenommen.

Ist dagegen während einer Transaktion ein Fehler aufgetreten, so läßt sich der alte Zustand durch den *ROLLBACK-Befehl* in der Form

```
ROLLBACK [ tabellen-dateiname ]
```

wiederherstellen. Ohne Angabe einer Tabellen-Datei werden alle zuvor - nach der Eingabe eines BEGIN TRANSACTION-Befehls - bearbeiteten Tabellen-Dateien in ihre alte Form zurückgeführt. Ansonsten erfolgt die Zurücksetzung allein für die Tabellen-Datei, deren Name innerhalb des ROLLBACK-Befehls aufgeführt ist. In jedem Fall wird durch den ROLLBACK-Befehl die zuvor begonnene Transaktion abgeschlossen.

Gibt es Schwierigkeiten beim Zurücksetzen, weil z.B. Inkonsistenzen innerhalb der Transaktions-Protokoll-Datei TRANSLOG.LOG vorliegen, so müssen wir auf die von uns erstellten Sicherungskopien der Tabellen-Dateien zurückgreifen. Allerdings ist es eventuell auch möglich, den aufgetretenen Fehler durch geeignete, im Anschluß einzugebende Befehle zu korrigieren. Dabei ist allerdings zu beachten, daß dazu zunächst die gesetzten Integritäts-Markierungen beseitigt werden müssen. Dies läßt sich durch den *RESET*-Befehl in der Form

```
RESET [ IN aliasname ]
```

vornehmen. Ohne das Schlüsselwort *IN* werden die Integritäts-Markierungen aller beteiligten Tabellen-Dateien entfernt, andernfalls erfolgt die Löschung nur für die durch den aufgeführten Aliasnamen gekennzeichnete Tabellen-Datei.

Stellen wir z.B. nach der Einleitung einer Transaktion durch die Befehle

```
. BEGIN TRANSACTION

. USE UMSATZ

. REPLACE ALL DATUM WITH CTOD("24.06.89")
```

fest, daß dadurch fälschlicherweise auch die Feldinhalte von DATUM mit dem zulässigen Wert "25.06.89" überschrieben worden sind, so können wir den Dialog wie folgt fortsetzen:

```
. ROLLBACK

. BEGIN TRANSACTION

. REPLACE ALL DATUM WITH CTOD("24.06.89")
                                FOR DATUM # CTOD("25.06.89")

. END TRANSACTION
```

Dadurch wird zunächst der Inhalt von UMSATZ.DBF auf seinen alten Stand zurückgesetzt. Anschließend erfolgt die von uns gewünschte Korrektur.

Aufgaben

Aufgabe 6.1

In AUFTRAG.DBF sind alle diejenigen Sätze physikalisch zu löschen, die in der Aufgabe 5.2 als doppelt erkannt sind!

Aufgabe 6.2

In sämtlichen Tabellen-Dateien ist die alte (falsche) Kundennummer 317 in die neue (richtige) Kundennummer 371 umzuändern!

Aufgabe 6.3

Richte zwei Format-Dateien namens AUFTRAG.FMT und AUFPOS.FMT ein, damit die Daten des Auftragsformulars (zur Struktur siehe Aufgabe 6.4) über die folgendermaßen vereinbarten Bildschirm-Masken eingegeben werden können (das Zeichen "9" kennzeichnet jeweils eine Ziffernposition):

```
Auftragsnummer: 999 Datum: 99.99.99 Termin: 99.99.99


Kundennummer: 999
```

```
Auftragsnummer: 999



Positionsnummer: 9 Teilenummer: 999 Teileanzahl: 999
```

Dabei wird vorausgesetzt, daß für die Kundennummer bereits ein Eintrag in der Tabellen-Datei KUNDE.DBF vorliegt!

Aufgabe 6.4
Ergänze die Tabellen-Dateien um die Daten aus dem folgenden Auftrag:

```
Auftragsnummer:  420  vom: 12.11.88     zum: 05.02.89

Auftragsposition:     Teilenummer:        Teileanzahl:

       1                 116                  20
       2                 037                  30

für:  Firma Kunze, Parkallee 20, 2800 Bremen

mit Kundennummer: 406
```

Aufgabe 6.5
Entwickle die in der Aufgabe 6.3 angegebenen Masken mit dem Maskengenerator und richte dazu die Screen-Dateien AUFTRSCR.SCR und AUFPSCR.SCR ein!

7 Summarische Beschreibung des Bestands und Datensummation

7.1 Summarische Beschreibung des Bestands (COUNT, SUM, AVERAGE)

Um uns einen schnellen Überblick über den Datenbestand einer Tabellen-Datei zu verschaffen, können wir die *Anzahl* der Datensätze zählen (COUNT-Befehl), die *Summe* über die Inhalte bestimmter Datenfelder errechnen (SUM-Befehl) oder aber deren *Durchschnittswert* bestimmen (AVERAGE-Befehl) lassen. Dabei muß nicht immer der gesamte Bestand zugrundegelegt werden, sondern wir können den Bereich der zu verarbeitenden Datensätze auch durch eine der folgenden Angaben festlegen:

- ALL: über alle Sätze (dies ist die Voreinstellung), oder
- NEXT anzahl: über die nächsten "anzahl" Sätze (einschließlich des aktuellen Satzes), oder
- RECORD satznummer :nur für den Satz mit der angegebenen Satznummer, oder
- REST: über den aktuellen und alle folgenden Sätze.

Darüberhinaus lassen sich die zu berücksichtigenden Datensätze durch die Aufführung einer Bedingung mit Hilfe der Schlüsselwörter *FOR* und *WHILE* auswählen.

Insgesamt sind die Befehle *COUNT, SUM* und *AVERAGE* gemäß der folgenden Syntax aufgebaut:

```
COUNT [ bereich ] [ WHILE bedingung-1 ] [ FOR bedingung-2 ]

SUM [ bereich ] feldname-1 [, feldname-2 ]...
    [ WHILE bedingung-1 ] [ FOR bedingung-2 ]

AVERAGE [ bereich ] feldname-1 [, feldname-2 ]...
        [ WHILE bedingung-1 ] [ FOR bedingung-2 ]
```

Ohne eine Bereichsangabe wird (ebenso wie beim LIST-Befehl) stets der gesamte Bestand ausgewertet.

Wollen wir uns etwa über die Satzzahl innerhalb der Tabellen-Datei UMSATZ, ferner über die Stückzahl des durch die Artikelnummer 12 bezeichneten Artikels und außerdem über den durchschnittlichen Kontostand der Vertretersätze informieren, so führt uns der Dialog

```
. USE UMSATZ
. COUNT
      9 Datensätze
. SUM A_STUECK FOR A_NR = 12
      2 Datensätze summiert
   A_STUECK
         50
. USE VRTRTR
. AVERAGE V_KONTO
      3 Datensätze gemittelt
      V_KONTO
      325,22
```

zu den gewünschten Angaben über den Gesamtbestand.

7.2 Summarischer Bericht (Report)

Mit den Befehlen COUNT, SUM und AVERAGE lassen sich einzelne Informationen über den Datenbestand ermitteln. Soll ein *Gesamtüberblick* gegeben werden, so kann ein summarischer Bericht - *Report* genannt - abgerufen werden. Diese Möglichkeit der Datenausgabe ist für wiederholt notwendige Auswertungen sehr hilfreich. Wie wir einen Report erstellen lassen können, zeigen wir beispielhaft für den in der Tabellen-Datei UMSATZ.DBF abgespeicherten Bestand. Dazu legen wir die gewünschte *Report-Struktur* durch die folgenden Vorgaben fest:

- jede Datenzeile soll eine Vertreterkennzahl und eine Stückzahl enthalten,
- die Angaben sollen aufsteigend nach den Artikelnummern sortiert sein,
- innerhalb einer Artikelnummer sollen die Datenzeilen aufsteigend nach den Vertreternummern geordnet sein,
- für jede Artikelnummer soll eine Zwischensumme über die Stückzahlen gebildet werden, und
- am Ende des Reports soll die Gesamtsumme über alle Stückzahlen ausgewiesen sein.

Aus diesen Vorgaben ermitteln wir für den Bestand der Tabellen-Datei UMSATZ den folgenden Report:

```
                Vertreterkennzahl  Stückzahl
** Artikelnummer     11
                   1215         20     ←— 1. Datenzeile
                   8413         70     ←— 2. Datenzeile
                   8413         20
** Gruppensumme **
                               110

** Artikelnummer     12
                   1215         10
                   8413         40
** Gruppensumme **
                                50

** Artikelnummer     13
                   1215          5
                   8413         35
** Gruppensumme **
                                40
** Artikelnummer     22
                   5016         10
                   5016         35
** Gruppensumme **
                                45
***  Gesamt    ***
                               245
```

Wie sich dieser Report mit Hilfe der Befehle CREATE REPORT und REPORT FORM automatisch erzeugen läßt, stellen wir im folgenden dar. Zunächst muß gewährleistet sein, daß die Datensätze nach den Artikelnummern aufsteigend sortiert sind und daß bei Sätzen mit gleicher Artikelnummer eine aufsteigende Ordnung gemäß der Vertreterkennzahl vorliegt.

7.3 Sortierung von Datensätzen (SORT)

Da wir die Datensätze nicht in der geforderten Abfolge in die Tabellen-Datei UMSATZ eingetragen haben, müssen wir sie zunächst nach den vorgegebenen *Sortierkriterien* ordnen. Dabei ist zu beachten, daß eine Datei nicht in sich selbst sortiert werden kann. Es ist immer eine *neue* Tabellen-Datei einzurichten, in welche die sortierten Sätze ausgegeben werden.

Grundsätzlich lassen sich die Datensätze einer Tabellen-Datei nach ein oder mehreren Sortierkriterien *auf-* oder *absteigend* sortieren. Dazu muß die Tabellen-Datei im aktuellen Arbeitsbereich angemeldet sein.

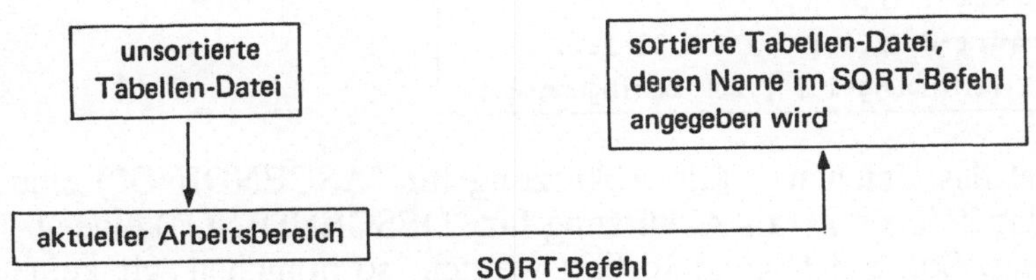

Damit wir zur Lösung unserer Aufgabenstellung den oben angegebenen Report-Ausdruck erzeugen lassen können, geben wir die folgenden Befehle ein:

```
. USE UMSATZ
. SORT TO UMSTZSRT ON A_NR, V_NR
```

Durch die Ausführung des SORT-Befehls werden zunächst alle Sätze aufsteigend nach den Artikelnummern sortiert. Anschließend werden die Sätze mit gleichen Artikelnummern aufsteigend nach den Vertreternummern geordnet:

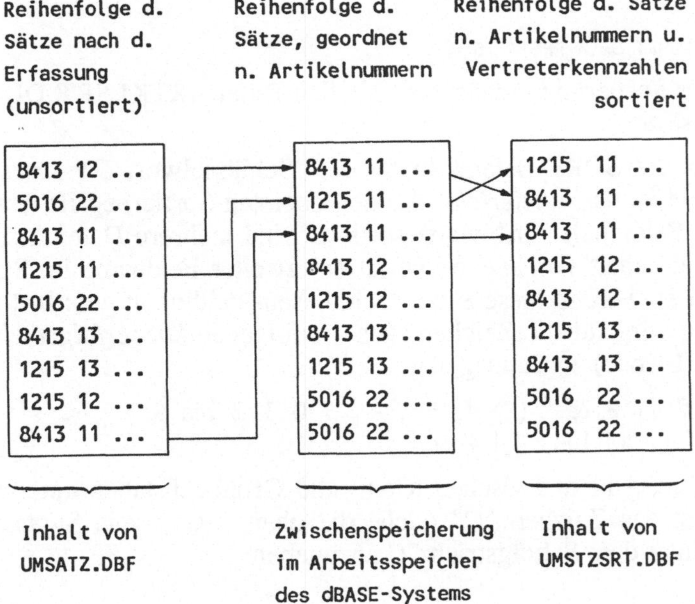

Nach der Sortierung bleibt UMSATZ.DBF im aktuellen Arbeitsbereich angemeldet, während zu UMSTZSRT.DBF, der Tabellen-Datei mit den sortierten Daten, keine Verbindung besteht.

Die allgemeine Struktur des *SORT*-Befehls wird durch die folgende Syntax beschrieben:

```
SORT [ bereich ] TO tabellen-dateiname
     ON feldname-1 [/{A | D } [ C ]]
     [, feldname-2 [/{A | D } [ C ]] ]...
     [ WHILE bedingung-1 ] [ FOR bedingung-2 ]
```

Dabei kennzeichnet das Zeichen *A* (als Abkürzung für "ASCENDING") eine aufsteigende und das Zeichen *D* (als Abkürzung für "DESCENDING") eine absteigende Sortierung. Soll aufsteigend sortiert werden, so brauchen wir keine Angabe zu machen, da diese Sortierrichtung voreingestellt ist. Wird die Sortierrichtung vorgegeben, so darf hinter dem Zeichen "/" *kein* Leerzeichen folgen.

Wollen wir nicht alle Sätze, sondern nur einen Teilbereich des Bestands sortieren, so werden nur die resultierenden sortierten Sätze in die Tabellen-Datei übertragen, deren Name hinter dem Schlüsselwort TO aufgeführt ist.

Wollen wir etwa die Tabellen-Datei ARTIKEL nach fallenden Artikelpreisen ordnen, so daß der Artikel mit dem höchsten Preis im ersten Datensatz abgespeichert ist, so müssen wir die Befehle

```
. USE ARTIKEL
. SORT TO ARTKLSRT ON A_PREIS /D
```

angeben. Nach der Sortierung enthält die Tabellen-Datei ARTKLSRT.DBF die geordneten Datensätze.

Das in der Syntax des SORT-Befehls hinter dem Schlüsselwort *ON* zuerst angegebene Datenfeld ist das *Sortierfeld*, das den obersten Sortierbegriff festlegt, d.h. nach diesem Feldinhalt wird zuerst sortiert. Sind mehrere Datensätze mit gleichem Sortierfeldinhalt vorhanden und ist ein zweiter Feldname im SORT-Befehl aufgeführt, so werden diese Sätze nach diesem Feldinhalt geordnet usw. Bei der Sortierung wird für die Zeichen stets die folgende *Sortierfolgeordnung* (gemäß dem ASCII-Kode) zugrundegelegt:

Leerzeichen ! " # $ % & ' ( ) * + , - . / 0 1 2 bis 9 : ; < = > ?
@ A B bis Z [\ ] ^ _ ‘ a b bis z { | } ~

Soll bei der Sortierung nicht zwischen Klein- und Großbuchstaben unterschieden werden, so ist das Zeichen "C" (siehe die oben angegebene Syntax des SORT-Befehls) hinter dem Schrägstrich "/" anzugeben.

7.4 Erzeugung eines Reports (CREATE REPORT, REPORT FORM)

Report-Menü und Aufbau einer Report-Format-Datei

Nachdem wir kennengelernt haben, wie wir die Sortierung von Datensätzen mit Hilfe des SORT-Befehls anfordern können, beschreiben wir jetzt, wie sich die von uns gewünschte Report-Struktur festlegen läßt. Zunächst müssen wir die sortierte Tabellen-Datei UMSTZSRT.DBF durch

```
. USE UMSTZSRT
```

im aktuellen Arbeitsbereich anmelden. Anschließend geben wir den Befehl *CREATE REPORT* in der Form

```
. CREATE REPORT UMSTZSRT
```

ein. Dadurch verabreden wir, daß die Angaben über die Report-Struktur in einer *Report-Format-Datei* namens UMSTZSRT.FRM abgespeichert werden sollen.

Grundsätzlich sind Report-Format-Dateien durch die Namensergänzung "*FRM*" (als Abkürzung von "FORMAT") gekennzeichnet. Diese Namensergänzung brauchen wir im *CREATE REPORT*-Befehl jedoch nicht aufzuführen, da die Ergänzung "FRM" automatisch an den im Befehl *CREATE REPORT* angegebenen Grundnamen angefügt wird. Bei der Ausführung des CREATE REPORT-Befehls in der Form

```
CREATE REPORT report-format-dateiname
```

wird das *Report-Menü* ausgegeben:

```
Layout   Felder   Bereiche   Text   Suchen   Drucken   Ende          14:01:24
[.......▼.1.....▼...2...▼.....3.▼.........▼.......▼.5.....▼...6...▼.....7.▼.......
Seite    Kopfzeile          Bereich
Bericht  Vorspann           Bereich
Daten                       Bereich
Bericht  Zusammenfassung    Bereich
Seite    Fußzeile           Bereich
```

Dieses Menü ist in fünf Bereiche gegliedert:

- den "Bericht Vorspann Bereich" zur Aufnahme von Texten, die am Reportanfang ausgegeben werden sollen,
- den "Seite Kopfzeile Bereich" zur Aufnahme von Informationen, die jede neue Seite des Reports einleiten sollen,
- den "Seite Fußzeile Bereich" zur Aufnahme von Informationen, die jede Ausgabeseite des Reports abschließen sollen,
- den "Daten Bereich" zur Beschreibung der Struktur der auszugebenden Datenzeilen, und
- den "Bericht Zusammenfassung Bereich" zur Bestimmung, wie die Summation durchzuführen ist.

Satzgruppe und Satzgruppenwechsel

In unserem Fall soll die Summation über die Artikelnummer A_NR durchgeführt werden. Sind derartige Gruppensummen zu bilden, so ist Voraussetzung, daß die Datensätze, über deren Inhalt ein Report erstellt werden soll, in Satzgruppen gegliedert sind. Unter einer *Satzgruppe* wird eine Zusammenfassung von Sätzen verstanden, die durch eine charakteristische Eigenschaft gekennzeichnet sind.

In unserem Fall ist durch die Sortierung nach der Artikelnummer A_NR gewährleistet, daß die Tabellen-Datei UMSTZSRT aus vier Satzgruppen besteht. Die nach Artikelnummern und Vertreternummern geordnete Datei UMSTZSRT ist nämlich wie folgt gegliedert:

```
                        {1215  11
1. Satzgruppe           {8413  11
                        {8413  11
                           <---- Satzgruppenwechsel
2. Satzgruppe           {1215  12
                        {8413  12
                           <---- Satzgruppenwechsel
3. Satzgruppe           {1215  13
                        {8413  13
                           <---- Satzgruppenwechsel
4. Satzgruppe           {5016  22
                        {5016  22
```

An der Stelle, an der das Feld A_NR seinen Inhalt ändert, liegt ein sog. *Satzgruppenwechsel* vor.

Satzgruppen können nicht nur durch den Inhalt eines Feldes, sondern auch durch mehrere Feldinhalte bestimmt werden. In diesem Fall ist ein Satzgruppenwechsel durch eine Änderung mindestens eines Feldinhalts gekennzeichnet.

Übliche Satzgruppenwechsel sind *einstufige* Wechsel bzw. *zweistufige* Wechsel, bei denen einem Satzgruppenwechsel ein weiterer Gruppenwechsel untergeordnet ist.

Gliederung des Reports nach Satzgruppen

Sollen Satzgruppenwechsel für die Ausführung der Summation berücksichtigt werden, so muß innerhalb des Report-Menüs der "Daten Bereich" in einen neu einzurichtenden "Gruppe Vorspannbereich" und eine "Gruppe Zusammenfassung" eingelagert werden. Dazu ist der Cursor zunächst in die Zeile mit dem Eintrag "Bericht Vorspann Bereich" zu bewegen und anschließend die Tastenkombination "*Alt+B*" zu betätigen. Nach Bestätigung (mit der Return-Taste) der daraufhin angezeigten Option "Hinzufügen einer Gruppe" und der nachfolgend angezeigten Option "Feldinhalt" ist in dem anschließend ausgegebenen Menü mit den Datenfeldern der Tabellen-Datei der jeweils gewünschte Name - in unserem Fall der Name A_NR - zur Festlegung des *Gruppenwechsels* auszuwählen:

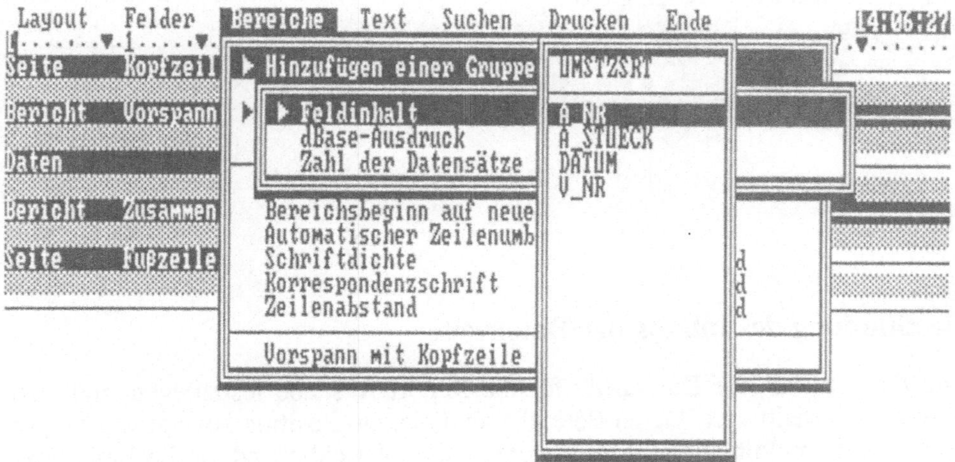

Nach Druck der Return-Taste enthält das Report-Menü die zusätzlichen Angaben von "Gruppe 1 Vorspannbereich" und von "Gruppe 1 Zusammenfassung". Sind weitere Gruppenwechsel zu berücksichtigen, so muß der Cursor erneut auf die Zeile mit dem Eintrag "Bericht Vorspann Bereich" positioniert werden. Anschließend ist in der oben angegebenen Form der zusätzlich gewünschte Gruppenwechsel zu verabreden. Dabei ist zu berücksichtigen, das der jeweils zuletzt vereinbarte Gruppenwechsel allen bereits zuvor festgelegten Gruppenwechseln übergeordnet ist, so daß der in der Hierarchie am weitesten unten angesiedelte Wechsel als erster zu verabreden ist.

Soll ein bereits definierter Gruppenwechsel gelöscht werden, so ist der Cursor auf die zugehörige Zeile mit dem Eintrag "Gruppe Vorspannbereich" zu positionieren und anschließend die *Entf-Taste* zu drücken (die daraufhin angezeigte Rückfrage ist mit "J" zu beantworten).

Ausgabe von Text

Um für einen Report-Ausdruck konstante Textausgaben innerhalb des Report-Menüs festzulegen, bewegen wir den Cursor an die jeweils gewünschte Ausgabeposition und tragen dort den vorgesehenen Text ein.

In unserem Fall wird anschließend das folgende Report-Menü angezeigt:

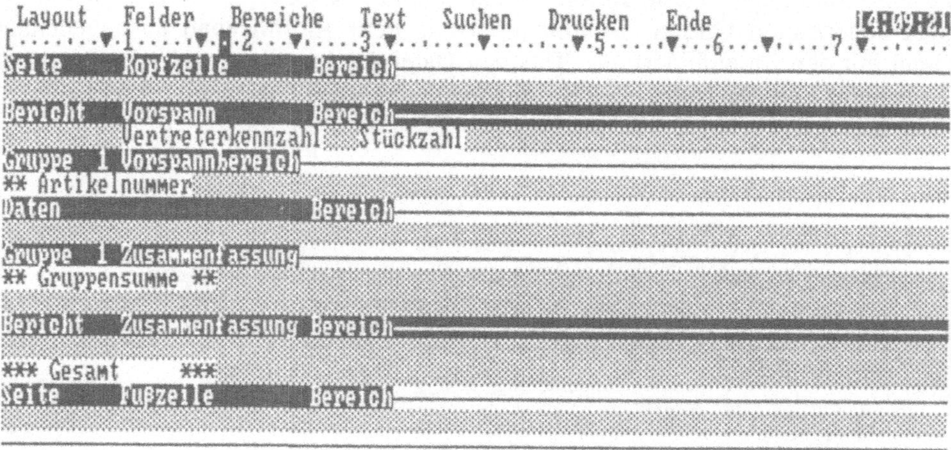

Bestimmung des Inhalts der Datenzeile

Um die Struktur der Datenzeile für die Report-Ausgabe festzulegen, muß der Cursor innerhalb von "Daten Bereich" an diejenige Position bewegt werden, an der ein Datenfeldinhalt angezeigt werden soll. Anschließend ist die Funktionstaste *F5* zu drücken und innerhalb der daraufhin angezeigten Datenfelder mit dem Cursor auf das gewünschte Feld zu positionieren (und die Return-Taste zu drücken). Durch die Tastenkombination *"Strg+Ende"* erscheint im Report-Menü der Eintrag einer Bildschirm-Maske (PICTURE-Schablone), welche die Positionen für die Ausgabe des Feldinhalts kennzeichnet (jedes Zeichen "9" beschreibt eine Ziffernstelle).

In unserem Fall enthält das Report-Menü nach der Auswahl der Felder V_NR und A_STUECK die Schablonen "9999" und "999" (in dieser Reihenfolge) innerhalb von "Daten Bereich".

Vereinbarung einer einen Text ergänzenden Datenausgabe

Da bei unserer Report-Ausgabe dem in "Gruppe 1 Vorspannbereich" enthaltenen Text "** Artikelnummer" die jeweilige (die Satzgruppe bestimmende) Artikelnummer folgen soll, müssen wir diesen Text durch die Vereinbarung der Datenausgabe von A_NR ergänzen. Dazu positionieren wir den Cursor an die vorgesehene Ausgabeposition und verfahren anschließend genauso, wie wir es soeben oben für die Vereinbarung des Inhalts der Datenzeile angegeben haben, d.h. nach Druck der *F5*-Taste wählen wir das Feld A_NR aus und bestätigen dies durch "*Strg+Ende*". Anschließend enthält unser Report-Menü die folgenden Angaben:

```
Layout   Felder   Bereiche   Text   Suchen   Drucken   Ende          4:13:35
[.......▼.1.....▼...2..▼.....3.▼.......▼.......▼.5.....▼...6...▼.....7.▼......
Seite    Kopfzeile          Bereich
Bericht  Vorspann           Bereich
         Vertreterkennzahl  Stückzahl
Gruppe 1 Vorspannbereich
** Artikelnummer    99
Daten                       Bereich
                9999        999
Gruppe 1 Zusammenfassung
** Gruppensumme **
Bericht  Zusammenfassung Bereich
*** Gesamt      ***
Seite    Fußzeile           Bereich
```

Bestimmung der Ausgabe von Zwischensummen

Um die Ausgabe der *Zwischensummen* nach jedem Gruppenwechsel festzulegen, müssen wir den Cursor innerhalb von "Gruppe 1 Zusammenfassung" an die gewünschte Ausgabeposition bewegen. Anschließend ist durch die *F5*-Taste aus dem daraufhin angezeigten Menü das Schlüsselwort "*Summe*" (durch die Return-Taste) auszuwählen. In dem anschließend ausgegebenen Menü ist festzulegen, über welches Datenfeld summiert werden soll und welchen Namen das Feld mit den Zwischensummenwerten erhalten soll.

Wir tragen bei der Option "Name" den Namen GRUP_SUM (Return-Taste, Eingabe von "GRUP_SUM", Return-Taste) ein, positionieren auf die Option "dB-Bezugsfeld" und wählen aus dem (nach Druck der Return-Taste) angezeigten Datenfeldern das Feld A_STUECK (durch Druck der Return-Taste) aus. Anschließend positionieren wir auf die Option "Schablone" und löschen (nach Druck der Return-Taste) die letzten 7 Zeichen der voreingestellten

PICTURE-Schablone, so daß der Bildschirm (nach Druck der Return-Taste) die folgenden Angaben enthält:

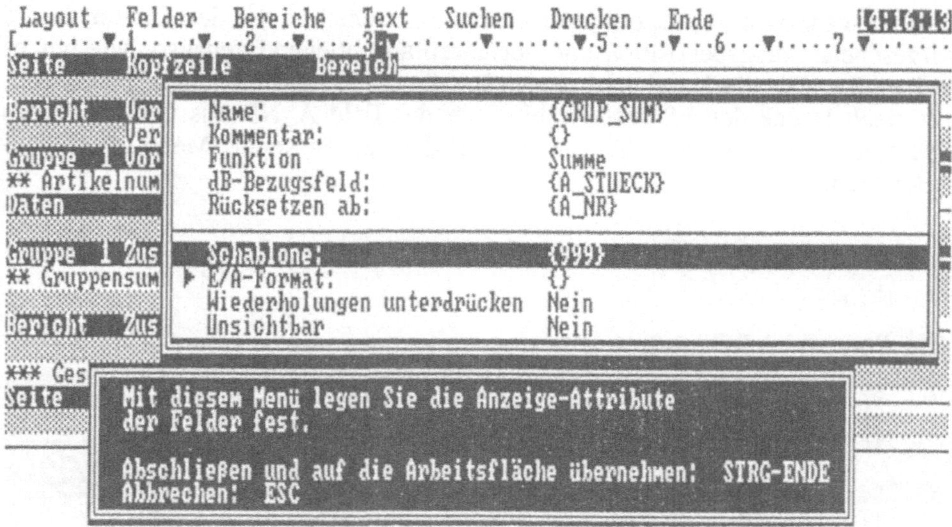

Nach Druck von "*Strg+Ende*" wird die Bildschirm-Maske (PICTURE-Schablone) innerhalb des Report-Menüs an der zuvor gewählten Position angezeigt.

Bestimmung der Ausgabe von Gesamtsummen

Zur Ausgabe der *Gesamtsumme* ist der Cursor innerhalb von "Bericht Zusammenfassung Bereich" geeignet zu positionieren. Anschließend müssen wir genauso verfahren, wie wir es oben für die Ausgabe von Zwischensummen beschrieben haben.

In unserem Fall wählen wir nach Druck der F5-Taste wiederum das Schlüsselwort "*Summe*" aus und tragen im anschließend angezeigten Menü in den Optionen "Name" und "dB-Bezugsfeld" die Namen GES_SUM bzw. A_STUECK ein, so daß wir (nach Löschung der letzten 7 Zeichenpositionen in der PICTURE-Schablone der Option "Schablone") die folgende Anzeige erhalten:

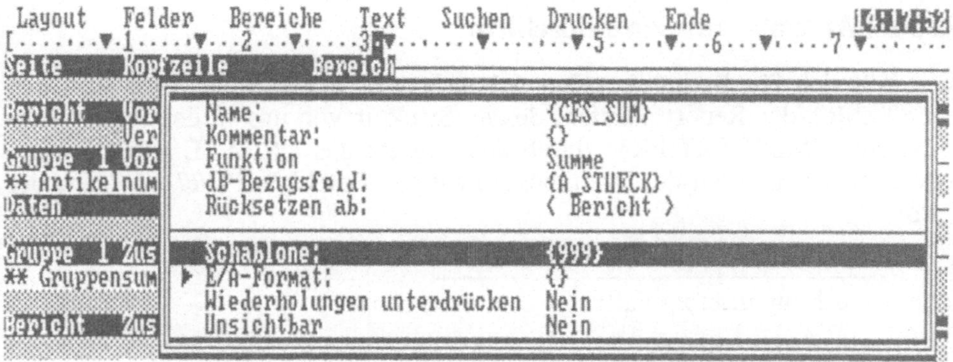

Nach Druck von "*Strg+Ende*" ergibt sich das folgende Report-Menü, dessen Inhalt den oben angegebenen Report-Ausdruck kennzeichnet:

```
Layout   Felder   Bereiche   Text   Suchen   Drucken   Ende          14:18:24
[·······▼·1·····▼···2···▼·····3·▼·▮·····▼·······▼·5·····▼···6···▼·····7·▼·······
Seite      Kopfzeile         Bereich
Bericht    Vorspann          Bereich
           Vertreterkennzahl  Stückzahl
Gruppe  1  Vorspannbereich
** Artikelnummer     99
Daten                        Bereich
                 9999        999
Gruppe  1  Zusammenfassung
** Gruppensumme **
                             999
Bericht    Zusammenfassung Bereich

*** Gesamt     ***           999
Seite      Fußzeile          Bereich
```

Sicherung des Report-Menüs

Zur Übertragung des aktuellen Inhalts des Report-Menüs in die Report-Format-Datei UMSTZSRT.FRM wählen wir durch "*Alt+E*" die Menü-Option "Ende" und anschließend die Option "Speicherung und beenden" (durch die Return-Taste). Neben der Report-Format-Datei wird außerdem eine zugeordnete Datei gleichen Grundnamens mit der Namensergänzung "*FRG*" erzeugt. In diese Datei werden die dBASE-Befehle eingetragen, welche die Report-Ausgabe beschreiben, die gemäß der innerhalb des Report-Menüs getroffenen Vereinbarung durchzuführen ist.

Report-Ausgabe auf den Bildschirm

Jetzt läßt sich für die im aktuellen Arbeitsbereich angemeldete Tabellen-Datei UMSTZSRT der Report abrufen, dessen Struktur von uns in der Report-Format-Datei UMSTZSRT.FRM durch den Einsatz des CREATE REPORT-Befehls abgespeichert wurde. Dazu müssen wir den Befehl *REPORT FORM* in der Form

```
REPORT FORM report-format-dateiname
```

angeben, d.h. in unserem Fall:

```
. REPORT FORM UMSTZSRT
```

Daraufhin wird der von uns gewünschte Report-Ausdruck in der im Abschnitt 7.2 angegebenen Form auf dem Bildschirm angezeigt.

Bei der erstmaligen Verarbeitung der Report-Format-Datei wird zunächst der Inhalt der ihr zugeordneten Datei mit der Namensergänzung "FRG" in ausführbare Maschinenbefehle *übersetzt*.

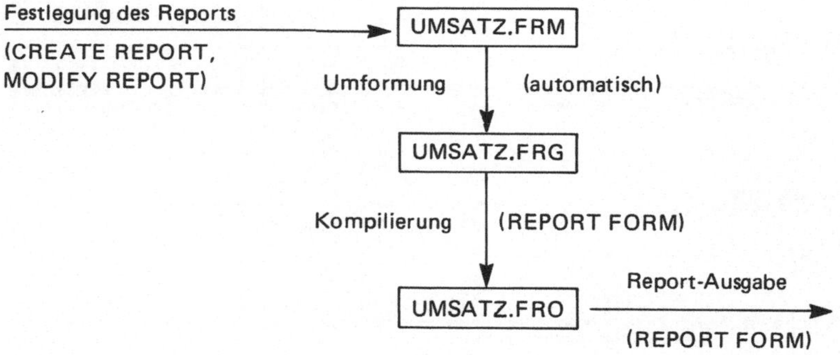

Diese kompilierte Form wird in einer Datei gleichen Grundnamens mit der Namensergänzung *"FRO"* abgespeichert. Wird zu einem späteren Zeitpunkt eine erneute Report-Ausgabe durch den REPORT FORM-Befehl abgerufen, so wird *unmittelbar* auf die kompilierte Form zurückgegriffen.

Änderung der Report-Struktur

Sind nachträglich Veränderungen in der Struktur dieses Report-Ausdrucks durchzuführen, so muß die Report-Format-Datei modifiziert werden. Dazu ist der Befehl *MODIFY REPORT* in der Form

```
MODIFY REPORT report-format-dateiname
```

anzugeben, woraufhin die ursprünglichen Angaben (innerhalb der uns vom Aufbau einer Report-Format-Datei her bekannten Menü-Struktur) auf dem Bildschirm angezeigt werden. Nachdem wir Korrekturen durchgeführt bzw. Ergänzungen vorgenommen und anschließend den Dialog beendet haben, steht in der Report-Format-Datei die geänderte Fassung der Report-Struktur für den nächsten Aufruf des REPORT FORM-Befehls zur Verfügung. Hierbei ist zu beachten, daß durch den MODIFY REPORT-Befehl die Report-Format-Datei verändert und die zugehörige Datei mit der Namensergänzung "FRO" *gelöscht* wird. Erst durch eine neuerliche Ausführung des REPORT FORM-Befehls wird die zugehörige kompilierte Form *neu* aufgebaut.

Sicherung einer Report-Format-Datei

Soll eine Report-Struktur modifiziert und zuvor die alte Version zur Sicherung in eine andere Report-Format-Datei übertragen werden, so ist hierzu der *COPY FILE*-Befehl in der Form

```
COPY FILE dateiname-1 TO dateiname-2
```

einzusetzen. Mit diesem Befehl können beliebige Dateien kopiert werden. In unserem Fall sind in den Dateinamen die Namensergänzungen ("*FRM*", "*FRG*" und "*FRO*") mit aufzuführen, da sie nicht automatisch - wie bei den Befehlen CREATE REPORT, REPORT FORM und MODIFY REPORT - ergänzt werden.

So sichern wir etwa durch die Befehle

```
. COPY FILE UMSTZSRT.FRM TO REPORT1.FRM

. COPY FILE UMSTZSRT.FRG TO REPORT1.FRG

. COPY FILE UMSTZSRT.FRO TO REPORT1.FRO
```

die ursprüngliche Report-Struktur innerhalb der Report-Format-Datei REPORT1.FRM und den dieser Datei zugeordneten Dateien mit den Namensergänzungen "FRG" und "FRO". Durch die Befehle

```
. USE UMSTZSRT
. REPORT FORM REPORT1
```

können wir anschließend wiederum einen Report gemäß der früheren Report-Struktur erzeugen.

Report-Ausgabe auf einen Drucker und in eine Text-Datei

Reports können nicht nur auf den Bildschirm, sondern auch auf einen angeschlossenen Drucker oder in eine Text-Datei ausgegeben werden. Dazu ist der *REPORT FORM*-Befehl in der Form

```
REPORT FORM report-format-dateiname [ bereich ]
      [ WHILE bedingung-1 ] [ FOR bedingung-2 ]
      [ PLAIN ] [ HEADING zeichenfolge ] [ NOEJECT ] [ SUMMARY ]
      [ { TO PRINTER | TO FILE text-dateiname } ]
```

zu verwenden. Die Ausgabe läßt sich wie folgt über Schlüsselwörter steuern:

- PLAIN : keine Ausgabe von Überschrifts- und Fußnotenzeilen außer bei der ersten Seite,
- HEADING : Zusatzüberschrift für jede Seite,
- NOEJECT : kein Vorschub des Druckers bei Druckbeginn

und

- SUMMARY : keine Ausgabe einzelner Datenzeilen (nur Summenzeilen).

Durch die Angabe von "*TO PRINTER*" oder "*TO FILE* text-dateiname" kann eine ergänzende Ausgabe auf den Drucker bzw. in eine Text-Datei abgerufen werden.

7.5 Datensummation (TOTAL)

Soll die im oben angegebenen Report-Ausdruck enthaltene Summation der Stückzahlen nicht nur angezeigt, sondern auch gespeichert werden, so müssen wir eine Tabellen-Datei einrichten, in welche die Ergebniswerte als Satzinhalte übertragen werden. Zur Durchführung dieser Summation mit gleichzeitiger Sicherung der Summenwerte steht der Befehl *TOTAL* in der Form

```
TOTAL ON feldname-1 TO tabellen-dateiname [ bereich ]
                     [ FIELDS feldname-2 [ , feldname-3 ]... ]
                     [ WHILE bedingung-1 ] [ FOR bedingung-2 ]
```

zur Verfügung. Die Tabellen-Datei, deren Werte zu summieren sind, muß das Feld "feldname-1" enthalten und zuvor im aktuellen Arbeitsbereich angemeldet worden sein. Ferner muß diese Tabellen-Datei - evtl. durch eine vorausgehende Sortierung - in Satzgruppen gegliedert sein. Entscheidend ist, daß die *Satzgruppen-Struktur* durch den Inhalt des Felds "feldname-1" bestimmt ist, d.h. jeder Satzgruppenwechsel wird durch eine Werteänderung innerhalb des Felds "feldname-1" angezeigt.

Die neue Tabellen-Datei mit den Summenwerten ist genauso strukturiert wie die im aktuellen Arbeitsbereich angemeldete Tabellen-Datei. Ist diese Datei vor der Ausführung des TOTAL-Befehls bereits vorhanden, so wird ihr Inhalt gelöscht und - falls erforderlich - die alte Struktur in die neuerdings benötigte Struktur abgeändert.

Bei der Ausführung des TOTAL-Befehls wird bei jedem *Satzgruppenwechsel* ein neuer Datensatz in die Tabellen-Datei ausgegeben, deren Name im TOTAL-Befehl hinter dem Schlüsselwort *TO* aufgeführt ist. Der Satzinhalt wird aus den Satzinhalten der Satzgruppe wie folgt ermittelt:

- *Ohne* Angabe des Schlüsselworts *FIELDS* werden die Gruppensummen für alle numerischen Datenfelder errechnet, und die resultierenden Summenwerte als Feldinhalte in den Ausgabesatz aufgenommen.
- Bei Angabe des Worts *FIELDS* erfolgt diese Verrechnung nur für die hinter FIELDS aufgeführten Felder.
- Die von der Summation *nicht* betroffenen Datenfelder werden so behandelt, daß der pro Satzgruppe erzeugte Datensatz für diese Felder als Wert den Eintrag des jeweils *ersten* Datensatzes dieser Satzgruppe enthält.

Haben wir etwa die Tabellen-Datei UMSTZSRT mit nach Artikelnummern sortierten Sätzen durch

```
. USE UMSTZSRT
```

im aktuellen Arbeitsbereich angemeldet, so resultiert aus der Ausführung des Befehls

```
. TOTAL ON A_NR TO UMSTZTOT FIELDS A_STUECK
                FOR A_NR = 11 .OR. A_NR = 12
```

die Meldung:

```
5 Datensätze gesamt
2 Datensätze erstellt
```

Dabei wurde die folgende Auswertung vorgenommen:

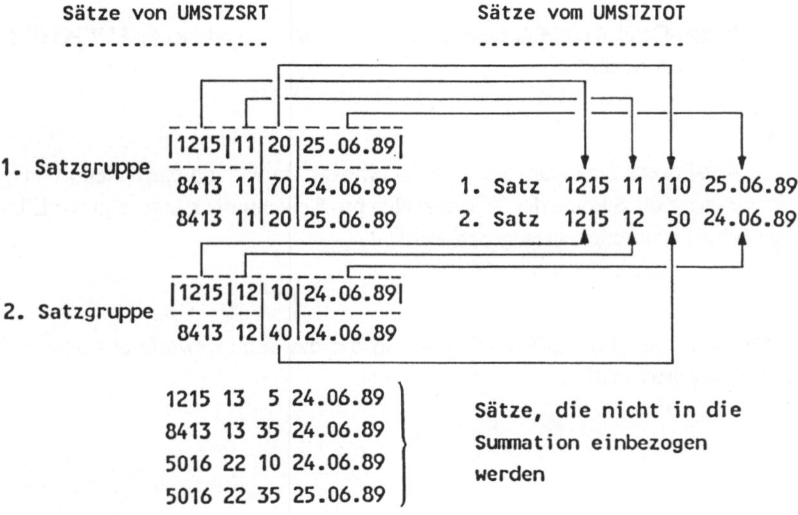

Soll - entgegen der bislang zugrundegelegten Report-Struktur - bei der Summierung über die Stückzahlen die Summation für jede Vertreternummer und jede Artikelnummer *getrennt* durchgeführt werden, so müßte die Tabellen-Datei UMSATZ.DBF zunächst nach Vertreterkennzahlen und für gleiche Vertreterkennzahlen nach Artikelnummern sortiert werden. Erst daran anschließend läßt sich die gewünschte Summenbildung mit Hilfe des TOTAL-Befehls vornehmen. Wollen wir diese Zusammenführung durchführen und die Summenwerte in die Tabellen-Datei UMSTZTOT.DBF speichern, so müssen wir folglich die Befehlsfolge

```
. USE UMSATZ
. SORT TO UMSTZSRT ON V_NR, A_NR
. USE UMSTZSRT
. TOTAL ON A_NR TO UMSTZTOT FIELDS A_STUECK
```

ausführen lassen.

Aufgaben

Aufgabe 7.1
Bestimme die Anzahl der Aufträge!

Aufgabe 7.2
Bestimme die Gesamtzahl der Teileanzahlen für die Teilenummern 116 und 128!

Aufgabe 7.3
Bestimme die durchschnittliche Anzahl der für die Teilenummer 37 bestellten Teile!

Aufgabe 7.4
Sortiere die Tabellen-Datei AUFPOS.DBF nach Teilenummern und richte AUFPOSS.DBF mit den sortierten Datensätzen ein!

Aufgabe 7.5
Richte eine Report-Format-Datei namens AUFPOSS.FRM ein und gib einen Report aus, in dem für alle Teilenummern die Summe der Teileanzahlen pro Teilenummer angezeigt wird! In diesem Report sollen keine Datenzeilen ausgegeben werden!

Aufgabe 7.6
Richte die Tabellen-Datei TEILETOT.DBF ein, in der die Summenwerte aus dem Report als Satzinhalte abgespeichert sind!

8 Indizierung - eine Methode für den Direktzugriff auf Datensätze

8.1 Einrichtung einer Index-Datei (INDEX ON)

Index-Tabelle und Satzschlüssel

Wollen wir bei der Summierung von Feldinhalten die Art der Summenbildung ändern (siehe etwa das oben angegebene Beispiel), so müssen wir den Datenbestand geeignet umordnen und anschließend einen entsprechend modifizierten TOTAL-Befehl eingeben. Bei großen Datenbeständen ist eine Sortierung in der Regel sehr zeitaufwendig. Zudem besteht die Gefahr, daß entsprechend viele Varianten ein und desselben Datenbestands eingerichtet werden, die jeweils nach anderen Kriterien sortiert sind. Daher ist es ratsam, die gewünschte Anordnung der Datensätze nicht physikalisch herzustellen, sondern die Sätze durch eine Indizierung in die gewünschte Reihenfolge zu bringen.

Bei der *Indizierung* wird der Zugriff auf die Datensätze der Tabellen-Datei durch die Vereinbarung eines *Satzschlüssels* (Indexes) festgelegt. Dieses Verfahren ermöglicht den *direkten* Zugriff auf einzelne Sätze und *erweitert* die bisherige Möglichkeit, einen Satz über seine Satznummer zu adressieren.

Legen wir etwa bei der Tabellen-Datei VRTRTR.DBF das Feld V_NR als *Index* fest (wie wir diese Anforderung eingeben, stellen wir unten dar), so führt diese Indizierung zu folgenden Verweisen:

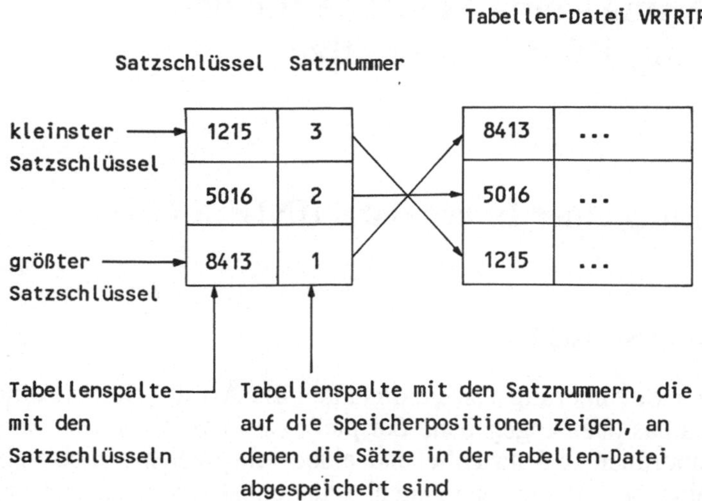

Nach der Indizierung wird die Reihenfolge der Sätze durch die Angaben in der *Index-Tabelle* bestimmt, so daß in diesem Fall auf den Satz mit der Vertreterkennzahl 1215 als ersten, auf den Satz mit der Kennzahl 5016 als zweiten und auf den Satz mit der Kennzahl 8413 als letzten Satz der Tabellen-Datei zugegriffen wird, sofern z.B. die Datei sequentiell verarbeitet wird.

Zu einer Tabellen-Datei kann nicht nur ein Index verabredet werden, sondern es ist die Einrichtung *mehrerer* verschiedener Satzschlüssel erlaubt.

Jeder Index wird vom dBASE-System in einer eigenständigen Index-Tabelle verwaltet. Als ersten Eintrag enthält die Index-Tabelle stets den in der Sortierordnung *kleinsten* Satzschlüssel, so daß der zugehörige Satz zum (logisch) 1. Satz bzgl. der gewählten Indizierung wird. Zum (logisch) 2. Satz wird derjenige Datensatz bestimmt, der den in der Sortierordnung nächstgrößeren Satzschlüssel besitzt, usw. Der (logisch) letzte Satz, der durch den letzten Eintrag in der Index-Tabelle bestimmt ist, besitzt den in der Sortierordnung *größten* Schlüssel.

Indizes müssen nicht notwendig eindeutig sein, d.h. es darf vorkommen, daß zwei oder mehrere Sätze mit *gleichem* Satzschlüssel im Bestand vorhanden sind. Nach der Indizierung können wir über den zugehörigen Satzschlüssel den jeweils ersten Satz einer Satzfolge mit gleichem Index anfordern. Auf den zweiten und die evtl. weiteren Sätze dieser Satzfolge muß anschließend sequentiell zugegriffen werden (siehe unten).

Einrichtung einer Index-Datei

Eine Index-Tabelle wird für eine Tabellen-Datei vom dBASE-System aufgebaut, wenn für die im aktuellen Arbeitsbereich angemeldete Tabellen-Datei ein *INDEX ON*-Befehl in der Form

```
INDEX ON schlüsselausdruck TO index-dateiname
```

angegeben wird. Die Tabelle wird in einer *Index-Datei* abgespeichert, deren Name hinter dem Schlüsselwort *TO* aufgeführt ist.

Haben wir etwa die Tabellen-Datei VRTRTR im aktuellen Arbeitsbereich angemeldet, so wird durch die Ausführung des Befehls

```
. INDEX ON V_NR TO VRTRTR
```

die oben angegebene Index-Tabelle gemäß dem Satzschlüssel V_NR aufgebaut und in die Index-Datei VRTRTR.NDX abgespeichert.

Grundsätzlich sind Index-Dateien durch die Namensergänzung "*NDX*" (als Abkürzung für "INDEX") gekennzeichnet. Diese Ergänzung braucht im INDEX ON-Befehl nicht angegeben zu werden, da sie automatisch an den angegebenen Grundnamen angefügt wird.

Als *Schlüsselausdruck* im INDEX ON-Befehl lassen sich numerische, alphanumerische und Datums-Felder aufführen. Mehrere alphanumerische Felder können mit Hilfe des Operators "+" durch

```
feldname-1 + feldname-2 [ + feldname-3 ]...
```

zu einem Schlüsselausdruck aufgebaut werden (maximal 220 Zeichenpositionen sind für den Schlüsselausdruck erlaubt, der einen aus maximal 100 Zeichen bestehenden Satzschlüssel festlegen kann). Ferner lassen sich auch mehrere numerische oder mehrere Datums-Felder sowie verschiedenartige Felder ebenfalls über den Operator "+" zu einem Schlüsselausdruck zusammenfassen, indem geeignete Funktionen zur Bildung von Zeichenketten verwendet werden.

Wollen wir z.B. für die Tabellen-Datei UMSATZ.DBF einen Schlüsselausdruck aus den numerischen Feldern V_NR und A_NR bilden, so führen wir den Ausdruck

```
STR(V_NR,4) + STR(A_NR,2)
```

innerhalb des INDEX ON-Befehls auf. Dabei wandelt die Funktion STR eine numerische in eine alphanumerische Größe um (siehe Anhang A.5).

Wollen wir dagegen die Sätze von UMSATZ.DBF über einen gemeinsamen Index aus Vertreterkennzahl (V_NR), Artikelnummer (A_NR) und Datum (DATUM) eindeutig adressieren können, so richten wir die Index-Datei mit dem Schlüsselausdruck

```
STR(V_NR,4) + STR(A_NR,2) + DTOC(DATUM)
```

ein, wobei die Funktion DTOC einen Datumswert in eine Zeichenkette umwandelt (siehe Anhang A.5).

Soll beim Aufbau einer Index-Datei bei Sätzen mit *gleichem* Satzschlüssel nur der jeweils erste Satz über einen Eintrag in der eingerichteten Index-Tabelle adressierbar sein, so ist dies durch den *INDEX ON*-Befehl mit dem Schlüsselwort *UNIQUE* in der Form

```
INDEX ON schlüsselausdruck TO index-dateiname UNIQUE
```

festzulegen. Anschließend sind zwar alle anderen Sätze weiterhin in der Tabellen-Datei vorhanden (und können z.B. über die Angabe der jeweiligen Satznummer bereitgestellt werden), jedoch sind sie bei der Adressierung über die eingerichtete Index-Datei nicht mehr auffindbar.

Arbeiten mit einer Index-Datei

Nach der Einrichtung der Index-Datei kann die indizierte Tabellen-Datei unmittelbar verarbeitet werden, da sie im aktuellen Arbeitsbereich angemeldet bleibt. Anschließend wird der Zugriff auf die Datensätze gemäß der Ordnung vorgenommen, die durch die eingerichtete Index-Tabelle verabredet ist.

Greifen wir nach der Eingabe von

```
. USE VRTRTR
. INDEX ON V_NR TO VRTRTR
```

auf die Sätze der Tabellen-Datei VRTRTR.DBF zu, so werden sie in der Abfolge im Satzpuffer bereitgestellt, in der sie mit den aufsteigend sortierten Vertreterkennzahlen innerhalb der Index-Tabelle korrespondieren.

So erhalten wir z.B. durch den Aufruf des DISPLAY-Befehls das folgende Ergebnis:

```
. DISPLAY ALL V_NR, V_PROV, V_KONTO
Datensatz#  V_NR V_PROV V_KONTO
         3  1215   0,06   50,50
         2  5016   0,05  200,00
         1  8413   0,07  725,15
```

Wie oben angegeben können wir als Schlüsselausdruck für die Tabellen-Datei UMSATZ.DBF den Ausdruck "STR(V_NR,4) + STR(A_NR,2)" vereinbaren, so daß durch

```
. USE UMSATZ
. INDEX ON STR(V_NR,4) + STR(A_NR,2) TO UMSATZ
```

die Index-Datei UMSATZ.NDX eingerichtet und dadurch die Reihenfolge der Datensätze innerhalb der Tabellen-Datei UMSATZ wie folgt festgelegt wird:

```
Index-Tabelle   Datensätze in der Tabellen-Datei UMSATZ.DBF

121511  4         Satz 1      8413 12 40 24.06.89
121512  8      -> Satz 2      5016 22 10 24.06.89
121513  7         Satz 3      8441 11 70 24.06.89
501622  2         Satz 4      1215 11 20 25.06.89
501622  5         Satz 5      5016 22 35 25.06.89
841311  3         Satz 6      8413 13 35 24.06.89
841311  9         Satz 7      1215 13  5 24.06.89
841312  1         Satz 8      1215 12 10 24.06.89
841313  6         Satz 9      8413 11 20 25.06.89
```

Jetzt kann unmittelbar (ohne vorausgehende Sortierung, wie es am Ende von Abschnitt 7.5 dargestellt wurde) der TOTAL-Befehl

```
. TOTAL ON A_NR TO UMSTZTOT FIELDS A_STUECK
```

ausgeführt werden, da die Sätze von UMSATZ.DBF gemäß der durch die Index-Tabelle festgelegten Sortierfolge nach Vertreternummern und für gleiche Vertreternummern nach Artikelnummern geordnet sind.

Um den Einfluß der Indizierung auf die Ausgabe dieses Reports darzustellen, bauen wir durch den Befehl

```
. CREATE REPORT UMSATZ
```

eine weitere Report-Format-Datei namens UMSATZ.FRM auf. Im Hinblick auf die Report-Struktur verabreden wir, daß der Satzgruppenwechsel durch die Vertreterkennzahl und ein diesbzgl. untergeordneter Satzgruppenwechsel (innerhalb der Sätze mit gleicher Vertreterkennzahl) durch die Artikelnummer gesteuert werden soll. In diesem Fall muß das Report-Menü die Eintragungen für einen *zweistufigen* Satzgruppenwechsel in der Form

```
 Layout   Felder   Bereiche   Text   Suchen   Drucken   Ende          14:36:26
[·····▼·1·····▼···2···▼···3·▼·······▼·······▼·5·····▼···6···▼·····7·▼·······
Seite     Kopfzeile           Bereich
Bericht   Vorspann            Bereich

Gruppe  1 Vorspannbereich
** Vertreterkennzahl 9999
Gruppe  2 Vorspannbereich

* Artikelnummer 99
Daten                         Bereich
                          999
Gruppe  2 Zusammenfassung
*Teil-Gruppensumme*
                          999
Gruppe  1 Zusammenfassung
** Gruppensumme **
                          999
Bericht   Zusammenfassung Bereich
*** Gesamt *****
                          999
Seite     Fußzeile            Bereich
```

enthalten. Dabei ist der Gruppenwechsel bzgl. der ersten Gruppe durch V_NR und der Wechsel bzgl. der zweiten Gruppe durch A_NR festgelegt worden, während sämtliche Summationsfelder innerhalb von "Daten Bereich", "Gruppe 1 Vorspannbereich", "Gruppe 1 Zusammenfassung" und "Bericht Zusammenfassung Bereich" durch die Summation über den Inhalt von A_STUECK gekennzeichnet sind. Durch die anschließende Ausführung des Befehls

```
. REPORT FORM UMSATZ SUMMARY
```

ergibt sich ein Report-Ausdruck, in dem etwa für den Vertreter mit der Vertreternummer 8413 die folgenden Angaben eingetragen sind:

```
** Vertreterkennzahl 8413

* Artikelnummer 11
*Teil-Gruppensumme*
                                  90

* Artikelnummer 12
*Teil-Gruppensumme*
                                  40

* Artikelnummer 13
*Teil-Gruppensumme*
                                  35
** Gruppensumme **
                                 165
```

Somit können wir durch eine geeignete Indizierung jeweils eine neue Satzfolge einstellen und damit die Ausgabe entsprechend modifizierter Reports mit geeigneter Summenbildung von Daten aus einer Tabellen-Datei - ohne Änderung der physikalischen Satzfolge (wie bei der Sortierung) - abrufen.

Gehen wir noch einmal von der unsortierten Tabellen-Datei UMSATZ aus, so können wir zwei verschiedene Summationen etwa durch die folgenden Befehle ausführen lassen:

```
. USE UMSATZ
. INDEX ON A_NR TO UMSATZ
. TOTAL ON A_NR TO UMSTZ1 FIELDS A_STUECK
. INDEX ON STR(V_NR,4) + STR(A_NR,2) TO UMSATZ
. TOTAL ON A_NR TO UMSTZ2 FIELDS A_STUECK
```

Beim ersten TOTAL-Befehl wird über gleiche Artikelnummern - unabhängig von der Vertreterkennzahl - und beim zweiten TOTAL-Befehl über gleiche Artikelnummern für jeden einzelnen Vertreter summiert. Durch den 2. INDEX ON-Befehl wird die Index-Datei UMSATZ.NDX überschrieben (zuvor wird die Erlaubnis eingeholt). Soll die alte Indizierung erhalten bleiben, so müssen wir einen neuen Dateinamen für die Index-Datei verabreden, etwa den Namen UMSATZ2, und den 2. INDEX ON-Befehl in der Form

```
. INDEX ON STR(V_NR,4) + STR(A_NR,2) TO UMSATZ2
```

angeben.

8.2 Direktzugriff über Satzschlüssel (SEEK)

Bei der Anmeldung einer Index-Datei wird der Zugriff auf die im aktuellen Arbeitsbereich angemeldete Tabellen-Datei über denjenigen Satzschlüssel eingestellt, der den Aufbau der in der Index-Datei enthaltenen Index-Tabelle bestimmt hat. Im Satzpuffer wird derjenige Datensatz eingetragen, dessen Index in der Sortierfolgeordnung der *kleinste* unter allen in den Datensätzen abgespeicherten Satzschlüsseln ist. Sind mehrere Sätze mit diesem kleinsten Satzschlüssel in der Tabellen-Datei vorhanden, so enthält der Satzpuffer den Satz mit der kleinsten Satznummer.

Durch mehrmaligen Einsatz des *SKIP*-Befehls in der Form

```
SKIP
```

können wir anschließend den 2., den 3. und jeden weiteren Satz in den Satzpuffer übertragen lassen, wobei die Reihenfolge durch die Angaben in der Index-Tabelle bestimmt ist. Nach der Ausführung eines SKIP-Befehls enthält der Satzpuffer denjenigen Satz der Tabellen-Datei, der gemäß den Angaben in der Index-Tabelle *hinter* dem zuvor im Satzpuffer enthaltenen Satz abgespeichert ist.

Neben dieser Möglichkeit, die Sätze sequentiell, d.h.gemäß der Sortierfolgeordnung des Satzschlüssels, zur Verarbeitung bereitzustellen, können wir auch *gezielt* auf einzelne Sätze zugreifen. Für diesen Direktzugriff verwenden wir den *SEEK*-Befehl in der Form:

```
SEEK ausdruck
```

Der angegebene Ausdruck muß einen Schlüsselwert festlegen, der vom Beginn der Index-Tabelle an gesucht wird. Als Schlüsselwert dürfen einzelne Werte (Zeichenfolgen sind in Anführungszeichen (") einzufassen), Feldnamen oder durch den Operator "+" verbundene Folgen von alphanumerischen Größen verwendet werden. Ist der gesuchte Satz identifiziert, so wird er im Satzpuffer zur Verarbeitung bereitgestellt.

Sind mehrere Datensätze mit *gleichem* Schlüsselwert vorhanden, so wird der Index sequentiell durchsucht, d.h. es wird zunächst der Satz mit der kleinsten Satznummer im Satzpuffer zur Verarbeitung bereitgestellt. Anschließend lassen sich alle weiteren Sätze mit gleichem Schlüsselwert über den Einsatz des *SKIP*-Befehls nacheinander in den Satzpuffer übertragen.

Ist die Suche erfolglos, weil kein Satz mit dem vorgegebenen Schlüsselwert in der Tabellen-Datei vorhanden ist, so ergibt der Funktionsaufruf "*FOUND()*" (siehe Anhang A.5) den Wahrheitswert ".F.". Diesen Wert können wir z.B. durch den ?-Befehl

```
.?FOUND()
```

am Bildschirm anzeigen lassen.

Ebenso liefert der Funktionsaufruf

```
.?EOF()
```

bei erfolgloser Suche den Wert ".T." - es sei denn, daß durch den *SET NEAR*-Befehl in der Form

```
SET NEAR ON
```

auf denjenigen Satz positioniert wird, der gemäß der eingestellten Satzfolge dem gesuchten Satz *unmittelbar* nachfolgt (sein Index ist der in der Sortierfolge kleinste Satzschlüssel, der größer als der gesuchte Index ist).

Beim Einsatz des SEEK-Befehls ist es auch erlaubt, als Suchkriterium einen *abgekürzten* Schlüsselwert aufzuführen, der aus den einleitenden Zeichen des vollständigen Schlüsselwerts besteht.

Führen wir z.B. die Suche in der Tabellen-Datei UMSATZ durch, für die eine Index-Datei UMSATZ.NDX mit dem Schlüsselausdruck "STR(V_NR,4) + STR(A_NR,2)" eingerichtet ist, so können wir etwa den folgenden Dialog führen:

```
. USE UMSATZ INDEX UMSATZ
Hauptindex: UMSATZ
. DISPLAY
Datensatz#  V_NR A_NR A_STUECK DATUM
      4     1215  11        20 25.06.89
. SKIP
UMSATZ: Datensatznummer      8
. DISPLAY
Datensatz#  V_NR A_NR A_STUECK DATUM
      8     1215  12        10 24.06.89
. SEEK "501622"
. DISPLAY
Datensatz#  V_NR A_NR A_STUECK DATUM
      2     5016  22        10 24.06.89
. SKIP
UMSATZ: Datensatznummer      5
. DISPLAY
Datensatz#  V_NR A_NR A_STUECK DATUM
      5     5016  22        35 25.06.89
. SEEK "8413"
```

```
. DISPLAY

Datensatz#  V_NR A_NR A_STUECK DATUM

        3   8413   11       70 24.06.89

. SKIP

UMSATZ: Datensatznummer        9

. DISPLAY

Datensatz#  V_NR A_NR A_STUECK DATUM

        9   8413   11       20 25.06.89
```

Grundsätzlich ist zu beachten, daß bei der Ausführung eines SEEK-Befehls stets von *Beginn* der Index-Tabelle an gesucht wird. In Fortsetzung des oben angegebenen Dialogs würde somit der Befehl

```
. SEEK "501622"
```

erfolgreich ausgeführt, obwohl der Satz mit dem Schlüsselwert "501622" in der Satzfolge vor dem aktuell im Satzpuffer enthaltenen Satz mit dem Schlüsselwert "841311" angeordnet ist.

Zu beachten ist, daß der oben angegebene Befehl

```
. SEEK "8413"
```

nur dann erlaubt ist, wenn *nicht* auf vollständige Übereinstimmung geprüft werden soll. Somit darf der Befehl

```
SET EXACT ON
```

nicht zuvor eingegeben worden sein (siehe Abschnitt 6.3).

Hätten wir etwa die Tabellen-Datei UMSATZ.DBF nach dem Datum durch

```
. USE UMSATZ
. INDEX ON DATUM TO UMSATZD
```

indexiert, so könnten wir unter Einsatz der Funktion CTOD (siehe Anhang A.5) etwa mit dem Befehl

```
. SEEK CTOD("25.06.89")
```

auf den Bestand zugreifen, so daß der nachfolgende Befehl

```
. DISPLAY
```

zur Ausgabe von

```
Datensatz#  V_NR A_NR A_STUECK DATUM
        4   1215   11       20 25.06.89
```

führen würde.

Wählen wir als Schlüsselausdruck die Verbindung von Vertreterkennzahl, Artikelnummer und Datum durch den Befehl

```
. INDEX ON STR(V_NR,4) + STR(A_NR,2) + DTOC(DATUM) TO      UMSATZG
```

so führt etwa

```
. SEEK "50162224.06.89"
. DISPLAY
```

zur Ausgabe von:

```
Datensatz#  V_NR A_NR A_STUECK DATUM
         2  5016   22       10 24.06.89
```

Anstelle des SEEK-Befehls darf auch der *FIND*-Befehl in der Form

```
FIND { zeichenfolge | zahl }
```

verwendet werden, falls das Suchkriterium entweder eine Zeichenfolge oder eine Zahl (und *keine* Verknüpfung von Operanden) ist.

8.3 Aktualisierung von Index-Dateien (REINDEX)

Änderungen in der Satzfolge innerhalb einer Tabellen-Datei, die durch das Löschen bzw. Ergänzen von Sätzen erfolgt sind, werden in einer zugehörigen Index-Datei nur dann vermerkt, wenn diese Index-Datei zum Zeitpunkt der Änderung im aktuellen Arbeitsbereich angemeldet ist. Da nur bis zu *maximal 10 Index*-Dateien gleichzeitig im Arbeitsspeicher bereitgehalten werden können, müssen wir - sofern mehr als 10 Index-Dateien existieren - die restlichen Index-Dateien nachträglich aktualisieren. Dazu melden wir zunächst die bereits veränderten Index-Dateien durch den CLOSE INDEX-Befehl aus dem Arbeitsbereich ab. Anschließend geben wir den SET INDEX TO-Befehl (siehe unten) ein und melden dadurch die noch nicht angepaßten Index-Dateien im aktuellen Arbeitsbereich an. Anschließend setzen wir den *REINDEX*-Befehl in der Form

```
REINDEX
```

ein, woraufhin alle Index-Dateien, die zu diesem Zeitpunkt zusammen mit der Tabellen-Datei im aktuellen Arbeitsbereich angemeldet sind, dem Bestand der Tabellen-Datei entsprechend aktualisiert werden.

8.4 Das Arbeiten mit mehreren Index-Dateien (SET INDEX TO, SET ORDER TO, CLOSE, USE)

Für den Zugriff auf eine Tabellen-Datei dürfen *beliebig* viele Index-Dateien eingerichtet werden. Jeder neue INDEX ON-Befehl stellt den Zugriff auf die im aktuellen Arbeitsbereich angemeldete Tabellen-Datei über den innerhalb der aufgebauten Index-Tabelle verabredeten Satzschlüssel ein. Wollen wir den aktuell eingestellten Zugriff auf einen Zugriff *umstellen*, der durch eine zuvor eingerichtete Index-Datei festgelegt wird, so müssen wir den *SET INDEX TO*-Befehl in der Form

```
SET INDEX TO index-dateiname
```

eingeben. Anschließend legt die Index-Datei, deren Name hinter dem Schlüsselwort *TO* aufgeführt ist, den Zugriff auf die Sätze der Tabellen-Datei fest.

Sollen im Hinblick auf mögliche Änderungen innerhalb einer Tabellen-Datei (z.B. Anfügen oder Löschen von Sätzen) alle für die Tabellen-Datei vorhandenen Index-Dateien bereitgehalten werden - *maximal* 10 Index-Dateien können gleichzeitig angemeldet sein und nur diese werden aktualisiert (ansonsten siehe den oben angegebenen REINDEX-Befehl) -, so ist der erweiterte *SET INDEX TO*-Befehl in der Form

```
SET INDEX TO index-dateiname-1 [ , index-dateiname-2 ]...
```

anzugeben. Die Index-Datei, deren Name unmittelbar hinter dem Schlüsselwort TO aufgeführt ist, wird zur *Haupt-Index*-Datei. Nachfolgend wird der Zugriff auf die Sätze der Tabellen-Datei über die in dieser Datei abgespeicherte Index-Tabelle bestimmt. Fügen wir in der Tabellen-Datei etwa einen neuen Satz durch den Einsatz des *APPEND*-Befehls in der Form

```
APPEND [ BLANK ] [ BEFORE ]
```

hinzu, so werden alle (für diese Tabellen-Datei) im aktuellen Arbeitsbereich angemeldeten Index-Dateien aktualisiert.

Soll eine andere als die gegenwärtige Haupt-Index-Datei den Satzzugriff bestimmen, so ist ein neuer SET INDEX TO-Befehl einzugeben oder aber ein *SET ORDER TO*-Befehl in der Form

```
SET ORDER TO ganzzahl
```

zu verwenden, wobei die angegebene ganze Zahl einen Wert zwischen 0 und 10 annehmen darf. Die aufgeführte Nummer bezieht sich auf eine gegenwärtig im aktuellen Arbeitsbereich angemeldete Index-Datei. Sie kennzeichnet diejenige Datei als *neue* Haupt-Index-Datei, deren Position im vorausgehenden SET INDEX TO-Befehl mit der aufgeführten Nummer übereinstimmt. Als Reaktion wird der Name der neuen Haupt-Index-Datei am Bildschirm angezeigt. Wird der Wert 0 angegeben, so ist wieder der standardmäßige Zugriff über die *Satznummer* - und nicht mehr der Zugriff über einen Satzschlüssel - eingestellt.

Wollen wir alle für eine Tabellen-Datei bereitgehaltenen Index-Dateien aus dem aktuellen Arbeitsbereich *abmelden*, weil wir z.B. den Satzzugriff wieder über die Satznummer einstellen wollen, so müssen wir den *CLOSE INDEX*-Befehl in der Form

```
CLOSE INDEX
```

eingeben.

Soll eine Tabellen-Datei und gleichzeitig eine oder mehrere für diese Datei vorhandenen Index-Dateien im aktuellen Arbeitsbereich angemeldet werden, so können wir anstelle der beiden Befehle

```
USE tabellen-dateiname [ ALIAS aliasname ]
SET INDEX TO index-dateiname-1 [ , index-dateiname-2 ]...
```

abkürzend einen *USE*-Befehl mit dem Schlüsselwort *INDEX* in der Form

```
USE tabellen-dateiname [ ALIAS aliasname ]
    INDEX index-dateiname-1 [ , index-dateiname-2 ]...
```

angeben. Sind mehrere Index-Dateien hinter INDEX aufgeführt, so wird die *zuerst* angegebene Datei zur Haupt-Index-Datei bestimmt.

Hinweis:

In der Syntax-Darstellung des USE-Befehls darf zusätzlich das Schlüsselwort IN mit nachfolgendem Aliasnamen aufgeführt werden (siehe Abschnitt 5.1).

So kann z.B. die Tabellen-Datei UMSATZ durch den Befehl

```
. USE UMSATZ INDEX UMSATZ
```

im aktuellen Arbeitsbereich angemeldet und der Zugriff über die Vertreterkennzahl in Verbindung mit der Artikelnummer eingestellt werden, sofern die Index-Datei UMSATZ.NDX zuvor durch den Befehl

```
. INDEX ON STR(V_NR,4) + STR(A_NR,2) TO UMSATZ
```

eingerichtet wurde.

8.5 Indizierung unter Einsatz von MDX-Index-Dateien

Bei großen Datenbeständen, die nach vielen verschiedenartigen Kriterien durchsucht werden müssen, ist eine Indizierung nach den jeweiligen Satzschlüsseln unerläßlich. Im Hinblick auf die gleichzeitige Verfügbarkeit mehrerer Indizes sind wir auf die Maximalzahl von jeweils 10 Satzschlüssel festgelegt, da nur bis zu 10 Index-Dateien gleichzeitig in einem Arbeitsbereich angemeldet sein dürfen. Somit wird auch die Aktualisierung sämtlicher Index-Dateien bei Änderungen, Löschungen und Ergänzungen von Sätzen nur über den REINDEX-Befehl mit größerem organisatorischem Aufwand möglich sein - ganz abgesehen davon, daß die Sicherung und Verwaltung sehr vieler Index-Dateien eine erhöhte Anforderung an die Organisation stellt.

Abhilfe läßt sich dadurch schaffen, daß mehrere Indizes innerhalb von sog. *MDX-Index-Dateien* ("MDX" ist die Abkürzung von "Multiple inDeX") zusammengefaßt werden. Diese Form von Index-Dateien bietet die Möglichkeit, bis zu jeweils 47 verschiedene Satzschlüssel *gleichzeitig* innerhalb einer Datei verwalten zu können. Um die innerhalb von Index-Dateien gespeicherten Satzschlüssel begriffsmäßig von den in *MDX-Index-Dateien* gehaltenen Indizes zu unterscheiden, bezeichnen wir die Satzschlüssel von MDX-Index-Dateien als *Index-Tags* (Subindizes).

Eine MDX-Index-Datei läßt sich - anders als dies für Index-Dateien der Fall ist - bereits zum Zeitpunkt der Einrichtung einer Tabellen-Datei aufbauen. Dazu ist innerhalb des Create-Menüs (siehe Abschnitt 4.1) innerhalb der Zeilen derjenigen Felder, deren Inhalt jeweils als Satzschlüssel vereinbart werden soll, in der Menüspalte "Index" das Zeichen "J" einzutragen. Dadurch wird eine MDX-Index-Datei eingerichtet, deren Grundname identisch mit dem Grundnamen der Tabellen-Datei ist und für welche die Namensergänzug "*MDX*" vergeben wird. In der Tabellen-Datei wird zusätzlich vermerkt, daß eine gleichnamige MDX-Index-Datei existiert. Da mit der Anmeldung einer Tabellen-Datei innerhalb eines Arbeitsbereichs die ihr namensmäßig zugeordnete MDX-Index-Datei immer *automatisch mitangemeldet* wird, darf eine MDX-Index-Datei nie gelöscht werden - andernfalls wird die Fehlermeldung "Arbeitsindex (.MDX-Datei) nicht gefunden" bei der Anmeldung der Tabellen-Datei angezeigt.

Hinweis:

Ist der Verweis auf eine zugehörige MDX-Index-Datei innerhalb einer Tabellen-Datei gelöscht, so wird bei der Anmeldung dieser Tabellen-Datei trotzdem überprüft, ob im eingestellten Verzeichnis eine namensgleiche MDX-Index-Datei vorhanden ist. Ist dies der Fall, so wird sie angemeldet und innerhalb der Tabellen-Datei wiederum ein Verweis auf diese MDX-Index-Datei gesetzt.

Obwohl eine MDX-Index-Datei automatisch angemeldet wird, ist zu beachten, daß dadurch *kein* Index-Tag als aktueller Satzschlüssel für den Zugriff auf die Sätze der Tabellen-Datei eingestellt wird. Vielmehr muß die Aktivierung von Index-Tags durch einen *SET ORDER TO*-Befehl in der Form

```
SET ORDER TO index-tag-name
```

erfolgen. Dadurch wird der aufgeführte Index-Tag für den Satzzugriff festgelegt. Soll der Zugriff auf einen anderen Satzschlüssel umgestellt werden, so ist der zugehörige Index-Tag in einem nachfolgenden SET ORDER TO-Befehl anzugeben. Zur Einstellung des standardmäßigen Zugriffs über die Satznummer ist der *SET ORDER TO*-Befehl in der Form

```
SET ORDER TO
```

zu verwenden.

Da neben der MDX-Index-Datei zusätzlich bis zu 10 zur Tabellen-Datei gehörige Index-Dateien innerhalb eines Arbeitsbereichs angemeldet sein dürfen, lassen sich Index-Tags und Indizes im Wechsel für den Satzzugriff einstellen. Dazu ist der *SET ORDER TO*-Befehl in der Form

```
SET ORDER TO { index-dateiname | index-tag-name }
```

einzusetzen.

Hinweis:

In der Situation, in der nur Index-Dateien und keine MDX-Index-Dateien angemeldet sind, darf hinter dem Schlüsselwort TO eine ganze Zahl zur Bestimmung der Haupt-Index-Datei angegeben werden (siehe Abschnitt 8.4).

Ist bei der Einrichtung einer Tabellen-Datei kein Index-Tag verabredet und somit keine MDX-Index-Datei erstellt worden, so läßt sich deren Aufbau durch den MODIFY STRUCTURE-Befehl (siehe Abschnitt 4.4) bzw. durch einen *INDEX ON*-Befehl in der Form

```
INDEX ON schlüsselausdruck TAG index-tag-name
                              [ DESCENDING ] [ UNIQUE ]
```

nachholen. Dabei kann durch das Schlüsselwort *DESCENDING* eine fallende Sortierfolge bezüglich des durch "schlüsselausdruck" vereinbarten Satzschlüssels festgelegt werden. Diese Anforderung ist bei Satzschlüsseln, die in Index-Dateien gespeichert werden, nicht möglich. Wird das Schlüsselwort *UNIQUE* aufgeführt, so kann bei Sätzen mit gleichem Satzschlüssel immer nur auf einen einzigen Satz zugegriffen werden.

Hinweis:

Der Aufbau von Schlüsseln, die sich aus mehreren Feldinhalten zusammensetzen bzw. die bei Sätzen mit gleichen Satzschlüsseln jeweils nur den Zugriff auf einen Satz erlauben (UNIQUE), läßt sich für MDX-Index-Dateien nicht nur über den INDEX ON-Befehl festlegen, sondern kann auch innerhalb des Create-Menüs beim CREATE- bzw. MODIFY STRUCTURE-Befehl angefordert werden. Dazu ist (beim CREATE-Befehl nach vorausgehender Anwahl der Menü-Option "Layout" und dortiger Auswahl der Option "Speichern des Datensatzformats") durch "Alt+V" die Menü-Option "Verwaltung" anzusteuern. Anschließend kann nach der Auswahl der Option "Index anlegen" eine der Optionen "Indexname:", "Ausdruck:", "Sortierfolge:" und "Nur erster Datensatz:" bearbeitet werden.

Sind für eine Tabellen-Datei bereits ein oder mehrere Index-Dateien eingerichtet worden, so empfiehlt sich die Übernahme dieser Indizes zum Aufbau bzw. zur Erweiterung einer MDX-Index-Datei. Dazu steht der *COPY INDEXES*-Befehl in der Form

```
COPY INDEXES index-dateiname
```

zur Verfügung. Dabei ist zu beachten, daß die Index-Datei zuvor im aktuellen Arbeitsbereich angemeldet worden sein muß.

Durch den INDEX ON- bzw. COPY INDEXES-Befehl darf nicht nur eine zur Tabellen-Datei gleichnamige MDX-Index-Datei eingerichtet bzw. ergänzt werden, sondern es ist darüberhinaus zulässig, beliebig viele *weitere* MDX-Index-Dateien aufzubauen. Die diesbezüglich erweiterte Syntax zur Bearbeitung beliebiger MDX-Index-Dateien hat für den *INDEX ON*-Befehl die Form

```
INDEX ON schlüsselausdruck
        TAG index-tag-name [ OF MDX-index-dateiname ]
```

und stellt sich für den *COPY INDEXES*-Befehl wie folgt dar:

```
COPY INDEXES index-dateiname [ TO MDX-index-dateiname ]
```

Wollen wir eine MDX-Index-Datei anmelden, deren Name vom Grundnamen der Tabellen-Datei *verschieden* ist, so müssen wir den *SET INDEX TO*-Befehl in der folgenden erweiterten Syntaxform einsetzen:

```
SET INDEX TO { index-dateiname-1 | MDX-index-dateiname-1 }
             [, { index-dateiname-2 | MDX-index-dateiname-2 } ]...
```

Wird hierbei ein Index-Dateiname hinter dem Schlüsselwort TO aufgeführt, so wird der Zugriff durch den zugehörigen Index bestimmt. Dagegen wird bei der Angabe eines MDX-Index-Dateinamens für diese MDX-Index-Datei *nur* eine Anmeldung durchgeführt. Soll der Zugriff auf einen Index-Tag eingestellt oder der Zugriff umgestellt werden, so ist der *SET ORDER TO*-Befehl in der Form

```
SET ORDER TO { index-dateiname
             | index-tag-name [ OF MDX-index-dateiname ] }
```

einzugeben.

Anstelle der getrennten Eingabe eines SET INDEX TO-Befehls (zur Anmeldung) und eines SET ORDER TO-Befehls (zur Einstellung des Zugriffs) können die diesbezüglichen Angaben auch innerhalb eines *SET INDEX TO*-Befehl *zusammengefaßt* werden:

```
SET INDEX TO { index-dateiname-1 | MDX-index-dateiname-1 }
             [, { index-dateiname-2 | MDX-index-dateiname-2 } ]...
      ORDER TO { index-dateiname-3
               | index-tag-name [ OF MDX-index-dateiname-3 ] }
```

Genau wie bei Index-Dateien darf die Anmeldung von MDX-Index-Dateien und die Bestimmung des Zugriffsschlüssels auch innerhalb eines *USE*-Befehls aufgeführt werden, so daß in diesem Fall die folgende Syntax zu beachten ist (siehe auch Abschnitt 5.1):

```
USE tabellen-dateiname [ IN aliasname-1 ] [ ALIAS aliasname-2 ]
      INDEX TO { index-dateiname-1 | MDX-index-dateiname-1 }
            [, { index-dateiname-2 | MDX-index-dateiname-2 } ]...
      ORDER TO { index-dateiname-3
               | index-tag-name [ OF MDX-index-dateiname-3 ] }
```

Wollen wir z.B. für die Tabellen-Datei UMSATZ.DBF die MDX-Index-Dateien UMSATZ.MDX und UMSATZ2.MDX einrichten, wobei UMSATZ.MDX den in der Index-Datei UMSATZ.NDX enthaltenen Satzschlüssel "STR(V_NR,4)+STR(A_NR,2)" als Index-Tag UMSATZ und die Datei UMSATZ2.MDX die Index-Tags V_NR und GESAMT als Namen für den Satzschlüssel V_NR bzw. den Schlüsselausdruck

"STR(V_NR,4)+STR(A_NR,2)+DTOC(DATUM)" erhalten soll, so verfahren wir wie folgt:

```
. USE UMSATZ INDEX UMSATZ
Hauptindex: UMSATZ
. COPY INDEXES UMSATZ
100% indexiert        9 Indexierte Datensätze
. INDEX ON V_NR TAG V_NR OF UMSATZ2
100% indexiert        9 Indexierte Datensätze
. INDEX ON STR(V_NR,4)+STR(A_NR,2)+DTOC(DATUM) TAG GESAMT OF UMSATZ2
indexiert  100% indexiert        9 Indexierte Datensätze
```

Der letzte INDEX ON-Befehl stellt den Zugriff auf den durch den Tag-Namen GESAMT gekennzeichneten Schlüsselausdruck ein, was sich durch den DISPLAY STATUS-Befehl wie folgt anzeigen läßt:

```
dB-Datei im Arbeitsbereich:
Bereich: 1, Geöffnete dB-Datei: A:\UMSATZ.DBF   ALIAS: UMSATZ
Arbeitsindex (.MDX): A:\UMSATZ.MDX
      Index: UMSATZ  Ausdruck: STR(V_NR,4)+STR(A_NR,2)
      (.MDX): A:\UMSATZ2.MDX
      Index: V_NR  Ausdruck: V_NR
Haupt Index: GESAMT  Ausdruck: STR(V_NR,4)+STR(A_NR,2)+DTOC(DATUM)
Suchpfad für Datei:
Standardlaufwerk:   A:
Druckausgabe:       PRN:
Rand                        =    0
Aktualisierungszähler       =    0
Wiederholungszähler         =    0
Zahl der offenen Dateien    =    9
Aktivierter Arbeitsbereich  =    1
  Feldbegrenzer sind '<' und '>'
```

Soll der Zugriff anschließend auf den Satzschlüssel V_NR umgestellt werden, so müssen wir den Befehl

```
. SET ORDER TO V_NR OF UMSATZ2
```

eingeben. Um den Zugriff auf den Index UMSATZ umzustellen, ist der Befehl

```
. SET ORDER TO UMSATZ
```

einzusetzen. Jetzt ist der Zugriff auf den durch den Schlüsselausdruck "STR(V_NR,4)+STR(A_NR,2)" gekennzeichneten Index-Tag UMSATZ eingestellt. Soll eine Umstellung auf den in der Index-Datei UMSATZ.NDX enthaltenen Satzschlüssel erfolgen, so ist folgendes zu beachten: Stimmen ein Tag-Name (einer angemeldeten MDX-Index-Datei) und der Name einer Index-Datei *überein*, so hat bei dem oben angegebenen SET ORDER TO-Befehl der Index innerhalb der Index-Datei die *geringere* Priorität. Folglich muß in unserem Fall die Umstellung des Zugriffs durch den Befehl

```
. SET INDEX TO UMSATZ.NDX
```

erfolgen.

Zur Abmeldung sämtlicher Index-Dateien und aller nicht mit der Tabellen-Datei gleichnamigen MDX-Index-Dateien läßt sich der *CLOSE INDEX*-Befehl in der Form

```
CLOSE INDEX
```

einsetzen.

Sollen einzelne Tag-Namen innerhalb von MDX-Index-Dateien gelöscht werden, so ist der *DELETE TAG*-Befehl in der Form

```
DELETE TAG index-tag-name [ OF MDX-index-dateiname ]
```

einzugeben.

Abschließend merken wir an, daß nicht nur Tag-Namen aus Index-Dateien, sondern auch Index-Dateien aus Tag-Namen aufgebaut werden können. Dazu läßt sich der *COPY TAG*-Befehl in der Form

```
COPY TAG index-tag-name [ OF MDX-index-dateiname ]
          TO index-dateiname
```

verwenden, so daß wir bzgl. der Möglichkeiten zum Aufbau von Indizes insgesamt die folgende Übersicht geben können:

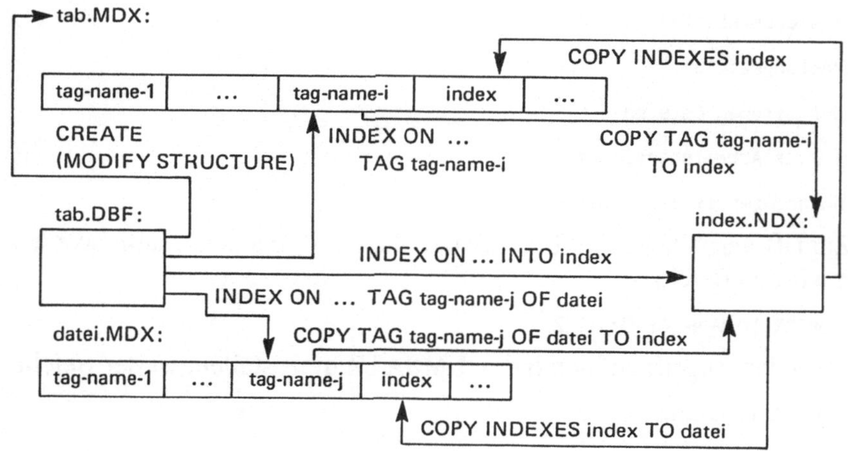

Aufgaben

Aufgabe 8.1

Indiziere die Tabellen-Dateien geeignet, so daß sich

a) der Auftragsbestand je Teilenummer (F1),
b) das Datum und der Termin je Auftrag (F3) und
c) die einzelnen Teileanzahlen je Auftrag (F4)

ermitteln lassen.

Für (F1) ist die Index-Datei TEILENR.NDX, für (F3) die Index-Datei NR_AUFTR.NDX und für (F4) die Index-Datei NR_AUFP.NDX einzurichten!

Aufgabe 8.2

Beantworte die folgenden Fragen!

a) Welche Aufträge liegen für die Teilenummer 037 vor?
b) Welches Datum und welcher Termin gehören zum Auftrag mit der Auftragsnummer 418?
c) Welche Teile sind unter welchen Positionen im Auftrag mit der Nummer 418 bestellt worden?

Aufgabe 8.3

Baue die MDX-Index-Dateien AUFTRAG.MDX und AUFPOS.MDX aus den Index-Dateien TEILENR.NDX, NR_AUFTR.NDX und NR_AUFP.NDX auf. Melde anschließend die Tabellen-Datei AUFPOS.DBF an und stelle den Zugriffsschlüssel auf den Index-Tag TEILENR ein!

9 Gleichzeitiger Zugriff auf mehrere Tabellen

9.1 Herstellen einer Verbindung (SET RELATION TO)

Verbindung über einen gemeinsamen Schlüsselausdruck

Sollen Datensätze zweier oder mehrerer Tabellen-Dateien gemeinsam verarbeitet werden, so sind die jeweils korrespondierenden Sätze gleichzeitig im Zugriff zu halten.

Wollen wir etwa in der Tabellen-Datei UMSATZ.DBF über die Artikelkennzahl auf einen Satz positionieren und uns den zugehörigen Artikelnamen und den zugehörigen Preis zusammen mit der verkauften Stückzahl auf dem Bildschirm anzeigen lassen, so können wir diese Ausgabe z.B. für den durch die Artikelnummer 11 gekennzeichneten Umsatzdatensatz wie folgt abrufen:

```
. USE UMSATZ ALIAS UMS
. LOCATE FOR A_NR = 11
. SELECT 2
. USE ARTIKEL
. LOCATE FOR A_NR = 11
. DISPLAY A_NAME, A_PREIS, UMS -> A_STUECK
```

Durch den Einsatz des LOCATE-Befehls wird in den beiden Tabellen-Dateien auf den gesuchten Satz positioniert, so daß anschließend die gewünschten Inhalte beider Satzpuffer durch den Einsatz des DISPLAY-Befehls am Bildschirm angezeigt werden können. Diese Zugriffsform, bei der ein eigenständiger Befehl zur Füllung eines zweiten Satzpuffers angegeben werden muß, kann durch den Einsatz des *SET RELATION TO*-Befehls in der Form

```
SET RELATION TO schlüsselausdruck INTO aliasname
```

vereinfacht werden. Durch diesen Befehl wird die Tabellen-Datei, die im aktuellen Arbeitsbereich angemeldet ist (sie muß nicht indiziert sein), in Beziehung gesetzt zu einer zweiten Tabellen-Datei, die samt einer ihr zugeordneten Index-Datei in einem anderen Arbeitsbereich angemeldet ist:

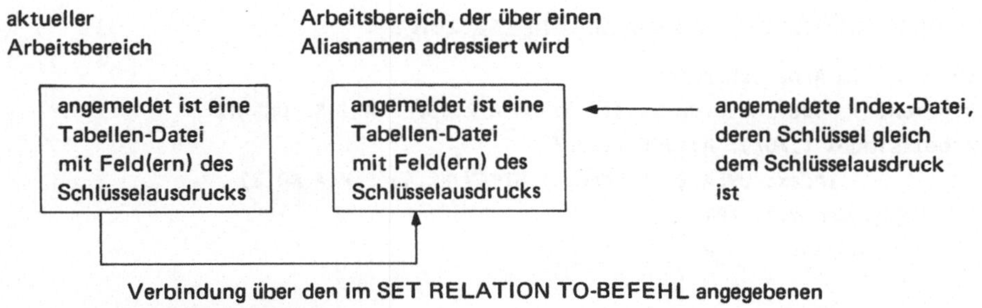

Der Satzschlüssel der angemeldeten Index-Datei, die zur über den Aliasnamen adressierbaren Tabellen-Datei gehört, muß genau *dieselbe* Struktur haben, wie der im SET RELATION TO-Befehl aufgeführte Schlüsselausdruck. In dieser Situation wird für jeden in den aktuellen Satzpuffer übertragenen Satz *automatisch* (bei eindeutigem Satzschlüssel) der zugehörige bzw. (bei mehrdeutigem Satzschlüssel) der erste korrespondierende Satz in dem durch den Aliasnamen gekennzeichneten Satzpuffer bereitgestellt, dessen Satzschlüssel mit dem Wert des Schlüsselausdrucks innerhalb des aktuellen Satzpuffers übereinstimmt. Wird für einen Satzschlüssel *kein* korrespondierender Satz gefunden, so kann dies über den Funktionsaufruf "*EOF()*" abgefragt werden, der in dieser Situation den Wert ".T." liefert.

So können wir die oben angegebene Befehlsfolge wie folgt abändern (sofern für die Tabellen-Datei ARTIKEL.DBF die Index-Datei ARTIKEL.NDX bereitsteht, bei deren Einrichtung das Feld A_NR als Satzschlüssel verabredet wurde):

```
. SELECT 2
. USE ARTIKEL INDEX ARTIKEL.NDX ALIAS ART
. SELECT 1
. USE UMSATZ
. SET RELATION TO A_NR INTO ART
. LOCATE FOR A_NR = 11
. DISPLAY ART -> A_NAME, ART -> A_PREIS, A_STUECK
```

Die Tabellen-Datei UMSATZ ist im aktuellen Arbeitsbereich mit der Nummer 1 angemeldet und durch den SET RELATION TO-Befehl mit der im Arbeitsbereich 2 angemeldeten Tabellen-Datei ARTIKEL verbunden. Dadurch wird bei der Ausführung des LOCATE-Befehls nicht nur der (erste) Satz mit der Kennzahl 11 im aktuellen Arbeitsbereich bereitgestellt, sondern auch gleichzeitig der mit diesem Satz korrespondierende Datensatz aus der Tabellen-Datei

ARTIKEL.DBF automatisch in den Satzpuffer 2 übertragen. In dieser Situation wird durch den Befehl

```
. DISPLAY STATUS
```

die folgende Information am Bildschirm angezeigt:

```
dB-Datei im Arbeitsbereich:
Bereich: 1, Geöffnete dB-Datei: A:\UMSATZ.DBF   ALIAS: UMSATZ
Arbeitsindex (.MDX): A:\UMSATZ.MDX
          Index: UMSATZ  Ausdruck: STR(V_NR,4)+STR(A_NR,2)
    Verbunden mit: ART
    Verbindung:    A_NR

Bereich: 2, Geöffnete dB-Datei: A:\ARTIKEL.DBF   ALIAS: ART
     Haupt Indexdatei: A:\ARTIKEL.NDX  Ausdruck: A_NR

Suchpfad für Datei:
Standardlaufwerk:    A:
Drückausgabe:        PRN:
Rand                       =    0
Aktualisierungszähler      =    0
Wiederholungszähler        =    0
Zahl der offenen Dateien   =   10
Aktivierter Arbeitsbereich =    1
   Feldbegrenzer sind '<' und '>'
```

Ist der in der Index-Datei enthaltene Satzschlüssel nicht eindeutig, so wird der jeweils erste korrespondierende Satz, d.h. der Satz mit der kleinsten Satznummer, im Satzpuffer bereitgestellt. Wollen wir darüberhinausgehend fordern, daß innerhalb eines mit dem aktuellen Arbeitsbereich verbundenen Arbeitsbereichs der Zugriff auf *alle* Sätze mit *gleichem* Satzschlüssel ermöglicht wird, so ist ein *SET SKIP TO*-Befehl in der Form

```
SET SKIP TO aliasname-1 [ , aliasname-2 ]...
```

einzugeben. Dadurch wird für jeden Arbeitsbereich, der in diesem Befehl durch seinen Aliasnamen gekennzeichnet ist, festgelegt, daß sich alle (und nicht nur die jeweils ersten) durch die Verbindung mit dem aktuellen Arbeitsbereich über den Satzschlüssel zugeordneten Sätze in die Verarbeitung einbeziehen lassen.

Wird z.B. die Tabellen-Datei ARTIKEL.DBF über den Index A_NR mit der Tabellen-Datei UMSATZ.DBF verbunden, so können sämtliche einem Satz aus ARTIKEL.DBF zugeordneten Sätze aus UMSATZ.DBF wie folgt angezeigt werden (wir unterstellen, daß UMSATZ3.NDX als die dem Index A_NR zugeordnete Index-Datei zur Verfügung steht):

```
. USE ARTIKEL
. USE UMSATZ IN B INDEX UMSATZ3.NDX
. SET RELATION TO A_NR INTO UMSATZ
. SET SKIP TO UMSATZ
. GO 3
. DISPLAY A_NR, UMSATZ->A_NR, UMSATZ->V_NR
                    WHILE UMSATZ->A_NR=11
Datensatz#  A_NR UMSATZ->A_NR UMSATZ->V_NR
         3    11           11         8413
         3    11           11         1215
         3    11           11         8413
```

Soll der Zugriff anschließend wiederum so eingestellt werden, daß bei mehreren Sätzen mit gleichem Index nur der jeweils erste Satz zugreifbar ist, so muß der *SET SKIP TO*-Befehl in der Form

```
SET SKIP TO
```

eingegeben werden.

Sind für die Tabellen-Datei, zu der eine Verbindung über den SET RELATION TO-Befehl hergestellt werden soll, mehrere Index-Dateien im zugehörigen Arbeitsbereich angemeldet, so wird die Verbindung über die Haupt-Index-Datei hergestellt.

Durch den *SET RELATION TO*-Befehl darf ein Arbeitsbereich nicht nur mit einem, sondern sogar mit mehreren Arbeitsbereichen verbunden werden. Dazu ist dieser Befehl in seiner erweiterten Form

```
SET RELATION TO schlüsselausdruck-1 INTO aliasname-1
          [ , schlüsselausdruck-2 INTO aliasname-2 ]...
```

einzusetzen. Somit kann z.B. eine gleichzeitige Verbindung der Tabellen-Datei UMSATZ.DBF zu den Tabellen-Dateien VRTRTR.DBF (über den Satzschlüssel V_NR) und ARTIKEL.DBF (über den Index A_NR) wie folgt eingerichtet werden:

```
. USE UMSATZ
. USE ARTIKEL IN B INDEX ARTIKEL.NDX
. USE VRTRTR IN C INDEX VRTRTR
. SET RELATION TO V_NR INTO VRTRTR, A_NR INTO ARTIKEL
```

Durch die Eingabe von

```
. DISPLAY ALL VRTRTR->V_NAME, ARTIKEL->A_NAME, A_STUECK
```

erhalten wir die folgende Bildschirmanzeige:

Datensatz#	VRTRTR->V_NAME	ARTIKEL->A_NAME	A_STUECK
8	Meyer, Emil	Oberhemd	40
4	Meier, Franz	Mantel	10
7	Meyer, Emil	Oberhemd	70
1	Schulze, Fritz	Oberhemd	20
5	Meier, Franz	Mantel	35
9	Meyer, Emil	Hose	35
3	Schulze, Fritz	Hose	5
2	Schulze, Fritz	Oberhemd	10
6	Meyer, Emil	Oberhemd	20

Soll die Verbindung vom aktuellen zu einem oder mehreren anderen Arbeitsbereichen wieder aufgehoben werden, so müssen wir den *SET RELATION TO*-Befehl in der Form

```
SET RELATION TO
```

eingeben.

Verbindung über eine Satznummer

Neben der Möglichkeit, mit Hilfe des SET RELATION TO-Befehls eine Verbindung zu einem anderen Arbeitsbereich über einen gemeinsamen Schlüsselausdruck herzustellen, läßt sich der *SET RELATION TO*-Befehl auch in der Form

```
SET RELATION TO { RECNO() | numerischer-ausdruck }
    INTO aliasname
```

verwenden. In diesem Fall darf für den durch den Aliasnamen gekennzeichneten Arbeitsbereich *keine* Index-Datei angemeldet sein. Es wird nämlich - bei Angabe des Funktionsaufrufs *RECNO()* - für einen im aktuellen Satzpuffer bereitgestellten Satz die Satznummer bzw. - bei der Angabe von "*numerischer-ausdruck*" - der Wert des aufgeführten numerischen Ausdrucks (wie z.B. "2 * RECNO() - 1") ermittelt. Anschließend wird derjenige Datensatz aus der anderen Tabellen-Datei im zugehörigen Satzpuffer bereitgestellt, dessen Satznummer in dieser Weise bestimmt ist.

Auch bei der Verbindung über Satznummern darf nicht nur auf *einen* Arbeitsbereich, sondern durch den *SET RELATION TO*-Befehl in der Form

```
SET RELATION TO { RECNO() | numerischer-ausdruck-1 }
         INTO aliasname-1
       [ , { RECNO() | numerischer-ausdruck-2 }
         INTO aliasname-2 ]...
```

auch auf *mehrere* Arbeitsbereiche verwiesen werden. Darüberhinaus dürfen Zuordnungen über Satznummern-Verweise und Schlüsselausdrücke in der Form

```
SET RELATION TO { schlüsselausdruck-1 |
             numerischer-ausdruck-1 } INTO aliasname-1
          [ , { schlüsselausdruck-2 |
             numerischer-ausdruck-2 } INTO aliasname-2 ]...
```

auch *gemischt* auftreten.

9.2 Aktualisierung des Bestands (UPDATE)

Als weiteres Anwendungsbeispiel für die Möglichkeit, Arbeitsbereiche automatisch verbinden zu können, wollen wir den Kontostand V_KONTO innerhalb der Tabellen-Datei VRTRTR.DBF durch die Satzinhalte der Tabellen-Datei UMSATZ.DBF aktualisieren lassen.

Dazu melden wir die Tabellen-Datei VRTRTR.DBF im aktuellen und die Tabellen-Datei UMSATZ.DBF in einem anderen Arbeitsbereich an. Wir setzen voraus, daß die Tabellen-Datei VRTRTR nach der Vertreternummer V_NR *indiziert* ist und die zugehörige Index-Datei VRTRTR.NDX im aktuellen Arbeitsbereich angemeldet ist. Zur Ermittlung des Artikelpreises müssen wir ferner die Tabellen-Datei ARTIKEL.DBF im Zugriff halten. Zur Verbindung von UMSATZ.DBF und ARTIKEL.DBF über die Artikelnummer A_NR setzen wir voraus, daß ARTIKEL.DBF indiziert und die zugehörige Index-Datei

ARTIKEL.NDX im Arbeitsbereich von ARTIKEL angemeldet ist, so daß sich die Arbeitsbereiche insgesamt so darstellen:

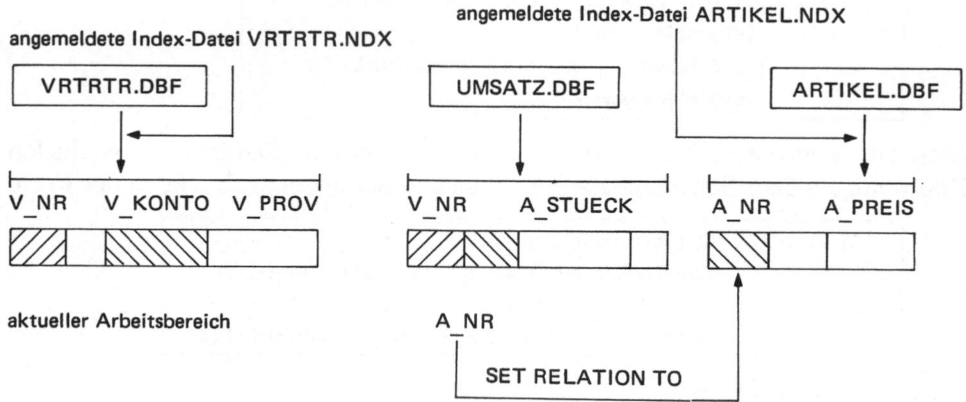

Jetzt kann für jeden Satz von UMSATZ auf den zugehörigen Artikelpreis zugegriffen und der jeweils neue Kontostand durch den arithmetischen Ausdruck (siehe Abschnitt 5.3)

```
V_KONTO + UMSATZ -> A_STUECK * ARTIKEL -> A_PREIS * V_PROV
```

ermittelt werden.

Um die Aktualisierung aller Kontostände durch eine kumulative Summation über jeweils alle Umsatzdatensätze pro Vertreter ermitteln und die resultierenden Kontostände als neue Satzinhalte von VRTRTR.DBF *automatisch* zuweisen zu können, läßt sich der *UPDATE*-Befehl in der folgenden Form einsetzen:

```
. UPDATE RANDOM ON V_NR FROM UMSATZ REPLACE V_KONTO WITH
        V_KONTO + UMSATZ -> A_STUECK * ARTIKEL -> A_PREIS * V_PROV
```

Die Ausführung der insgesamt erforderlichen Befehlsfolge

```
. SELECT 3
. USE ARTIKEL INDEX ARTIKEL.NDX
. SELECT 2
. USE UMSATZ
. SET RELATION TO A_NR INTO ARTIKEL
. SELECT 1
. USE VRTRTR INDEX VRTRTR
. UPDATE RANDOM ON V_NR FROM UMSATZ REPLACE V_KONTO WITH
        V_KONTO + UMSATZ -> A_STUECK * ARTIKEL -> A_PREIS * V_PROV
```

liefert die Meldung

```
9 Datensätze aktualisiert
```

und für die Tabellen-Datei VRTRTR.DBF (ohne Berücksichtigung des Memo-Felds V_MEMO) das folgende Ergebnis:

```
VRTRTR (V_NR,   V_NAME,       V_ANSCH,                 V_PROV, V_KONTO)
        8413 Meyer, Emil    Wendeweg 10, 2800 Bremen  0,07  1385,78
        5016 Meier, Franz   Kohlstr. 1, 2800 Bremen   0,05  1010,00
        1215 Schulze, Fritz Gemüseweg 3, 2800 Bremen  0,06   160,57
```

Wir heben hervor, daß die Tabellen-Datei UMSATZ.DBF weder nach den Vertreternummern indiziert noch sortiert ist. Deshalb haben wir im oben angegebenen *UPDATE*-Befehl, der gemäß der Syntax

```
UPDATE [ RANDOM ] ON schlüsselfeld FROM aliasname
     REPLACE feldname-1 WITH ausdruck-1
          [, feldname-2 WITH ausdruck-2]...
```

aufgebaut sein muß, das Schlüsselwort *RANDOM* angegeben.

Ein *Fehlen* des Worts RANDOM setzt ebenfalls voraus, daß die zu aktualisierende Tabellen-Datei - in unserem Fall VRTRTR.DBF - entweder nach dem Schlüsselfeld sortiert oder aber so indiziert ist, daß auf ihre Sätze aufsteigend nach dem Schlüsselfeld, das innerhalb des UPDATE-Befehls angegeben ist, zugegriffen werden kann.

Um den Einsatz des Befehls UPDATE *ohne* das Schlüsselwort RANDOM zu demonstrieren, unterstellen wir, daß die über den Vertreternamen und die Artikelnummer in der Form

```
STR(V_NR,4) + STR(A_NR,2)
```

indizierte Tabellen-Datei UMSATZ (mit der zugehörigen Index-Datei UMSATZ.NDX) durch

```
. USE UMSATZ INDEX UMSATZ
```

im Arbeitsbereich 2 angemeldet ist. Jetzt kann die Ausführungszeit des UPDATE-Befehls reduziert werden, sofern wir diesen Befehl - ohne das Wort RANDOM - in der Form

```
. UPDATE ON V_NR FROM UMSATZ REPLACE V_KONTO WITH
  V_KONTO + UMSATZ -> A_STUECK * ARTIKEL -> A_PREIS * V_PROV
```

eingeben.

9.3 Speicherung und Bereitstellung einer Arbeitsumgebung (CREATE VIEW, SET VIEW TO)

Bevor wir in unserem oben angegebenen Beispiel den UPDATE-Befehl eingeben konnten, mußten wir die für die Aktualisierung erforderlichen Tabellen-Dateien und ihre zugehörigen Index-Dateien in geeigneten Arbeitsbereichen anmelden und die benötigten Verbindungen über den SET RELATION TO-Befehl herstellen. Bei oftmalig wiederholtem Einsatz des UPDATE-Befehls ist es zu aufwendig, den Arbeitsrahmen stets erneut über die Tastatur einzugeben. Deshalb sichern wir die Beschreibung der *aktuellen Arbeitsumgebung* - dies sind die angemeldeten Tabellen-, Index-, Format-, Screen- und Memo-Dateien - durch den Einsatz des Befehls *CREATE VIEW* mit den Schlüsselwörtern *"FROM ENVIRONMENT"* in der Form

```
CREATE VIEW view-dateiname FROM ENVIRONMENT
```

in einer *View-Environment-Datei*, die anschließend durch den *SET VIEW TO*-Befehl in der Form

```
SET VIEW TO view-dateiname
```

jederzeit aktiviert werden kann.

In unserem Fall geben wir somit nach den Befehlen

```
. SELECT 3
. USE ARTIKEL INDEX ARTIKEL.NDX
. SELECT 2
. USE UMSATZ
. SET RELATION TO A_NR INTO ARTIKEL
. SELECT 1
. USE VRTRTR INDEX VRTRTR
```

den Befehl

```
. CREATE VIEW UPDATE FROM ENVIRONMENT
```

ein. Daraufhin sind in der View-Datei UPDATE.VUE - View-Dateien erhalten automatisch die Namensergänzung "*VUE*" - die Angaben über die Anmeldungen in den Arbeitsbereichen 1, 2 und 3 und die Art der Verbindung von Arbeitsbereich 2 zu Arbeitsbereich 3 abgespeichert.

Anschließend können wir - etwa zu Beginn eines neuen Dialogs mit dem dBASE-System - die ursprüngliche Arbeitsumgebung durch den SET VIEW TO-Befehl

```
. SET VIEW TO UPDATE
```

wiederherstellen und unmittelbar nach diesem Befehl den folgenden UPDATE-Befehl eingeben:

```
. UPDATE RANDOM ON V_NR FROM UMSATZ REPLACE V_KONTO WITH
      V_KONTO + UMSATZ -> A_STUECK * ARTIKEL -> A_PREIS * V_PROV
```

Hinweis:
In CONFIG.DB kann eine View-Environment-Datei angegeben werden, deren Inhalt beim Start des dBASE-Systems als aktuelle Arbeitsumgebung bereitgestellt wird (siehe Anhang A.3).

9.4 Einrichtung und Aktivierung eines Katalogs (SET CATALOG TO)

Um einen zusammenfassenden Überblick über die gesamte Datenbasis und die zugehörigen Bearbeitungs- und Beschreibungs-Dateien (dies sind Index-, Format-, Label-, Report-Format-, Screen-, Memo- und View-Environment-Dateien) zu haben, können wir die Namen aller von uns eingerichteten Dateien in eine *Katalog-Datei* eintragen lassen, die somit Angaben über die folgenden Datei-Typen enthalten kann:

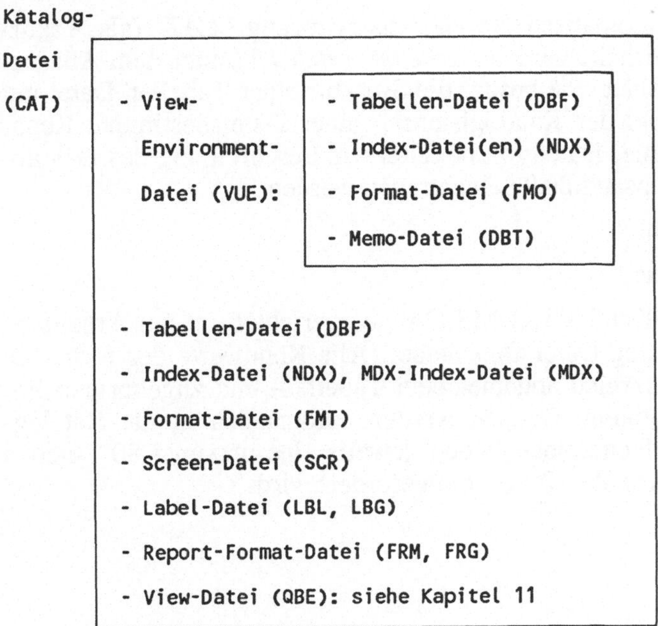

Auf einen derartigen Katalog gestützt, läßt sich der Zugriff auf eine Datei mit Hilfe des Zeichens "?" menü-orientiert anfordern, etwa die Anmeldung einer Tabellen-Datei durch

```
. USE ?
```

und die Anmeldung einer zugehörigen Index-Datei durch:

```
. SET INDEX TO ?
```

Der jeweils gewünschte Dateiname läßt sich durch das (nach der Befehlseingabe) angezeigte Menü auswählen.

Entsprechend kann auf katalogisierte Label-, Format-, Screen-, Report-Format-, View-Environment- und View-Dateien (siehe Kapitel 11) zugegriffen werden.

Zur Einrichtung einer Katalog-Datei müssen wir den *SET CATALOG TO*-Befehl in der Form

```
SET CATALOG TO katalog-dateiname
```

eingeben, woraufhin die Anfrage

```
Soll ein neuer Dateienkatalog erstellt werden
```

mit "J" beantwortet werden muß. Anschließend wird ein Text zur zusätzlichen Kennzeichnung dieser Katalog-Datei angefragt, dessen Eingabe durch die Bildschirmausgabe von

```
Keine Dateien im Katalog
```

quittiert wird.

Die Katalog-Datei, die automatisch die Namensergänzung "*CAT*" (als Abkürzung für "CATALOG") erhält, wird im *Arbeitsbereich 10* (unter dem Aliasnamen CATALOG) angemeldet. Sie besitzt die Struktur einer Tabellen-Datei mit Datenfeldern, in denen bei der Katalogisierung einer Datei bestimmte Kenngrößen wie etwa Dateiname, Dateityp und Titel zur Beschreibung des Dateiinhalts automatisch als Datensatzinhalte eingetragen werden.

Geben wir etwa den Befehl

```
. SET CATALOG TO VTRUMS
```

ein, so wird die Katalog-Datei VTRUMS.CAT eingerichtet und im Arbeitsbereich 10 als aktuelle Katalog-Datei angemeldet. Alle Kennwerte der fortan im jeweils aktuellen Arbeitsbereich angemeldeten Tabellen- und zugehörigen Bearbeitungs- oder Beschreibungs-Dateien werden automatisch in die Katalog-Datei VRTUMS.CAT aufgenommen, wobei jeweils eine maximal 80 Zeichen umfassende Titeleingabe von der Tastatur angefordert wird.

So führt z.B. die im Abschnitt 9.3 angegebene Befehlsfolge

```
. SELECT 3
. USE ARTIKEL INDEX ARTIKEL.NDX
. SELECT 2
. USE UMSATZ
. SET RELATION TO A_NR INTO ARTIKEL
. SELECT 1
. USE VRTRTR INDEX VRTRTR
```

zu den Katalogeinträgen der Dateien ARTIKEL.DBF, ARTIKEL.NDX, UMSATZ.DBF, VRTRTR.DBF und VRTRTR.NDX, und der nachfolgend eingegebene Befehl

```
. CREATE VIEW UPDATE FROM ENVIRONMENT
```

zur Ergänzung des Katalogs um den Eintrag des Dateinamens UPDATE.VUE.

Sollen *keine* Neueinträge mehr in die Katalog-Datei aufgenommen werden, so ist der *SET CATALOG*-Befehl mit dem Schlüsselwort *OFF* in der Form

```
SET CATALOG OFF
```

einzugeben. In diesem Fall ist der Katalog weiterhin *nutzbar*, etwa durch die Eingabe von:

```
. USE ?
```

Sollen im weiteren Dialog *neue* Angaben in die inaktive Katalog-Datei eingetragen werden, so müssen wir den Katalog durch den *SET CATALOG*-Befehl mit dem Schlüsselwort *ON* in der Form

```
SET CATALOG ON
```

reaktivieren.

Wollen wir den Katalog schließen (die Katalog-Datei wird aus dem Arbeitsbereich 10 abgemeldet) und fortan *ohne* Katalogunterstützung arbeiten, so müssen wir den *SET CATALOG*-Befehl in der Form

```
SET CATALOG TO
```

eingeben. Anschließend können wir eine *erneute* Anmeldung durch den Befehl

```
SET CATALOG TO katalog-dateiname
```

bzw. durch den Befehl

```
SET CATALOG TO ?
```

vornehmen, wobei die Katalogauswahl menü-gestützt erfolgt.

Grundsätzlich lassen sich mehrere Kataloge einrichten, wobei die Namen der zugehörigen Katalog-Dateien in einer *Zentralkatalog-Datei* namens *CATALOG.CAT* abgespeichert werden. Die Datei CATALOG.CAT wird mit dem erstmaligen Aufbau einer Katalog-Datei auf dem eingestellten Standardlaufwerk eingerichtet.

Wird eine Katalog-Datei zur Bearbeitung angemeldet, so prüft das dBASE-System zunächst die *Konsistenz* des Katalogs. Dabei werden alle diejenigen Katalogeinträge gestrichen, bei denen ein Verweis auf eine nicht mehr auf dem externen Speicher vorhandene Datei vorliegt. Deshalb ist sicherzustellen, daß z.B. eine mit Hilfe des *ERASE*-Befehls in der Form

```
ERASE dateiname
```

durchgeführte Löschung einer Datei oder mit Hilfe des *RENAME*-Befehls in der Form

```
RENAME dateiname-alt TO dateiname-neu
```

ausgeführte *Umbenennung* eines Dateinamens nur dann erfolgt, wenn derjenige Katalog angemeldet ist, der den jeweiligen Dateinamen als Eintrag enthält.

Aufgaben

Aufgabe 9.1

Indiziere die Tabellen-Datei KUNDE.DBF nach der Kundennummer und richte dazu die Index-Datei KUNDE.NDX ein, damit die folgende Anforderung erfüllt werden kann:

- Ermittlung der Kundendaten je Auftrag (F5)!

Anschließend sind die Kundendaten für den Auftrag mit der Nummer 417 zu ermitteln!

Aufgabe 9.2

Richte die View-Environment-Datei AUFTRAG.VUE ein, so daß alle drei Tabellen-Dateien im Zugriff sind und die Fragen F1, F3, F4 und F5 (siehe Aufgabe 8.1 und Aufgabe 9.1) beantwortet werden können!

Aufgabe 9.3

Es ist eine Katalog-Datei namens AUFTRAG.CAT aufzubauen mit Einträgen für alle von uns bislang verwendeten Tabellen- und Bearbeitungs-Dateien mit den Ergänzungen "DBF", "NDX", "FMT", "LBL", "LBG", "FRM", "FRG" und "SCR".

10 Projektion, Verbund und Selektion

10.1 Projektion

Bei der Entwicklung unseres Datenmodells haben wir die beiden Tabellen ARTIKEL und UMSATZ aus der Tabelle ARTIKEL-UMSATZ durch jeweils eine Projektion abgeleitet (siehe Abschnitt 2.1). Wir wollen jetzt zeigen, wie wir diese *Projektionen* vom dBASE-System durchführen lassen können. Dabei gehen wir davon aus, daß die Tabellen-Dateien ARTIKEL.DBF und UMSATZ.DBF aus einer Tabellen-Datei namens ARTUMS.DBF (siehe Abschnitt 4.4) abzuleiten sind, welche die folgenden Datensätze enthält (siehe Abschnitt 2.1):

ARTIKEL-UMSATZ(V_NR,	A_NR,	A_NAME,	A_PREIS,	A_STUECK,	DATUM)
8413	12	Oberhemd	39,80	40	24.06.89
5016	22	Mantel	360,00	10	24.06.89
8413	11	Oberhemd	44,20	70	24.06.89
1215	11	Oberhemd	44,20	20	24.06.89
5016	22	Mantel	360,00	35	25.06.89
8413	13	Hose	110,50	35	24.06.89
1215	13	Hose	110,50	5	24.06.89
1215	12	Oberhemd	39,80	10	24.06.89
8413	11	Oberhemd	44,20	20	25.06.89

Bei der Projektion von ARTIKEL-UMSATZ auf UMSATZ in der Form

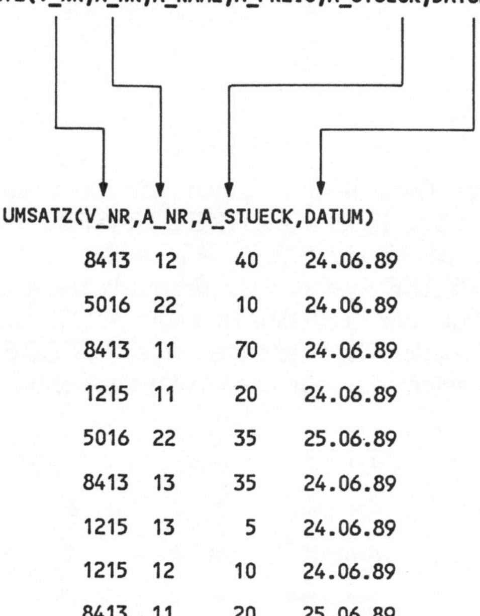

V_NR	A_NR	A_STUECK	DATUM
8413	12	40	24.06.89
5016	22	10	24.06.89
8413	11	70	24.06.89
1215	11	20	24.06.89
5016	22	35	25.06.89
8413	13	35	24.06.89
1215	13	5	24.06.89
1215	12	10	24.06.89
8413	11	20	25.06.89

sind die Felder A_NAME und A_PREIS zu löschen, und bei der Projektion von ARTIKEL-UMSATZ auf ARTIKEL in der Form

ARTIKEL-UMSATZ(V_NR,A_NR,A_NAME,A_PREIS,A_STUECK,DATUM)

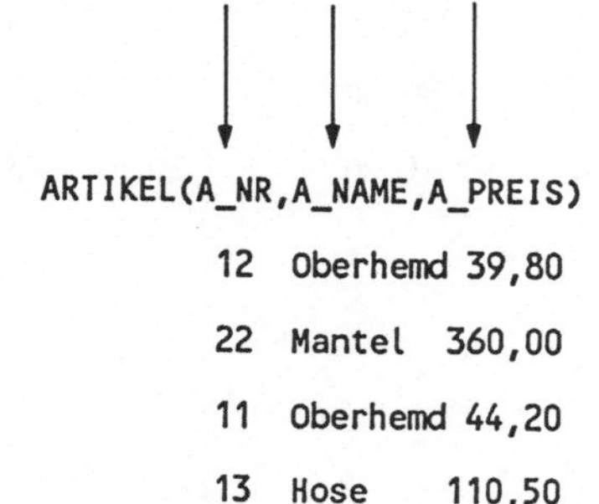

A_NR	A_NAME	A_PREIS
12	Oberhemd	39,80
22	Mantel	360,00
11	Oberhemd	44,20
13	Hose	110,50

sind die Felder V_NR, A_STUECK und DATUM und die Datensätze mit gleichem Satzinhalt zu entfernen. Zur Durchführung der beiden angegebenen Projektionen geben wir die folgenden Befehle ein:

```
. USE ARTUMS
. COPY TO UMSATZ FIELDS V_NR, A_NR, A_STUECK, DATUM
. COPY TO HILFE FIELDS A_NR, A_NAME, A_PREIS
. USE HILFE
. INDEX ON A_NR TO HILFE UNIQUE
. COPY TO ARTIKEL
. USE
. ERASE HILFE.DBF
. ERASE HILFE.NDX
```

Der *INDEX ON*-Befehl mit dem Schlüsselwort *UNIQUE* (siehe Abschnitt 8.1) ist erforderlich, um aus mehreren Sätzen mit gleichem Satzinhalt, wie dies im obigem Beispiel etwa beim 1. und 8. Satz der Fall ist, nur ein Exemplar in die Tabellen-Datei ARTIKEL.DBF zu übernehmen.

Hinweis:

Durch die Indizierung wird die Reihenfolge der Sätze von ARTIKEL.DBF gegenüber der oben angegebenen - durch manuelle Löschung erhaltenen - Satzfolge verändert.

Wie wir beispielhaft gezeigt haben, lassen sich Projektionen durch den Einsatz des *COPY TO*-Befehls durchführen, der gegenüber der im Abschnitt 4.5 angegebenen Struktur auch die folgende Form besitzen darf:

```
COPY TO tabellen-dateiname [ bereich ]
        [ FIELDS feldname-1 [, feldname-2 ]... ]
        [ WHILE bedingung-1 ] [ FOR bedingung-2 ]
```

Bei einer resultierenden Tabellen-Datei mit zwei oder mehreren identischen Sätzen muß anschließend der INDEX ON-Befehl mit dem Schlüsselwort UNIQUE eingesetzt werden.

10.2 Views und menü-gestützte Durchführung einer Projektion (CREATE VIEW)

Aufruf des View-Menüs

Als Alternative zur zuvor beschriebenen Durchführung einer Projektion mit den COPY TO- und INDEX ON-Befehlen kann der *CREATE VIEW*-Befehl zur Einrichtung und Bearbeitung eines Views eingesetzt werden. Dabei wird unter einem *View* (einer Sicht) eine Tabellen-Struktur verstanden, deren Spalten- und Zeilenform durch die Auswahl von Datenfeldern aus ein oder mehreren Tabellen-Dateien bestimmt wird. Die jeweilige Zeilenzahl läßt sich gegebenenfalls durch zusätzliche Angaben wie z.B. geeignete Auswahlkriterien beeinflussen (zur näheren Erläuterung siehe Kapitel 11).

Zur Durchführung einer Projektion müssen wir folglich zunächst ein View einrichten, das ausgewählte Felder der jeweils aktuell angemeldeten Tabellen-Datei enthält, wobei unter den resultierenden Sätzen keine zwei Sätze gleichen Satzinhalts auftreten dürfen. Anschließend sind die Datensätze in einer geeigneten Tabellen-Datei zu sichern.

Zur Durchführung der Projektion von der Tabelle ARTUMS auf die Tabelle ARTIKEL und der damit verbundenen Einrichtung der Tabellen-Datei ARTIKEL.DBF melden wir zunächst die Tabellen-Datei ARTUMS.DBF durch

```
. USE ARTUMS
```

im aktuellen Arbeitsbereich an.

Da der *CREATE VIEW*-Befehl zur Einrichtung eines Views in der Form

```
CREATE VIEW view-dateiname
```

zu verwenden ist, geben wir den Befehl

```
. CREATE VIEW ARTIKEL
```

ein, woraufhin das folgende *View-Menü* (auch "Query by example"-Menü genannt) am Bildschirm angezeigt wird:

```
Layout   Felder   Bedingung   Aktualisierung   Ende

| Artums.dbf | ↓V_NR | ↓A_NR | ↓A_NAME |

View
| ARTIKEL | Artums->V_NR | Artums->A_NR | Artums->A_NAME | Artums->A_PREIS |
```

Die graphische Darstellung der Satzinhalte der Tabellen-Datei (im oberen Bildschirmteil) nennen wir *Datei-Skelett*, und die (im unteren Bildschirmteil enthaltene) Anzeige der View-Struktur nennen wir *View-Skelett*. Im Datei-Skelett sind die Felder der aktuell angemeldeten Tabellen-Datei ARTUMS.DBF angezeigt. Das View-Skelett enthält die Felder, aus denen das View aktuell aufgebaut ist.

Unsere Aufgabe besteht somit darin, die Feldnamen V_NR, A_STUECK und DATUM (im View-Skelett enthalten, aber nicht sichtbar) aus dem View-Skelett zu löschen, die Datensätze des resultierenden Views (zur Kontrolle) anzeigen und die ermittelten Sätze anschließend in die Tabellen-Datei ARTIKEL.DBF eintragen zu lassen.

Positionieren, Löschen und Ändern der Plazierung im View-Menü

Vom Datei-Skelett kann durch die Funktionstaste *F4* in das View-Skelett gewechselt werden. Umgekehrt läßt sich der Cursor vom View-Skelett durch die Funktionstaste *F3* in das Datei-Skelett bewegen. Innerhalb des Datei-Skeletts bzw. des View-Skeletts wird der Cursor nach rechts durch die Tabulator-Taste "Tab" und nach links durch die Tastenkombination "*Shift+Tab*" (Tabulator-Taste bei gleichzeitig gedrückter Shift-Taste) bewegt.

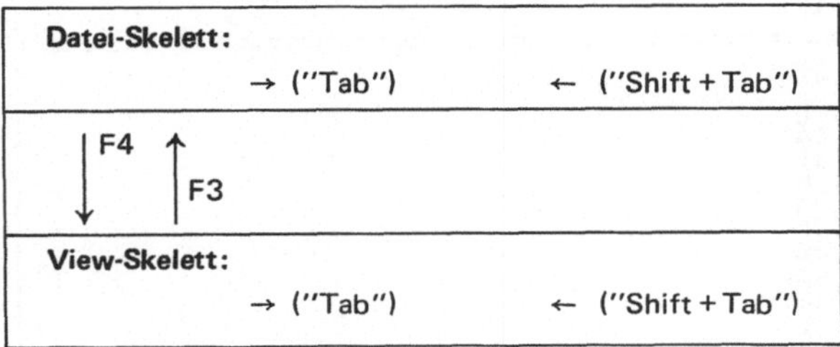

Zum Aufbau des von uns gewünschten Views stellen wir somit den Cursor zunächst durch die Funktionstaste F4 und die Tabulator-Taste auf das Feld V_NR im View-Skelett. Zum Löschen dieses Feldes betätigen wir die Funktionstaste *F5*. Daraufhin wird V_NR aus dem View-Skelett ausgeblendet. Im Datei-Skelett wird als Signal für die durchgeführte Löschung das zuvor den Feldnamen einleitende Pfeilsymbol "↓" entfernt. Wir wiederholen diesen Vorgang gleichfalls für die Felder A_STUECK und DATUM, so daß das View-Skelett anschließend allein aus den von uns gewünschten Feldern A_NR, A_NAME und A_PREIS aufgebaut ist:

View ARTIKEL	Artums-> A_NR	Artums-> A_NAME	Artums-> A_PREIS

Sind die im View-Skelett aufgeführten Felder nicht in der gewünschten Reihenfolge, so kann eine Änderung wie folgt erreicht werden: Zunächst ist auf dasjenige Feld zu positionieren, das an anderer Stelle eingeordnet werden soll. Dann sind die Funktionstaste *F6*, die Return-Taste und die Funktionstaste *F7* - in dieser Reihenfolge - zu betätigen. Anschließend muß der Cursor (und mit ihm der zuvor fixierte Feldname) an die Stelle bewegt werden, an welcher er eingefügt werden soll. Ist diese Position erreicht, so ist die Return-Taste zur Beendigung des durchgeführten Positionswechsels zu drücken.

Anzeige des View-Inhalts

Zur Anzeige des Satzinhalts (Durchführung einer Abfrage) des aktuell eingestellten Views müssen wir die Funktionstaste *F2* betätigen. Daraufhin werden die aktuellen Werte der in das View einbezogenen Felder innerhalb des *Browse-Menüs* (siehe Abschnitt 6.1) auf dem Bildschirm wie folgt angezeigt (Feldinhalte können nicht geändert werden!):

```
Datensätze    Felder    Suchen    Ende                    [illegible]

A_NR  A_NAME       A_PREIS
  12  Oberhemd       39,80
  22  Mantel        360,00
  11  Oberhemd       44,20
  11  Oberhemd       44,20
  22  Mantel        360,00
  13  Hose          110,50
  13  Hose          110,50
  12  Oberhemd       39,80
  11  Oberhemd       44,20
```

Wir erhalten die erwarteten 9 Sätze, von denen noch 5 Sätze gelöscht werden müssen, damit sämtliche Sätze voneinander verschieden sind. Um diese Ausblendung innerhalb der View-Struktur festlegen zu können, müssen wir zunächst vom Browse-Menü wieder zurück in das View-Menü wechseln. Dazu steuern wir im Browse-Menü die Menü-Option "Ende" durch "*Alt+E*" an und wählen dort (durch Cursor-Tief und Return-Taste) die Option "Abfrage aufrufen" aus. Anschließend erscheint erneut das View-Menü zur weiteren Bearbeitung auf dem Bildschirm.

Damit nicht zwei Sätze gleichen Inhalts in den View-Inhalt einbezogen werden, müssen wir das Schlüsselwort *UNIQUE* in dasjenige Bildschirmfeld eintragen, das innerhalb des Datei-Skeletts dem ersten Feldelement vorausgeht. Dadurch stellt sich das View-Menü wie folgt dar:

```
Layout   Felder   Bedingung   Aktualisierung   Ende                   14:22:59

Artums.dbf  | V_NR          | ↓A_NR          | ↓A_NAME
UNIQUE      |               |                |


View
ARTIKEL     | Artums->  | Artums->  | Artums->
            | A_NR      | A_NAME    | A_PREIS
```

Jetzt können wir wiederum durch die F2-Taste den aktuellen Inhalt des Views anzeigen lassen. Wir erhalten die gewünschten Sätze als Ergebnis der Projektion, so daß allein noch die Übertragung dieser Sätze in die einzurichtende Tabellen-Datei ARTIKEL.DBF abzurufen ist.

Wechsel in das Edit-Menü

Es besteht die Möglichkeit, während der Anzeige des aktuellen View-Inhalts vom Browse-Menü aus in das Edit-Menü über einen erneuten Druck der Funktionstaste *F2* zu wechseln. Genau wie im Browse-Menü können auch jetzt keine Feldinhalte verändert werden, weil der schreibende Zugriff auf die Felder des Views grundsätzlich verboten ist (zum Sonderfall eines Update-Views siehe Abschnitt 10.6). Um weitere Satzinhalte des Views anzeigen zu können, muß die Menü-Option "Suchen" angesteuert werden.

Zur Rückkehr in das View-Menü ist auch vom Edit-Menü aus die Menü-Option "Ende" und anschließend die Option "Abfrage aufrufen" anzuwählen.

Sicherung des View-Inhalts in einer Tabellen-Datei

Zur Einrichtung der Tabellen-Datei ARTIKEL.DBF mit den im Browse-Menü angezeigten Sätzen wechseln wir - wie oben angegeben - aus dem Browse-Menü in das View-Menü zurück. Dort wählen wir die Menü-Option "Layout" durch "*Alt+L*". Bei den daraufhin angezeigten Optionen positionieren wir auf die Option "Abspeichern als dB-Datei". Durch die Return-Taste wird der innerhalb des CREATE VIEW-Befehls aufgeführte Name "ARTIKEL" als Voreinstellung (mit der Namensergänzung "DBF") angezeigt, so daß eine eventuell erforderliche Namensänderung durchgeführt werden kann. Die gewünschte Einrichtung der Tabellen-Datei ARTIKEL.DBF wird nach Druck der Return-Taste durchgeführt.

Sicherung und Modifikation von Views

Nach der Übertragung des View-Inhalts in die Tabellen-Datei wählen wir die Menü-Option "Ende" und positionieren auf die Option "Speichern und beenden". Durch die Return-Taste wird die aktuelle View-Struktur in einer Datei gesichert, die wir *View-Datei* nennen und welche die Namensergänzung "*QBE*" (als Abkürzung für "Query By Example") erhält.

Soll das in einer View-Datei gesicherte View zu einem späteren Zeitpunkt modifiziert werden, so ist der *MODIFY VIEW*-Befehl in der Form

```
MODIFY VIEW view-dateiname
```

einzugeben. Es wird das zuvor in der aufgeführten View-Datei gesicherte View-Menü auf dem Bildschirm angezeigt, so daß z.B. neue Felder in das View übernommen oder die Reihenfolge der Felder innerhalb des Views verändert werden kann.

Sollen etwa nach der Eingabe des Befehls

```
. MODIFY VIEW ARTIKEL
```

die in die Tabellen-Datei ARTIKEL.DBF einzutragenden Sätze *aufsteigend* nach Artikelnummern geordnet sein, so müssen wir den Cursor im Datei-Skelett auf das Feld A_NR plazieren und das Schlüsselwort *ASCENDING* (abkürzbar durch: ASC) eintragen, so daß sich die folgende Anzeige ergibt:

```
Layout   Felder   Bedingung   Aktualisierung   Ende                    14:33:31
Artums.dbf │ V_NR          │ ↓A_NR          │ ↓A_NAME
UNIQUE     │               │ ASCENDING      │
```

Ein anschließender Druck der F2-Taste führt dann zu folgender Bildschirmausgabe:

```
Datensätze    Felder    Suchen    Ende                          14:34:20
```

A_NR	A_NAME	A_PREIS
11	Oberhemd	44,20
12	Oberhemd	39,80
13	Hose	110,50
22	Mantel	360,00

Durch "*Alt+E*" und Anwahl der Option "Beenden" verlassen wir das Browse-Menü. Daraufhin wird noch einmal das View-Menü angezeigt und darin abschließend abgefragt, ob das View gespeichert werden soll oder nicht.

10.3 Verbund (JOIN)

Wie wir im Abschnitt 2.1 dargestellt haben, läßt sich aus Tabellen-Dateien ein *Verbund* (Join) aufbauen, indem die Datensätze über charakteristische Kennwerte zusammengeführt werden.

Wollen wir z.B. die beiden oben angebenen, durch Projektionen entstandenen Tabellen ARTIKEL und UMSATZ wieder in die Tabelle ARTIKEL-UMSATZ mit zugehöriger Tabellen-Datei ARTUMS.DBF zusammenführen, so müssen wir sie über die Werte von A_NR verbinden und die Tabellenwerte in eine neue Tabellen-Datei ausgeben. Somit bauen wir aus den beiden Tabellen

```
ARTIKEL(A_NR,A_NAME,A_PREIS) UMSATZ (V_NR,A_NR, A_STUECK,DATUM)
```

gemäß

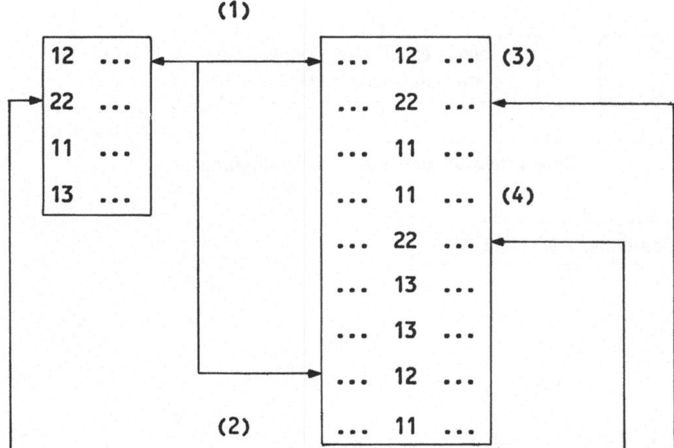

die folgende Tabelle auf:

```
ARTIKEL-UMSATZ(V_NR,A_NR,A_NAME,A_PREIS,A_STUECK,DATUM)
(1)          8413  12  Oberhemd  39,80  40   24.06.89
(2)          1215  12  Oberhemd  39,80  10   24.06.89
(3)          5016  22  Mantel   360,00  10   24.06.89
(4)          5016  22  Mantel   360,00  35   25.06.89
...
```

Es ist zunächst die Artikelnummer in der 1. Zeile der Tabelle ARTIKEL mit der Artikelnummer in der 1. Zeile der Tabelle UMSATZ zu vergleichen (1). Da eine Übereinstimmung vorliegt, ist die Tabellenzeile (1) als erste Zeile in der Tabelle ARTIKEL-UMSATZ einzurichten und damit deren Inhalt als erster Datensatz in der Tabellen-Datei ARTUMS.DBF abzuspeichern, wobei das Feld A_NR nur in einfacher Ausfertigung zu übernehmen ist. Anschließend ist die Artikelnummer in der 1. Zeile von ARTIKEL mit der Artikelnummer in der 2. Zeile von UMSATZ zu vergleichen usw. Dies führt bei den nächsten drei Übereinstimmungen auf die Zusammenführungen, die in der oben angegebenen Darstellung durch (2), (3) und (4) gekennzeichnet sind. Der sukzessive Vergleich mit allen Zeilen von UMSATZ ist für jede nachfolgende Zeile von ARTIKEL zu wiederholen, bis schließlich die letzte Zeile von ARTIKEL und die letzte Zeile von UMSATZ überprüft sind.

Bei jeder Übereinstimmung ist eine *neue* Zeile in der Tabelle ARTIKEL-UMSATZ einzurichten und damit ein neuer Satz in die Tabellen-Datei ARTUMS.DBF auszugeben, in dem die Werte aus den Tabellenzeilen von ARTIKEL und UMSATZ enthalten sind.

Um diesen Verbund mit Hilfe des dBASE-Systems vornehmen zu können, muß die Tabellen-Datei ARTIKEL.DBF im aktuellen Arbeitsbereich und die Tabellen-Datei UMSATZ.DBF in einem anderen Arbeitsbereich angemeldet sein.

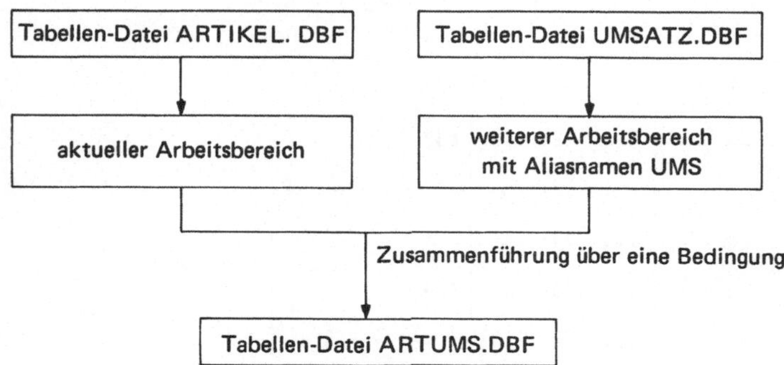

Um diese Anmeldung vorzunehmen, können wir z.B. die Befehle

```
. SELECT 2
. USE UMSATZ ALIAS UMS
. SELECT 1
. USE ARTIKEL
```

ausführen lassen. Dabei wird die Tabellen-Datei ARTIKEL im Arbeitsbereich 1 und die Tabellen-Datei UMSATZ im Arbeitsbereich 2 angemeldet, der durch den Aliasnamen UMS adressierbar ist.

Die oben beschriebene Verbindung der Tabellen ARTIKEL und UMSATZ wird durch die Ausführung des *JOIN*-Befehls in der Form

```
JOIN WITH aliasname TO tabellen-dateiname FOR bedingung
     [ FIELDS feldname-1 [ , feldname-2 ]... ]
```

vorgenommen, den wir in unserem Fall wie folgt eingeben:

```
. JOIN WITH UMS TO ARTUMS FOR A_NR = UMS -> A_NR
```

Eine der beiden zu verbindenden Tabellen-Dateien muß im aktuellen Arbeitsbereich und die andere in einem zweiten Arbeitsbereich angemeldet sein, der über einen Aliasnamen adressiert wird. Die Sätze der beiden Tabellen-Dateien werden über die hinter dem Schlüsselwort FOR aufgeführte Bedingung verbunden und in der Tabellen-Datei abgespeichert, deren Name hinter dem Schlüsselwort TO angegeben ist.

Durch das Schlüsselwort *FIELDS* lassen sich diejenigen Datenfelder auswählen, die in die neue Datensatz-Struktur übernommen werden sollen. Alle Felder, deren Feldnamen nicht hinter FIELDS aufgeführt sind, werden für die neue Struktur nicht berücksichtigt.

Wird das Schlüsselwort FIELDS nicht angegeben, so werden alle Felder (höchstens 255 Felder sind erlaubt) beider Datensätze übernommen - gleichnamige jedoch nur einmal. Dies ist in unserem oben angegebenen Beispiel der Fall, in dem der Verbund über die Bedingung

```
A_NR = UMS -> A_NR
```

erfolgt. Dadurch wird der Inhalt des Felds A_NR, das Bestandteil des aktuellen Satzpuffers ist, und der Inhalt des Felds A_NR aus dem Satzpuffer mit dem Aliasnamen UMS verglichen.

Bei der Ausführung des oben angegebenen JOIN-Befehls werden als Datenfelder von ARTUMS.DBF zuerst die Felder von ARTIKEL und anschließend die Felder von UMSATZ eingerichtet, so daß die resultierende Struktur sich in der Form

```
ARTIKEL-UMSATZ(A_NR,A_NAME,A_PREIS,V_NR,A_STUECK,DATUM)
```

darstellt. Falls die ursprüngliche Reihenfolge gewünscht wird, muß der JOIN-Befehl unter Einsatz des Schlüsselworts *FIELDS* in der Form

```
. JOIN WITH UMS TO ARTUMS FOR A_NR = UMS -> A_NR FIELDS
        UMS->V_NR, A_NR, A_NAME, A_PREIS, UMS->A_STUECK, UMS->DATUM
```

verwendet werden.

10.4 Menü-gestützte Erstellung eines Verbunds

Auswahl eines Datei-Skeletts

Als Alternative zur Ausführung des JOIN-Befehls kann mit Hilfe des im Abschnitt 10.2 vorgestellten View-Menüs ein View aus den Feldern der Tabellen-Dateien UMSATZ.DBF und ARTIKEL.DBF eingerichtet werden, dessen Aufbau der gewünschten Struktur der Tabellen-Datei ARTUMS.DBF entspricht. Dazu geben wir die Befehle

```
. USE UMSATZ

. CREATE VIEW ARTUMS
```

ein und erhalten daraufhin am Bildschirm ein Datei-Skelett und ein View-Skelett mit den Feldern von UMSATZ.DBF angezeigt. Damit die Felder von ARTIKEL.DBF ebenfalls in das View-Skelett aufgenommen werden können, muß zunächst ein zweites Datei-Skelett mit den Feldern von ARTIKEL.DBF bereitgestellt werden. Dazu wählen wir durch "*Alt+L*" die Menü-Option "Layout" und anschließend die Option "Hinzufügen einer Datei" aus. Daraufhin werden die Namen der zur Zeit vorhanden Tabellen-Dateien am Bildschirm angezeigt:

und anschließend die Option "Hinzufügen einer Datei" aus. Daraufhin werden die Namen der zur Zeit vorhanden Tabellen-Dateien am Bildschirm angezeigt:

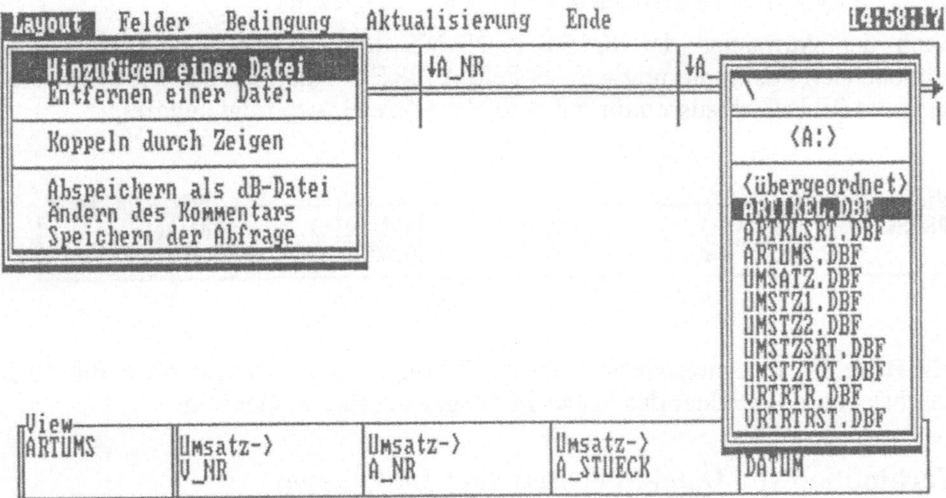

Wir wählen die Datei ARTIKEL.DBF aus und erhalten anschließend den folgenden Bildschirminhalt:

Layout Felder Bedingung Aktualisierung Ende

Umsatz.dbf	↓V_NR	↓A_NR	↓A_STUECK

Artikel.dbf	A_NR	A_NAME	A_PREIS

Genau wie bei nur einem Datei-Skelett kann der Cursor mit der Tabulator-Taste horizontal innerhalb jeweils einer der drei angezeigten Menü-Ebenen bewegt werden, während der Wechsel in vertikaler Richtung sich wiederum über die Funktionstasten F4 und F3 durchführen läßt.

Einfügung neuer Felder in das View

Zur Einbeziehung von bislang nicht im View enthaltenen Feldern muß der Cursor zunächst auf das gewünschte Feld innerhalb des zugehörigen Datei-Skeletts bewegt werden. Anschließend ist die Menü-Option "Felder" durch *"Alt+F"* und danach die Option "Hinzufügen eines Feldes" auszuwählen. Dadurch wird das gekennzeichnete Feld automatisch an das Ende der bereits im View enthaltenen Felder angefügt. Als Signal für die Übernahme in das View wird im Datei-Skelett vor dem Feldnamen das Zeichen "↓" angezeigt.

Nach der Aufnahme der Felder A_NAME und A_PREIS und einer anschließenden Positionierung auf das Feld A_PREIS innerhalb des View-Skeletts wird der Bildschirmausschnitt mit dem View-Skelett wie folgt angezeigt:

View

ARTUMS	Umsatz-> A_STUECK	Umsatz-> DATUM	Artikel-> A_NAME	Artikel-> A_PREIS

Mit Hilfe der Funktionstasten F6 und F7 bringen wir - wie im Abschnitt 10.2 beschrieben - die Felder des Views in die gewünschte Reihenfolge.

Verbindung von Datei-Skeletten über Linknamen

Damit die Sätze des Views aus den Satzinhalten der Tabellen-Dateien gemäß der View-Struktur zusammengestellt werden können, muß bekannt sein, über welche Feldinhalte die Verbindung der zugehörigen Tabellen-Dateien erfolgen soll. Dazu ist ein sog. *Linkname* in den einander zugeordneten Feldern einzutragen. Dieser Name muß ein zulässiger dBASE-Name sein, der sich von den folgenden Schlüsselwörtern unterscheidet: COUNT, CNT, AVERAGE, AVG, SUM, MIN, MAX, GROUP, ASCENDING, ASC, DESCENDING, DSC.

In unserem Fall wählen wir den Namen LINK als Linknamen und tragen ihn in die Felder A_NR innerhalb der Datei-Skelette für ARTIKEL.DBF und UMSATZ.DBF ein, so daß sich das folgende Datei-Skelett ergibt:

Layout Felder Bedingung Aktualisierung Ende 15:36:05

Umsatz.dbf	↓V_NR	↓A_NR	↓A_STUECK
		LINK	

Artikel.dbf	A_NR	↓A_NAME	↓A_PREIS
	LINK		

Anschließend läßt sich wiederum mit der F2-Taste die Bildschirmausgabe der aus der gewünschten Verbindung resultierenden Datensätze abrufen.

Hinweis:

Eine Betätigung der F2-Taste ohne eine vorausgehende Verbindung durch einen Linknamen führt zur Fehlermeldung "Dateien nicht verbunden".

Die Sicherung des View-Inhalts in der Tabellen-Datei ARTUMS.DBF erfolgt entsprechend der im Abschnitt 10.2 angegebenen Beschreibung.

Hinweis:

Sofern vor der Eingabe des CREATE VIEW-Befehls für die Tabellen-Datei ARTIKEL.DBF keine zugehörige MDX-Index-Datei mit dem Index-Tag A_NR (über dieses Feld wurde die Verbindung von UMSATZ.DBF und ARTIKEL.DBF durch den Linknamen LINK hergestellt) vorhanden ist, wird sie automatisch (mit dem Index-Tag A_NR) eingerichtet.

Nach der Sicherung der View-Datei läßt sich durch den Befehl

```
. DISPLAY STATUS
```

der Zustand in den Arbeitsbereichen wie folgt anzeigen:

```
dB-Datei im Arbeitsbereich:

Bereich: 1, Geöffnete dB-Datei: A:\UMSATZ.DBF (Nur lesen)   ALIAS: UMSATZ

Filter: FOUND(2)

    Verbunden mit: ARTIKEL

    Verbindung:     A->A_NR

Bereich: 2, Geöffnete dB-Datei: A:\ARTIKEL.DBF (Nur lesen) ALIAS: ARTIKEL

Arbeitsindex (.MDX): A:\ARTIKEL.MDX

     Haupt Index: A_NR  Ausdruck: A_NR

Suchpfad für Datei:

Standardlaufwerk:    A:
Rand                         =    0
Aktualisierungszähler        =    0
Wiederholungszähler          =    0
Zahl der offenen Dateien     =    7
Aktivierter Arbeitsbereich =    1
```

Es ist erkennbar, daß die über den Linknamen hergestellte Verbindung in gleicher Weise dokumentiert wird, wie wir es von der Wirkung eines entsprechenden SET RELATION TO-Befehls her gewohnt sind.

10.5 Selektion (SET FILTER TO)

Sollen nicht alle, sondern nur *ausgewählte* Datensätze für eine Bearbeitung bereitgestellt werden, so ist der *SET FILTER TO*-Befehl in der Form

```
SET FILTER TO bedingung
```

anzugeben. Durch die aufgeführte Bedingung sind nur diejenigen Datensätze für die weitere Verarbeitung zugänglich, für die diese Bedingung zutrifft.

So können wir z.B. löschmarkierte Sätze (siehe Abschnitt 6.4) durch

```
. SET FILTER TO .NOT. DELETED()
```

von der nachfolgenden Verarbeitung ausschließen.

Der eingestellte Filter gilt stets solange, bis er durch einen nachfolgenden *SET FILTER TO*-Befehl *ohne* Angabe einer Bedingung in der Form

```
SET FILTER TO
```

aufgehoben oder aber durch einen SET FILTER TO-Befehl mit einer neuen Bedingung abgelöst wird.

Wollen wir etwa nur die Umsatzdaten aus der Tabellen-Datei UMSATZ für den Vertreter mit der Kennzahl 8413 und der Artikelnummer 11 auf dem Bildschirm anzeigen lassen, so geben wir die Befehle

```
. USE UMSATZ
. SET FILTER TO V_NR = 8413 .AND. A_NR = 11
. DISPLAY ALL
```

ein. Die beiden letzten Befehle sind gleichbedeutend mit dem Befehl

```
. DISPLAY ALL FOR V_NR = 8413 .AND. A_NR = 11
```

weil in einem DISPLAY-Befehl (wie auch in anderen Befehlen) die Filterung durch die Angabe des Schlüsselworts *FOR* mit nachfolgender Bedingung ohne einen eigenständig vorangestellten SET FILTER TO-Befehl ermöglicht wird. Allerdings ist in diesem Fall zu beachten, daß diese Filterung *nur* für diesen DISPLAY-Befehl und nicht - wie in der ersten Form - auch für alle nachfolgenden Befehle gilt.

10.6 Menü-gestützte Einrichtung von Filtern (SET VIEW TO)

Aufbau, Aktivierung und Änderung von Filtern

Bei der im Abschnitt 10.5 angegebenen Vereinbarung von Filtern haben wir die Auswahl-Bedingung innerhalb eines SET FILTER TO-Befehls aufgeführt. Im folgenden werden wir darstellen, wie ein Filter mit Hilfe des View-Menüs vereinbart werden kann.

Wir beziehen uns auf die oben angegebene Filter-Bedingung "V_NR=8413 .AND. A_NR=11" für die Tabellen-Datei UMSATZ.DBF. Nach der Anmeldung durch den Befehl

```
. USE UMSATZ
```

geben wir den CREATE VIEW-Befehl

```
. CREATE VIEW AUSWAHL
```

zur Einrichtung der View-Datei AUSWAHL.QBE ein. In dem angezeigten View-Menü tragen wir im Datei-Skelett für das Feld V_NR den Wert 8413 und für das Feld A_NR den Wert 11 ein, so daß sich das folgende Datei-Skelett ergibt:

```
Layout   Felder   Bedingung   Aktualisierung   Ende                15:13:56
Umsatz.dbf | ↓V_NR        | ↓A_NR        | ↓A_STUECK
           | 8413         | 11           |
```

Nach Druck der Funktionstaste F2 erhalten wir die Ausgabe des folgenden Browse-Menüs:

```
Datensätze      Felder      Suchen      Ende                       15:14:37
V_NR|A_NR|A_STUECK|DATUM
8413|  11|      70|24.06.89
8413|  11|      20|25.06.89
```

Durch erneuten Druck auf die F2-Taste wird das Edit-Menü angezeigt, in dem durch Anwahl der Menü-Option "Suchen" mit "*Alt+S*" auf die einzelnen Sätze positioniert werden kann. Da innerhalb des Views nur eine Tabellen-Datei einbezogen ist, sind Änderungen in den Feldinhalten zulässig.

Nach der Rückkehr in das View-Menü durch die Menü-Option "Ende" und die Option "Abfrage aufrufen" läßt sich der Filter als View durch "*Alt+E*" und Anwahl der Option "Speichern und beenden" innerhalb der View-Datei AUSWAHL.QBE sichern. Anschließend ist der Filter solange aktiv, bis er durch den SET FILTER TO-Befehl deaktiviert wird. Soll ein in einer View-Datei enthaltener Filter zu einem späteren Zeitpunkt aktiviert werden, so ist dazu der *SET VIEW TO*-Befehl in der Form

```
SET VIEW TO view-dateiname
```

einzugeben. Die dadurch eingestellte Filter-Bedingung läßt sich durch den *DISPLAY STATUS*-Befehl in der Form

```
DISPLAY STATUS
```

am Bildschirm anzeigen.

Wird mit einem Katalog gearbeitet, so läßt sich der *SET VIEW TO*-Befehl auch in der Form

```
SET VIEW TO ?
```

eingeben, woraufhin die gewünschte View-Datei menü-gestützt ausgewählt werden kann.

Ist die in einer View-Datei enthaltene Filter-Bedingung zu ändern, so kann das dazu erforderliche View-Menü (mit dem alten Inhalt) durch den *MODIFY VIEW*-Befehl in der Form

```
MODIFY VIEW view-dateiname
```

angezeigt werden. Anschließend sind die gewünschten Änderungen vorzunehmen und durch "*Alt+E*" mit der Option "Speichern und beenden" in der View-Datei zu sichern.

Filter-Bedingungen

In jedem Feld des Datei-Skeletts kann eine Vergleichs-Bedingung eingetragen werden. Die Liste der dazu einsetzbaren Vergleichsoperatoren läßt sich - nach dem Aufruf des in der View-Datei AUSWAHL.QBE gespeicherten View-Menüs - durch die Tastenkombination *"Shift+F1"* z.B. wie folgt anzeigen:

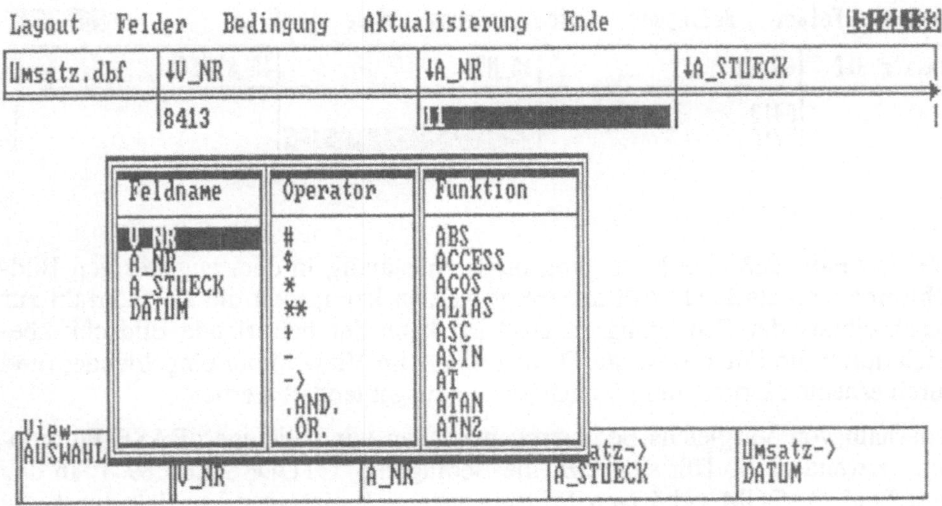

Beim *$-Operator* ist zu beachten, daß - entgegen des sonst üblichen Einsatzes - das Zeichen "$" *nicht* vor dem Text, sondern *hinter* dem Text in der Form

```
$ text
```

einzutragen ist.

Ergänzend zu den im Abschnitt 5.3 angegebenen Vergleichsoperatoren ist ferner der Operator *LIKE* in der Form

```
LIKE text
```

einsetzbar.

Beim Operator LIKE können die Wildcard-Zeichen "*" und "?" in der im Abschnitt 5.4 angegebenen Bedeutung in den Text aufgenommen werden, so daß z.B. die Angabe

```
LIKE "Me?er*"
```

innerhalb des dem Feld V_NAME zugeordneten Bildschirmbereichs zur Auswahl der Sätze mit den Namen "Meier, Franz" und "Meyer, Emil" führt.

Sind für ein Feld mehrere Bedingungen durch den logischen Oder-Operator zu verknüpfen, so sind die einzelnenen Vergleichs-Bedingungen in *verschiedenen*

Zeilen (unter Verwendung der Taste Cursor-Tief) *untereinander* einzutragen, so daß etwa die Bedingung

```
(V_NR=8413 .AND. A_NR=11) .OR. (V_NR=5016 .AND. A_NR=22)
```

wie folgt in das Datei-Skelett eingegeben werden muß:

```
Layout   Felder   Bedingung   Aktualisierung   Ende

Umsatz.dbf | ↓V_NR | ↓A_NR | ↓A_STUECK
           | 8413  | 11    |
           | 5016  | 22    |
```

Für den Fall, daß eine Bedingung nicht vollständig in dem zugehörigen Bildschirmbereich als Feldinhalt angezeigt werden kann, weil die Zeichenzahl zur Beschreibung der Bedingung zu groß ist, kann der betreffende Bildschirmbereich durch die Funktionstaste *F9 vergrößert* im View-Menü eingeblendet (und durch erneuten Druck von F9 auch wieder ausgeblendet) werden.

Innerhalb von Vergleichs-Bedingungen können wir beliebige dBASE-Funktionen verwenden. So läßt sich z.B. die Bedingung "CTOD("24.06.89")" in den zum Feld DATUM gehörigen Bildschirmbereich eintragen, so daß durch die F2-Taste alle Sätze ausgewählt werden, deren Feldinhalt von DATUM gleich dem Datum "24.06.89" ist.

Sollen mit Beginn des ersten die Filter-Bedingung erfüllenden Satzes alle nachfolgenden Sätze - unabhängig davon, ob sie die Filter-Bedingung erfüllen oder nicht - im Browse-Menü angezeigt werden (die Filter-Bedingung dient also allein der Positionierung), so muß das Schlüsselwort *FIND* in das Datei-Skelett vor dem ersten Feldnamen eingetragen werden. In diesem Fall können - nach der Positionierung auf den ersten, die Filter-Bedingung erfüllenden Satz - innerhalb des Browse-Menüs auch die Sätze (durch die Taste Cursor-Hoch) angezeigt werden, die vor diesem Satz als View-Inhalt zur Verfügung stehen.

Update-Views

Bei gesetzter Filter-Bedingung können innerhalb des View-Menüs auch Angaben gemacht werden, nach denen der Inhalt der angemeldeten Tabellen-Datei in Abhängigkeit von dieser Bedingung verändert werden soll. Zur Vereinbarung derartiger *Update-Views* ist eines der Schlüsselwörter REPLACE, MARK, UNMARK und APPEND in das Datei-Skelett vor dem ersten Feldnamen einzutragen. Dadurch wird der Dateiname durch den Text "Ziel" markiert. Anschließend ist durch *"Alt+A"* und der Wahl der Option "Aktualisieren" die angeforderte Veränderung durchzuführen.

Bei *REPLACE* werden alle Sätze mit zutreffender Filter-Bedingung gemäß einer mit dem Schlüsselwort *WITH* eingeleiteten Veränderungsvorschrift modifiziert. Bei *MARK* werden die betroffenen Sätze löschmarkiert, und bei *UNMARK* wird für alle Sätze mit zutreffender Filter-Bedingung eine eventuell vorhandene Löschmarkierung entfernt. Durch *APPEND* wird ein Satz angefügt, dessen Satzinhalt durch die Filter-Bedingung festgelegt wird.

Soll der Inhalt des Update-Views gesichert werden, so ist wiederum nach "*Alt+E*" die Option "Speichern und beenden" zu wählen. Im Gegensatz zu sonstigen View-Dateien (mit der Namensergänzung "QBE") wird eine Datei, die ein Update-View enthält, durch die Namenergänzung "*UPD*" gekennzeichnet.

Haben wir z.B. für die am 24.06.89 verkauften Stückzahlen eine Null zuviel eingegeben, so kann die erforderliche Korrektur durch das folgende Update-View beschrieben werden:

```
Layout   Felder   Bedingung   Aktualisierung   Ende                    15:26:39
┌Ziel──────┬─────────────────┬───────────────────┬──────────────────┐
│Umsatz.dbf│ A_NR            │ A_STUECK          │ DATUM            │
╞══════════╪═════════════════╪═══════════════════╪══════════════════╡
 REPLACE   │                 │WITH A_STUECK/10   │CTOD("24.06.89")  │
```

Die gekennzeichnete Korrektur wird durchgeführt, indem nach "*Alt+A*" die Option "Aktualisieren" ausgewählt wird.

Aufgaben

Aufgabe 10.1
Führe Projektionen - ohne View-Menü - von der in der Tabellen-Datei AUFPOSKD.DBF (siehe Aufgabe 4.2) enthaltenen Tabelle auf Tabellen durch, die in den Tabellen-Dateien P_AUFTR.DBF (Struktur wie AUFTRAG.DBF) und P_AUFPOS.DBF (Struktur wie AUFPOS.DBF) abgespeichert werden!

Aufgabe 10.2
Baue - ohne View-Menü - aus den drei Tabellen-Dateien P_AUFTR.DBF, P_AUFPOS.DBF und KUNDE.DBF eine einzige Tabellen-Datei BESTAND.DBF mit sämtlichen Bestandsdaten auf (die in Aufgabe 6.4 angegebene Bestandsergänzung wird nicht berücksichtigt)!

Aufgabe 10.3
Wähle - ohne View-Menü - für Anfragen in AUFTRAG.DBF diejenigen Aufträge aus, die nach dem Datum 11.11.88 eingegangen sind, und beantworte die Fragen:

Um wieviele Aufträge handelt es sich, und wieviele dieser Aufträge sollen vor dem 1.2.89 fertig sein?

Aufgabe 10.4

Baue für Anfragen die drei View-Dateien AUFTRAG1.QBE, AUFTRAG2.QBE und AUFTRAG3.QBE auf, in denen die folgenden Filterbedingungen verabredet sind:

- Datum <= 11.11.88,
- Termin <= 1.2.89, und
- Datum <= 12.11.88 und Termin <= 1.2.89!

Setze diese Filter nacheinander in Verbindung mit der Anweisung

```
. DISPLAY ALL
```

ein!

Aufgabe 10.5

Gib das zur Durchführung der in Aufgabe 10.1 beschriebenen Projektion erforderliche View-Menü an!

Aufgabe 10.6

Gib das zur Durchführung des in Aufgabe 10.2 angegebenen Verbunds erforderliche View-Menü an!

Aufgabe 10.7

Gib das zur Durchführung der in Aufgabe 10.3 beschriebenen Selektion (wieviele dieser Aufträge sollen vor dem 1.2.89 fertig sein?) erforderliche View-Menü an!

11 Einrichtung und Bearbeitung von Views (CREATE VIEW, MODIFY VIEW)

Einrichtung einer View-Datei

In den Abschnitten 10.2, 10.4 und 10.6 haben wir beschrieben, wie Projektion, Verbund und Selektion menü-gestützt mit Hilfe der Einrichtung von Views durchgeführt werden können. Unter einem *View* verstehen wir dabei eine virtuelle Tabelle, die sich aus Teilen einer oder mehrerer zuvor eingerichteter, in Tabellen-Dateien gespeicherter Tabellen zusammensetzt. Ein View (Sicht) enthält somit selbst keine Daten, sondern stellt nur eine *Struktur-Beschreibung* für den Aufbau einer Tabelle dar. Der zugehörige *View-Inhalt* läßt sich auf eine Anforderung hin (Funktionstaste F2) aus den Feldinhalten derjenigen Tabellen-Dateien ermitteln, die als Ganzes oder als Bestandteil innerhalb des Views einbezogen sind.

So läßt sich z.B. durch die Verbindung über den Feldinhalt von A_NR ein View einrichten, das wie folgt aus Teilen der Tabellen-Dateien ARTIKEL.DBF und UMSATZ.DBF aufgebaut ist:

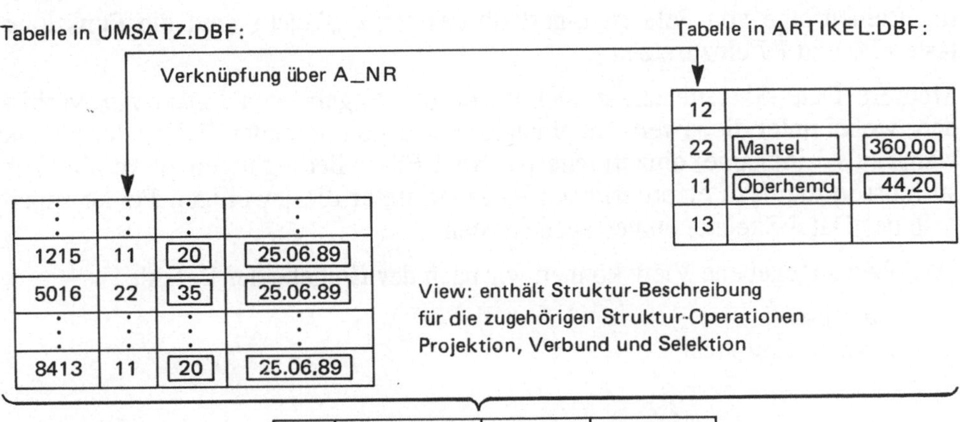

View-Inhalt:

20	Oberhemd	44,20	25.06.89
35	Mantel	360,00	25.06.89
20	Oberhemd	44,20	25.06.89

Die angezeigten Daten sind der Inhalt des Views, der als Verbund von UMSATZ und ARTIKEL (über A_NR) mit anschließender Projektion auf A_STUECK, A_NAME, A_PREIS und DATUM sowie nachfolgender Selektion durch die Filter-Bedingung "DATUM=CTOD("25.06.89")" bestimmt ist.

Zur Einrichtung eines Views ist der *CREATE VIEW*-Befehl in der Form

```
CREATE VIEW view-dateiname
```

einzusetzen. Dadurch wird das View-Menü zum Aufbau eines Views angezeigt, das sich anschließend in der *View-Datei* "view-dateiname" (mit der Namensergänzung "*QBE*") sichern läßt. Das abgespeicherte Menü kann danach jederzeit durch den *MODIFY VIEW*-Befehl in der Form

```
MODIFY VIEW view-dateiname
```

modifiziert und in veränderter Form erneut gesichert werden.

Durch die im View-Menü angegebenen Menü-Optionen lassen sich die zum Aufbau eines Views erforderlichen Datei-Skelette für die einzubeziehenden Tabellen-Dateien und das View-Skelett für die gewünschte View-Struktur aufbauen. Innerhalb jedes einzelnen Skeletts kann durch die Tabulator-Taste "Tab" (nach rechts) und durch die Tasten-Kombination "Shift+Tab" (nach links) positioniert werden. Zum Wechsel zwischen den Skeletten dienen die Funktionstasten F3 (nach oben) und F4 (nach unten). Löschungen innerhalb des View-Skeletts lassen sich über die Funktionstaste F5 vornehmen, und zur Änderung der Reihenfolge von Feldern innerhalb des View-Skeletts sind die Funktionstasten F6 und F7 einzusetzen.

Mehrere Datei-Skelette lassen sich durch die Angabe von *Linknamen* verbinden, wobei unter die jeweils miteinander korrespondierenden Felder der gleiche Name (als Linkname) einzutragen ist. Sind Filter-Bedingungen zu verabreden, so müssen die dazu erforderlichen Angaben unter die jeweiligen Felder innerhalb der Datei-Skelette eingetragen werden.

Das oben angegebene View können wir nach der Eingabe der Befehle

```
. USE UMSATZ
. CREATE VIEW SICHT
```

durch das folgendermaßen aufgebaute View-Menü festlegen:

```
Layout   Felder   Bedingung   Aktualisierung   Ende

Umsatz.dbf | A_NR  | ↓A_STUECK | ↓DATUM
           | LINK  |           | CTOD("25.06.89")

Artikel.dbf | A_NR  | ↓A_NAME | ↓A_PREIS
            | LINK  |         |

View-
SICHT | Umsatz->  | Artikel-> | Artikel-> | Umsatz->
      | A_STUECK  | A_NAME    | A_PREIS   | DATUM
```

Anschließend kann durch "*Alt+L*" und Auswahl der Option "Abspeichern als dB-Datei" eine Tabellen-Datei mit dem View-Inhalt eingerichtet oder aber mit F2 der aktuelle View-Inhalt im Browse- bzw. Edit-Menü angezeigt werden.

Sind bei der Erstellung des View-Inhalts identisch belegte Sätze (wie etwa bei einer Projektion) auszusondern, so ist das Schlüsselwort *UNIQUE* innerhalb des Datei-Skeletts vor dem ersten Feldnamen einzutragen.

Soll durch die Funktionstaste F2 auf den als ersten durch eine Filter-Bedingung gekennzeichneten Satz positioniert werden, so müssen wir statt UNIQUE das Schlüsselwort *FIND* eingeben.

Die bislang erworbenen Kenntnisse ergänzen wir nachfolgend durch die Darstellung des View-Aufbaus bei der Vereinbarung besonderer Filter-Bedingungen, des Aufbaus von speziellen Feldern für das View-Skelett, der Sortierung, der Gruppierung von Daten und der Möglichkeit zur Verbindung von Tabellen mit sich selbst (Self-Join).

Filter-Bedingungen in der Bedingungs-Box

Die bislang dargestellten Möglichkeiten zur Festlegung von Filter-Bedingungen sind nicht ausreichend, weil z.B. die Bedingung

```
(V_NR=8413.OR.V_NR=5016).AND.(A_NR=11.OR.A_NR=22)
```

bislang nicht eingegeben werden kann. In diesem Fall muß nach der Anmeldung von UMSATZ.DBF und der Eingabe des Befehls

```
. CREATE VIEW SICHT
```

durch "*Alt+B*" mit der Auswahl der Option "Eintragen der Bedingungen" eine *Bedingungs-Box* innerhalb des View-Menüs eingeblendet werden. In diese Bedingungs-Box, auf die ebenfalls durch die Funktionstasten F3 und F4 positioniert werden kann, ist die oben angegebene Filter-Bedingung einzutragen. Ist - wie in diesem Fall - die Zeichenzahl größer als der aufgehellte Bildschirmbereich, so empfiehlt es sich, diesen Bereich durch die *F9-Taste* zu *vergrößern* und nach der Editierung durch die F9-Taste wieder zu verkleinern. Nach der Eingabe unserer Bedingung wird das folgende View-Menü angezeigt:

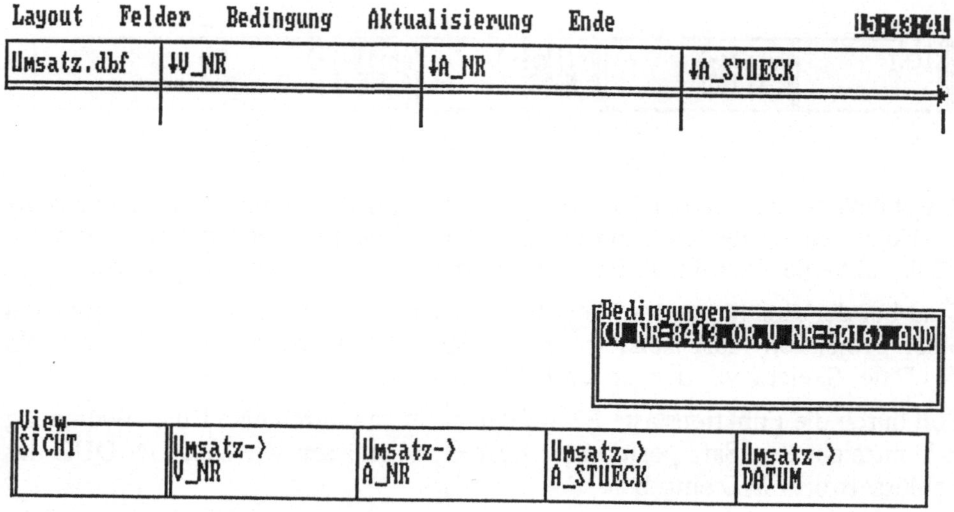

```
Layout   Felder   Bedingung   Aktualisierung   Ende                15:43:41
Umsatz.dbf | ↓V_NR        | ↓A_NR        | ↓A_STUECK

                                              Bedingungen
                                              (V_NR=8413.OR.V_NR=5016).AND

View
SICHT      | Umsatz->  | Umsatz->  | Umsatz->   | Umsatz->
           | V_NR      | A_NR      | A_STUECK   | DATUM
```

Durch die F2-Taste erhalten wir anschließend das folgende Browse-Menü:

Datensätze Felder Suchen Ende 15:44:17

V_NR	A_NR	A_STUECK	DATUM
5016	22	10	24.06.89
8413	11	70	24.06.89
5016	22	35	25.06.89
8413	11	20	25.06.89

Zur abkürzenden Beschreibung von Feldnamen, die innerhalb der Bedingungs-Box aufzuführen sind, dürfen auch *Platzhalternamen* verwendet werden, die unter den jeweiligen Feldern innerhalb der Datei-Skelette eingetragen werden müssen.

Wählen wir z.B. die Namen X und Y als Platzhalter für V_NR und A_NR aus, so darf das von uns gewünschte View auch durch das folgende View-Menü beschrieben werden:

Layout Felder Bedingung Aktualisierung Ende 15:46:45

Umsatz.dbf	↓V_NR	↓A_NR	↓A_STUECK
	X	Y	

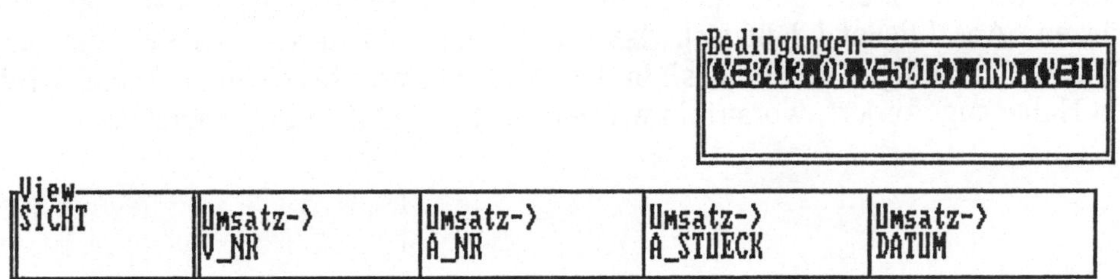

Einrichtung von Kalkulationsfeldern

Wollen wir z.B. in einem View-Menü mit den Datei-Skeletten für UMSATZ.DBF und ARTIKEL.DBF die Filter-Bedingung "A_STUECK * A_PREIS <= 1000" festlegen, so können wir diese Bedingung zwar in die Bedingungs-Box eintragen, haben dabei jedoch z.B. das Problem, daß nach Druck der F2-Taste und Ermittlung des View-Inhalts keine Anzeige der Produktwerte erfolgt. Deshalb ist es in dieser Situation empfehlenswert, ein zusätzliches Feld - *Kalkulationsfeld* genannt - durch "*Alt+F*" und der Wahl der Option "Kalkulationsfeld einrichten" einzurichten, es durch "*Alt+F*" mit der Option "Hinzufügen des Feldes" in das View zu übernehmen und die Filter-Bedingung unmittelbar in dieses Kalkulationsfeld einzutragen.

Soll das View-Menü in die Form

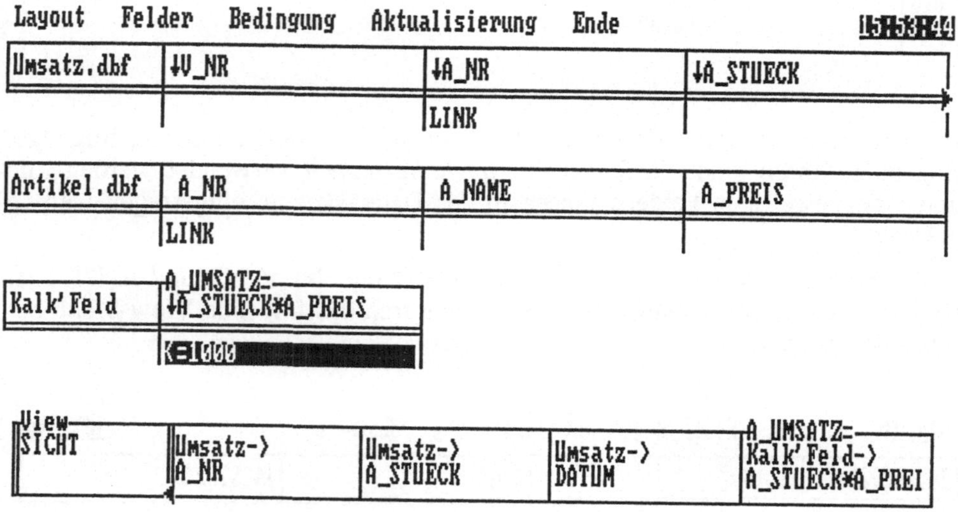

```
Layout  Felder  Bedingung  Aktualisierung  Ende                    15:53:44

| Umsatz.dbf | ↓V_NR          | ↓A_NR         | ↓A_STUECK          |
|            |                | LINK          |                    |

| Artikel.dbf| A_NR           | A_NAME        | A_PREIS            |
|            | LINK           |               |                    |

             A_UMSATZ=
| Kalk'Feld  | ↓A_STUECK*A_PREIS |
|            | <=1000            |

 View                                                      A_UMSATZ=
| SICHT      | Umsatz->  | Umsatz->  | Umsatz->  | Kalk'Feld->        |
|            | A_NR      | A_STUECK  | DATUM     | A_STUECK*A_PREI    |
```

gebracht werden, so müssen wir wie folgt vorgehen: Zunächst ist durch "Alt+F" die Option "Kalkulationsfeld einrichten" auszuwählen. Danach müssen wir die Berechnungsvorschrift "A_STUECK*A_PREIS" in das aufgehellte Bildschirmfeld übertragen und darunter die Filter-Bedingung "<=1000" ergänzen. Anschließend läßt sich das Kalkulationsfeld durch "*Alt+F*" mit der Option "Hinzufügen des Feldes" in das View-Skelett übernehmen. Dabei wird ein Name angefordert, woraufhin wir den Text "A_UMSATZ" eingeben.

Nach Druck der F2-Taste erhalten wir das folgende Browse-Menü:

```
Datensätze     Felder     Suchen     Ende                    15:54:28
```

V_NR	A_NR	A_STUECK	DATUM	A_UMSATZ
1215	11	20	25.06.89	884,00
1215	13	5	24.06.89	552,50
1215	12	10	24.06.89	398,00
8413	11	20	25.06.89	884,00

Sortierung

Wie bereits am Ende von Abschnitt 10.2 dargestellt, läßt sich durch das Schlüsselwort *ASCENDING* eine aufsteigende Sortierung des View-Inhalts festlegen. Die Sätze werden nach den Inhalten des Feldes sortiert, unter dem das Wort ASCENDING (abkürzbar durch: ASC) innerhalb des Datei-Skeletts angegeben ist. Soll anstelle einer aufsteigenden eine absteigende Sortierung durchgeführt werden, so ist dazu das Schlüsselwort *DESCENDING* (abkürzbar durch DSC) zu verwenden. Sind mehrere Sortierkriterien zu verabreden, so sind die zugehörigen Schlüsselwörter mit jeweils *unmittelbar* nachfolgender Nummer zur Kennzeichnung der jeweiligen *Hierarchieposition* anzugeben. Dabei kennzeichnet die Ziffer "1" den höchsten Sortierschlüssel, die "2" den diesem Schlüssel unmittelbar untergeordneten Sortierschlüssel usw.

Sollen z.B. die Sätze von UMSATZ.DBF aufsteigend nach V_NR und für gleiche Kennzahlen aufsteigend nach A_NR sortiert werden, so ist dies innerhalb des Datei-Skeletts für UMSATZ.DBF wie folgt festzulegen:

```
Layout   Felder   Bedingung   Aktualisierung   Ende          15:55:39
```

Umsatz.dbf	↓V_NR	↓A_NR	↓A_STUECK
	ASC1	ASC2	

Spezielle Verbindung von Tabellen-Dateien (FIRST, EVERY)

Als mögliche Verbindungen der Tabellen-Dateien ARTIKEL.DBF und UMSATZ.DBF sind im Hinblick auf die jeweilige Problemstellung die beiden folgenden Formen der Zuordnung sinnvoll:

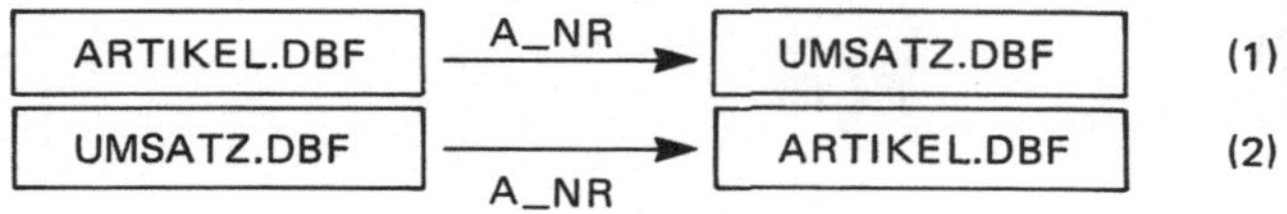

Wir richten ein View-Menü mit den Datei-Skeletten von ARTIKEL.DBF und UMSATZ.DBF und ein View-Skelett mit den Feldern A_NR, A_NAME und A_STUECK ein und stellen eine Verbindung beider Datei-Skelette über A_NR her.

Bei jeder der beiden oben angegebenen Zuordnungsformen ist jeweils ein Sonderfall denkbar: Sollen bei der ersten Form (1) nur diejenigen Sätze angezeigt werden, für die eine Artikelnummer *erstmals* (FIRST) in einem Satz aus UMSATZ.DBF auftritt, so muß im View-Menü vor dem Linknamen (ohne trennendes Komma!) das Schlüsselwort *FIRST* angegeben werden, etwa in der Form:

```
Layout   Felder   Bedingung   Aktualisierung   Ende                   15:58:38

| Artikel.dbf | ↓A_NR       | ↓A_NAME      | ↓A_PREIS     |
|             | LINK        |              |              |

| Umsatz.dbf  | V_NR        | A_NR         | A_STUECK     |
|             |             | FIRST LINK   |              |
```

In diesem Fall liefert die F2-Taste:

```
Datensätze      Felder      Suchen      Ende                        15:59:18

A_NR  A_NAME              A_PREIS
  12  Oberhemd              39,80
  22  Mantel               360,00
  11  Oberhemd              44,20
  13  Hose                 110,50
```

In der zweiten oben angegebenen Form (2) der Zuordnung beider Tabellen-Dateien kann es Artikel geben (trifft bei unseren Beispieldaten nicht zu!), für die in UMSATZ.DBF keine Sätze vorhanden sind, weil diese Artikel nicht verkauft wurden. Sollen in diesem Fall auch für diese Artikelnummern die korrespondierenden Sätze von ARTIKEL.DBF angezeigt werden, so daß *jeder* (EVERY) Satz einbezogen wird, so ist das Schlüsselwort *EVERY* (ohne trennendes Komma!) im View-Menü vor dem Linknamen anzugeben, so daß wir im Datei-Skelett die folgende Eintragung machen müssen:

```
Layout   Felder   Bedingung   Aktualisierung   Ende               16:01:22

Umsatz.dbf  | ↓V_NR       | ↓A_NR       | ↓A_STUECK
            |             | LINK        |

Artikel.dbf | A_NR        | A_NAME      | A_PREIS
            | EVERY LINK  |             |
```

Views für die summarische Beschreibung

Um Bestandsdaten summarisch zu beschreiben, sind Views einzurichten, in denen für einzelne Felder durch die Schlüsselwörter SUM (Summe), AVG bzw. AVERAGE (Durchschnitt), MIN (Minimum), MAX (Maximum) und COUNT bzw. CNT (Anzahl) das jeweilige Resultat als View-Inhalt ermittelt wird. In derartigen Fällen sollten allein die durch diese Schlüsselwörter gekennzeichneten Felder in das View aufgenommen werden - mit Ausnahme evtl. der Felder, mit deren Inhalten eine evtl. vorhandene Gruppierung charakterisiert wird (siehe unten).

So erhalten wir z.B. durch das Datei-Skelett

Layout Felder Bedingung Aktualisierung Ende 16:03:57

Umsatz.dbf	V_NR	A_NR	↓A_STUECK
			SUM

und dem Feld A_STUECK als alleinigem Bestandteil des View-Skeletts (durch die F2-Taste) den folgenden View-Inhalt:

Datensätze Felder Suchen Ende 16:04:20

A_STUECK
245

Dieses Ergebnis ist nicht sinnvoll, weil normalerweise nicht die Gesamtstückzahl aller, sondern die Stückzahl jedes einzelnen verkauften Artikels von Interesse ist. Also müssen die Sätze nach den Artikelnummern *gruppiert* (GROUP BY) und die Summation *getrennt* für jede Artikelnummer durchgeführt werden. Dazu sind die Schlüsselwörter "*GROUP BY*" im Datei-Skelett unterhalb desjenigen Felds einzutragen, dessen Feldinhalte für die Gruppierung verwendet werden sollen.

Somit ist in unserem Fall das folgende Datei-Skelett einzurichten:

Layout Felder Bedingung Aktualisierung Ende 16:06:26

Umsatz.dbf	V_NR	↓A_NR	↓A_STUECK
		GROUP BY	SUM

Durch die F2-Taste wird (nur A_NR und A_STUECK sind im View-Skelett enthalten) daraufhin das folgende Browse-Menü angezeigt:

```
Datensätze        Felder        Suchen        Ende                16:07:03

A_NR | A_STUECK
-----+------------------------------------------------------------------
  11 |                                                              110
  12 |                                                               50
  13 |                                                               40
  22 |                                                               45
```

Um eine nach mehreren Kriterien *gestufte Gruppierung* vornehmen zu können, z.B. nach Artikelnummern innerhalb jeweils gleicher Vertreterkennzahlen, ist neben der Angabe von "GROUP BY" das Schlüsselwort *ASCENDING* (ASC) oder *DESCENDING* (DSC) mit unmittelbar nachfolgender Nummer anzugeben, welche die Hierarchiestufe für die Gruppierung festlegt. Dabei sind die Sortierangaben durch ein Komma von den Wörtern "GROUP BY" zu trennen.

In unserem Fall haben wir somit das Datei-Skelett wie folgt zu besetzen:

```
Layout   Felder   Bedingung   Aktualisierung   Ende               16:09:55

Umsatz.dbf | ↓V_NR           | ↓A_NR           | ↓A_STUECK
-----------+-----------------+-----------------+------------
           | GROUP BY, ASC1  | GROUP BY, ASC2  | SUM
```

Durch die F2-Taste erhalten wir (bei einem View-Menü mit den Feldern A_NR und A_STUECK) daraufhin die Anzeige:

```
Datensätze        Felder        Suchen        Ende                16:14:03

V_NR | A_NR | A_STUECK
-----+------+-----------------------------------------------------------
1215 |  11  |                                                        20
1215 |  12  |                                                        10
1215 |  13  |                                                         5
5016 |  22  |                                                        45
8413 |  11  |                                                        90
8413 |  12  |                                                        40
8413 |  13  |                                                        35
```

Durchführung von Self-Joins

Wollen wir z.B. alle Paare von Vertretern anzeigen lassen, deren Kontostände sich jeweils um mindestens 500DM unterscheiden, so muß die Tabelle VRTRTR mit sich selbst verknüpft werden (Self-Join). Dazu sind zwei Datei-

Skelette mit identischem Inhalt im View-Menü einzurichten und eine Verbindung über einen Linknamen herzustellen.

Da auf der Basis der bisherigen Struktur von VRTRTR keine Verbindung hergestellt werden kann, die alle möglichen Paare von Vertretersätzen für die Auswahl zur Verfügung stellt, müssen wir zunächst ein View einrichten, in dem wir ein weiteres Feld *künstlich* in die Tabellen-Struktur einbeziehen und dieses Feld satzweise jeweils mit dem gleichen Wert - z.B. dem Wert 1 - belegen. Dazu richten wir ein Kalkulationsfeld namens EINS mit dem Wert 1 ein, beziehen es in das View-Skelett ein und sichern den resultierenden View-Inhalt hilfsweise in die Tabellen-Datei VRTREINS.DBF. Dann löschen wir sämtliche Angaben im View-Menü, stellen zweifach das Datei-Skelett von VRTREINS.DBF bereit, geben den Linknamen LINK in das Feld EINS innerhalb beider Datei-Skelette ein, belegen die Felder V_KONTO mit den Platzhaltern X und Y und richten die Bedingungs-Box mit dem Inhalt "X-Y>500" ein, so daß sich das folgende View-Menü ergibt:

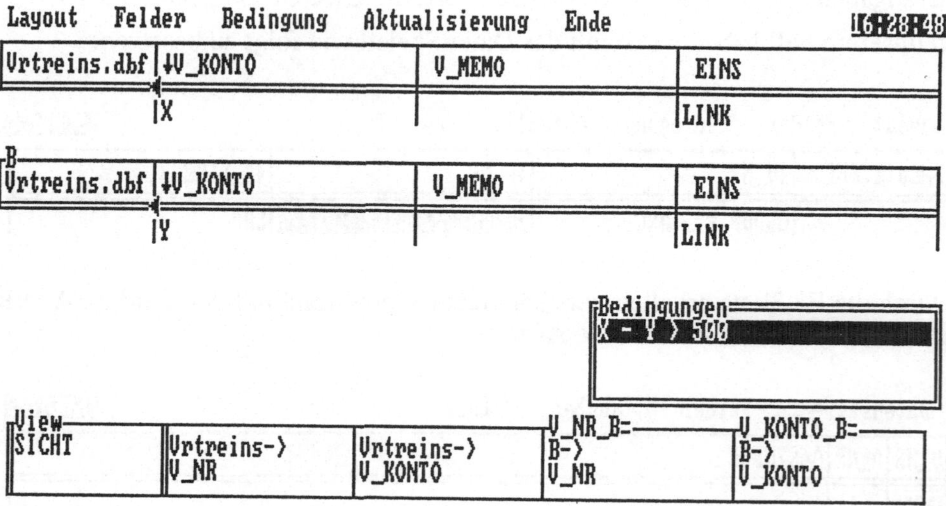

Durch die F2-Taste erhalten wir daraufhin das Browse-Menü mit dem Inhalt:

Datensätze Felder Suchen Ende 16:31:04

V_NR	V_KONTO	V_NR_B	V_KONTO_B
8413	725,15	5016,00	200,00
8413	725,15	1215,00	50,50

Aufgaben:

Aufgabe 11.1

Gib mit Hilfe eines View-Menüs den nach Kundennummern (aufsteigend) sortierten Inhalt der Tabellen-Datei KUNDE.DBF (siehe Aufgabe 4.1) am Bildschirm aus!

Aufgabe 11.2

Ermittle mit Hilfe eines View-Menüs aus der Tabellen-Datei BESTAND.DBF (siehe Aufgabe 10.2) die Summe der Bestellungen für die einzelnen Teilenummern und erstelle eine View-Datei namens BEST_V.QBE mit den Aufträgen für die Kundennummer 317!

Aufgabe 11.3

Ermittle mit Hilfe eines View-Menüs aus der Tabellen-Datei BESTAND.DBF die Summe der Teileanzahlen, gruppiert nach den Teilenummern und den Kundennummern!

12 Programm- und Prozedur-Dateien

12.1 Einrichtung einer Programm-Datei (MODIFY COMMAND)

Bislang haben wir im Dialog mit dem dBASE-System Befehl für Befehl über die Tastatur eingegeben, so daß sich unser bisheriges *sequentielles* Arbeiten durch das folgende Schema kennzeichnen läßt:

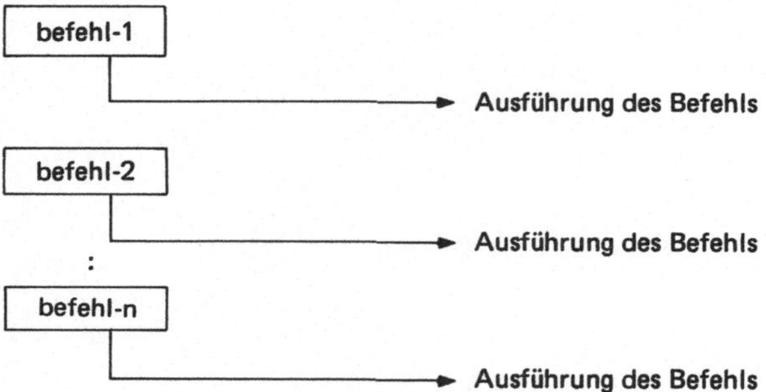

Dieses Vorgehen ist sinnvoll, solange die Befehle nur einmalig auszuführen sind. Sollen jedoch Befehle - wie etwa die im Abschnitt 9.2 angegebene Befehlsfolge zur Veränderung der Tabellen-Datei VRTRTR.DBF - *wiederholt* durchlaufen werden, so ist es wünschenswert, daß die gesamte Befehlsfolge gespeichert und bei Bedarf zur Ausführung gebracht werden kann. Dazu muß die Befehlsfolge als Programm in eine *Programm-Datei* eingetragen werden, von wo sie sich durch einen DO-Befehl abrufen läßt (siehe unten). Diese Verarbeitungsform können wir wie folgt skizzieren:

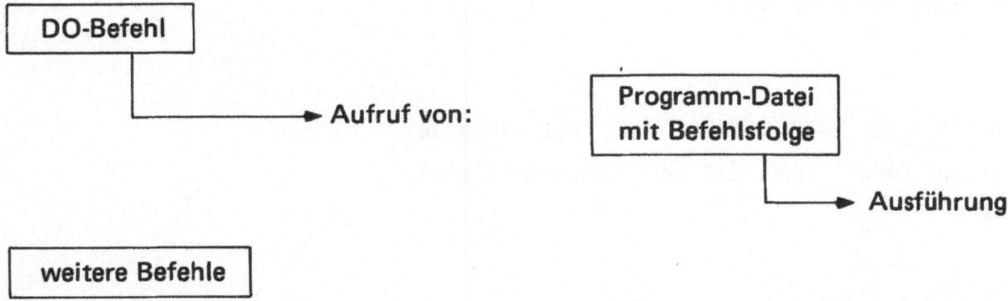

Eine Programm-Datei wird durch den *MODIFY COMMAND*-Befehl in der Form

```
MODIFY COMMAND programm-dateiname
```

eingerichtet. Programm-Dateien sind durch die Namensergänzung "*PRG*" (als Abkürzung für "PROGRAM") gekennzeichnet. Wird diese Ergänzung innerhalb des MODIFY COMMAND-Befehls nicht angegeben, so wird "PRG" automatisch an den Grundnamen angefügt.

Bei der Ausführung des *MODIFY COMMAND*-Befehls wird das *dBASE-Editierprogramm* gestartet, mit dem sich die Befehle zeilenweise in die Programm-Datei eintragen lassen (siehe Anhang A.6).

Hinweis:

Das standardmäßig aufgerufene Editierprogramm kann durch ein anderes Programm - wie etwa WORD - ersetzt werden (siehe Anhang A.3).

Um die im Abschnitt 9.2 angegebene Befehlsfolge zur Veränderung von VRTRTR.DBF für wiederholte Ausführungen bereitzustellen, richten wir durch den Befehl

```
. MODIFY COMMAND UPDATE
```

die Programm-Datei UPDATE.PRG ein und tragen dort die folgenden Zeilen ein:

```
SELECT 3
USE ARTIKEL INDEX ARTIKEL.NDX
SELECT 2
USE UMSATZ
SET RELATION TO A_NR INTO ARTIKEL  && Verbinden der
* Tabellen-Datei UMSATZ.DBF mit der Tabellen-Datei
* ARTIKEL.DBF
SELECT 1
USE VRTRTR INDEX VRTRTR
UPDATE RANDOM ON V_NR FROM UMSATZ REPLACE V_KONTO WITH;
V_KONTO + UMSATZ -> A_StUECK * ARTIKEL -> A_PREIS * V_PROV
USE
USE IN UMSATZ
USE IN ARTIKEL

* Durch diese Befehlsfolge wird der Kontostand innerhalb
* der Tabellen-Datei VRTRTR.DBF durch die Sätze der
* Tabellen-Datei UMSATZ.DBF - unter Zugriff auf den
* Artikelpreis, gespeichert in der Tabellen-Datei
* ARTIKEL.DBF - aktualisiert.
* Wir unterstellen, daß alle Dateien in der von uns
* verabredeten Strukturierung vorhanden sind.
```

Wir haben die angegebenen Befehlszeilen nicht mit dem Prompt ". " eingeleitet, da diese Zeichenfolge allein die Funktion besitzt, im Dialog mit dem dBASE-System zur Befehlseingabe aufzufordern. Damit die in der Programm-Datei enthaltene Befehlsfolge durch eine im Dialog gestellte Anforderung (siehe den unten angegebenen DO-Befehl) zur Ausführung gebracht werden kann, müssen die Befehle in den Zeilen einer Programm-Datei eingetragen sein. Dabei ist zu beachten, daß jeder Befehl in einer *neuen* Zeile begonnen wird.

Innerhalb der Befehlszeilen haben wir die Gesamtleistung der Befehlsfolge und die Wirkung des SET RELATION TO-Befehls durch erläuternde Texte - *Kommentare* genannt - beschrieben. Enthält die gesamte Zeile einen Kommentar, so ist dieser Text durch das Zeichen "*" einzuleiten. Ein Kommentar darf auch am Ende einer Befehlszeile - hinter dem Befehlstext - angegeben werden. In diesem Fall sind die beiden Zeichen "&&" zur Trennung des Befehls- und des Kommentar-Textes einzutragen.

12.2 Ausführung einer Programm-Datei (DO)

Nach der Einrichtung einer Programm-Datei kann deren Inhalt jederzeit durch den Einsatz eines *DO*-Befehls in der Form

```
DO programm-dateiname
```

ausgeführt werden.

So können wir z.B. für die oben eingerichtete Programm-Datei UPDATE.PRG die Ausführung der dort enthaltenen Befehle durch den Befehl

```
. DO UPDATE
```

abrufen.

Soll eine Programm-Datei *erstmalig* zur Ausführung gebracht werden, so wird ihr Inhalt zunächst in die zugehörigen Maschinenbefehle *übersetzt* (kompiliert). Die durch die Kompilierung erhaltenen Maschinenbefehle werden in einer Datei gleichen Grundnamens mit der Namensergänzung "*DBO*" abgespeichert, von wo sie anschließend zur Verarbeitung in den Hauptspeicher übertragen werden. Dort wird der Inhalt der Programm-Datei Befehl für Befehl ausgeführt. Ist die Bearbeitung des letzten Befehls beendet und das Dateiende der Programm-Datei erreicht, so wird die Programm-Datei von der Verarbeitung *abgemeldet*. Anschließend fordert das dBASE-System zur nächsten Befehlseingabe auf.

Durch den oben angegebenen DO-Befehl wird somit der Inhalt von UPDATE.PRG zunächst *kompiliert*. Das Ergebnis der Übersetzung wird in der Datei UPDATE.DBO abgespeichert und anschließend zur Ausführung gebracht.

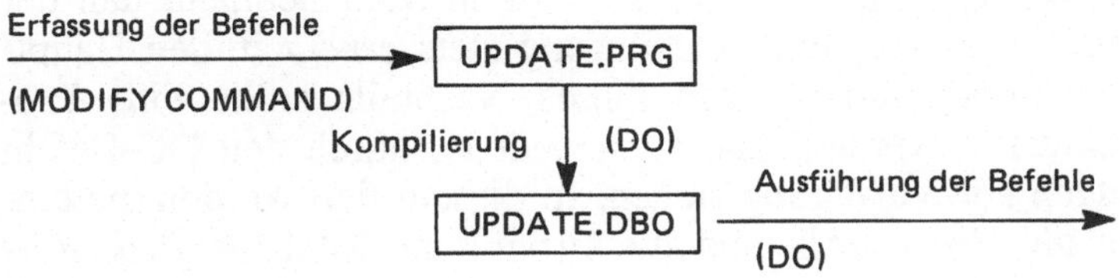

Wird eine Programm-Datei zu einem späteren Zeitpunkt erneut durch einen DO-Befehl angesprochen, so wird ihr Inhalt nicht noch einmal übersetzt, sondern die Maschinenbefehle innerhalb der zugeordneten Datei mit der Namensergänzung "DBO" werden *unmittelbar* ausgeführt.

Soll z.B. in regelmäßig wiederkehrender Abfolge eine Druckausgabe der Umsätze von Artikeln vorgenommen werden, so können wir etwa durch den Befehl

```
. MODIFY COMMAND UMSART
```

die Programm-Datei UMSART.PRG einrichten und dort die Befehlsfolge

```
SELECT 2
USE ARTIKEL INDEX ARTIKEL.NDX ALIAS ART
SELECT 1
USE UMSATZ
SET RELATION TO A_NR INTO ART
DISPLAY ALL V_NR, ART -> A_NAME, ART -> A_PREIS, A_STUECK ;
        TO PRINTER
USE
USE IN ART
* Durch diese Befehlsfolge werden die Umsatzdaten auf einem
* Drucker ausgegeben.
* Wir unterstellen, daß die Datei in der von uns
* verabredeten Struktur zur Verfügung steht.
```

eintragen, so daß sich deren Ausführung durch den Befehl

```
. DO UMSART
```

abrufen läßt.

12.3 Die Arbeit mit Prozedur-Dateien (SET PROCEDURE TO, CLOSE PROCEDURE, COMPILE)

Wollen wir den Inhalt einer oder mehrerer Programm-Dateien wechselseitig wiederholt zur Ausführung bringen, so müssen wir in Kauf nehmen, daß der Inhalt einer Programm-Datei vor ihrer Ausführung stets *erneut* in den Hauptspeicher übertragen werden muß. Wegen dieses Nachteils sollte eine Programm-Datei so strukturiert werden, daß verschiedene, durch den DO-Befehl aufrufbare Befehlsfolgen zur Verfügung stehen. In diesem Fall werden die einzelnen Befehlsfolgen als *Prozeduren* und die Programm-Datei als *Prozedur-Datei* bezeichnet.

Eine Prozedur-Datei, die genau wie eine Programm-Datei durch die Namensergänzung "*PRG*" gekennzeichnet wird, muß folgendermaßen aufgebaut sein:

```
 PROCEDURE prozedur-1     |
      :                   |   Prozedur-Datei
 RETURN                   |   mit max. 963 Prozeduren
                          |
[ PROCEDURE prozedur-2    |
      :                   |
 RETURN    ]...           |
```

Jede Prozedur wird durch einen *Prozedurnamen* gekennzeichnet, der hinter dem Schlüsselwort *PROCEDURE* eingetragen und beim Aufruf der Prozedur im zugehörigen *DO*-Befehl in der Form

```
DO prozedurname
```

anzugeben ist (zu der zuvor durchzuführenden Anmeldung mit dem SET PROCEDURE TO-Befehl siehe unten). Alle innerhalb einer Prozedur-Datei enthaltenen Prozeduren müssen verschiedene, *maximal* 8 Zeichen lange Namen tragen.

Jede Prozedur muß durch einen *RETURN*-Befehl in der Form

```
RETURN
```

abgeschlossen werden. Wird dieser Befehl bei der Ausführung einer Prozedur erreicht, so ist die Prozedur beendet. Anschließend wird der Prompt am Bildschirm ausgegeben, der zur Eingabe des nächsten Befehls auffordert.

Da Prozeduren *verschachtelt* werden dürfen, lassen sich innerhalb einer Prozedur weitere Prozeduren durch den DO-Befehl aufrufen.

Jede *gerufene* Prozedur kann weitere Prozeduren durch den DO-Befehl aktivieren.

Wollen wir z.B. die Prozedur-Datei ANFAUSPZ.PRG für das Anfügen und Ausgeben von Sätzen der Tabellen-Datei UMSATZ.DBF einrichten, so rufen wir das dBASE-Editierprogramm durch

```
. MODIFY COMMAND ANFAUSPZ
```

auf und geben die folgenden Befehle ein:

```
PROCEDURE ANFUEGEN
USE UMSATZ
APPEND
USE
RETURN


PROCEDURE AUSGEBEN
USE UMSATZ
DISPLAY OFF ALL
USE
RETURN


PROCEDURE ANFAUS
DO ANFUEGEN
DO AUSGEBEN
RETURN
```

Bei der Ausführung der Prozedur ANFAUS wird die Prozedur ANFUEGEN durch die Ausführung des Befehls

```
DO ANFUEGEN
```

durchlaufen. Anschließend wird die Verarbeitung mit dem Befehl

```
DO AUSGEBEN
```

fortgesetzt und nach Durchlaufen der Prozedur AUSGEBEN die Ausführung der Prozedur ANFAUS beendet.

Damit nach der Einrichtung einer Prozedur-Datei überhaupt eine Prozedur ausgeführt werden kann, müssen wir diese Datei vor dem erstmaligen Aufruf einer in ihr gespeicherten Prozedur zur Verarbeitung *anmelden* (dies ist bei einer Programm-Datei nicht erforderlich). Dazu ist der *SET PROCEDURE TO*-Befehl in der Form

```
SET PROCEDURE TO prozedur-dateiname
```

anzugeben, wobei der aufgeführte Dateiname eine Prozedur-Datei kennzeichnen muß. Bei der erstmaligen Anmeldung einer Prozedur-Datei werden alle in ihr enthaltenen Prozeduren zunächst *kompiliert*, bevor sie zur Ausführung zur Verfügung stehen.

Somit müssen wir zur Ausführung der Prozedur ANFAUS die beiden Befehle

```
. SET PROCEDURE TO ANFAUSPZ
. DO ANFAUS
```

eingeben. Der Name ANFAUSPZ hinter dem Schlüsselwort TO kennzeichnet die Prozedur-Datei ANFAUSPZ.PRG und der Name ANFAUS hinter DO bezeichnet die in dieser Prozedur-Datei enthaltene Prozedur ANFAUS.

Sollen Prozeduren aus einer anderen als der aktuell angemeldeten Prozedur-Datei ausgeführt werden, so ist zunächst die aktuelle Prozedur-Datei *abzumelden*, da zu jedem Zeitpunkt immer nur eine Prozedur-Datei angemeldet sein darf. Dazu geben wir den *CLOSE PROCEDURE*-Befehl in der Form

```
CLOSE PROCEDURE
```

an. Dieser Befehl ist auch dann erforderlich, wenn eine Prozedur, die in der aktuell angemeldeten Prozedur-Datei gespeichert ist, verändert werden soll. Nach der Editierung des Inhalts der Prozedur-Datei durch den MODIFY COMMAND-Befehl muß die Prozedur *neu kompiliert* werden - andernfalls würde wiederum die alte Version durch den DO-Befehl aktiviert werden. Zur Kompilierung - ohne eine unmittelbar anschließende Programm- bzw. Prozeduausführung - läßt sich der *COMPILE*-Befehl in der Form

```
COMPILE { programm-dateiname | prozedur-dateiname }
```

einsetzen. Dadurch werden die in der aufgeführten Datei gespeicherten Befehle in die zugehörigen Maschinenbefehle übersetzt. Ist in dieser Situation die neu zu erstellende Datei mit der Namensergänzung *"DBO"* (durch den SET PROCEDURE TO-Befehl) bereits zur Verarbeitung angemeldet, so würde -

ohne vorherige Eingabe des CLOSE PROCEDURE-Befehls - ein Fehler auftreten.

Soll eine Programm-Datei *unmittelbar* zu Beginn des dBASE-Dialogs ausgeführt werden, so läßt sich dies beim Aufruf des dBASE-Systems durch das Kommando DBASE in der Form

```
C>DBASE programm-dateiname<ret>
```

vereinbaren.

12.4 Programm-Dateien mit Prozeduren

Bislang haben wir Programme und Prozeduren stets getrennt gespeichert - ein Programm in einer Programm-Datei und Prozeduren in einer Prozedur-Datei. Solange die in einer Prozedur-Datei enthaltenen Prozeduren von verschiedenen Programm-Dateien aus aufgerufen werden, ist diese Form der Speicherung auch sinnvoll. Werden dagegen Prozeduren nur von einem einzigen Programm aus aktiviert, so sollten sie auch *zusammen* mit diesem Programm in der zugehörigen Programm-Datei eingetragen werden.

Grundsätzlich ist eine Programm-Datei in der folgenden Form strukturierbar:

```
    I Befehlsfolge

[
    I eine oder mehrere Prozeduren, die innerhalb der (die
    I Programm-Datei einleitenden Befehlsfolge) aufgerufen werden
                                                              ]
```

Sollen z.B. die oben angegebenen Prozeduren ANFUEGEN und AUSGEBEN entweder einzeln oder beide zusammen ausgeführt werden können, so ist es sinnvoll, eine Programm-Datei namens ANFAUS.PRG mit folgenden Befehlen einzurichten:

```
DO ANFUEGEN
DO AUSGEBEN

PROCEDURE ANFUEGEN
USE UMSATZ
APPEND
USE
RETURN
```

```
PROCEDURE AUSGEBEN
USE UMSATZ
DISPLAY OFF ALL
USE
RETURN
```

Wird der Befehl

```
. DO ANFAUS
```

eingegeben, so werden die Prozeduren ANFUEGEN und AUSGEBEN hintereinander ausgeführt.

Soll dagegen z.B. die Prozedur ANFUEGEN eigenständig aktiviert werden, so ist die Eingabe von

```
. DO ANFUEGEN
```

nicht sinnvoll, weil es *keine* Programm-Datei namens ANFUEGEN.PRG gibt. Jedoch kann in dieser Situation durch den SET PROCEDURE TO-Befehl festgelegt werden, daß die aufgerufene Prozedur innerhalb der Datei ANFAUS.PRG gesucht werden soll. Folglich führen die Befehle

```
. SET PROCEDURE TO ANFAUS
. DO ANFUEGEN
```

zum gewünschten Ergebnis.

Sind in einer durch den DO-Befehl aufgerufenen Programm-Datei und in einer durch den SET PROCEDURE TO-Befehl angemeldeten Prozedur-Datei *gleichnamige* Prozeduren (etwa mit dem Namen TEST) enthalten, so besitzt die in der Programm-Datei enthaltene Prozedur die höhere Priorität:

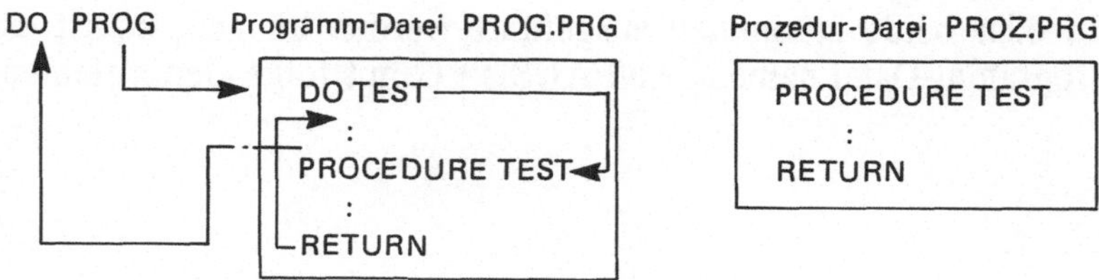

Soll die Prozedur TEST aus der Prozedur-Datei PROZ.PRG aktiviert werden, so sind die Befehle

```
. SET PROCEDURE TO PROZ
. DO TEST
```

einzugeben (ohne die vorausgehende Eingabe des SET PROCEDURE TO-Befehls führt der DO-Befehl zu einer Fehlermeldung).

12.5 Rahmenbedingungen für die Ausführung von Programm- und Prozedur-Dateien (ECHO, DEBUG, STEP, TALK, ON ERROR)

Grundsätzlich werden die Befehle einer Programm- bzw. Prozedur-Datei bei ihrer Ausführung durch den DO-Befehl *nicht* am Bildschirm angezeigt. Zum Austesten des korrekten Ablaufs ist es jedoch unter Umständen erforderlich, sich über die Befehlsausführung zu informieren. Dazu stehen mehrere Befehle zur Verfügung, deren Leistung wir im folgenden summarisch angeben:

```
SET ECHO ON    : die durch einen DO-Befehl ausgeführten
                 Befehle werden am Bildschirm angezeigt,
SET ECHO OFF   : es erfolgt keine Anzeige (Voreinstellung),
SET DEBUG ON   : die durch den SET ECHO-Befehl geforderte
                 Anzeige wird auf dem Drucker vorgenommen,
SET DEBUG OFF  : die Anzeige erfolgt auf dem
                 Bildschirm (Voreinstellung),
SET STEP ON    : die Befehle einer durch einen DO-Befehl
                 aufgerufenen Befehlsfolge werden schritt-
                 weise ausgeführt, so daß die Möglichkeit
                 besteht, die Ausführung eines DO-Befehls
                 nach der Bearbeitung jedes einzelnen Be-
                 fehls zu beenden,
SET STEP OFF   : die Ausführung einer durch einen DO-Befehl
                 aufgerufenen Befehlsfolge kann nicht abge-
                 brochen werden (Voreinstellung),
SET TALK OFF   : die während einer Befehlsausführung stan-
                 dardmäßig erfolgende Bildschirmanzeige von
                 Zuweisungsergebnissen wird unterdrückt, und
SET TALK ON    : die Ergebnisse von Zuweisungen werden am
                 Bildschirm angezeigt (Voreinstellung).
```

Für den Fall, daß bei der Befehlsausführung innerhalb einer Programm- bzw. einer Prozedur-Datei ein Fehler auftreten sollte, läßt sich durch den *ON ERROR*-Befehl in der Form

```
ON ERROR befehl
```

Vorsorge treffen. Nach der Eingabe dieses Befehls wird im Fehlerfall der hinter dem Schlüsselwort *ERROR* aufgeführte Befehl ausgeführt. Diese Verabredung gilt solange, bis ein anderer Befehl durch einen nachfolgenden *ON ERROR*-Befehl vereinbart oder bis die zuletzt getroffene Verabredung durch den ON *ERROR*-Befehl in der Form

```
ON ERROR
```

- ohne Angabe eines Befehls hinter dem Schlüsselwort *ERROR* - aufgehoben wird.

Der Einsatz des ON ERROR-Befehls ist z.B. bei der Durchführung von Transaktionen sinnvoll. Wir greifen die Problemstellung des Abschnitts 6.7 auf und tragen in die Prozedur-Datei TRANS.PRG die folgende Prozedur TRANS ein:

```
PROCEDURE TRANS
ON ERROR ROLLBACK
BEGIN TRANSACTION
USE UMSATZ
REPLACE ALL DATUM WITH CTOD("24.06.89");
                         FOR DATUM # CTOD("25.06.89")
END TRANSACTION && ohne diesen Befehl gibt es bei der
*                    Kompilierung einen Fehler
ON ERROR
USE
RETURN
```

Durch die Eingabe von

```
. SET PROCEDURE TO TRANS
. DO TRANS
```

wird eine Transaktion durchgeführt, bei welcher der alte Zustand der Tabellen-Datei UMSATZ.DBF dann wieder hergestellt wird, wenn während der Ausführung des REPLACE-Befehls ein Fehler auftritt. Durch den ersten ON ERROR-Befehl wird bestimmt, daß im Fehlerfall der ROLLBACK-Befehl ausgeführt werden soll. Diese Vereinbarung wird durch den zweiten ON ERROR-Befehl wieder aufgehoben.

Aufgaben

Aufgabe 12.1

Richte die Prozedur-Datei FRAGEN.PRG ein, welche die Prozeduren FRAGE1, FRAGE3, FRAGE4 und FRAGE5 enthält. Dabei ist - unter der Berücksichtigung der zur Lösung von Aufgabe 9.2 gewählten Strategie - jede dieser Prozeduren so zu konzipieren, daß nach deren Ausführung die jeweils korrespondierende Frage (siehe Aufgabe 8.1 und Aufgabe 9.1) bearbeitet werden kann.

13 Arbeiten im SQL-Modus

13.1 Umschalten in den SQL-Modus und Aufbau von Tabellen

Wechsel vom dBASE-Modus in den SQL-Modus

Durch die bisher kennengelernten dBASE-Befehle lassen sich zwar die Operationen Projektion, Verbund und Selektion (z.B. mit Hilfe des durch den CREATE VIEW-Befehl abrufbaren View-Menüs) durchführen, jedoch gibt es keinen Befehl, der eine entsprechende Beschreibung im Rahmen einer befehlsspezifischen Syntax zuläßt. Dadurch ist es z.B. auch nicht möglich, die Hintereinanderausführung derartiger Operationen durch einen einzigen Befehl abzurufen. Es ist vielmehr erforderlich, diejenigen Tabellen-Dateien, die jeweils für nachfolgende Operationen benötigt werden, als Zwischenergebnisse zu ermitteln. Die dazu erforderlichen Anmeldungen in den betreffenden Arbeitsbereichen sind jeweils gesondert vorzunehmen.

Anders ist dies bei der standardisierten Abfragesprache *SQL* (Structured Query Language), die im Rahmen der Bearbeitung relationaler Datenbanken sowohl auf Großrechnern wie auch auf Anlagen der mittleren Datentechnik die zur Zeit dominierende Abfragesprache ist. Der Vorteil dieser Sprache liegt unter anderem darin, daß mit ihren Sprachelementen angegeben wird, *welche* Daten zu ermitteln sind und nicht, *wie* diese Ermittlung tatsächlich durchgeführt werden soll. Zudem erfolgt in SQL eine *zentrale* Bestandsführung aller innerhalb einer Datenbasis vereinbarten Objekte - seien es Tabellen oder Views oder auch zugehörige Indizes für den Zugriff auf die Tabelleninhalte. Wegen dieser und weiterer Vorteile ist es unter Umständen empfehlenswert, Anfragen an den Datenbestand und den Aufbau von Views in Form von SQL-Befehlen zu formulieren. Von welcher Art diese Befehle sind, stellen wir in diesem Kapitel einführend dar.

Zunächst müssen wir sicherstellen, daß alle Tabellen-Dateien, die wir unter SQL bearbeiten wollen, in keinem Arbeitsbereich angemeldet sind. Zudem müssen alle Indizes, die zu diesen Tabellen-Dateien aufgebaut worden sind, in MDX-Index-Dateien gehalten werden. Ist dies gewährleistet, so schalten wir vom dBASE-Modus, der durch den Prompt ". " gekennzeichnet ist, durch den *SET SQL*-Befehl in der Form

```
SET SQL ON
```

in den *SQL-Modus* um. Dieser Modus wird durch den Prompt "SQL. " angezeigt und fordert zur Eingabe von SQL-Befehlen auf. Alle SQL-Befehle sind grundsätzlich mit dem Endekennzeichen Semikolon ";" abzuschließen. Bezüglich der Möglichkeit, Befehle einzugeben bzw. auf zuvor eingegebene Befehle wieder zurückgreifen zu können, gelten dieselben Regeln wie innerhalb des dBASE-Modus (siehe Abschnitt 3.3). Allerdings dürfen Schlüsselwörter innerhalb von SQL-Befehlen *nicht* abgekürzt werden. Von wenigen Ausnahmen abgesehen ist es grundsätzlich erlaubt, dBASE-Befehle (ohne abschließendes Semikolon) im SQL-Modus einzugeben. Es ist zu beachten, daß im SQL-Modus - aus syntaktischen Gründen - für das Dezimalkomma der *Dezimalpunkt* "." zur Trennung von ganzzahligem Anteil und den Nachkommastellen zu verwenden ist.

Sofern wir vom SQL-Modus wieder in den *dBASE-Modus* zurückschalten wollen, müssen wir den *SET SQL*-Befehl in der Form

```
SET SQL OFF
```

eingeben. Anschließend wird wiederum der Prompt ". " angezeigt, der zur Eingabe eines Befehls im dBASE-Modus auffordert.

Einrichten, Anmelden und Abmelden einer Datenbasis

Bevor wir Tabellen als SQL-Objekte vereinbaren können, müssen wir den SQL-Verwaltungsrahmen für die zukünftige Arbeit schaffen. Dazu ist durch den SQL-Befehl *CREATE DATABASE* in der Form

```
CREATE DATABASE datenbasis-name ;
```

eine Datenbasis einzurichten bzw. durch den SQL-Befehl *START DATABASE* in der Form

```
START DATABASE datenbasis-name ;
```

eine bestehende Datenbasis zur Verarbeitung anzumelden. Der Datenbasis-Name darf aus bis zu 8 Zeichen bestehen. Er adressiert ein Unterverzeichnis, das automatisch eingerichtet und dem aktuellen Unterverzeichnis untergeordnet wird. Nach der Einrichtung der Datenbasis sind in ihr die 11 für die Verwaltung der SQL-Objekte erforderlichen Katalog-Dateien vorhanden - wie z.B. SYSTABLS.DBF mit den Namen der aufgebauten Tabellen oder SYSCOLS.DBF mit den Spaltenbezeichnungen der eingerichteten Tabellen. Anschließend können SQL-Befehle zum Aufbau und zur Verarbeitung von Tabellen eingegeben werden. Vor dem Verlassen des SQL-Modus muß die zuvor angemeldete Datenbasis durch den SQL-Befehl *STOP DATABASE* in der Form

```
STOP DATABASE ;
```

von der Verarbeitung abgemeldet werden. Nach ihrer Abmeldung läßt sich die Datenbasis und mit ihr der gesamte aktuelle Inhalt durch den SQL-Befehl *DROP DATABASE* in der Form

```
DROP DATABASE datenbasis-name ;
```

löschen, so daß alle innerhalb dieser Datenbasis aufgebauten SQL-Objekte nicht mehr vorhanden sind.

Zur Anzeige aller aktuell eingerichteten Datenbasen läßt sich der SQL-Befehl *SHOW DATABASE* in der Form

```
SHOW DATABASE ;
```

einsetzen.

In unserem Dialog richten wir nach der Eingabe von

```
. SET SQL ON
```

eine Datenbasis mit dem Namen UMS_SQL durch den Befehl

```
SQL. CREATE DATABASE UMS_SQL;
```

ein.

Hinweis:

Alle nachfolgenden SQL-Befehle arbeiten auf der in dieser Form festgelegten Datenbasis, während dBASE-Befehle (wie z.B. der DIR-Befehl), die innerhalb des SQL-Modus eingegeben werden, sich nach wie vor auf das im dBASE-Modus eingestellte Unterverzeichnis beziehen.

Um zu lernen, wie Tabellen-Dateien in Tabellen gemäß der SQL-Konvention übergeführt werden können und wie neue Tabellen im SQL-Modus einzurichten sind, übertragen wir zunächst die Tabellen-Datei ARTUMS.DBF (Reihenfolge der Datensätze wie in der Datei ARTUMS.TXT, siehe Abschnitt 4.4) durch den COPY FILE-Befehl

```
SQL. COPY FILE A:ARTUMS.DBF TO A:\UMS_SQL\ARTUMS.DBF
```

in die Datenbasis UMS_SQL. Anschließend stellt sich für uns die Aufgabe, die Tabelle, deren Daten in der Tabellen-Datei ARTUMS.DBF gespeichert sind, in eine Tabelle gemäß der SQL-Konvention umwandeln zu lassen.

Vereinbarung von Tabellen

Zur Umformung von im dBASE-Modus erstellten Tabellen-Dateien setzen wir den SQL-Befehl *DBDEFINE* in der Form

```
DBDEFINE [ tabellen-dateiname ] ;
```

ein. Dadurch wird für die explizit angegebene Tabellen-Datei bzw. für alle im aktuellen Unterverzeichnis (dies ist der Name der angemeldeten Datenbasis) enthaltenen Tabellen-Dateien die jeweilige Tabellen-Struktur innerhalb der aktuell angemeldeten Datenbasis (durch geeignete Eintragungen in die Katalog-Dateien) bekanntgemacht. Wird der SQL-Befehl DBDEFINE ohne Angabe einer Tabellen-Datei verwendet, so werden alle evtl. zuvor bereits in der Datenbasis eingerichteten Tabellen aus dem Datenbasis-Katalog gelöscht.

Hinweis:

Die zur Einrichtung der Tabellen erforderlichen SQL-Befehle sind anschließend in der Text-Datei DBDEFINE.TXT abgespeichert.

In unserem Fall lassen wir die Tabellen-Datei ARTUMS.DBF durch den folgenden Befehl in eine Tabelle umwandeln:

```
SQL. DBDEFINE ARTUMS;
```

Zum Aufbau *neuer* Tabellen ist der SQL-Befehl *CREATE TABLE* in der Form

```
CREATE TABLE tabellen-name ( spaltenname-1 datentyp-1
                [ , spaltenname-2 datentyp-2 ]... ) ;
```

zu verwenden, wobei die folgenden Datentypen zur Verfügung stehen:

SMALLINT:	ganzzahlige Werte aus bis zu 6 Ziffern (einschließlich Vorzeichen)
INTEGER:	ganzzahlige Werte aus bis zu 11 Ziffern (einschließlich Vorzeichen)
NUMERIC(n[,m]):	entspricht der Angabe "N" beim CREATE-Befehl
FLOAT(n,m):	entspricht der Angabe "F" beim CREATE-Befehl
CHAR(n):	entspricht der Angabe "Z" beim CREATE-Befehl
DATE:	entspricht der Angabe "D" beim CREATE-Befehl
LOGICAL:	entspricht der Angabe "L" beim CREATE-Befehl

Hinweis:

Mit "CREATE-Befehl" ist der dBASE-Befehl CREATE (siehe Abschnitt 4.1) gemeint.

Somit läßt sich etwa die Tabelle VRTRTR (ohne Einbeziehung eines Memo-Felds, weil im SQL-Modus nicht möglich!) wie folgt einrichten:

```
SQL. CREATE TABLE VRTRTR(V_NR NUMERIC(4),
                         V_NAME CHAR(30),
                         V_ANSCH CHAR(30),
                         V_PROV NUMERIC(4,2),
                         V_KONTO NUMERIC(7,2));
```

Bestandsführung

Zur Übertragung von Daten in eine Tabelle lassen sich die SQL-Befehle *INSERT* in der Form

```
INSERT INTO tabellen-name
        [ ( spaltenname-1 [ , spaltenname-2 ]... ) ]
        VALUES ( wert-1 [ , wert-2 ]... ) ;
```

und *LOAD DATA* in der Form

```
LOAD DATA FROM [ unterverzeichnis-name ] text-dateiname
        INTO TABLE tabellen-name
        TYPE { SDF | DIF | WKS | SYLK | FW2 | RPD | DBASEII } ;
```

verwenden.

Durch den SQL-Befehl *INSERT* kann eine Tabelle zeilenweise mit den hinter VALUES durch Klammern zusammengefaßten Werten besetzt werden. Sind nicht alle, sondern nur ausgewählte Spalten mit Werten zu füllen, so sind die zugehörigen Spaltennamen hinter dem Tabellen-Namen anzugeben.

Mit dem SQL-Befehl *LOAD DATA* können die in einer Text-Datei (SDF) satzweise (hintereinander) abgespeicherten und als Inhalte von Tabellen-Zeilen bereitzustellenden Werte in die korrespondierenden Zeilen der Tabelle übertragen werden. Zusätzlich ist es erlaubt, Bestände aus Kalkulations- und anderen Datenbank-Systemen zu übermitteln. Für die diesbezüglich erforderliche Angabe eines Schlüsselworts siehe die Erläuterung im Zusammenhang mit der Dateneingabe aus Fremd-Dateien im Anhang A.4.

In unserem Fall geben wir z.B. zum Aufbau der Tabelle VRTRTR die folgenden SQL-Befehle ein:

```
SQL. INSERT INTO VRTRTR VALUES
     (8413,"Meyer, Emil","Wendeweg 10, 2800 Bremen",0.07,725.15);
SQL. INSERT INTO VRTRTR VALUES
     (5016,"Meier, Franz","Kohlstr. 1, 2800 Bremen",0.05,200.00);
SQL. INSERT INTO VRTRTR VALUES
     (1215,"Schulze, Fritz","Gemüseweg 3, 2800 Bremen",0.06,50.50);
```

Zur Änderung eines Tabelleninhalts läßt sich der SQL-Befehl *UPDATE* in der Form

```
UPDATE tabellen-name SET spaltenname-1 = ausdruck-1
                     [ spaltenname-2 = ausdruck-2 ]...
            [ WHERE bedingung ] ;
```

verwenden. Dadurch werden die Werte aller angegebenen Tabellenspalten durch diejenigen Werte ersetzt, die durch die jeweiligen Ausdrücke spezifiziert sind. Diese Ersetzung wird entweder in allen Tabellenzeilen durchgeführt bzw. nur in denjenigen Zeilen, die durch die hinter dem Schlüsselwort WHERE aufgeführte Bedingung gekennzeichnet sind.

Die Bedingungen, die im SQL-Modus formuliert werden können, gleichen denjenigen, die im dBASE-Modus erlaubt sind. Somit lassen sich insbesondere fast alle dBASE-Funktionen verwenden (siehe dazu Anhang A.5). Zu beachten ist allerdings, daß die logischen Operatoren AND, OR und NOT - anders als im dBASE-Modus - nicht durch Punkte eingegrenzt werden dürfen.

Ergänzend darf auch der Operator *LIKE* in Bedingungen innerhalb des SQL-Modus eingesetzt werden. In Abänderung der im Abschnitt 10.6 angegebenen Form dieses Operators sind innerhalb des SQL-Modus anstelle der Wildcardzeichen "*" und "?" die Zeichen "%" bzw. "_" zu verwenden, so daß z.B. die Namen "Meier, Franz" und "Meyer, Emil" die Bedingung

```
LIKE "Me_er%"
```

erfüllen.

Als Sonderform sind im SQL-Modus die Schlüsselwörter BETWEEN und IN erlaubt. Mit dem Schlüsselwort *BETWEEN* läßt sich eine durch den logischen Operator AND gekennzeichnete Vergleichsabfrage abkürzend beschreiben, wie etwa

```
A_NR >= 11 AND A_NR <= 13
```

durch:

```
A_NR BETWEEN 11 AND 13
```

Entspechend läßt sich eine durch den logischen Operator OR spezifizierte Gleichheitsabfrage durch das Schlüsselwort *IN* abkürzend beschreiben, wie z.B.

```
A_NR = 11 OR A_NR = 12 OR A_NR = 13
```

durch:

```
A_NR IN (11, 12, 13)
```

Zur Löschung von Tabellenzeilen läßt sich der SQL-Befehl *DELETE* in der Form

```
DELETE FROM tabellen-name [ WHERE bedingung ] ;
```

einsetzen. Dadurch werden alle Tabellenzeilen entfernt, welche die hinter dem Schlüsselwort WHERE aufgeführte Bedingung erfüllen. Ohne Angabe dieser Auswahl-Bedingung werden sämtliche Tabellenzeilen gelöscht.

Sollen nicht einzelne Tabellenzeilen, sondern die Tabelle aus dem Datenbasis-Katalog entfernt werden, so muß der SQL-Befehl *DROP TABLE* in der Form

```
DROP TABLE tabellen-name ;
```

eingegeben werden (die zugehörige Tabellen-Datei bleibt weiterhin erhalten und kann z.B. im dBASE-Modus bearbeitet werden).

Genau wie im dBASE-Modus ist es auch innerhalb des SQL-Modus zulässig, einen oder mehrere SQL-Befehle zu einer *Transaktion* zusammenzufassen. Dazu ist zunächst der dBASE-Befehl *BEGIN TRANSACTION* einzugeben. Hinter dem letzten Befehl der Transaktion muß entweder der dBASE-Befehl *END TRANSACTION* zur ordnungsgemäßen Beendigung der Transaktion eingegeben werden oder aber es ist der SQL-Befehl *ROLLBACK WORK* in der Form

```
ROLLBACK WORK ;
```

einzugeben, woraufhin die Bestandsdaten auf ihren Zustand vor Beginn der Transaktion zurückgesetzt werden.

13.2 Projektion, Verbund, Selektion und Views im SQL-Modus

Durchführung einer Projektion

In den Abschnitten 10.1 und 10.2 haben wir dargestellt, wie Projektionen im dBASE-Modus durchgeführt werden können. Im SQL-Modus steht eine prägnantere Beschreibung in Form des SQL-Befehls *SELECT* zur Verfügung, der gemäß der folgenden Struktur verwendet werden muß:

```
SELECT DISTINCT spaltenname-1 [ , spaltenname-2 ]...
        FROM tabellen-name-1
        SAVE TO TEMP tabellen-name-2
        [ ( spaltenname-3 [ , spaltenname-4 ]... ) ] [ KEEP ] ;
```

Es resultiert eine aus der Tabelle "tabellen-name-1" abgeleitete Tabelle "tabellen-name-2", bei der alle Tabellenzeilen voneinander *verschieden* (DISTINCT) sind. Diese Tabelle steht nur solange zur Verfügung, bis die Datenbasis durch den SQL-Befehl STOP DATABASE wieder abgemeldet wird. Sie besteht aus denjenigen Spalten, deren Spaltennamen hinter dem Schlüsselwort *DISTINCT* aufgeführt sind. Der Inhalt der Tabelle wird *vorübergehend* (temporär) oder auch - bei Angabe von *KEEP* - *dauerhaft* (permanent) innerhalb der Tabellen-Datei "tabellen-name-2" eingerichtet. Dabei wird diese Tabellen-Datei innerhalb des zuletzt im dBASE-Modus eingestellten Unterverzeichnisses eingetragen. Ohne Angabe von KEEP wird diese Tabellen-Datei dann gelöscht (sie ist nur temporär eingerichtet), wenn wir die aktuelle Datenbasis durch den SQL-Befehl STOP DATABASE wieder abmelden. Werden hinter dem Tabellennamen "tabellen-name-2" keine Spaltennamen aufgeführt, so sind die resultierenden Spalten durch die vor dem Schlüsselwort FROM angegebenen Namen geden Spalten durch die vor dem Schlüsselwort FROM angegebenen Namen gekennzeichnet. Es gibt Situationen, in denen Spaltennamen ausdrücklich zu vereinbaren sind (siehe unten).

Bei der Anzeige des durch den SQL-Befehl SELECT ermittelten Tabelleninhalts ist es unter Umständen erforderlich, zuvor den *SET PAUSE*-Befehl in der Form

```
SET PAUSE ON
```

einzugeben. Dadurch wird die Bildschirmausgabe - ähnlich wie beim DISPLAY-Befehl - bei gefülltem Bildschirm solange unterbrochen, bis wir eine beliebige Taste betätigen.

Um eine Projektion von der innerhalb der Datenbasis UMS_SQL zur Verfügung stehenden Tabelle ARTUMS auf Tabellen namens ARTIKEL und UMSATZ mit den Artikel- und den Vertreterdaten durchzuführen, geben wir die folgenden SQL-Befehle ein:

```
SQL. SELECT DISTINCT A_NR, A_NAME, A_PREIS FROM ARTUMS
              SAVE TO TEMP ARTIKEL KEEP;
SQL. SELECT DISTINCT V_NR, A_NR, A_STUECK, DATUM FROM ARTUMS
              SAVE TO TEMP UMSATZ KEEP;
```

Anschließend stehen die Tabellen UMSATZ und ARTIKEL mit jeweils unterschiedlichen Zeileninhalten zur weiteren Verarbeitung zur Verfügung.

Anzeige von Tabelleninhalten

Die aktuellen Inhalte dieser Tabellen können wir uns durch den SQL-Befehl *SELECT* in der Form

```
SELECT * FROM tabellen-name ;
```

anzeigen lassen, wobei der Befehl

```
SQL. SELECT * FROM ARTIKEL;
```

zur Ausgabe von

```
A_NR A_NAME              A_PREIS
  11 Oberhemd              44,20
  12 Oberhemd              39,80
  13 Hose                 110,50
  22 Mantel               360,00
```

und der Befehl

```
SQL. SELECT * FROM UMSATZ;
```

zur Ausgabe von

V_NR	A_NR	A_STUECK	DATUM
1215	11	20	25.06.89
1215	12	10	24.06.89
1215	13	5	24.06.89
5016	22	10	24.06.89
5016	22	35	25.06.89
8413	11	20	25.06.89
8413	11	70	24.06.89
8413	12	40	24.06.89
8413	13	35	24.06.89

führt. Sollen einzelne Spalten für die Ausgabe ausgewählt werden, so muß der SQL-Befehl *SELECT* in der Form

```
SELECT spaltenname-1 [ , spaltenname-2 ]... FROM tabellen-name ;
```

eingegeben werden, wie z.B. der Befehl

```
SQL. SELECT A_NR, A_STUECK FROM UMSATZ;
```

zur Anzeige von Artikelnummern und Stückzahlen.

Mit Hilfe des SQL-Befehls SELECT lassen sich auch die Inhalte der *SQL-Katalog-Dateien* anzeigen - z.B. die in der Tabelle ARTIKEL vereinbarten Spaltennamen durch den Befehl:

```
SQL. SELECT COLNAME FROM SYSCOLS WHERE TBNAME = "ARTIKEL";
```

Durchführung eines Verbunds

Mit Hilfe des SQL-Befehls SELECT läßt sich nicht nur eine Projektion, sondern auch ein Verbund von zwei oder mehreren Tabellen herstellen. Dazu ist der SQL-Befehl *SELECT* in der folgenden Form einzugeben:

```
SELECT { * | spaltenname-1 [ , spaltenname-2 ]... }
     FROM tabellen-name-1 , tabellen-name-2 [ , tabellen-name-3 ]...
     WHERE bedingung
     [ SAVE TO TEMP tabellen-name-4
     [ ( spaltenname-3 [ , spaltenname-4 ]... ) ] [ KEEP ] ] ;
```

Die hinter dem Schlüsselwort FROM aufgeführten Tabellen werden gemäß der hinter dem Schlüsselwort WHERE angegegebenen Bedingung zu einer Tabelle zusammengeführt. In dieser Bedingung ist anzugeben, welche Tabellenzeilen der aufgeführten Tabellen verbunden werden sollen.

Um z.B. die Tabelle ARTUMS_N durch Verbindung der Tabellen UMSATZ und ARTIKEL über die Artikelnummer aufzubauen, geben wir die folgenden SQL-Befehle ein:

```
SQL. SELECT V_NR, UMSATZ.A_NR, A_NAME, A_PREIS, A_STUECK, DATUM
          FROM ARTIKEL, UMSATZ
          WHERE UMSATZ.A_NR = ARTIKEL.A_NR
          SAVE TO TEMP ARTUMS_N KEEP;
```

Sind - wie in diesem Beispiel - *gleichnamige* Spalten in den zu verbindenden Tabellen enthalten, so sind ihre Spaltennamen eindeutig anzugeben. Dazu wird einem Spaltennamen der ursprüngliche Tabellen-Name und ein Punkt "." vorangestellt.

Weil A_NR sowohl in UMSATZ als auch in ARTIKEL als Spalte enthalten ist, muß somit die Bedingung zur Verbindung beider Tabellen durch "UMSATZ.A_NR = ARTIKEL.A_NR" beschrieben werden.

Durchführung einer Selektion

Der SQL-Befehl SELECT wird nicht nur zur Durchführung von Projektion und Verbund eingesetzt, sondern ist insbesondere derjenige SQL-Befehl, mit dem Tabelleninhalte im SQL-Modus angezeigt werden. Dabei kann hinter dem Schlüsselwort WHERE eine beliebige Auswahl-Bedingung formuliert werden. Ohne Angabe des Schlüsselworts WHERE werden stets alle Werte der Tabelle angezeigt (siehe oben).

Die Tabellenwerte innerhalb des im Abschnitt 10.5 angegebenen Beispiels für eine Auswahl können wir im SQL-Modus folglich durch den Befehl

```
SQL. SELECT * FROM UMSATZ WHERE V_NR = 8413 AND A_NR = 11;
```

anzeigen lassen. Soll die resultierende Ausgabe innerhalb einer Tabelle bzw. einer Tabellen-Datei gesichert werden, so sind - wie oben angegeben - die Schlüsselwörter "SAVE TO TEMP" und "KEEP" in diesem SQL-Befehl geeignet zu ergänzen.

Indizierung von Tabellen

Bei größeren Datenbeständen läßt sich der Zugriff auf die Zeilen einer Tabelle dadurch beschleunigen, daß ein oder mehrere Indizes durch den SQL-Befehl *CREATE INDEX* in der Form

```
CREATE [ UNIQUE ] INDEX index-name ON tabellen-name
       ( spaltenname-1 [ { ASC | DESC } ]
     [ , spaltenname-2 [ { ASC | DESC } ] ]... ) ;
```

vereinbart werden. Dabei lassen sich die Inhalte einer oder mehrerer Spalten zu Schlüsselausdrücken, die aus maximal 100 Zeichen aufgebaut sein dürfen, zusammenfassen. Hinter jeder Spalte darf vermerkt werden, ob die dem vereinbarten Index zugeordnete Sortierfolge der Tabellenzeilen nach aufsteigend (ASC) - dies ist die Voreinstellung - oder nach absteigend (DESC) geordneten Spalteninhalten bestimmt sein soll. Bei zusätzlicher Angabe des Schlüsselworts UNIQUE wird vereinbart, daß keine zwei Tabellenzeilen den gleichen Schlüsselausdruck besitzen dürfen.

Um etwa für die oben aufgebauten Tabellen UMSATZ und ARTIKEL einen Index-Zugriff über das Datum bzw. über die Artikelnummer einzurichten, geben wir die folgenden Befehle ein:

```
SQL. CREATE INDEX DATUM_I ON UMSATZ(DATUM);

SQL. CREATE INDEX NAME_I ON ARTIKEL(A_NAME);
```

Anschließend können wir uns z.B. die am 24.06.89 verkauften Artikel wie folgt anzeigen lassen:

```
SQL. SELECT * FROM UMSATZ WHERE DATUM = CTOD("24.06.89");
```

Anders als im dBASE-Modus gibt es im SQL-Modus keinen dem SEEK- bzw. FIND-Befehl ähnlichen Befehl. Alle Auswahl-Zugriffe müssen über den SQL-Befehl SELECT formuliert werden (siehe unten), wobei innerhalb der hinter dem Schlüsselwort WHERE aufgeführten Auswahl-Bedingung kein Index-Name angegeben sein darf. Vielmehr wird im SQL-Modus automatisch festgestellt, ob die gestellte Anfrage auf der Basis eines oder mehrerer zuvor vereinbarter Indizes optimiert werden kann.

Sollen Indizes gelöscht werden, so ist der SQL-Befehl *DROP INDEX* in der Form

```
DROP INDEX index-name ;
```

einzusetzen.

Übernahme von Tabelleninhalten

Mit Hilfe des SQL-Befehls SELECT lassen sich nicht nur Tabellen-Inhalte anzeigen und sichern, sondern auch Tabellen durch weitere Tabellenzeilen ergänzen. Dazu ist dieser Befehl innerhalb des SQL-Befehls *INSERT* in der Form

```
INSERT INTO tabellen-name

            [ ( spaltenname-1 [ , spaltenname-2 ]... ) ]

            SELECT-befehl ;
```

anzugeben. Der Tabelle "tabellen-name" werden weitere Zeilen angefügt, deren Inhalt aus den Werten besteht, die zeilenweise durch den SELECT-Befehl bestimmt sind. Werden hinter dem Tabellennamen keine Spaltennamen angegeben, so muß die aus dem SELECT-Befehl resultierende Spalten-Struktur mit derjenigen von "tabellen-name" übereinstimmen. Ansonsten sind diejenigen Spalten durch ihre Namen zu kennzeichnen, die jeweils zeilenweise mit den ermittelten Werten gefüllt werden sollen.

Somit könnten wir z.B. wie folgt eine Tabelle namens UMSATZ_T aufbauen, die mit den am 24.06.89 getätigten Umsätzen gefüllt wird:

```
SQL. CREATE TABLE UMSATZ_T(V_NR NUMERIC(4),
                           A_NAME CHAR(20),
                           A_PREIS NUMERIC(7,2),
                           A_STUECK NUMERIC(3));
SQL. INSERT INTO UMSATZ_T
          SELECT V_NR, A_NAME, A_PREIS, A_STUECK FROM ARTIKEL, UMSATZ
                 WHERE ARTIKEL.A_NR = UMSATZ.A_NR
                       AND DATUM = CTOD("24.06.89");
```

Aus dem sich anschließenden SELECT-Befehl

```
SQL. SELECT * FROM UMSATZ_T;
```

resultiert die folgende Ausgabe:

```
V_NR A_NAME               A_PREIS A_STUECK
1215 Oberhemd               39,80       10
1215 Hose                  110,50        5
5016 Mantel                360,00       10
8413 Oberhemd               44,20       70
8413 Oberhemd               39,80       40
8413 Hose                  110,50       35
```

Ausgabe von Tabelleninhalten

Soll der Inhalt einer Tabelle nicht angezeigt, sondern in eine Tabellen-Datei (gemäß der Konvention des dBASE-Modus), in eine Text-Datei (SDF) oder in eine für andere Datenbank- oder Kalkulations-Systeme geeignete Form übertragen werden, so ist dazu der SQL-Befehl *UNLOAD DATA* in der Form

```
UNLOAD DATA TO [ unterverzeichnis-name ] dateiname
   FROM TABLE tabellen-name
   TYPE { SDF | DIF | WKS | SYLK | FW2 | RPD | DBASEII } ;
```

zu verwenden. Für die diesbezüglich erforderliche Angabe eines Schlüsselworts siehe die Erläuterung im Zusammenhang mit der Datenausgabe in Fremd-Dateien im Anhang A.4.

So können wir z.B. durch den SQL-Befehl

```
SQL. UNLOAD DATA TO UMSATZ.TXT FROM TABLE UMSATZ TYPE SDF;
```

den Inhalt der Tabelle UMSATZ in die Text-Datei UMSATZ.TXT ausgeben lassen, wobei die Werte der Tabellenzeilen ohne Trennung hintereinander abgespeichert werden.

Einrichtung von Views

Views können im SQL-Modus durch den SQL-Befehl *CREATE VIEW* in der folgenden Form vereinbart werden:

```
CREATE VIEW view-name [ ( spaltenname-1 [ , spaltenname-2 ]... ) ]
    AS SELECT-befehl ;
```

Dadurch steht fortan die Tabellen-Struktur, die aus der Ausführung des SELECT-Befehls resultieren würde, als View unter dem Namen "view-name" zur Verfügung. Sollen dabei für diese Struktur nicht die durch den SELECT-Befehl spezifizierten Spaltennamen verabredet werden, so sind die gewünschten neuen Namen vor den Schlüsselwort AS anzugeben. Die Zuordnung zu den Tabellenspalten erfolgt dann gemäß der Reihenfolge, in der diese Namen hintereinander aufgeführt sind.

Somit können wir z.B. das im Kapitel 11 vereinbarte View (Verbund von UMSATZ und ARTIKEL über A_NR mit anschließender Projektion auf A_STUECK, A_NAME, A_PREIS und DATUM sowie nachfolgender Selektion gemäß der Filter-Bedingung "DATUM=CTOD("25.06.89")") im SQL-Modus wie folgt unter dem Namen UMS_VIEW definieren:

```
SQL. CREATE VIEW UMS_VIEW ( NAME, PREIS, STUECKZAHL, DATUM )
         AS SELECT A_NAME, A_PREIS, A_STUECK, DATUM
                   FROM UMSATZ, ARTIKEL
                   WHERE UMSATZ.A_NR = ARTIKEL.A_NR
                         AND DATUM = CTOD("25.06.89");
```

Da innerhalb eines SQL-Befehls SELECT hinter dem Schlüsselwort FROM nicht nur Tabellennamen, sondern auch *View-Namen* angegeben werden dürfen, läßt sich der Inhalt des Views UMS_VIEW anschließend wie folgt anzeigen:

```
SQL. SELECT * FROM UMS_VIEW;
```

Views bleiben innerhalb einer Datenbasis solange vereinbart, bis sie durch den SQL-Befehl *DROP VIEW* in der Form

```
DROP VIEW view-name ;
```

gelöscht werden.

13.3 Einsatz des SQL-Befehls SELECT zur Auswertung von Tabellen

Im Kapitel 11 haben wir dargestellt, wie sich Views im dBASE-Modus dialogorientiert aufbauen lassen. Im folgenden geben wir an, wie entsprechende Vereinbarungen im SQL-Modus durch ergänzende Spezifikationsangaben innerhalb des SQL-Befehls SELECT möglich sind. Wir orientieren uns dabei an den im Kapitel 11 verwendeten Beispielen und geben die zugehörigen SELECT-Befehle an, mit denen die jeweiligen Tabelleninhalte im SQL-Modus aufgebaut werden können.

Auswertung von Ausdrücken

Grundsätzlich können hinter dem Schlüsselwort SELECT nicht nur Spaltennamen angegeben werden, sondern es lassen sich beliebige Ausdrücke aufführen wie z.B. das Produkt "A_STUECK*A_PREIS" in der Form:

```
SQL. SELECT A_STUECK, A_PREIS, A_STUECK * A_PREIS
        FROM ARTIKEL, UMSATZ
        WHERE ARTIKEL.A_NR = UMSATZ.A_NR
              AND A_STUECK*A_PREIS <= 1000;
```

Wollen wir die resultierende Tabelle sichern, so müssen wir am Ende dieses SELECT-Befehls etwa die Angabe

```
SAVE TO TEMP AUSDRUCK (A_STUECK, A_PREIS, PRODUKT) KEEP
```

ergänzen, weil die 3. Tabellenspalte mit den Werten von "A_STUECK*A_PREIS" einen Spaltennamen (wir wählen den Namen PRODUKT) erhalten muß.

Sortierung von Tabellenzeilen

Die Zeilen einer durch den SELECT-Befehl resultierenden Tabelle lassen sich durch die Angabe der Schlüsselwörter "*ORDER BY*" sortieren.
So erfolgt etwa durch den Befehl

```
SQL. SELECT * FROM ARTIKEL
              ORDER BY A_NR;
```

eine aufsteigende Sortierung nach den Artikelnummern. Soll diese Sortierung nach absteigend geordneten Artikelnummern durchgeführt werden, so ist das Schlüsselwort *DESC* hinter dem Spaltennamen A_NR anzugeben:

```
SQL. SELECT * FROM ARTIKEL
              ORDER BY A_NR DESC;
```

Für die aufsteigende Sortierung kann auf die Angabe des diese Sortierrichtung kennzeichnenden Schlüsselworts *ASC* verzichtet werden, da diese Sortierrichtung voreingestellt ist. Soll die Reihenfolge der Tabellenzeilen nach mehreren Sortierkriterien festgelegt werden, so sind die diesbezüglichen Spaltennamen (mit evtl. ergänzender Angabe der Sortierrichtung) hintereinander aufzuführen, wobei die zuerst angegebene Spalte das höchste Sortierkriterium festlegt, die nächste Spalte das dazu untergeordnete usw.

Somit werden z.B. die ermittelten Tabellenzeilen der Tabelle UMSATZ durch den Befehl

```
SQL. SELECT * FROM UMSATZ
              ORDER BY V_NR, A_NR;
```

zunächst nach den Vertreternummern und bei gleichen Nummern anschließend nach den Artikelnummern sortiert, so daß wir die folgende Ausgabe erhalten:

V_NR	A_NR	A_STUECK	DATUM
1215	11	20	25.06.89
1215	12	10	24.06.89
1215	13	5	24.06.89
5016	22	10	24.06.89
5016	22	35	25.06.89
8413	11	20	25.06.89
8413	11	70	24.06.89
8413	12	40	24.06.89
8413	13	35	24.06.89

Summarische Beschreibung von Bestandsdaten

Um Bestandsdaten summarisch zu beschreiben, können vor dem Schlüsselwort FROM die folgenden *SQL-Funktionen* aufgeführt werden:

COUNT (zur Ermittlung der Zeilenzahl), *SUM* (zur Bestimmung der Summe), *MIN* (zur Ermittlung des kleinsten Werts), *MAX* (zur Bestimmung des größten Werts) und *AVG* (zur Berechnung des durchschnittlichen Werts).

So ermitteln wir z.B. durch den Befehl

```
SQL. SELECT COUNT(*) FROM UMSATZ;
```

die Anzahl der Tabellenzeilen von UMSATZ.

Sind die summarischen Beschreibungen für ein oder mehrere Gruppen von Tabellenzeilen getrennt zu ermitteln, so müssen die Schlüsselwörter "*GROUP BY*" mit denjenigen Spaltennamen aufgeführt werden, deren Inhalte die Gruppierung bestimmen.

Somit resultiert aus dem Befehl

```
SQL. SELECT SUM(A_STUECK), A_NR FROM UMSATZ
                                GROUP BY A_NR;
```

die folgende Ausgabe, wobei jede Zeile die Summe der Stückzahlen pro Artikel und zusätzlich die jeweils zugehörige Artikelnummer enthält:

```
SUM1      G_A_NR
  10          11
  50          12
  40          13
  45          22
```

Soll die Gruppierung nach mehreren Kriterien gestuft erfolgen, so sind die betreffenden Spaltennamen - in fallender Reihenfolge - anzugeben.

Somit erfolgt z.B. eine Summation der Stückzahlen, die nach Vertreter- und Artikelkennzahlen gestuft sein soll, durch den Befehl

```
SQL. SELECT SUM(A_STUECK), A_NR, V_NR FROM UMSATZ
            GROUP BY V_NR, A_NR;
```

mit der Ausgabe:

```
SUM1     G_A_NR    G_V_NR
  20         11      1215
  10         12      1215
   5         13      1215
  45         22      5016
  90         11      8413
  40         12      8413
  35         13      8413
```

Sind derartige summarische Beschreibungen nur für ausgewählte Gruppierungen zu ermitteln, so ist die diesbezüglich durchzuführende Auswahl zusammen mit dem Schlüsselwort *HAVING* anzugeben.

So erfolgt z.B. durch den Befehl

```
SQL. SELECT SUM(A_STUECK), A_NR, V_NR FROM UMSATZ
                                      GROUP BY V_NR, A_NR
                                      HAVING COUNT(*) > 1;
```

eine Summation nur für die Gruppierungen, die mehr als eine Tabellenzeile enthalten.

Beim Einsatz des Schlüsselworts HAVING ist zu beachten, daß die Gruppenauswahl durch eine der SQL-Funktionen COUNT, SUM, MAX, MIN bzw. AVG beschrieben werden muß.

Durchführung eines Self-Joins

Um einen *Self-Join* mit einem SELECT-Befehl zu beschreiben, müssen gleiche Tabellen unterschieden werden. Dazu sind hinter den im Anschluß an das Schlüsselwort FROM angegebenen Tabellennamen geeignete *Platzhalternamen* anzugeben, die stellvertretend für den Tabellennamen verwendet werden dürfen.

Wollen wir z.B. die Vertreter bestimmen, deren Kontostände sich um mehr als 600DM unterscheiden, so können wir den Befehl

```
SQL. SELECT X.V_NR, Y.V_NR, X.V_KONTO, Y.V_KONTO
            FROM VRTRTR X, VRTRTR Y
                 WHERE X.V_KONTO - Y.V_KONTO > 600;
```

eingeben (die Namen X und Y sind Platzhalter) mit dem Ergebnis:

```
X->V_NR Y->V_NR          X->V_KONTO          Y->V_KONTO
   8413    1215              725,15               50,50
```

Schachtelung von SELECT-Befehlen

Im folgenden stellen wir beispielhaft dar, wie sich SELECT-Befehle schachteln lassen.

So läßt sich z.B. der Artikel mit maximalem Umsatz pro Einzelverkauf wie folgt ermitteln:

```
SQL. SELECT A_NAME, A_PREIS*A_STUECK FROM UMSATZ, ARTIKEL
            WHERE UMSATZ.A_NR=ARTIKEL.A_NR AND A_PREIS*A_STUECK =
                 (SELECT MAX(A_PREIS*A_STUECK) FROM UMSATZ, ARTIKEL
                         WHERE UMSATZ.A_NR=ARTIKEL.A_NR);
```

Sollen die Anschriften derjenigen Vertreter angezeigt werden, die Artikel mit der Kennzahl 11 oder 12 verkauft haben, so kann dies mit Hilfe des Schlüsselworts *IN* durch die folgende Verschachtelung geschehen:

```
SQL. SELECT V_NAME, V_ANSCH FROM VRTRTR WHERE V_NR IN
           (SELECT V_NR FROM UMSATZ WHERE A_NR=11 OR A_NR=12);
```

Sollen die (nach Adressen sortierten) Namen derjenigen Vertreter ermittelt werden, deren Umsatz über dem durchschnittlichen Umsatz pro Vertreter liegt, so können wir dazu die folgenden Befehle eingeben:

```
SQL. SELECT V_NR,  SUM(A_STUECK*A_PREIS)  FROM UMSATZ, ARTIKEL

            WHERE UMSATZ.A_NR=ARTIKEL.A_NR
            GROUP BY V_NR
            SAVE TO TEMP HILFE (V_NR, SUMME);
SQL. SELECT V_NAME, V_ANSCH FROM VRTRTR, HILFE
            WHERE HILFE.V_NR = VRTRTR.V_NR AND
            SUMME > (SELECT AVG(SUMME) FROM HILFE)
            ORDER BY V_NAME;
```

Im Hinblick auf das im Abschnitt 9.2 angegebene Beispiel für den Einsatz des dBASE-Befehls *UPDATE* können innerhalb des SQL-Modus die folgenden Befehle verwendet werden:

```
SQL. SELECT VRTRTR.V_NR, SUM(A_STUECK*A_PREIS*V_PROV)
            FROM UMSATZ, ARTIKEL, VRTRTR
            WHERE UMSATZ.A_NR=ARTIKEL.A_NR
                  AND UMSATZ.V_NR=VRTRTR.V_NR
            GROUP BY VRTRTR.V_NR
            SAVE TO TEMP HILFENEU (V_NR, ZUWACHS);
SQL. CREATE TABLE VRTRTR_N (V_NR NUMERIC(4),
                            V_NAME CHAR(30),
                            V_ANSCH CHAR(30),
                            V_PROV NUMERIC(4,2),
                            V_KONTO NUMERIC(20,2));
SQL. INSERT INTO VRTRTR_N
      SELECT VRTRTR.V_NR, V_NAME, V_ANSCH, V_PROV, V_KONTO+ZUWACHS
             FROM VRTRTR, HILFENEU
             WHERE VRTRTR.V_NR=HILFENEU.V_NR;
SQL. DROP TABLE VRTRTR;
SQL. CREATE SYNONYM VRTRTR FOR VRTRTR_N;
```

Hinweis:

Damit es bei der Ausführung des SQL-Befehls INSERT zu keiner Komplikation kommt, muß im vorausgehenden SQL-Befehl CREATE TABLE die maximal zulässige Stellenzahl für V_KONTO durch NUMERIC(20,2) vereinbart werden.

Durch den SQL-Befehl

```
SQL. SELECT V_NAME, V_KONTO FROM VRTRTR;
```

erhalten wir die folgende Ausgabe:

```
V_NAME                          V_KONTO
Meyer, Emil                     1385,78
Meier, Franz                    1010,00
Schulze, Fritz                   160,57
```

Wir haben in diesem Beispiel den SQL-Befehl *CREATE SYNONYM* verwendet, mit dem in der Form

```
CREATE SYNONYM synonym FOR tabellen-name ;
```

für eine Tabelle eine zum Tabellennamen synonyme Bezeichnung vereinbart werden kann. Soll das vereinbarte Synonym zu einem späteren Zeitpunkt wieder gelöscht werden, so ist dazu der SQL-Befehl *DROP SYNONYM* in der Form

```
DROP SYNONYM synonym ;
```

einzusetzen.

Bei einer Verschachtelung von SELECT-Befehlen können die Schlüsselwörter *EXISTS*, *ANY* und *ALL* verwendet werden.

Z.B. werden durch den Befehl

```
SQL. SELECT V_NAME FROM VRTRTR
                  WHERE EXISTS
                    ( SELECT * FROM UMSATZ
                               WHERE VRTRTR.V_NR = UMSATZ.V_NR );
```

nur diejenigen Vertreternamen angezeigt, für die innerhalb der Tabellenzeilen von UMSATZ auch tatsächlich ein Eintrag über einen getätigten Umsatz existiert (*EXISTS*).

Sollen etwa die Umsätze für die Artikel mit den Nummern 11, 13 oder 22 angezeigt werden, die jeweils betragsmäßig größer sind als alle Umsätze des Artikels mit der Nummer 12, so können wir dazu den Befehl

```
SQL. SELECT V_NR, A_STUECK, DATUM FROM UMSATZ, ARTIKEL
         WHERE UMSATZ.A_NR = ARTIKEL.A_NR
           AND UMSATZ.A_NR IN (11, 13, 22)
           AND A_STUECK * A_PREIS > ALL
               ( SELECT A_STUECK * A_PREIS FROM UMSATZ, ARTIKEL
                         WHERE UMSATZ.A_NR = ARTIKEL.A_NR
                           AND UMSATZ.A_NR = 12 );
```

mit dem Schlüsselwort *ALL* eingeben.

Sollen dagegen die Umsätze für die Artikel mit den Nummern 12, 13 oder 22 angezeigt werden, die betragsmäßig kleiner sind als der größte Umsatz des Artikels mit der Nummer 11, so läßt sich hierzu der Befehl

```
SQL. SELECT V_NR, A_STUECK, DATUM FROM UMSATZ, ARTIKEL
         WHERE UMSATZ.A_NR = ARTIKEL.A_NR
           AND UMSATZ.A_NR IN (12, 13, 22)
           AND A_STUECK * A_PREIS < ANY
               ( SELECT A_STUECK * A_PREIS FROM UMSATZ, ARTIKEL
                         WHERE UMSATZ.A_NR = ARTIKEL.A_NR
                           AND UMSATZ.A_NR = 11 );
```

mit dem Schlüsselwort *ANY* verwenden.

Syntax des SQL-Befehls SELECT

Die oben angegebenen Formen zur Eingabe des SQL-Befehls *SELECT* basieren alle auf dem folgenden Syntax-Gerüst:

```
SELECT [ DISTINCT ] { * | ausdruck-1 [ , ausdruck-2 ]... }
    FROM tabellen-name-1 [ platzhalter-1 ]
       [, tabellen-name-2 [ platzhalter-2 ] ]...
    [ WHERE bedingung-1 ]
    [ GROUP BY spaltenname-1 [ , spaltenname-2 ]... ]
    [ HAVING bedingung-2 ]
    [ ORDER BY spaltenname-3 [ DESC ]
           [ , spaltenname-4 [ DESC ] ]... ]
    [ SAVE TO TEMP tabellen-name-3
        [ ( spaltenname-5 [ , spaltenname-6 ]... ) ] [ KEEP ] ] ;
```

In den vor dem Schlüsselwort FROM aufgeführten Ausdrücken dürfen die folgenden *SQL-Funktionen* verwendet werden:

```
AVG( ausdruck ) : durchschnittlicher Wert der durch "ausdruck" für
                  jede Zeile gekennzeichneten Werte
COUNT( * ) :      Anzahl der Zeilen
MAX( ausdruck ) : größter Wert von ausdruck, gebildet über alle
                  Zeilen
MIN( ausdruck ) : kleinster Wert von ausdruck, gebildet über alle
                  Zeilen
SUM( ausdruck ) : Summe aller durch "ausdruck" für jede Zeile
                  gekennzeichneten Werte
AVG( DISTINCT spaltenname ) :  wie "AVG(spaltenname)", jedoch nur
                               für die innerhalb von spaltenname
                               voneinander verschiedenen Werte
COUNT( DISTINCT spaltenname ) : Anzahl der Zeilen mit
                               unterschiedlichen Werten
SUM( DISTINCT spaltenname ) :  wie "SUM(spaltenname)", jedoch nur
                               für die innerhalb von spaltenname
                               voneinander verschiedenen Werte
```

Aufgaben:

Aufgabe 13.1

Richte im SQL-Modus die Datenbasis AUFTRAG ein und erstelle aus der Tabellen-Datei AUFPOSKD.DBF (siehe Aufgabe 4.2) die Tabelle AUFPOSKD! Zeige den Tabelleninhalt am Bildschirm an!

Aufgabe 13.2

Führe Projektionen von der Tabelle AUFPOSKD durch und baue dadurch die Tabellen P_AUFTR (Struktur wie die Tabellen-Datei AUFTRAG.DBF, siehe Aufgabe 4.4) und P_AUFPOS (Struktur wie die Tabellen-Datei AUFPOS.DBF, siehe Aufgabe 4.4) auf! Zeige deren Inhalte am Bildschirm an und gib den jeweiligen Inhalt in die Text-Dateien AUFTRAG.TXT und AUFPOS.TXT aus!

Aufgabe 13.3

Erstelle aus der Text-Datei KUNDE.TXT (siehe Aufgabe 4.1) eine Tabelle namens KUNDE und gib deren Inhalt - sortiert nach den Kundennummern - am Bildschirm aus!

Aufgabe 13.4

Baue aus den Tabellen P_AUFTR, P_AUFPOS und KUNDE eine Tabelle namens BESTAND mit sämtlichen Bestandsdaten auf! Gib die Summe der Bestellungen für die einzelnen Teilenummern aus und richte ein View namens BEST_V mit den Aufträgen für die Kundennummer 177 ein!

Aufgabe 13.5

Zeige die Inhalte der Tabellenzeilen von P_AUFTR für diejenigen Aufträge an, die nach dem 11.11.88 eingegangen sind! Um wieviele Aufträge handelt es sich und wieviele dieser Aufträge sollen vor dem 1.2.89 fertig sein?

Aufgabe 13.6

Zeige nacheinander diejenigen Aufträge aus P_AUFTR (sortiert nach den Auftragsnummern) an, welche die folgenden Bedingungen erfüllen:

- Datum <= 11.11.88

- Termin <= 1.2.89, und

- Datum <= 12.11.88 und Termin <= 1.2.89!

Aufgabe 13.7

Ermittle in der Tabelle P_AUFPOS die Teilenummer mit der größten bestellten Stückzahl!

14 Steuerbefehle und Variable

14.1 Prozeduraler Ablauf

Bislang haben wir zur Lösung der Aufgabenstellungen *funktionale* Befehle eingesetzt, d.h. jeder Befehl bearbeitet eine oder mehrere Tabellen-Dateien als Ganzes. Mit Hilfe dieser Befehle konnten wir unter anderem die folgenden Tätigkeiten ausführen:

- Einrichtung von Tabellen-Dateien (CREATE),
- Sicherung von Tabellen-Dateien (COPY),
- Bereitstellung von Daten aus Tabellen-Dateien (USE),
- Veränderung des Inhalts von Tabellen-Dateien (REPLACE),
- Ausgabe von Summenwerten (REPORT FORM),
- Veränderung der durch die Erfassung vorgegebenen Reihenfolge beim Zugriff auf einzelne Datensätze (INDEX ON),
- Projektion, Verbund und Selektion (COPY TO, INDEX ON mit dem Schlüsselwort UNIQUE, JOIN, SET FILTER TO),
- Verkettung von Tabellen-Dateizugriffen (SET RELATION TO), und
- Ausführung von Befehlsfolgen (DO).

Die *Ausführungsreihenfolge* dieser Befehle war bestimmt durch die Abfolge, in der sie über die Tastatur eingegeben bzw. innerhalb einer durch einen DO-Befehl abgerufenen Befehlsfolge plaziert waren.

Häufig gibt es jedoch Problemstellungen, zu deren Lösung die bisherigen Kenntnisse nicht ausreichen, weil die bislang bekannten Befehle bzgl. ihrer Ausführungsreihenfolge geeignet zusammengestellt werden müssen. So ist die Ausführung von ein oder mehreren Befehlen evtl. geeignet oft zu wiederholen oder in Abhängigkeit von der Gültigkeit einer Bedingung vorzunehmen oder zu unterbinden. Somit muß ein *prozeduraler Ablauf* von Befehlen, die in einer Befehls- oder einer Prozedur-Datei eingetragen sind, festgelegt werden können. Die diesbzgl. Befehle zur Kontrolle des Programmablaufs werten Bedingungen aus, die sich entweder auf den aktuellen Inhalt von Satzpuffern oder aber auf in einem gesonderten Hauptspeicherbereich - Gedächtnis bzw. Variablenbereich genannt - zur Verfügung gestellten Daten beziehen.

Zur Diskussion der möglichen Kontrollstrukturen erinnern wir uns daran, daß wir eine Format-Datei im Abschnitt 6.5 zur Datenerfassung mit dem APPEND-Befehl eingerichtet haben, deren Inhalt zum Aufbau von Bildschirm-Masken ausgewertet wurde. Jetzt stellen wir uns die Aufgabe, diese Erfassung so zu beschreiben, daß wir auf die Einrichtung einer Format-Datei verzichten können. Dazu wollen wir eine Befehls-Datei namens APPEND.PRG einrichten, so daß wir durch den Aufruf

```
. DO APPEND
```

Datensätze im Dialog an den Bestand anfügen können. Durch die Ausführung dieses DO-Befehls streben wir den folgenden, zunächst in grafischer Form als *Struktogramm* beschriebenen Ablauf an:

```
lösche den Bildschirm

USE UMSATZ

(1) wiederhole, solange Abbruch nicht erwünscht ist

    (2) APPEND BLANK (ohne Angabe von BLANK wird das
        Standard-Menü am Bildschirm ausgegeben)

    (3) gib Bildschirm-Masken mit
        den Erfassungsfeldern aus

    (4) übertrage die Werte der durch Tastatureingabe
        gefüllten Erfassungsfelder in den aktuellen
        Satzpuffer, in dem UMSATZ angemeldet ist

    (5) frage an, ob der Abbruch erwünscht ist

    (6) lösche den Bildschirm
```

Der *Schleifenblock* (1) mit der Angabe "wiederhole, solange Abbruch nicht erwünscht ist" legt fest, daß die in (1) eingetragenen Strukturblöcke (2), (3), (4), (5) und (6) in der angegebenen Reihenfolge von oben nach unten solange wiederholt durchlaufen werden sollen, wie die angegebene Bedingung zutrifft.

14.2 Ausführung einer Schleife (DO WHILE, SCAN)

Ein Schleifenblock wird durch die Befehle *DO WHILE* und *ENDDO* in der Form

```
DO WHILE bedingung
   befehl-1
  [ befehl-2 ]...
ENDDO
```

umgesetzt, wobei die zwischen den Befehlen DO WHILE und ENDDO angegebenen Befehle in Abhängigkeit von der hinter dem Schlüsselwort *WHILE* aufgeführten Bedingung wiederholt in der angegebenen Reihenfolge auszuführen sind. Ist die Bedingung gleich zu Beginn nicht erfüllt, so wird die Ausführung der Befehle mit dem ersten hinter ENDDO angegebenen Befehl fortgesetzt. Andernfalls werden die Befehle in der angegebenen Reihenfolge ausgeführt, und es wird bei Erreichen des ENDDO-Befehls die Bedingung erneut überprüft. Trifft sie nach wie vor zu, so wird der Vorgang wiederholt. Dies geschieht solange, bis die Bedingung nicht mehr erfüllt ist. In diesem Fall ist die Schleife beendet, und die Ausführung wird mit dem hinter ENDDO angegebenen Befehl fortgesetzt.

Zwischen dem DO WHILE- und dem ENDDO-Befehl dürfen weitere Schleifen enthalten sein, die durch den paarweisen Einsatz von jeweils einleitendem DO WHILE- und jeweils abschließendem ENDDO-Befehl beschrieben werden.

Mit Hilfe der DO WHILE- und ENDDO-Befehle setzen wir das oben angegebene Struktogramm wie folgt um (die SET TALK-Befehle haben wir ergänzend hinzugefügt):

```
SET TALK OFF
CLEAR

USE UMSATZ && Wir setzen voraus, daß UMSATZ.DBF existiert.

STORE "N" TO ABBRUCH_V                                   ←— (a)
DO WHILE .NOT.(ABBRUCH_V = "J" .OR. ABBRUCH_V = "j")←—(b)
   APPEND BLANK
   @ 5, 10 SAY "Vertreternummer:" GET V_NR          ┬
   @ 7, 10 SAY "Artikelnummer:" GET A_NR            │    ←— (c)
   @ 7, 35 SAY "Stückzahl:" GET A_STUECK            │
   @ 9, 10 SAY "Datum:" GET DATUM                   ┴
   READ                                                  ←— (d)
   ACCEPT "Abbruch(J/j):" TO ABBRUCH_V                   ←— (e)
   CLEAR
ENDDO
USE
SET TALK ON
```

Für die im Strukturblock (5) formulierte Datenausgabe mit nachfolgender Dateneingabe setzen wir den ACCEPT-Befehl (e) ein, den wir im nächsten Abschnitt erläutern.

Den Block (4) aus dem Struktogramm haben wir in die uns vom Abschnitt 6.5 her bekannten Befehle umgeformt und an der Position (c) eingetragen. Allerdings müssen wir hier - im Gegensatz zur Arbeit mit einer Format-Datei - dafür sorgen, daß die durch die @-Befehle formulierten Eingabeanforderungen auch tatsächlich vorgenommen werden. Dazu geben wir den uns aus dem Abschnitt 6.5 bekannten *READ*-Befehl an der Position (d) in der Form

```
READ
```

an, der alle in den vorausgehenden @-Befehlen enthaltenen Eingabeforderungen aktiviert (die in einer Format-Datei formulierten Eingabeanforderungen für ein einseitiges Bildschirm-Menü werden auch ohne explizite Angabe eines READ-Befehls bei der Ausführung von APPEND-, INSERT- oder EDIT-Befehlen automatisch aktiviert).

Als weiteres Beispiel für den Einsatz des DO WHILE- und des ENDDO-Befehls tragen wir die folgenden Befehle in die Prozedur-Datei DARUNTER.PRG ein:

```
PROCEDURE DARUNTER
SET TALK OFF
USE UMSATZ
DO WHILE ( .NOT. EOF() ) .AND. ( RECNO() <= 10 )
   ? A_NR
   ? A_STUECK
   ?
   SKIP
ENDDO
USE
SET TALK ON
RETURN
```

Durch diese Prozedur DARUNTER werden die Artikelnummern und die Stückzahlen der maximal 10 ersten in der Tabellen-Datei UMSATZ.DBF enthaltenen Sätze untereinander - getrennt durch jeweils eine Leerzeile - angezeigt.

Die durch den DO WHILE- und den ENDDO-Befehl gekennzeichnete Programmschleife läßt sich durch dazu korrespondierende SCAN- und ENDSCAN-Befehle wie folgt abkürzen:

```
SCAN NEXT 10
   ? A_NR
   ? A_STUECK
   ?
   SKIP
ENDSCAN
```

Diese kompakte Beschreibung durch den *SCAN*- und den *ENDSCAN*-Befehl mit der Syntax

```
SCAN [ bereich ] [ FOR bedingung-1 ] [ WHILE bedingung-2 ]
     befehl-1
   [ befehl-2 ]...
ENDSCAN
```

läßt sich immer dann als Alternative für eine ausführliche Darstellung durch den DO WHILE-Befehl in Verbindung mit dem ENDDO-Befehl einsetzen, wenn eine *Satzauswahl* innerhalb einer Datei vorzunehmen ist.

14.3 Einrichtung von Variablen (STORE)

Damit das Ende der Erfassung mitgeteilt werden kann, stellen wir im Bildschirm-Menü die Anfrage "Abbruch(J/j):" und fordern die Anwort über eine Tastatureingabe an.

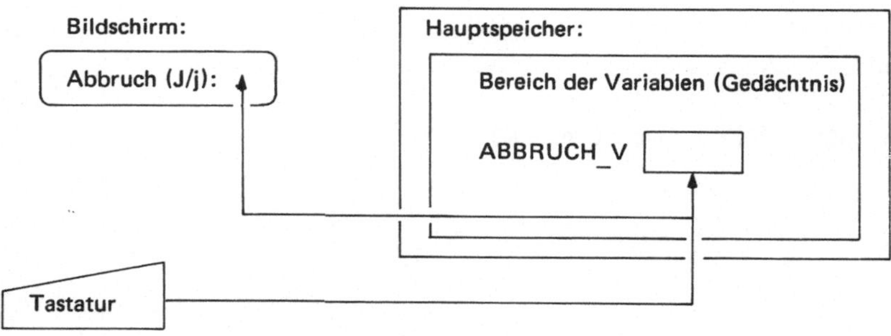

Zur Speicherung der Antwort verwenden wir einen gesonderten Bereich im Hauptspeicher, das sog. *Gedächtnis*. Hier können Datenfelder eingerichtet werden, die nicht Bestandteil eines Satzpuffers sind. Zur Unterscheidung bezeichnen wir die Felder des Gedächtnisses als *Variable*. Diese Variablen (standardmäßig können bis zu 500 Variable eingerichtet werden) richten wir über die Angabe eines geeigneten *Variablennamens* mit dem *STORE*-Befehl in der Form

```
STORE ausdruck TO varname-1 [ , varname-2 ]...
```

ein. Bei der Ausführung dieses Befehls wird zunächst der Wert des Ausdrucks - es darf sich hierbei um einen alphanumerischen, einen numerischen oder einen logischen Ausdruck handeln - errechnet. Anschließend wird für die angegebenen Variablen der jeweils erforderliche Speicherbereich im Gedächtnis eingerichtet und der Wert in jede der angegebenen Variablen übertragen, die dadurch zu *numerischen*, *alphanumerischen* bzw. *logischen* Variablen werden. Ist eine

Variable bereits vorhanden, so wird ihr alter Wert ersetzt (das Überschreiben der alten Werte von Datenfeldern in einem Satzpuffer ist über den REPLACE-Befehl anzufordern, siehe Abschnitt 6.1).

Hinweis:

Zuweisungen an Felder im Satzpuffer sind nur über den REPLACE-Befehl bzw. durch das Zusammenwirken von @- und READ-Befehl möglich.

Für die Variablen dürfen wir auch Namen von in Satzpuffern vorhandenen Datenfeldern vergeben. Bei *Namensgleichheit* wird auf das Feld im Satzpuffer zugegriffen, so daß ein Zugriff auf die Variable über die Angabe von

```
M -> varname
```

("M" von "Memory", d.h. "Gedächtnis") festgelegt werden muß.

Soll nur *eine* Variable eingerichtet bzw. deren Wert verändert werden, so können wir anstelle des STORE-Befehls abkürzend den *Zuweisungs*-Befehl

```
varname = ausdruck
```

verwenden.

In der oben angegebenen Befehlsfolge wird durch die Ausführung von (a) die Variable ABBRUCH_V eingerichtet und mit dem Wert "N" belegt, wodurch ABBRUCH_V als alphanumerische Variable bestimmt ist.

In der Vergleichsbedingung (b) innerhalb des DO WHILE-Befehls wird der jeweils aktuelle Wert der Variablen ABBRUCH_V daraufhin überprüft, ob er gleich "J" oder "j" ist.

Durch den Befehl (e)

```
ACCEPT "Abbruch(J/j):" TO ABBRUCH_V
```

wird eine Zeichen-Eingabe über die Tastatur angefordert. Das eingegebene Zeichen wird auf dem Bildschirm an der aktuellen Cursorposition protokolliert und in die alphanumerische Variable ABBRUCH_V übertragen. Anschließend wird der Inhalt von ABBRUCH_V bei der Auswertung der Bedingung des DO WHILE-Befehls überprüft. Enthält ABBRUCH_V das Zeichen "J" oder "j", so wird die Ausführung der Schleife beendet. Andernfalls wird die Ausführung mit dem APPEND-Befehl fortgesetzt.

14.4 Eingabe und Ausgabe von Variablenwerten (ACCEPT, WAIT, INPUT, ?, CALCULATE)

Zur Eingabe von *Texten* ist der *ACCEPT*-Befehl in der Form

```
ACCEPT [ { "zeichenfolge" | varname-1 } ] TO varname-2
```

anzugeben. Es wird - mit Beginn der nächsten Bildschirmzeile - eine Tastatur-Eingabe angefordert und die eingegebenen Zeichen werden in die *alphanumeri-*

sche Variable "varname-2" übertragen. Ist diese Variable noch nicht vorhanden, so wird sie durch den ACCEPT-Befehl *eingerichtet*. Vor dem Schlüsselwort TO darf ein die Eingabeanforderung erläuternder Text angegeben werden. Der Text läßt sich entweder als Zeichenfolge (mit begrenzenden Anführungszeichen) eintragen oder er ist Inhalt der alphanumerischen Variablen "varname-1".

Soll nur ein einziges Zeichen eingegeben bzw. die Programmausführung durch den Druck auf eine beliebige Taste fortgesetzt werden, so läßt sich der *WAIT*-Befehl in der Form

```
WAIT [ "zeichenfolge" | varname-1 ] [ TO varname-2 ]
```

einsetzen.

So wird etwa durch die Ausführung von

```
WAIT
```

die Meldung "Weiter mit beliebiger Taste ..." auf dem Bildschirm ausgegeben. Der aktuelle Bildschirminhalt bleibt solange sichtbar, bis die Programmausführung durch den Druck auf irgendeine Taste fortgesetzt wird.

Wollen wir nicht Zeichen, sondern *numerische* Werte eingeben, so verwenden wir anstelle des ACCEPT- bzw. WAIT-Befehls den *INPUT*-Befehl in der Form:

```
INPUT [ { "zeichenfolge" | varname-1 } ] TO varname-2
```

Soll die *Bildschirmposition* für eine Dateneingabe genau spezifiziert werden, so müssen wir die @- und READ-Befehle in der Form

```
@ zeilennummer, spaltennummer
  [ SAY { "zeichenfolge" | varname-1 } ] GET varname-2
READ
```

einsetzten. Dabei ist zu beachten, daß die hinter GET aufgeführte Variable bereits *existieren* muß.

Bei der Ausführung eines STORE-Befehls wird der zugewiesene Wert standardmäßig am Bildschirm angezeigt. Diese Bildschirmausgabe kann unterdrückt werden, sofern zuvor der SET TALK-Befehl mit dem Schlüsselwort OFF eingegeben wurde (siehe Abschnitt 12.5). Soll der Wert eines Ausdrucks errechnet und am Bildschirm ausgegeben werden (es soll keine Zuweisung an eine Variable oder ein Feld eines Satzpuffers erfolgen), so ist der *?*-Befehl in der Form

```
? [ ? ] ausdruck-1 [ , ausdruck-2 ]...
```

einzusetzen. Wird nur ein Fragezeichens verwendet, so erfolgt die Ausgabe in die *nächste* Zeile. Bei Angabe von zwei Fragezeichen werden dagegen die durch die Ausdrücke bestimmten Werte ab der *aktuellen* Cursorposition auf dem Bildschirm ausgegeben.

Sind mehrere Ausdrücke innerhalb eines Fragezeichen-Befehls aufgeführt, so werden ihre Werte bei der Ausgabe standardmäßig durch jeweils *ein* Leerzeichen voneinander getrennt. Soll diese Trennung unterbleiben, so ist der *SET SPACE*-Befehl in der Form

```
SET SPACE OFF
```

einzugeben.

Ergänzend zur im Abschnitt 7.1 dargestellten Syntax lassen sich die Befehle *SUM*, *COUNT* und *AVERAGE* auch in der folgenden Form einsetzen:

```
COUNT [ bereich ] TO varname
                  [ WHILE bedingung-1 ] [ FOR bedingung-2 ]

{ SUM | AVERAGE } [ bereich ] feldname-1 [ , feldname-2 ]...
                  TO varname-1 [ , varname-2 ]...
                  [ WHILE bedingung-1 ] [ FOR bedingung-2 ]
```

Diese Befehlsform hat den Vorteil, daß die ermittelten Werte unmittelbar zur weiteren Verarbeitung bereitstehen. Die angegebenen Variablen müssen numerisch sein. Bei den Befehlen SUM und AVERAGE muß die Anzahl der Feldnamen vor dem Schlüsselwort TO mit der Anzahl der hinter TO aufgeführten Variablennamen übereinstimmen.

Soll die Leistung von mindestens zwei der oben angegebenen Befehlen abgerufen werden, so empfiehlt sich der Einsatz des *CALCULATE*-Befehls in der Form:

```
CALCULATE [ bereich ] funktion-1 [ , funktion-2 ]...
                      TO varname-1 [ , varname-2 ]...
                      [ WHILE bedingung-1 ] [ FOR bedingung-2 ]
```

Dabei stehen die Platzhalter "funktion-i" stellvertretend für einen der folgenden Funktionsaufrufe:

```
AVG(feldname) : durchschnittlicher Wert des Felds "feldname"
CNT()         : Anzahl der Datensätze
MAX(feldname) : größter Wert von "feldname"
MIN(feldname) : kleinster Wert von "feldname"
STD(feldname) : Standardabweichung der Werte von "feldname"
SUM(feldname) : Summe aller Werte von "feldname"
VAR(feldname) : Varianz der Werte von "feldname"
```

Hinweis:

Standardabweichung und Varianz sind Kenngrößen, welche die Unterschiedlichkeit der Werte beschreiben.

Genau wie oben für die Befehle COUNT, SUM und AVERAGE angegeben, müssen die im CALULATE-Befehl aufgeführten Variablen numerisch sein, und die Variablenzahl muß mit der Anzahl der angegebenen Funktionsaufrufe übereinstimmen.

So können wir z.B. durch die Befehle

```
. USE UMSATZ
. CALCULATE SUM(A_STUECK), MIN(A_STUECK), MAX(A_STUECK),
            AVG(A_STUECK) TO V_SUM, V_MIN, V_MAX, V_AVG
                          FOR A_NR = 12
. ?V_SUM, V_MIN, V_MAX, V_AVG
```

die Gesamtzahl, die jeweils kleinste und größte umgesetzte Stückzahl und die durchschnittliche Stückzahl des durch die Artikelnummer 12 gekennzeichneten Artikels anzeigen lassen.

Der CALCULATE-Befehl bietet neben den zusätzlich abrufbaren Kenngrößen den Vorteil, daß - unabhängig von der Anzahl der aufgeführten Funktionen - die Datensätze einer Tabellen-Datei genau *einmal* gelesen werden müssen.

14.5 Der Operator &

Um uns im Umgang mit Variablen zu üben, wollen wir die Leistungen der Befehle COUNT, SUM und AVERAGE durch geeignete Prozeduren erbringen lassen. Dabei wollen wir den Namen der jeweils auszuwertenden Tabellen-Datei während des Dialogs über die Tastatur eingeben und dazu den Befehl

```
ACCEPT "Gib Tabellen-Dateinamen an:" TO TABNAME_V
```

ausführen lassen. Nach unserer bisherigen Kenntnis läßt sich der eingelesene Name nicht in der von uns benötigten Form verwenden, da z.B. ein nachfolgender USE-Befehl in der Form

```
USE TABNAME_V
```

festlegt, daß die Tabellen-Datei namens TABNAME_V angemeldet werden soll. Wir müssen dagegen anfordern, daß der in TABNAME_V abgespeicherte Text als Name der anzumeldenden Tabellen-Datei ermittelt wird.

Dazu wenden wir den *&-Operator* auf TABNAME_V an und lassen den Befehl

```
USE &TABNAME_V
```

ausführen.

Grundsätzlich können wir mit Hilfe des *&-Operators* in der Form

```
& { feldname | varname }
```

auf den Inhalt eines Feldes zugreifen. Dabei muß der Name dieses Feldes in dem alphanumerischen Feld "feldname" bzw. in der alphanumerischen Variablen "varname" als Wert gespeichert sein.

Somit wird durch

```
USE &TABNAME_V
```

nicht die Tabellen-Datei TABNAME_V im aktuellen Arbeitsbereich angemeldet, sondern diejenige Tabellen-Datei, deren Name Inhalt der alphanumerischen Variablen TABNAME_V ist.

Zur Lösung der oben angegebenen Aufgabenstellung richten wir mit Hilfe des MODIFY COMMAND-Befehls die Prozedur-Datei AGREGATE.PRG ein und tragen dort die folgenden Prozeduren ein:

```
PROCEDURE SUM
SET TALK OFF
CLEAR
ACCEPT "Gib Tabellen-Dateinamen an:" TO TABNAME_V
ACCEPT "Gib ein Feld der Datei " + TABNAME_V + ;
       " an, über das summiert werden soll: " TO FELDNAME_V
USE &TABNAME_V
STORE 0 to SUM_V && Wegen "SET TALK OFF" wird der Wert 0
*                    nicht auf dem Bildschirm angezeigt.
DO WHILE .NOT. EOF()
   STORE &FELDNAME_V + SUM_V TO SUM_V
   SKIP
ENDDO
?
?
?? "Die Summe der Werte des Felds ", FELDNAME_V,;
   " ergibt sich zu: ", SUM_V
USE
SET TALK ON
RETURN

PROCEDURE COUNT
SET TALK OFF
CLEAR
ACCEPT "Gib Tabellen-Dateinamen an: " TO TABNAME_V
USE &TABNAME_V
STORE 0 TO COUNT_V
DO WHILE .NOT. EOF()
   STORE COUNT_V + 1 TO COUNT_V
   SKIP
ENDDO
?
?
?? "Die Tabellen-Datei ", TABNAME_V, " enthält ",;
   COUNT_V, " Sätze"
USE
SET TALK ON
RETURN
```

```
PROCEDURE AVERAGE
SET TALK OFF
CLEAR
ACCEPT "Gib Tabellen-Dateinamen an:" TO TABNAME_V
ACCEPT "Gib ein Feld der Datei " + TABNAME_V + ;
       " an, über das summiert werden soll: " TO FELDNAME_V
USE &TABNAME_V
STORE 0 TO SUM_V, COUNT_V
DO WHILE .NOT. EOF()
   STORE &FELDNAME_V + SUM_V TO SUM_V              <—— (*)
   STORE COUNT_V + 1 TO COUNT_V
   SKIP
ENDDO
STORE SUM_V / COUNT_V TO AVERAGE_V
?
?
?? "Der durchschnittliche Wert des Felds ",;
   FELDNAME_V, " ist: ", AVERAGE_V
USE
SET TALK ON
RETURN
```

In der durch (*) gekennzeichneten Befehlszeile wird bei der Ausführung des dort angegebenen STORE-Befehls

```
STORE &FELDNAME_V + SUM_V TO SUM_V
```

die Variable SUM_V nicht um den in FELDNAME_V enthaltenen Wert erhöht. Vielmehr wird durch die Anwendung des &-Operators derjenige Wert als Summand ermittelt, der in dem Feld abgespeichert ist, dessen Name die alphanumerische Variable FELDNAME_V als Wert enthält.

14.6 Ein- und zweiseitige Auswahl (IF, ELSE)

Soll der Aufruf der in der Prozedur-Datei AGREGATE.PRG enthaltenen Prozeduren SUM, COUNT und AVERAGE menü-gesteuert erfolgen, so können wir etwa das folgende Bildschirm-Menü konzipieren:

```
SUM(1)
COUNT(2)
AVERAGE(3)
Gib eine Nummer an:
```

Die gewünschte Verarbeitung stellen wir zunächst grafisch durch das folgende Struktogramm dar:

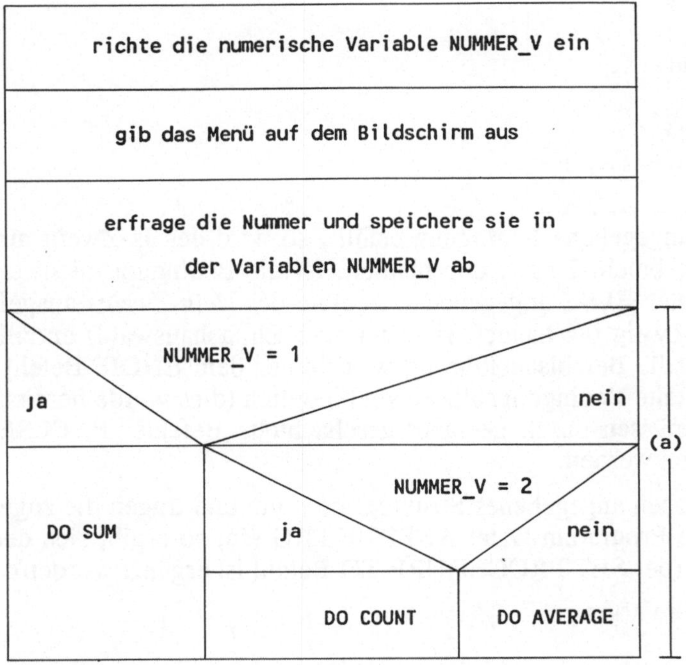

Dabei handelt es sich bei dem Block (a) um einen *Bedingungs-Strukturblock*, der die folgende allgemeine Form besitzt:

bedingung	
ja	nein
befehl-1 befehl-2 ...	befehl-3 befehl-4 ...

Durch diesen Block wird eine *ein-* oder *zweiseitige Auswahl* beschrieben, die sich durch die Befehle *IF, ELSE* und *ENDIF* wie folgt umzusetzen läßt:

```
IF bedingung
    befehl-1
    [ befehl-2 ]...
[ ELSE
    befehl-3
    [ befehl-4 ]... ]
ENDIF
```

Ist die hinter IF angegebene Bedingung erfüllt, so wird der Ja-Zweig mit den Befehlen befehl-1, befehl-2 usw. durchlaufen. Ist die Bedingung nicht erfüllt, so werden die hinter ELSE angegebenen Befehle des *Nein-Zweigs* ausgeführt. Bei *leerem* Nein-Zweig (es handelt sich um eine Einfachauswahl) entfällt der ELSE-Befehl und die Befehlsausführung wird hinter dem ENDIF-Befehl fortgesetzt. Geschachtelte Bedingungsblöcke sind möglich (dies wurde bereits oben ausgenutzt). Sie müssen durch geeignet geschachtelte Befehle IF, ELSE und ENDIF beschrieben werden.

Setzen wir unser oben angegebenes Struktogramm um und tragen die zugehörigen Befehle in die Programm-Datei AUFRUF.PRG ein, so ergibt sich der folgende Dateiinhalt (der SET PROCEDURE TO-Befehl ist ergänzt worden):

```
SET PROCEDURE TO AGREGATE
NUMMER_V = 0
CLEAR
@  5, 10 SAY "SUM(1)"                                    ┬
@  7, 10 SAY "COUNT(2)"                                  │   (*)
@  9, 10 SAY "AVERAGE(3)"                                │
@ 13, 10 SAY "Gib eine Nummer an:" GET NUMMER_V          ┴
READ
IF NUMMER_V = 1
   DO SUM
ELSE
   IF NUMMER_V = 2
      DO COUNT
   ELSE
      DO AVERAGE
   ENDIF
ENDIF
CLOSE PROCEDURE

* Wir unterstellen, daß einer der Werte 1, 2 oder 3
* eingegeben wird.
```

Anstelle von (*) können wir auch die folgende Befehlsfolge verwenden:

```
@ 5, 10
TEXT
            SUM(1)
            COUNT(2)
            AVERAGE(3)
ENDTEXT
@ 13, 10 SAY "Gib eine Nummer an:" GET NUMMER_V
```

Ein Text, der aus ein oder mehreren Zeilen besteht, läßt sich dadurch auf dem Bildschirm ausgeben, daß wir ihm einen *TEXT*-Befehl in der Form

```
TEXT
```

voranstellen und ihn durch einen *ENDTEXT*-Befehl in der Form

```
ENDTEXT
```

abschließen. Unmittelbar vor dem TEXT-Befehl stellen wir die aktuelle Bildschirmposition durch den @-Befehl in der Form

```
@ zeilennummer, spaltennummer
```

ein. Die Verwendung der TEXT- und ENDTEXT-Befehle ist dann vorteilhaft, wenn Bildschirm-Menüs mit erläutenden Textzeilen erstellt werden sollen.

14.7 Mehrfachverzweigungen (DO CASE, CASE, OTHERWISE, ENDCASE)

Der durch die beiden oben angegebenen geschachtelten Bedingungsblöcke beschriebene Programmablauf läßt sich übersichtlicher durch einen *Case-Strukturblock* in der folgenden Form dargestellen:

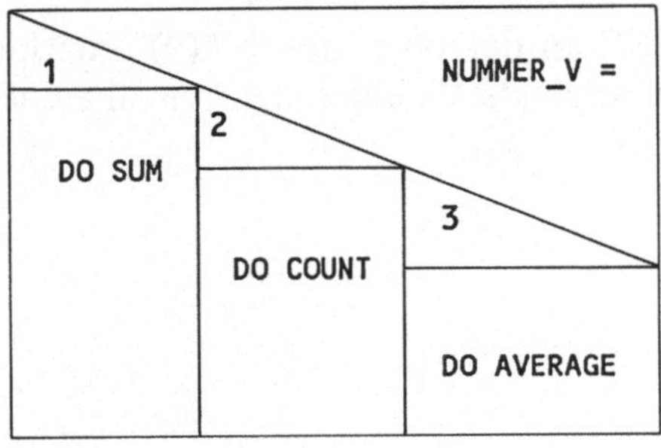

Die durch diesen Case-Strukturblock beschriebene *Mehrfachverzweigung* können wir durch die folgenden Befehlszeilen umsetzen:

```
DO CASE
   CASE NUMMER_V = 1
        DO SUM
   CASE NUMMER_V = 2
        DO COUNT
   CASE NUMMER_V = 3       ←  (*)
        DO AVERAGE
ENDCASE
```

Dies ist ein Beispiel für den Einsatz der Befehle *DO CASE*, *CASE* und *ENDCASE*, mit denen eine Mehrfachverzweigung wie folgt beschrieben werden kann:

```
DO CASE
   CASE bedingung-1
        befehl-1
      [ befehl-2 ]...
 [ CASE bedingung-2
        befehl-3
      [ befehl-4 ]... ]...
 [ OTHERWISE
        befehl-5
      [ befehl-6 ]... ]
ENDCASE
```

Die in den CASE-Befehlen aufgeführten Bedingungen werden *von oben* nach unten überprüft. Trifft eine Bedingung zu, so werden die zugehörigen Befehle bearbeitet und anschließend die Ausführung hinter dem ENDCASE-Befehl fortgesetzt. Ist keine Bedingung erfüllt, so werden die hinter *OTHERWISE* aufgeführten Befehle bearbeitet bzw. die Ausführung hinter dem ENDCASE-Befehl fortgesetzt, falls der Befehl OTHERWISE nicht angegeben ist.

Unter Einsatz des Befehls OTHERWISE an der oben durch "(*)" markierten Position ergibt sich in unserem Fall die folgende Befehlsfolge (wir unterstellen, daß einer der Werte 1, 2 oder 3 eingegeben wird):

```
DO CASE
   CASE NUMMER_V = 1
        DO SUM
   CASE NUMMER_V = 2
        DO COUNT
   OTHERWISE
        DO AVERAGE
ENDCASE
```

14.8 Austesten von Befehlsfolgen (DEBUG)

Werden innerhalb von Programm- bzw. Prozedur-Dateien die Befehle DO WHILE, IF, DO CASE oder SCAN zur Programmsteuerung verwendet, so muß der korrekte Ablauf der Programmausführung gesondert überprüft werden. Dazu ist unter anderem zu testen, ob alle Programmschleifen ordnungsgemäß beendet und die einzelnen Programmzweige - in Abhängigkeit von jeweils spezifischen Bedingungen - wie gewünscht durchlaufen werden.

Zur Durchführung eines dialog-orientierten *Programmtests* steht der *DEBUG*-Befehl in der Form

```
DEBUG { programm-dateiname | prozedurname }
```

zur Verfügung. Durch diesen Befehl läßt sich die gekennzeichnete Befehlsfolge - nach einer evtl. zunächst erforderlichen Kompilierung - derart zur Ausführung bringen, daß die Befehle schrittweise oder durch Bedingungen (*Haltepunkte*) kontrolliert abgearbeitet werden können.

Wir beschreiben den Leistungsumfang des DEBUG-Befehls nachfolgend am Beispiel der Ausführung der Programm-Datei AUFRUF.PRG (siehe Abschnitt 14.6). Dazu geben wir den Befehl

```
. DEBUG AUFRUF
```

ein, woraufhin das *Debug-Menü* zur Bedienerführung angezeigt wird. In diesem Menü sind die folgenden möglichen *Debug-Befehle* eingetragen:

- B : Wechsel in das HALTEPUNKTE-Menü
- D : Wechsel in das VARIABLEN-Menü
- E : Wechsel in das EDIT-Menü
- L : Eingabe einer Zeilennummer, die den als nächsten auszuführenden Befehl kennzeichnet,
- N : Ausführung des nächsten Befehls, wobei kein Eingriff auf Befehle erfolgen kann, die durch Ausführung eines DO-Befehls aktiviert wurden
- P : Anzeige der aktuellen Zeilennummer, des Dateinamens der Programm- bzw. Prozedur-Datei und der aktuell ausgeführten Prozedur
- Q : Abbruch der Programmausführung und Verlassen des Debug-Menüs
- R : Programmausführung bis zum Programmende bzw. bis zum nächsten Haltepunkt bzw. bis zum Auftreten eines Fehlers
- S : Ausführung des nächsten Befehls, wobei über das Debug-Menü auf die Ausführung von durch einen DO-Befehl aktivierten Befehlen Einfluß genommen werden kann
- Return-Taste : wirkt wie "N" oder "S", je nachdem welcher dieser beiden Debug-Befehle zuletzt eingegeben wurde.

Wir blenden die *Anzeige* der Debug-Befehle durch die Funktionstaste *F1* aus (erneute Einblendung erfolgt wiederum durch F1) und erhalten daraufhin das folgende Debug-Menü angezeigt:

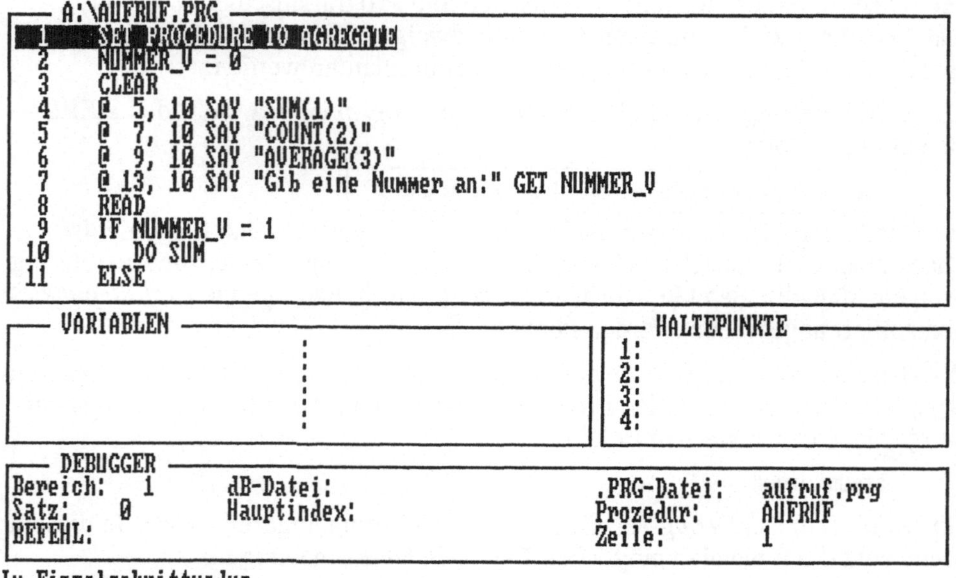

Dieses Menü ist gegliedert in

- das EDIT-Menü zur Anzeige der Befehlszeilen,
- das VARIABLEN-Menü zur Anzeige von Datenfeld- und Variablenwerten,
- das HALTEPUNKTE-Menü zur Vereinbarung von Haltepunkten, an denen die Befehlsausführung unterbrochen werden kann, und
- das DEBUGGER-Menü zur Eingabe von Debug-Befehlen.

Jeder Debug-Befehl muß an dem durch den Text "BEFEHL:" gekennzeichneten Prompt innerhalb des *DEBUGGER-Menüs* eingegeben werden. Während vom DEBUGGER-Menü aus das *EDIT-Menü* durch "E", das *VARIABLEN-Menü* durch "D" und das *HALTEPUNKTE-Menü* durch "B" anzuwählen ist, kann grundsätzlich von einem beliebigen Menü aus durch die Esc-Taste in das DEBUGGER-Menü zurückgekehrt werden.

In unserem Beispiel wollen wir uns davon überzeugen, daß durch die Eingabe der Nummer "3" auch tatsächlich der Befehl "DO AVERAGE" ausgeführt wird. Dazu lassen wir uns zunächst mit der Taste Cursor-Tief die einzelnen Befehlszeilen solange innerhalb des VARIABLEN-Menüs anzeigen, bis wir die Zahl 15 als Zeilennummer des Befehls "DO AVERAGE" entnehmen können. Diese Zahl verwenden wir zur Festlegung eines Haltepunkts, indem wir nach der Eingabe des Debug-Befehls "B" die Bedingung "LINENO()=15" (siehe Anhang A.5) innerhalb des HALTEPUNKTE-Menüs eintragen und durch "*Strg+Ende*" als Haltepunkt verabreden. Dadurch ist festgelegt, daß die Befehlsausführung beim Erreichen des Befehls innerhalb der Zeile 15 *angehalten* wird.

Zur Kontrolle wollen wir uns in dieser Situation den Inhalt der Variablen NUMMER_V anzeigen lassen. Dazu wechseln wir durch den Debug-Befehl "D" in das VARIABLEN-Menü, in dem wir die Variable NUMMER_V eintragen. Nach Druck der Return-Taste kehren wir durch die Esc-Taste in das DEBUGGER-Menü zurück.

Durch die Eingabe des Debug-Befehls "R" veranlassen wir den Start der Befehlsausführung. Auf die Anforderung "Gib eine Nummer ein:", die im *Anwenderschirm* mit der Programmausgabe (Bildschirminhalt, der mit Ausgabedaten der ausgeführten dBASE-Befehlen gefüllt ist) angezeigt wird, geben wir den Wert "3" ein. Anschließend wird bei der Befehlsausführung der vereinbarte Haltepunkt erreicht, woraufhin das folgende Debug-Menü angezeigt wird:

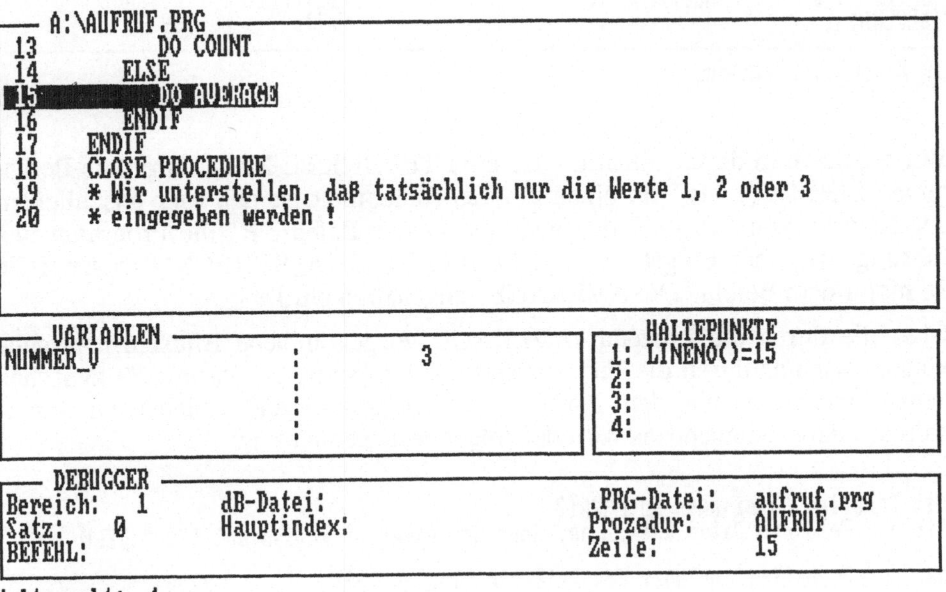

Dadurch ist bestätigt, daß bei der Eingabe des Werts "3" - wie gewünscht - der Aufruf der Prozedur AVERAGE erfolgt.

Wird in dieser Situation der Debug-Befehl "N" eingegeben, so wird die Prozedur AVERAGE durchlaufen, ohne daß eine Einflußnahme auf die Ausführung der in dieser Prozedur enthaltenen Befehle durch Debug-Befehle möglich ist. Anders ist dies bei der Eingabe des Debug-Befehls "S", dessen Eingabe zur Anzeige des folgenden Debug-Menüs führt:

```
A:\AGREGATE.PRG
37
38     PROCEDURE AVERAGE
39     SET TALK OFF
40     CLEAR
41     ACCEPT "Gib Tabellen-Dateinamen an:" TO TABNAME_V
42     ACCEPT "Gib ein Feld der Datei " + TABNAME_V + ;
43            " an, über das summiert werden soll: " TO FELDNAME_V
44     USE &TABNAME_V
45     STORE 0 TO SUM_V, COUNT_V
46     DO WHILE .NOT. EOF()
47        STORE &FELDNAME_V + SUM_V TO SUM_V

VARIABLEN                                   HALTEPUNKTE
NUMMER_V             :          3           1: LINENO()=15
                     :                      2:
                     :                      3:
                     :                      4:

DEBUGGER
Bereich:   1      dB-Datei:                 .PRG-Datei:    agregate.prg
Satz:    0        Hauptindex:               Prozedur:      AVERAGE
BEFEHL:                                     Zeile:         39
Im Einzelschrittmodus
```

Wir ergänzen in dieser Situation das HALTEPUNKTE-Menü durch die Bedingung "LINECO()=16" für einen zweiten Haltepunkt, so daß nach anschließender Eingabe von "*Strg+Ende*" und dem Debug-Befehl "R" die Programmausführung (nach der Eingabe von "UMSATZ" und "A_STUECK") in der Zeile 16 hinter dem Befehl "DO AVERAGE" angehalten wird.

Über die durch die Prozedur AVERAGE vorgenommene Bildschirmausgabe können wir uns durch die Funktionstaste *F9* informieren, da mit F9 zwischen dem Debug-Menü und dem Anwenderschirm gewechselt werden kann. Innerhalb des Anwenderschirms wird der folgende Text angezeigt:

```
Gib Tabellen-Dateinamen an:UMSATZ
Gib ein Feld der Datei UMSATZ an, über das summiert werden soll: A_STUECK

Der durchschnittliche Wert des Felds  A_STUECK  ist:          27,22
```

Nach Wiederherstellung des Debug-Menüs durch F9 können wir die Programmausführung entweder durch den Debug-Befehl "L" an einer beliebigen Zeile wieder aufsetzen, oder das Programm durch den Debug-Befehl "R" zuende ausführen lassen oder aber das Debug-Menü durch den Debug-Befehl "Q" verlassen.

Aufgaben

Aufgabe 14.1
Richte die Programm-Datei ERFSSNG.PRG ein, damit die Daten eines neuen Auftrags in den Bestand eingefügt werden können!

Aufgabe 14.2
Richte die Programm-Datei LOESCHEN.PRG ein, damit die Einträge für ausgeführte Aufträge (logisch) gelöscht werden können!

Aufgabe 14.3
Richte die Prozedur-Datei AUFTRAG.PRG ein und trage die Befehlsfolgen aus ERFSSNG.PRG und LOESCHEN.PRG als Prozeduren ein.

Aufgabe 14.4
Verwende die Prozedur-Datei AUFTRAG.PRG zum (logischen) Löschen des Auftrags mit der Auftragsnummer 417 und zum Erfassen der Daten aus dem folgenden Auftragsformular:

```
Auftragsnummer:  421   vom: 12.11.88        zum: 10.02.89

Auftragsposition:    Teilenummer:        Teileanzahl:

        1                116                 60
        2                037                 60
        3                128                 30

für:  Firma Schulze, Hansestraße 20, 2800 Bremen

mit Kundennummer: 177
```

Aufgabe 14.5
Erstelle die Prozedur-Datei AUFTRAG1.PRG, übernimm in diese Datei den Inhalt der Prozedur-Datei AUFTRAG.PRG und ergänze sie um die Prozedur ABFRAGE, mit der durch die Eingabe einer Kundennummer die Nummern aller bestellten Teile mit den jeweiligen Teilcanzahlen auf dem Bildschirm ausgegeben werden (F2).

Führe die Prozedur ABFRAGE aus, so daß die Resultate für die Kundennummer 371 angezeigt werden!

15 Dialogführung mit Menüs

15.1 Bar-Menüs

Vereinbarung von Bar-Menüs

Bislang haben wir die Ausführung der von uns entwickelten Prozeduren SUM, COUNT und AVERAGE (siehe Abschnitt 14.5) im Bildschirm-Dialog durch die Eingabe einer ihnen jeweils zugeordneten Identifikationsnummer über das am Anfang vom Abschnitt 14.6 angegebene Bildschirm-Menü abgerufen (zur Ausführung des Dialogs siehe den Inhalt der Programm-Datei AUFRUF.PRG im Abschnitt 14.6):

Als Alternative wollen wir jetzt darstellen, wie der Dialog auch ohne Eingabe einer Identifikationsnummer erfolgen kann. Dazu soll am Bildschirmanfang das folgendermaßen aufgebaute Bildschirm-Menü angezeigt werden:

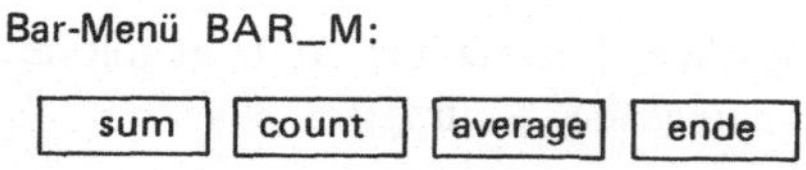

Ein derartiges Menü wird *Bar-Menü* (Zeilen-Menü, Balken-Menü) genannt, weil die einzelnen Menü-Optionen horizontal in Balkenform (bar) angeordnet sind. Die Bestandteile des Menüs, die durch die angezeigten Optionen repräsentiert werden, heißen *Pads* (Eingabebereiche). In unserem Fall enthält das Bar-Menü die Pads, die als die Optionen "sum", "count", "average" und "ende" auf dem Bildschirm erscheinen. Nach einer vorausgehenden Definition des Menüs (siehe unten) werden die den Pads zugeordneten Optionen auf dem Bildschirm angezeigt. Die jeweils gewünschte Option und damit der zugehörige Pad soll sich durch die Tasten Cursor-Rechts und Cursor-Links ansteuern und durch Druck der Return-Taste auswählen lassen.

Zur Vereinbarung eines Bar-Menüs ist zunächst der Name des Menüs durch den *DEFINE MENU*-Befehl in der Form

```
DEFINE MENU menü-name
```

festzulegen.

In unserem Fall bezeichnen wir unser Bar-Menü mit dem Namen BAR_M und vereinbaren folglich:

```
define menu BAR_M
```

Aus Gründen der Übersichtlichkeit geben wir hier und im folgenden (außerhalb einer Syntax-Beschreibung) die Schlüsselwörter innerhalb der Befehle in Kleinbuchstaben an. Da wir die Befehle in eine Programm-Datei eintragen wollen, verzichten wir außerdem auf die Darstellung des Prompts ". ". Ferner geben wir ein Semikolon an, falls ein Befehl über Zeilen hinweg getrennt werden muß.

Die Definition eines Pads innerhalb eines Bar-Menüs muß durch den *DEFINE PAD*-Befehl in der Form

```
DEFINE PAD pad-name OF menü-name PROMPT option-text
            [ AT zeile, spalte ] [ MESSAGE text ]
```

erfolgen. Durch diesen Befehl wird ein Pad durch den Namen "pad-name" innerhalb des Menüs "menü-name" verabredet, und es wird festgelegt, daß dieser Pad im Bildschirm-Menü mit dem Text "option-text" angezeigt wird. Die Plazierung eines Pads wird entweder automatisch - in Abhängigkeit des zuvor definierten Pads - vorgenommen oder läßt sich durch das Schlüsselwort AT mit nachfolgender Zeilen- und Spaltenangabe explizit festlegen. Soll bei der späteren Positionierung auf diesen Pad ein spezifischer Text unterhalb der Status-Zeile angezeigt werden, der die Funktion dieses Pads näher erläutert, so ist dieser Text hinter dem Schlüsselwort MESSAGE aufzuführen.

In unserem Beispiel vereinbaren wir die Pads mit den Namen SUM_P, COUNT_P, AVERAGE_P und ENDE_P durch die folgenden Befehle:

```
define pad SUM_P of BAR_M prompt "sum";
       at 0, 5 message "Bilde Summe"
define pad COUNT_P of BAR_M prompt "count";
       at 0, 25 message "Ermittle Satzzahl"
define pad AVERAGE_P of BAR_M prompt "average";
       at 0, 45 message "Bilde Durchschnitt"
define pad ENDE_P of BAR_M prompt "ende";
       at 0, 70 message "Verlasse Bar-Menü"
```

Jeder Pad ist mit einem Befehl zu verknüpfen, der dann ausgeführt werden soll, wenn auf diesen Pad (mit dem Cursor) positioniert und er (durch Druck der Return-Taste) ausgewählt wird. Für diese Verknüpfung ist der *ON SELECTION PAD*-Befehl in der Form

```
ON SELECTION PAD pad-name OF menü-name [ befehl ]
```

anzugeben. Ohne Aufführung eines Befehls (hinter dem Menü-Namen) läßt sich der betreffende Pad nicht auswählen - er wird nur angezeigt.

In unserem Fall ordnen wir den drei ersten Pads jeweils einen DO-Befehl zur Ausführung derjenigen (innerhalb der Prozedur-Datei AGREGATE.PRG enthaltenen) Prozedur zu, die durch die zugehörige Option textmäßig gekennzeichnet ist:

```
on selection pad SUM_P of BAR_M do SUM
on selection pad COUNT_P of BAR_M do COUNT
on selection pad AVERAGE_P of BAR_M do AVERAGE
on selection pad ENDE_P of BAR_M deactivate menu &&Deaktivierung
* des aktuellen Bar-Menüs
```

Bei der Auswahl des Pads ENDE_P (mit der Menü-Option "ende") soll das Bar-Menü auf dem Bildschirm gelöscht werden. Deshalb wird der *DEACTIVATE MENU*-Befehl zum Bildschirmlöschen in der Form

```
DEACTIVATE MENU
```

in dem zugehörigen ON SELECTION PAD-Befehl aufgeführt.

Aktivierung von Bar-Menüs

Mit den oben angegebenen Befehlen ist das von uns gewünschte Bar-Menü BAR_M vollständig beschrieben. Zur Ausgabe auf den Bildschirm - Aktivierung genannt - muß der *ACTIVATE MENU*-Befehl in der Form

```
ACTIVATE MENU menü-name [ PAD pad-name ]
```

verwendet werden. Dadurch wird der Cursor auf den ersten Pad positioniert - es sei denn, daß das Schlüsselwort PAD mit nachfolgendem Padnamen angegeben ist. In diesem Fall wird der Cursor auf den gekennzeichneten Pad plaziert.

In unserem Fall können wir das Bar-Menü BAR_M somit durch den folgenden Befehl aktivieren:

```
activate menu BAR_M
```

Wir fassen die oben angegeben Befehle zusammen und tragen sie zusammen mit geeigneten Kommentarangaben in eine Programm-Datei namens BAR.PRG ein. Dabei ergänzen wir diese Befehle um den Befehl

```
set procedure to AGREGATE
```

zur Anmeldung der Prozedur-Datei AGREGATE.PRG, um den Befehl

```
clear
```

zum Löschen des Bildschirms (vor Ausgabe des Menüs und nach Beendigung des Menü-Dialogs) und um den Befehl

```
close procedure
```

zur Abmeldung der Prozedur-Datei AGREGATE.PRG. Somit stellt sich der Inhalt der Programm-Datei BAR.PRG wie folgt dar:

```
set procedure to AGREGATE
clear
   define menu BAR_M    &&Definition des Bar-Menüs BAR_M
      *Definition der Pads innerhalb des Bar-Menüs BAR_M
      define pad SUM_P of BAR_M prompt "sum";
             at 0, 5 message "Bilde Summe"
      define pad COUNT_P of BAR_M prompt "count";
             at 0, 25 message "Ermittle Satzzahl"
      define pad AVERAGE_P of BAR_M prompt "average";
             at 0, 45 message "Bilde Durchschnitt"
      define pad ENDE_P of BAR_M prompt "ende";
             at 0, 70 message "Verlasse Bar-Menü"
  *Verknüpfung der Pads mit der Ausführung jeweils eines Befehls
  on selection pad SUM_P of BAR_M do SUM
  on selection pad COUNT_P of BAR_M do COUNT
  on selection pad AVERAGE_P of BAR_M do AVERAGE
  on selection pad ENDE_P of BAR_M deactivate menu &&Deaktivierung
*                                        des aktuellen Bar-Menüs
activate menu BAR_M    &&Aktivierung des Bar-Menüs BAR_M
close procedure
clear
```

Bei der Ausführung dieser in der Programm-Datei BAR.PRG gespeicherten Befehle durch den DO-Befehl

```
. DO BAR
```

erhalten wir nach der Positionierung auf den durch den Text "average" gekennzeichneten Pad und der nachfolgenden Eingabe des Tabellen-Dateinamens "UMSATZ" und des Feldnamens "A_STUECK" die folgende Bildschirmausgabe:

```
   sum                count                average                ende
Gib Tabellen-Dateinamen an:UMSATZ
Gib ein Feld der Datei UMSATZ an, über das summiert werden soll: A_STUECK

Der durchschnittliche Wert des Felds  A_STUECK  ist:          27,22
```

Anzeige und Löschung von Bar-Menüs

Die Namen der jeweils aktuell vereinbarten Bar-Menüs, deren Definition im Hauptspeicher eingetragen ist, lassen sich durch den *DISPLAY MEMORY*-Befehl in der Form

```
DISPLAY MEMORY
```

anzeigen. Sind die Definitionen ein oder mehrerer Bar-Menüs zu löschen, so kann der *RELEASE MENUS*-Befehl in der Form

```
RELEASE MENUS menü-name-1 [ menü-name-2 ]...
```

eingesetzt werden. Um alle aktuell vorhandenen Definitionen von Bar-Menüs zu löschen, läßt sich der *CLEAR MENUS*-Befehl in der Form

```
CLEAR MENUS
```

verwenden.

Es ist möglich, sich die Menü-Struktur vor einer Aktivierung anzeigen zu lassen. Dazu ist der *SHOW MENU*-Befehl in der Form

```
SHOW MENU menü-name [ PAD pad-name ]
```

einzugeben.

15.2 Dialogführung mit Windows

15.2.1 Vereinbarung und Aktivierung von Windows

Als nachteilig bei der oben angegebenen Form des Dialogs mittels des Bar-Menüs BAR_M ist anzuführen, daß die Pads des Bar-Menüs bei den angeforderten Anfragen verschwinden, weil die durch die Prozeduren SUM, COUNT und AVERAGE vorgenommenen Aus- und Eingaben am Bildschirmanfang durchgeführt werden. Ferner werden die Dialogtexte unmittelbar unter den Texten für die Pads angezeigt. Deshalb ist es wünschenswert, den Dialog mit den angeforderten Prozeduren in einen anderen Teil des Bildschirms zu verlagern - z.B. in dem durch die Zeilen-Spalten-Angabe "7, 1" (linke obere Ecke) und "14, 78" (rechte untere Ecke) gekennzeichneten Bildschirmausschnitt. Dazu ist der gewünschte Bildschirmbereich zunächst als Window zu vereinbaren und vor der Ein-/Ausgabe zu aktivieren.

Zur Vereinbarung eines *Windows* (Fensters) muß der *DEFINE WINDOW*-Befehl in der Form

```
DEFINE WINDOW window-name
                 FROM zeile-1, spalte-1 TO zeile-2, spalte-2
                 [ DOUBLE | NONE ]
```

eingegeben werden. Dadurch wird die Window-Definition im Hauptspeicher abgelegt. Soll der durch die Zeilen- und Spaltenangaben gekennzeichnete Rechtecksbereich nicht durch eine einfache Linie umrahmt werden, so ist das Schlüsselwort DOUBLE für eine doppelt gezogene Linie bzw. NONE für die Unterdrückung einer Umrahmung aufzuführen.

Soll die Begrenzung für alle Windows einheitlich sein und von der voreingestellten Begrenzungsform abweichen, so läßt sich die gewünschte Begrenzung durch einen *SET BORDER TO*-Befehl in der Form

```
SET BORDER TO [ DOUBLE | NONE ]
```

vor der Definition des Windows festlegen. Dabei ist zu beachten, daß dieser Befehl, dessen Spezifikationen denen des DEFINE WINDOW-Befehls entsprechen, nicht nur für die Begrenzungen von Windows, sondern darüberhinaus auch für die Begrenzungen von Menüs und von durch den @-Befehl definierten Umrahmungen gilt.

Ein durch den DEFINE WINDOW-Befehl definiertes Window (maximal 20 Windows dürfen gleichzeitig definiert sein) wird dann aktiv, wenn sein Name innerhalb eines *ACTIVATE WINDOW*-Befehl in der Form

```
ACTIVATE WINDOW { window-name-1 [, window-name-2 ]... | ALL }
```

angegeben ist. Sind mehrere Windownamen aufgeführt, so wird das durch den letzten Namen gekennzeichnete Window aktiv. Wird das Schlüsselwort ALL eingetragen, so wird das zuletzt definierte Window aktiv.

Nach der Aktivierung eines Windows werden alle Bildschirmausgaben allein in dem durch dieses Window gekennzeichneten Bildschirmbereich angezeigt. Dies gilt solange, bis das aktuelle Window durch den *DEACTIVATE WINDOW*-Befehl in der Form

```
DEACTIVATE WINDOW { window-name-1 [, window-name-2 ]... | ALL }
```

deaktiviert wird. Dadurch werden entweder alle (Schlüsselwort ALL) zuvor aktivierten Windows deaktiviert, oder aber nur diejenigen, deren Namen angegeben sind. Anschließend ist kein oder nur dasjenige Window aktiv, das in der Window-Hierarchie unmittelbar über den (in lückenloser Folge) deaktivierten Windows angesiedelt ist.

Zur Verbessung des Dialogs mit dem Bar-Menü BAR_M definieren wir das Window FENSTER_W durch den Befehl:

```
define window FENSTER_W from 7, 1 to 14, 78 double
```

Damit dieses Window jeweils bei der Auswahl eines Pads des Bar-Menüs aktiviert werden kann - innerhalb des ON SELECTION PAD-Befehls darf immer nur ein Befehl eingetragen werden -, müssen wir die im Abschnitt 15.1 angegebene Menü-Definition von BAR_M bzgl. der Verknüpfung der Pads mit einem dBASE-Befehl wie folgt modifizieren:

```
on selection pad SUM_P of BAR_M do AKTION
on selection pad COUNT_P of BAR_M do AKTION
on selection pad AVERAGE_P of BAR_M do AKTION
on selection pad ENDE_P of BAR_M do AKTION
```

In die Prozedur AKTION integrieren wir den Aufruf der Prozeduren SUM, COUNT und AVERAGE sowie die Aktivierung und Deaktivierung des Windows FENSTER_W .Die Befehle der Prozedur AKTION führen wir hinter den Befehlen für den Dialog mit dem Bar-Menü BAR_M in der folgenden Form auf:

```
procedure AKTION
*Ermittlung der ausgewählten Bars innerhalb des Bar-Menüs BAR_M
*und Aktivierung der jeweils zugeordneten Prozedur
activate window FENSTER_W  &&Aktivierung des Windows FENSTER_W zur
* Kommunikation mit den Prozeduren aus
* der Prozedur-Datei AGREGATE.PRG
do case
   case pad()="SUM_P"
        do SUM
        wait
   case pad()="COUNT_P"
        do COUNT
        wait
   case pad()="AVERAGE_P"
        do AVERAGE
        wait
   case pad()="ENDE_P"
        deactivate menu && Deaktivierung des aktuellen Bar-Menüs
endcase
deactivate window FENSTER_W && Deaktivierung des Windows FENSTER_W
return
```

Durch den Befehl

```
activate window FENSTER_W
```

wird das Window FENSTER_W aktiviert und nach jedem Prozeduraufruf durch den Befehl

```
deactivate window FENSTER_W
```

wieder deaktiviert.

Im Gegensatz zur früheren Definition des Bar-Menüs BAR_M muß innerhalb der Prozedur AKTION erst noch festgestellt werden, welcher Pad unmittelbar zuvor ausgewählt wurde. Dazu ist die Funktion

```
PAD()
```

aufzurufen. Sie liefert als Ergebnis den Namen des Pads (in Großbuchstaben), auf dem der Cursor bei der unmittelbar vorausgehenden Auswahl positioniert war.

Für den Fall, das der durch den Text "ende" gekennzeichnete Pad ausgewählt wurde, muß das Bar-Menü deaktiviert werden. Deshalb muß im Fall der Gültigkeit der Bedingung " pad()="ENDE_P" " der Befehl

```
deactivate menu
```

ausgeführt werden.

Damit das Ergebnis des jeweiligen Prozeduraufrufs der Prozeduren SUM, COUNT oder AVERAGE vor der durch den Befehl

```
deactivate window FENSTER_W
```

vorgenommenen Deaktivierung des Windows FENSTER_W auch am Bildschirm betrachtet werden kann, haben wir den WAIT-Befehl in die CASE-Befehle der Prozedur AKTION aufgenommen. Dadurch wird das Resultat solange angezeigt, bis eine beliebige Taste betätigt wird.

Die oben angegebenen Befehle - ergänzt um die Befehle zum Bildschirmlöschen und zum An- und Abmelden der Prozedur-Datei AGREGATE.PRG - tragen wir in die Programm-Datei BAR_WIN.PRG ein:

```
set procedure to AGREGATE
clear
define window FENSTER_W from 7, 1 to 14, 78 double  &&Definition
* des Windows FENSTER_W zur Kommunikation mit den
* Prozeduren aus der Prozedur-Datei AGREGATE.PRG
define menu BAR_M  &&Definition des Bar-Menüs BAR_M
  *Definition der Pads innerhalb des Bar-Menüs BAR_M
  define pad SUM_P of BAR_M prompt "sum";
         at 0, 5 message "Bilde Summe"
  define pad COUNT_P of BAR_M prompt "count";
         at 0, 25 message "Ermittle Satzzahl"
  define pad AVERAGE_P of BAR_M prompt "average";
         at 0, 45 message "Bilde Durchschnitt"
  define pad ENDE_P of BAR_M prompt "ende";
         at 0, 70 message "Verlasse Bar-Menü"
    *Verknüpfung der Pads mit der Ausführung jeweils eines Befehls
    on selection pad SUM_P of BAR_M do AKTION
    on selection pad COUNT_P of BAR_M do AKTION
    on selection pad AVERAGE_P of BAR_M do AKTION
    on selection pad ENDE_P of BAR_M do AKTION
activate menu BAR_M  &&Aktivierung des Bar-Menüs BAR_M
deactivate window FENSTER_W && Deaktivierung des Windows FENSTER_W
close procedure
clear

procedure AKTION
*Ermittlung der ausgewählten Bars innerhalb des Bar-Menüs BAR_M
*und Aktivierung der jeweils zugeordneten Prozedur
activate window FENSTER_W  &&Aktivierung des Windows FENSTER_W zur
```

```
*Kommunikation mit den Prozeduren aus
*der Prozedur-Datei AGREGATE.PRG
do case
   case pad()="SUM_P"
        do SUM
        wait
   case pad()="COUNT_P"
        do COUNT
        wait
   case pad()="AVERAGE_P"
        do AVERAGE
        wait
   case pad()="ENDE_P"
        deactivate menu && Deaktivierung des aktuellen Bar-Menüs
endcase
deactivate window FENSTER_W && Deaktivierung des Windows FENSTER_W
return
```

15.2.2 Anzeigen, Sichern, Bereitstellen und Löschen von Windows

Anzeige von Window-Definitionen

Die Namen der durch den DEFINE WINDOW-Befehl vereinbarten Windows lassen sich durch den *DISPLAY MEMORY*-Befehl in der Form

```
DISPLAY MEMORY [ TO { PRINTER | FILE text-dateiname } ]
```

am Bildschirm anzeigen und gegebenenfalls auf einen Drucker bzw. in eine Text-Datei ausgeben.

Soll eine Ausgabe nicht in das aktuell aktivierte Window, sondern vorübergehend wieder auf den gesamten Bildschirm möglich sein, ohne daß sämtlich zuvor aktivierte Windows zunächst deaktiviert werden müssen, so ist der *ACTIVATE SCREEN*-Befehl in der Form

```
ACTIVATE SCREEN
```

einzugeben. Anschließend kann das zuletzt eingestellte Window durch einen ACTIVATE WINDOW-Befehl erneut aktiviert werden.

Die Window-Technik läßt sich vorteilhaft auch bei der Editierung von Memofeld-Inhalten im Zusammenhang mit den Befehlen EDIT und BROWSE (siehe Abschnitt 6.1) einsetzen. Dazu ist der *SET WINDOW*-Befehl in der Form

```
SET WINDOW OF MEMO TO window-name
```

einzugeben, woraufhin der zu editierende Memofeld-Inhalt innerhalb des Windows "window-name" angezeigt wird.

Entsprechend kann die durch einen *MODIFY COMMAND*-Befehl angeforderte Editierung in einem eigenständig gewählten Window erfolgen, sofern wir diesen Befehl in der Form

```
MODIFY COMMAND { programm-dateiname | prozedur-dateiname }
                 WINDOW window-name
```

eingeben.

Ein innerhalb des SET WINDOW- bzw. MODIFY COMMAND-Befehls spezifiziertes Window wird jeweils automatisch aktiviert und anschließend auch wieder automatisch deaktiviert.

Sicherung von Window-Definitionen

Da die Window-Definitionen beim Dialogende bzw. bei Ausführung eines CLEAR ALL-Befehls gelöscht werden, ist es unter Umständen sinnvoll, die Definitionen in einer *Window-Datei* abzuspeichern. Dazu dient der *SAVE WINDOW*-Befehl in der Form:

```
SAVE WINDOW { window-name-1 [ window-name-2 ]... | ALL }
              TO window-dateiname
```

Entweder werden alle Definitionen (Schlüsselwort ALL) oder diejenigen der aufgeführten Windows in die angegebene *Window-Datei* übertragen. Als Namensergänzung für die Window-Datei wird die Kennung "*WIN*" gewählt, so daß z.B. der Befehl

```
. SAVE WINDOW FENSTER_W TO FENSTER
```

zur Einrichtung der Datei FENSTER.WIN führt. Bei der Sicherung bleiben die betreffenden Window-Definitionen im Hauptspeicher erhalten.

Bereitstellung von gesicherten Window-Definitionen

Sollen die zuvor in einer Window-Datei gesicherte Definitionen von Windows wieder zugänglich gemacht werden, so sind sie durch den *RESTORE WINDOW*-Befehl in der Form

```
RESTORE WINDOW { window-name-1 [ window-name-2 ]... | ALL }
                 FROM window-dateiname
```

in den Hauptspeicher zu übertragen. Entweder erfolgt diese Wiederherstellung für alle in der Window-Datei gespeicherten Definitiionen (Schlüsselwort ALL) oder nur für die durch ihre Namen gekennzeichneten Windows.

Löschen von Window-Definitionen

Sind die Definitionen ein oder mehrerer Windows aus dem Hauptspeicher zu entfernen, so läßt sich dazu der *RELEASE WINDOWS*-Befehl in der Form

```
RELEASE WINDOWS window-name-1 [ window-name-2 ]...
```

einsetzen. Sind die Definitionen aller Windows zu löschen, so kann abkürzend der *CLEAR WINDOWS*-Befehl in der Form

```
CLEAR WINDOWS
```

verwendet werden.

15.2.3 Verschachtelung von Windows

Wird nach der Aktivierung eines Windows und vor dessen Deaktivierung ein weiteres Window aktiviert, so wird von einer Verschachtelung gesprochen. Innerhalb einer Verschachtelung darf immer nur das zuletzt aktivierte Window deaktiviert werden oder aber mehrere zuvor aktivierte Windows, sofern das zuletzt aktivierte Window in die Deaktivierung eingeschlossen ist und alle anderen (im RELEASE WINDOWS-Befehl aufgeführten) Windows unmittelbar vor dem zuletzt aktivierten Window in lückenloser Folge aktiviert wurden.

Als Beispiel für eine Verschachtelung von Windows geben wir die folgenden Befehle in die Programm-Datei BAR_WIN2.PRG ein:

```
set talk off
define window ABFRAGE_W from 17, 30 to 20, 62 &&Definition des
*            Windows ABFRAGE_W zur Abfrage, ob eine Gesamtumrahmung
*            des Dialog-Menüs geschaffen werden soll
activate window ABFRAGE_W
EINGABE = "n"
accept "Gesamtrahmen erwünscht? (j/n):" to EINGABE
deactivate window ABFRAGE_W
if EINGABE = "j"
   set status off
   define window RAHMEN_W from 1, 0 to 22, 79
   activate window RAHMEN_W
endif
do BAR_WIN
deactivate window RAHMEN_W
set talk on
set status on

*Wird vor der Ausgabe des Gesamtrahmens die Status-Zeile nicht
*gelöscht, so erscheint unten links und unten rechts jeweils ein
*Buchstabe im Rahmen
```

Durch den Befehl

```
activate window ABFRAGE_W
```

wird das durch den Befehl

```
define window ABFRAGE_W from 17, 30 to 20, 62
```

definierte Window ABFRAGE_W aktiviert. Anschließend wird in ihm der Dialog "Gesamtrahmen erwünscht? (j/n):" abgewickelt. Nach der Deaktivierung des Windows ABFRAGE_W - es liegt somit noch keine Verschachtelung vor - wird bei der Eingabe von "j" das Window RAHMEN_W zur Einrichtung eines Gesamtrahmens für den Dialog durch die Befehle

```
define window RAHMEN_W from 1, 0 to 22, 79
activate window RAHMEN_W
```

aktiviert. Daraufhin wird der nachfolgende Dialog - nach Aufruf der Programm-Datei BAR_WIN.PRG durch den Befehl

```
do BAR_WIN
```

- innerhalb des Windows RAHMEN_W abgewickelt. Somit wird das Bar-Menü BAR_M innerhalb des Windows RAHMEN_W angezeigt und das Window FENSTER_W bei aktiviertem Window RAHMEN_W als aktuelles Window eingestellt. In dieser Situation liegt eine Verschachtelung der beiden Windows vor. Dies stellt sich auf dem Bildschirm bei der Bearbeitung der Option "sum" (nach Eingabe von "UMSATZ" und "A_STUECK") wie folgt dar:

```
 sum              count              average              ende




Gib Tabellen-Dateinamen an:UMSATZ
Gib ein Feld der Datei UMSATZ an, über das summiert werden soll: A_STUECK

Die Summe der Werte des Felds  A_STUECK  ergibt sich zu:        245
Weiter mit beliebiger Taste
```

Nach der innerhalb der Programm-Datei BAR_WIN.PRG vorgenommenen Deaktivierung des Windows FENSTER_W wird das Window RAHMEN_W durch den Befehl

```
deactivate window RAHMEN_W
```

wieder deaktiviert, so daß nach der Ausführung der Programm-Datei BAR_WIN2.PRG kein Window mehr aktiv ist.

15.3 Pop-up-Menüs

Vereinbarung von Pop-up-Menüs

Als Alternative zur horizontalen Anzeige von Menü-Optionen durch das Bar-Menü (siehe das im Abschnitt 15.1 angegebene Bar-Menü BAR_M) kann auch eine vertikale Bildschirmanzeige in Form eines *Pop-up-Menüs* vorgenommen werden. Dadurch lassen sich über den Umfang von Bar-Menüs hinausgehende Leistungen abrufen. Das vertikal angezeigte Pop-up-Menü ist in *Bars* gegliedert, die jeweils die Menü-Optionen anzeigen und auf die mit den Tasten Cursor-Tief und Cursor-Hoch positioniert werden kann.

Wir konzipieren in Anlehnung an die im Abschnitt 15.1 gegebenen Ausführungen unser gewünschtes Bildschirm-Menü wie folgt als Pop-up-Menü:

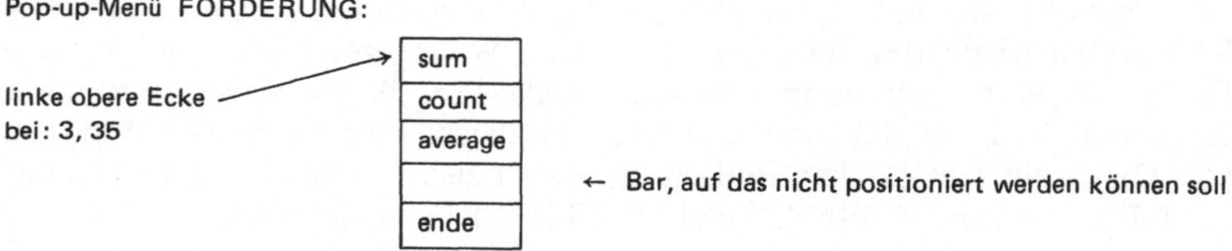

Die Definition dieses Pop-up-Menüs beschreiben wir durch die folgenden Befehle:

```
define popup FORDERUNG from 3, 25
*Definition der Bars
define bar 1   of FORDERUNG prompt "sum";
    message    "Bilde Summe"
define bar 2   of FORDERUNG prompt "count";
    message    "Ermittle Satzzahl"
define bar 3   of FORDERUNG prompt "average";
    message    "Bilde Durchschnitt"
define bar 4   of FORDERUNG prompt "";
    skip
define bar 5   of FORDERUNG prompt "ende";
    message    "Verlasse Pop-up-Menü"
```

Jedes Pop-up-Menü muß mit dem *DEFINE POPUP*-Befehl in der Form

```
DEFINE POPUP popup-name
          FROM zeile-1, spalte-1 [ TO zeile-2, spalte-2 ]
          [ PROMPT FIELD feldname | PROMPT STRUCTURE |
            PROMPT FILES [ LIKE namensmaske ] ]
          [ MESSAGE text ]
```

vereinbart werden. Der linke oberere Eckpunkt des Menüs "popup-name" wird durch die Angaben hinter dem Schlüsselwort FROM festgelegt. Ohne Angabe von TO wird die rechte untere Begrenzung automatisch aus den Menü-Angaben ermittelt.

Bei Aufführung der beiden Schlüsselwörter "*PROMPT FIELD*" werden die Inhalte des Feldes "feldname" (muß innerhalb der aktuell angemeldeten Tabellen-Datei enthalten sein) untereinander am Bildschirm angezeigt.

Durch die Angabe von "*PROMPT STRUCTURE*" werden die Feldnamen der aktuell angemeldeten Tabellen-Datei untereinander am Bildschirm ausgegeben.

Mit "*PROMPT FILES*" lassen sich alle Dateien des aktuell eingestellten Verzeichnisses untereinander anzeigen. Durch das Schlüsselwort LIKE kann der Bereich der betroffenen Dateien auf diejenigen eingeschränkt werden, deren Namen durch die aufgeführte Namensmaske charakterisiert sind (siehe Abschnitt 5.4).

Soll im Zusammenhang mit der Anzeige des Pop-up-Menüs ein erläuternder Text unterhalb der Status-Zeile am Bildschirm angezeigt werden, so ist dieser Text hinter dem Schlüsselwort MESSAGE einzutragen.

Pop-up-Menüs, bei deren Definition die Angaben "PROMPT FIELD", "PROMPT STRUCTURE" oder "PROMPT FILES" gemacht wurden, sind bereits vollständig vereinbart. In jedem anderen Fall besteht das Pop-up-Menü aus ein oder mehrere Bars, die definiert und einem Pop-up-Menü zugeordnet werden müssen. Zur Definition der Bars im Pop-up-Menü ist der *DEFINE BAR*-Befehl in der Form

```
DEFINE BAR zeilennummer OF popup-name PROMPT option-text
            [ MESSAGE text ] [ SKIP [ FOR bedingung ] ]
```

einzugeben. Dadurch wird für das Pop-up-Menü "popup-name" der hinter PROMPT angegebene Text an der durch "zeilennummer" gekennzeichneten Position als Menü-Option vereinbart.

Soll bei der Ansteuerung eines Bars eine zusätzliche Meldung unter der Status-Zeile ausgegeben werden, so ist dieser Text hinter dem Schlüsselwort MESSAGE aufzuführen.

Das Schlüsselwort SKIP ist dann einzutragen, wenn die betreffende Option nur angezeigt und nicht durch den Cursor erreichbar sein soll. Ist die Zugänglichkeit von einer Bedingung abhängig, so ist diese Bedingung hinter dem Schlüsselwort FOR aufzuführen.

Damit bei der Auswahl eines Bars (nach der Cursor-Positionierung und Druck auf die Return-Taste) die für diese Menü-Option gewünschte Aktion erfolgen kann, muß jedem Bar ein Befehl über den *ON SELECTION POPUP*-Befehl in der Form

```
ON SELECTION POPUP { popup-name | ALL } [ befehl ]
```

zugeordnet werden. Mit dem Schlüsselwort ALL wird für alle aktivierten Pop-up-Menüs derselbe Befehl festgelegt.

Ohne Angabe eines Befehls wird das aktivierte Pop-up-Menü zwar angezeigt (die Optionen sind über den Cursor erreichbar), jedoch ist der Druck der Return-Taste wirkungslos.

In unserem Fall verbinden wir unser oben definiertes Pop-up-Menü FORDERUNG durch den Befehl

```
on selection popup FORDERUNG do AKTION_P
```

mit dem Befehl

```
do AKTION_P
```

zur Ausführung der Prozedur AKTION_P (siehe unten).

Aktivierung von Pop-up-Menüs

Ein vollständig definiertes Pop-up-Menü läßt sich durch den *SHOW POPUP*-Befehl in der Form

```
SHOW POPUP popup-name
```

am Bildschirm anzeigen. Soll es aktiviert werden, so ist anstelle des SHOW POPUP-Befehls der *ACTIVATE POPUP*-Befehl in der Form

```
ACTIVATE POPUP popup-name
```

einzugeben.

Somit können wir das oben definierte Menü FORDERUNG durch den Befehl

```
activate popup FORDERUNG
```

aktivieren.

Insgesamt tragen wir sämtlich erforderlichen Befehle zur Definition und Aktivierung des Pop-up-Menüs FORDERUNG in die Programm-Datei POPUP.PRG ein, so daß sich deren Inhalt wie folgt darstellt:

```
set procedure to AGREGATE
clear
define popup FORDERUNG from 3, 25 &&Definition des Pop-up-Menüs
*                                    FORDERUNG
  *Definition der Bars
  define bar 1 of FORDERUNG  prompt "sum";
                             message "Bilde Summe"
  define bar 2 of FORDERUNG  prompt "count";
                             message "Ermittle Satzzahl"
  define bar 3 of FORDERUNG  prompt "average";
                             message "Bilde Durchschnitt"
  define bar 4 of FORDERUNG  prompt "";
                             skip
  define bar 5 of FORDERUNG  prompt "ende";
                             message "Verlasse Pop-up-Menü"
    *Verbindung der Bar-Auswahl innerhalb des Pop-up-Menüs
    *FORDERUNG mit der Ausführung eines Befehls
    on selection popup FORDERUNG do AKTION_P
activate popup FORDERUNG   &&Aktivierung des Pop-up-Menüs
close procedure
clear

procedure AKTION_P
*Ermittlung des ausgewählten Bars innerhalb des Pop-up-Menüs
*FORDERUNG und Aktivierung der jeweils zugeordneten Prozedur

do case
   case bar()=1
        do SUM
   case bar()=2
        do COUNT
   case bar()=3
        do AVERAGE
   case bar()=5
        deactivate popup &&Deaktivierung des aktuellen
*                                      Pop-up-Menüs
endcase
return
```

Dabei haben wir wiederum die Befehle zur An- und Abmeldung der Prozedur-Datei AGREGATE.PRG und zum Löschen des Bildschirms ergänzt, und die durch den ON SELECTION POPUP-Befehl aufgerufene Prozedur AKTION_P haben wir wieder an das Ende der Programm-Datei gestellt. Im Gegensatz zur im Abschnitt 15.2.1 angegebenen Lösung müssen wir innerhalb der Prozedur

AKTION_P nicht einen Pad innerhalb eines Bar-Menüs, sondern das unmittelbar zuvor ausgewählten Bar innerhalb eines Pop-up-Menüs identifizieren. Dazu wird der Funktionsaufruf

```
BAR()
```

eingesetzt. Dieser Aufruf liefert die Nummer der Zeile, die mit dem ausgewählten Pad durch den DEFINE BAR-Befehl verknüpft wurde.

Bei Auswahl der Menü-Option "ende" muß das Pop-up-Menü deaktiviert werden. Dazu wird der *DEACTIVATE POPUP*-Befehl in der Form

```
DEACTIVATE POPUP
```

eingesetzt, durch den das jeweils aktuelle Pop-up-Menü deaktiviert wird.

Bei der Ausführung der Programm-Datei POPUP.PRG ergibt sich z.B. nach der Auswahl der Menü-Option "average" und der sich anschließenden Eingabe des Tabellen-Dateinamens UMSATZ und des Feldnamens A_STUECK der folgende Bildschirminhalt:

```
Gib Tabellen-Dateinamen an:UMSATZ
Gib ein Feld der Datei UMSATZ an, über das summiert werden soll: A_STUECK

Der durchschnittliche Wer|sum    |ds  A_STUECK  ist:          27,22
                         |count  |
                         |average|
                         |       |
                         |ende   |
```

Auch in diesem Fall erscheint wiederum der Einsatz eines Windows sinnvoll - genauso wie wir es im Abschnitt 15.2.1 für ein Bar-Menü dargestellt haben. Wir modifizieren folglich den Inhalt der Programm-Datei POPUP.PRG entsprechend und erstellen eine Programm-Datei namens POPUP2.PRG mit dem folgenden Inhalt:

```
set procedure to AGREGATE
clear
define window FENSTER_W from 7, 1 to 14, 78 double  &&*Definition
*                 des Windows FENSTER_W zur Kommunikation mit den
*                 Prozeduren aus der Prozedur-Datei AGREGATE.PRG
  *Definition des Pop-up-Menüs FORDERUNG
  define popup FORDERUNG from 3, 25
    *Definition der Bars
    define bar 1 of FORDERUNG prompt "sum";
                              message "Bilde Summe"
    define bar 2 of FORDERUNG prompt "count";
                              message "Ermittle Satzzahl"
    define bar 3 of FORDERUNG prompt "average";
                              message "Bilde Durchschnitt"
    define bar 4 of FORDERUNG prompt "";
                              skip
    define bar 5 of FORDERUNG prompt "ende";
                              message "Verlasse Pop-up-Menü"
      on selection popup FORDERUNG do AKTION_W  &&Verbindung der
*                       Bar-Auswahl innerhalb des Pop-up-Menüs
*                       FORDERUNG mit der Ausführung eines Befehls
activate popup FORDERUNG  &&Aktivierung des Pop-up-Menüs
deactivate window FENSTER_W
close procedure
clear

procedure AKTION_W
*Ermittlung der ausgewählten Bars innerhalb des Pop-up-Menüs
*FORDERUNG und Aktivierung der zugeordneten Prozedur
activate window FENSTER_W  &&Aktivierung des Windows FENSTER_W zur
* Kommunikation mit den Prozeduren aus
* der Prozedur-Datei AGREGATE.PRG
```

```
do case
   case bar()=1
        do SUM
        wait
   case bar()=2
        do COUNT
        wait
   case bar()=3
        do AVERAGE
        wait
   case bar()=5
        deactivate popup &&Deaktivierung des aktuellen
*                                          Pop-up-Menüs
endcase
deactivate window FENSTER_W && Deaktivierung des Windows FENSTER_W
return
*Gegenüber der ursprünglichen Version bei der Ausgabe des
*Pop-up-Menüs POPUP muß hier die WAIT-Anweisung in die Prozedur
*AKTION_W übernommen werden
```

Bezüglich der Einrichtung und der Aktivierung des Windows FENSTER_W und des Dialog-Ablaufs verweisen wir auf die Angaben innerhalb von Abschnitt 15.2.1.

Anzeige und Löschen von Pop-up-Menüs

Zur Anzeige der Namen der aktuell definierten Pop-up-Menüs ist der *DISPLAY MEMORY*-Befehl in der Form

```
DISPLAY MEMORY
```

einzugeben. Sollen die Definitionen einzelner Pop-up-Menüs aus dem Hauptspeicher gelöscht werden, so läßt sich dazu der *RELEASE POPUP*-Befehl in der Form

```
RELEASE POPUP popup-name-1 [ popup-name-2 ]...
```

einsetzen. Zur Löschung aller Definitionen von Pop-up-Menüs darf abkürzend der *CLEAR POPUP*-Befehl in der Form

```
CLEAR POPUP
```

eingegeben werden.

15.4 Pull-down-Menüs

Neben der eigenständigen Verwendung von Bar-Menüs und Pop-up-Menüs besteht die Möglichkeit, Bar- mit Pop-up-Menüs zu kombinieren. Diese Form der Menü-Technik wird *Pull-down-Menü* ("Rolladen-Menü") genannt, weil ein Pop-up-Menü durch die Auswahl eines Pads innerhalb eines Bar-Menüs auf den Bildschirm "heruntergezogen" werden kann. Für unsere Anwendung konzipieren wir den folgenden Menü-Aufbau:

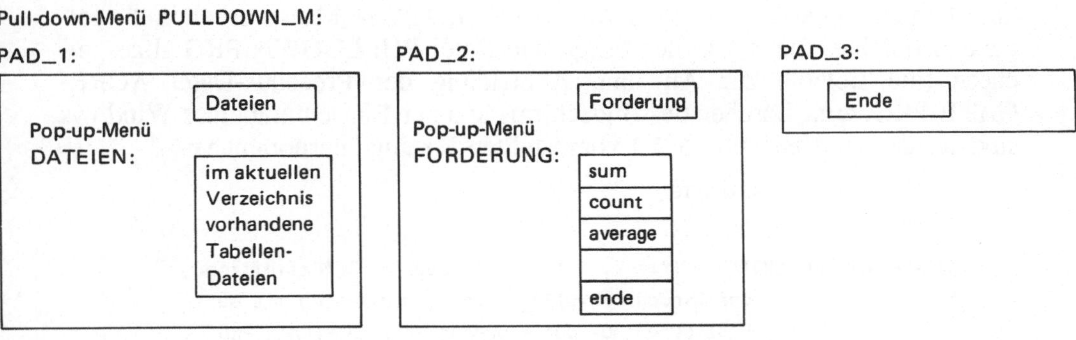

Die zuvor dargestellten Techniken zum Aufbau von Bar- und Pop-up-Menüs sind zur Definition eines Pull-down-Menüs wie folgt zu kombinieren:

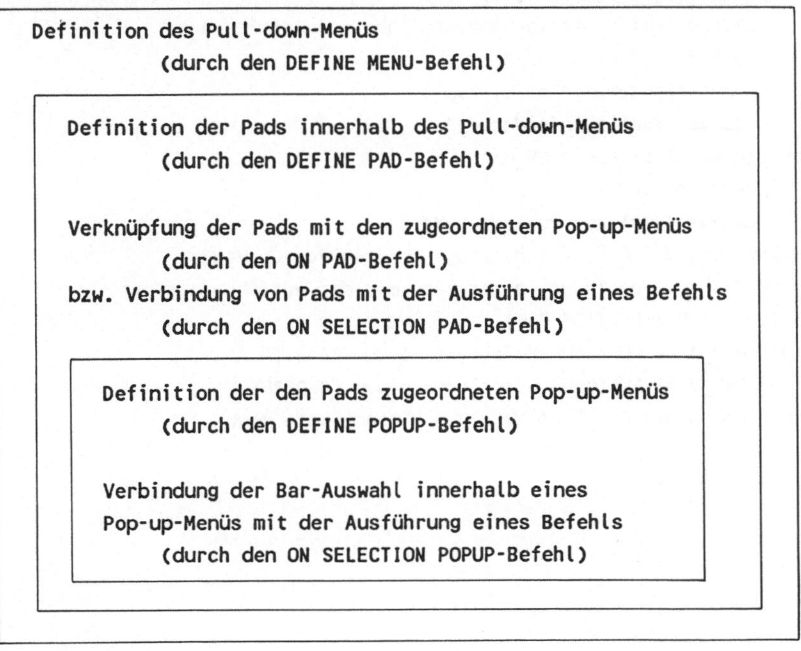

Als neuen Befehl haben wir bei dieser Zusammenfassung den *ON PAD*-Befehl angegeben, der die Ansteuerung eines Pop-up-Menüs (durch den ON SELECTION PAD-Befehl) vereinfacht und folgende Syntax besitzt:

```
ON PAD pad-name OF menü-name [ ACTIVATE POPUP popup-name ]
```

Wird dieser Befehl anstelle des ON SELECTION PAD-Befehls verwendet, so muß nicht erst die Return-Taste betätigt werden, um in das zugeordnete Pop-up-Menü zu gelangen, sondern das zugeordnete Pop-up-Menü wird automatisch ausgegeben.

Wir verfahren nach der angegebenen Strukturierung für den Aufbau des von uns oben konzipierten Pull-down-Menüs PULLDOWN_M und erhalten die folgenden Befehle, die wir in der Programm-Datei PULLDOWN.PRG abgespeichern (die Befehle zur An- und Abmeldung der Prozedur-Datei AGREGATE.PRG, zum Löschen des Bildschirms und zur Einrichtung eines Windows sind aus der im Abschnitt 15.2.1 vorgestellten Lösung übernommen):

```
set procedure to AGREGATE
clear

define window FENSTER_W from 7, 1 to 14, 78 double  &&*Definition
*                  des Windows FENSTER_W zur Kommunikation mit den
*                  Prozeduren aus der Prozedur-Datei AGREGATE.PRG
define menu PULLDOWN_M  &&Definition des Pull-down-Menüs PULLDOWN_M
  *Definition der Pads innerhalb des Pull-down-Menüs PULLDOWN_M
  define pad PAD_1 of PULLDOWN_M;
         prompt "Dateien" at 0, 5;
         message "Zeige die vorhandenen Tabellen-Dateien an"
  define pad PAD_2 of PULLDOWN_M;
         prompt "Forderung" at 0, 25;
         message "Stelle Anforderung"
  define pad PAD_3 of PULLDOWN_M;
         prompt "Ende" at 0, 45;
         message "Verlasse Pull-down-Menü"
    *Verknüpfung der Pads mit den zugeordneten Pop-up-Menüs
    *(ON PAD) bzw. Verbindung eines Pads mit der Ausführung eines
    * Befehls (ON SELECTION PAD)
    on pad PAD_1 of PULLDOWN_M activate popup DATEIEN
    on pad PAD_2 of PULLDOWN_M activate popup FORDERUNG
    on selection pad PAD_3 of PULLDOWN_M deactivate menu
```

```
    *                   Deaktivierung des aktuellen Pull-down-Menüs
      *Definition der Pop-up-Menüs DATEIEN und FORDERUNG
      define popup DATEIEN from 3, 5;
             prompt files like *.dbf;
             message "Liste der Tabellen-Dateien"
      define popup FORDERUNG from 3, 25
             define bar 1 of FORDERUNG prompt "sum";
                             message "Bilde Summe"
             define bar 2 of FORDERUNG prompt "count";
                             message "Ermittle Satzzahl"
             define bar 3 of FORDERUNG prompt "average";
                             message "Bilde Durchschnitt"
             define bar 4 of FORDERUNG prompt "";
                             skip
             define bar 5 of FORDERUNG prompt "ende";
                             message "Verlasse Pop-up-Menü"
*Verbindung der Bar-Auswahl innerhalb des Pop-up-Menüs FORDERUNG
*mit der Ausführung eines Befehls
on selection popup FORDERUNG do AKTION_D
activate menu PULLDOWN_M pad PAD_2  &&Aktivierung
*       des Pull-down-Menüs PULLDOWN_M mit PAD_2 als aktuellem Pad
deactivate window FENSTER_W
close procedure
clear
procedure AKTION_D
*Ermittlung des ausgewählten Bars innerhalb des Pop-up-Menüs
*FORDERUNG und Aktivierung der zugeordneten Prozedur
activate window FENSTER_W   &&Aktivierung des Windows FENSTER_W
*                             zur Kommunikation mit den Prozeduren
*                             aus der Prozedur-Datei AGREGATE.PRG
      do case
      case bar()=1
           do SUM
           wait
      case bar()=2
           do COUNT
           wait
      case bar()=3
           do AVERAGE
           wait
```

```
      case bar()=5
           deactivate window FENSTER_W       && Deaktivierung des
*                                               Windows FENSTER_W
           deactivate popup  &&Deaktivierung des aktuellen
*                                 Pop-up-Menüs
endcase
deactivate window FENSTER_W && Deaktivierung des Windows FENSTER_W
return
```

Durch den Aufruf

```
. DO PULLDOWN
```

erhalten wir nach der Auswahl der Menü-Option "Forderung" innerhalb des Bar-Menüs und der anschließenden Auswahl der Option "count" innerhalb des daraufhin angezeigten Pop-up-Menüs FORDERUNG die folgende Bildschirmausgabe (nach Eingabe des Tabellen-Dateinames UMSATZ):

```
Dateien              Forderung             Ende

                     sum
                     count
                     average

Gib Tabellen-Dateinamen an: UMSATZ

Die Tabellen-Datei  UMSATZ  enthält           9  Sätze
Weiter mit beliebiger Taste
```

Da generell von den Menü-Optionen eines Bar- oder Pop-up-Menüs weitere Menüs aktiviert werden können, muß nach der Auswahl einer Menü-Option für die Bearbeitung komplex strukturierter Menüs stets ermittelt werden können, in welchem Menü und an welchem Pad bzw. Bar der Cursor unmittelbar zuvor positioniert wurde. Für derartige Abfragen stehen die folgenden Funktionen zur Verfügung:

```
MENU()   : Name (in Großbuchstaben) des zuletzt aktivierten Menüs
PAD()    : Name (in Großbuchstaben) des zuletzt aktivierten Pads
POPUP()  : Name (in Großbuchstaben) des zuletzt aktivierten Pop-up-Menüs
BAR()    : Zeilennummer des Bars des zuletzt aktivierten Pop-up-Menüs
PROMPT() : hinter dem Schlüsselwort PROMPT innerhalb des DEFINE BAR-
bzw. DEFINE PAD-Befehls angegebener Text (Menü-Option) des zuletzt ausge-
wählten Bars oder Pads
```

Wir erwähnen abschließend, daß die im Abschnitt 15.1 angegebenen Befehle DISPLAY MEMORY, RELEASE MENUS und CLEAR MENUS auch zur Anzeige und zum Löschen von Pull-down-Menüs dienen. Dabei ist jedoch zu beachten, daß die Löschaktionen sich nur auf die Bar-Menü-Bestandteile von Pull-down-Menüs beziehen, so daß etwa nach der Ausführung des Befehls

```
. DO PULLDOWN
```

durch die Eingabe des Befehls

```
. CLEAR MENUS
```

zwar das Menü PULLDOWN_M, nicht aber die Pop-up-Menüs DATEIEN und FORDERUNG gelöscht werden.

Aufgaben:

Aufgabe 15.1

Erstelle die Programm-Datei ERFSSG_W.PRG durch Veränderung der Programm-Datei ERFSSNG.PRG (siehe Aufgabe 14.1), so daß die Dialogführung wie folgt vorgenommen werden kann:

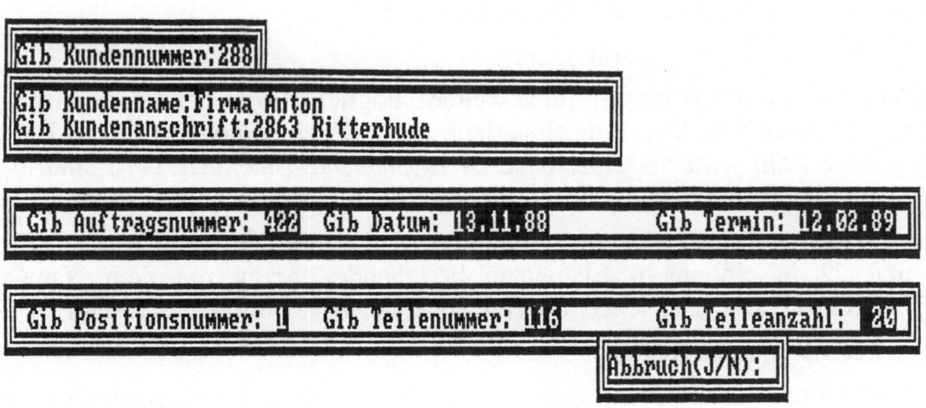

Aufgabe 15.2

In Anlehnung an die Aufgabe 14.3 ist eine Bedienerführung mit dem folgenden Pull-down-Menü einzurichten:

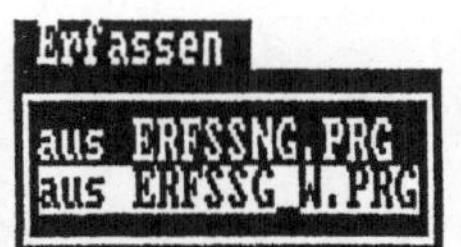

16 Das Arbeiten mit Variablen

16.1 Einrichtung und Sicherung von Variablen (DECLARE, DISPLAY MEMORY, SAVE, RESTORE, RELEASE)

Einrichtung von Variablen und Wertzuweisung

Im Abschnitt 14.3 haben wir Variable als gesonderte Datenfelder des Hauptspeichers kennengelernt, die nicht Bestandteil eines Satzpuffers sind. Die Variablen werden z.B. zur Zwischenspeicherung von Werten (insbesondere für Zählvorgänge) verwendet. Neben unstrukturierten Größen (wie z.B. der im Abschnitt 14.3 verwendeten Variable ABBRUCH_V) lassen sich auch strukturierte Variable vereinbaren. Derartige Variable werden *Arrays* genannt. Sie können durch einen *DECLARE*-Befehl der Form

```
DECLARE varname [ anzahl ]
```

(als Vektor) vereinbart werden (eine weitere mögliche Form der Vereinbarung geben wir unten an). Durch die innerhalb der *eckigen Klammern* "[" und "]" angegebene Zahl wird die Anzahl der *Arrayelemente* (maximal 1170 sind erlaubt) und die Form des Zugriffs auf die jeweiligen Komponenten bestimmt.

Sollen etwa die Stückzahlen der verkauften Artikel mit den Nummern 11, 12, 13 und 22 in ein aus 4 Elementen bestehendes Array mit dem Namen STUECKZAHLEN gespeichert werden, so ist der Array durch den Befehl

```
. DECLARE STUECKZAHLEN[4]
```

zu vereinbaren. Anschließend läßt sich auf die einzelnen Komponenten dieses Arrays dadurch zugreifen, daß die Position des jeweiligen Elements als *Index* hinter dem Namen des Arrays aufgeführt wird, wobei dieser Index durch die *Klammern* "[" und "]" einzugrenzen ist:

```
STUECKZAHLEN [1] :  | 110 |  ← 1. Komponente
STUECKZAHLEN [2] :  |  50 |  ← 2. Komponente
STUECKZAHLEN [3] :  |  40 |  ← 3. Komponente
STUECKZAHLEN [4] :  |  10 |  ← 4. Komponente
```

In dieser Darstellung sind die ermittelten Stückzahlen in die zugehörigen Arrayelemente eingetragen. Diese Belegung läßt sich - wie bereits in den Abschnitten 14.3 und 14.4 für unstrukturierte Variable beschrieben - durch den *STORE*-Befehl

```
STORE ausdruck to varname-1 [ varname-2 ]...
```

bzw. den *Zuweisungs*-Befehl

```
varname = ausdruck
```

oder durch den *ACCEPT*- bzw. *INPUT*-Befehl

```
{ ACCEPT | INPUT } [ { "zeichenfolge" | varname-1 } ]
                   TO varname-2
```

durchführen.

So hätten wir die oben angegebene Belegung des Arrays STUECKZAHLEN z.B. durch die folgenden Zuweisungs-Befehle durchführen können:

```
. STUECKZAHLEN[1] = 110
. STUECKZAHLEN[2] =  50
. STUECKZAHLEN[3] =  40
. STUECKZAHLEN[4] =  10
```

Im Gegensatz zu unstrukturierten Variablen, bei denen die Befehle STORE, ACCEPT und INPUT bzw. der Zuweisungs-Befehl zur Einrichtung von Variablen verwendet werden dürfen, müssen Arrays *vor* einer Wertzuweisung an ihre Elemente bereits durch einen DECLARE-Befehl eingerichtet sein. Dabei ist zu beachten, daß durch diese Definition sämtliche Elemente zunächst als logische Größen mit dem Wert ".F." vorbesetzt werden.

Sind die oben in STUECKZAHLEN gespeicherten Werte nach dem Datum des Umsatzes zu unterteilen, so muß die oben angegebene Strukturierung weiter gegliedert werden, wobei z.B. die folgende Struktur wünschenswert ist:

	24.06.89	25.06.89	
11	70	40	← 1. Zeile
12	50	0	← 2. Zeile
13	40	0	← 3. Zeile
22	10	35	← 4. Zeile
	↑	↑	
	1. Spalte	2. Spalte	

Diese (Matrix-)Struktur läßt sich durch einen *DECLARE*-Befehl der Form

```
DECLARE varname [ anzahl-zeilen , anzahl-spalten ]
```

vereinbaren. Beim Zugriff auf die (Matrix-)Komponenten (maximal 1170 sind erlaubt) wird ein erster Index - der Zeilen-Index - und ein zweiter Index - der Spalten-Index - benötigt.

Somit kann z.B. durch den Befehl

```
. DECLARE STUECKZAHL[4, 2]
```

ein aus 8 Komponenten bestehender Array namens STUECKZAHL vereinbart werden, für den etwa durch den Befehl

```
. STUECKZAHL[4, 2] = 35
```

der Wert 35 an dasjenige Element zugewiesen wird, dessen Zeilen-Index gleich 4 und dessen Spalten-Index gleich 2 ist.

Wertzuweisung an Arrays

Als Anwendungsbeispiel dafür, wie die Komponenten eines Arrays besetzt werden können, geben wir nachfolgend ein Struktogramm an, das die Eingabe der jeweiligen Stückzahlen aus der Tabellen-Datei UMSATZ.DBF und die Übertragung der ermittelten Summenwerte in die Komponenten des Arrays STUECKZAHL beschreibt (dazu setzen wir vereinfachend voraus, daß in UMSATZ.DBF nur Umsätze vom 24.06.89 und 25.06.89 enthalten sind):

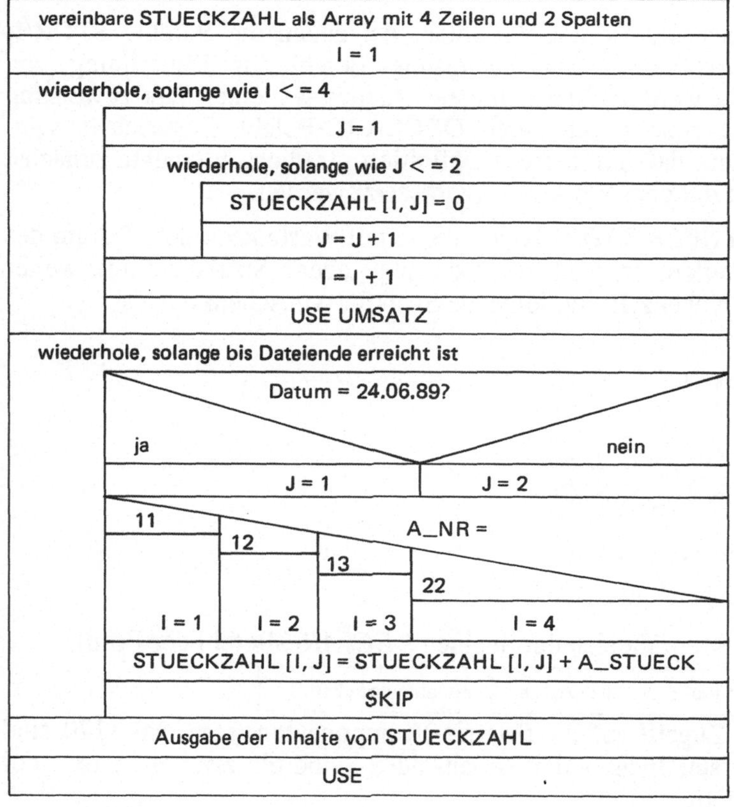

Wir formen die Inhalte der Strukturblöcke in dBASE-Befehle um und speichern sie in der Programm-Datei ARRAY.PRG ab, so daß wir das folgende Ergebnis erhalten:

```
SET TALK OFF
DECLARE STUECKZAHL[4, 2]
I = 1
DO WHILE I<=4
   J = 1
   DO WHILE J <= 2
      STUECKZAHL[I, J]=0
      J = J+1
   ENDDO
I = I+1
ENDDO
*STUECKZAHL[1, 1]=0
*STUECKZAHL[2, 1]=0
*STUECKZAHL[3, 1]=0
*STUECKZAHL[4, 1]=0
*STUECKZAHL[1, 2]=0
*STUECKZAHL[2, 2]=0
*STUECKZAHL[3, 2]=0
*STUECKZAHL[4, 2]=0
USE UMSATZ
DO WHILE .NOT. EOF()
   IF DATUM = CTOD("24.06.89")
      J = 1
   ELSE
      J = 2
   ENDIF
   DO CASE
      CASE A_NR = 11
           I = 1
      CASE A_NR = 12
           I = 2
      CASE A_NR = 13
           I = 3
      CASE A_NR = 22
           I = 4
    ENDCASE
    STUECKZAHL[I, J]=STUECKZAHL[I, J] + A_STUECK
    SKIP
 ENDDO
```

```
? "Artikelnummer", "24.06.89", "25.06.89"
? "      11", STUECKZAHL[1, 1],STUECKZAHL[1, 2]
? "      12", STUECKZAHL[2, 1],STUECKZAHL[2, 2]
? "      13", STUECKZAHL[3, 1],STUECKZAHL[3, 2]
? "      22", STUECKZAHL[4, 1],STUECKZAHL[4, 2]
USE
SET TALK ON
```

Die Ausführung dieses Programms durch den Befehl

```
. DO ARRAY
```

führt zur folgenden Ausgabe:

```
Artikelnummer 24.06.89 25.06.89

          11        70       40
          12        50        0
          13        40        0
          22        10       35
```

Arrays können auch zur Speicherung von durch die Befehle AVERAGE, CALCULATE und SUM ermittelten Resultaten verwendet werden. Dazu sind diese Befehle gemäß der folgenden Syntax einzusetzen:

```
{ AVERAGE | CALCULATE | SUM } [ bereich ]
            vorschrift-1 [ vorschrift-2 ]... TO ARRAY array-name
            [ WHILE bedingung-1 ] [ FOR bedingung-2 ]
```

Dabei müssen für die Platzhalter "vorschrift-i" bei den Befehlen AVERAGE und SUM Feldnamen und beim CALCULATE-Befehl geeignete Funktionsaufrufe eingesetzt werden (siehe Abschnitt 14.4). Weil die ermittelten Werte in aufeinanderfolgenden Arrayelementen abgespeichert werden, sollte der hinter dem Schlüsselwort *ARRAY* angegebene Array "array-name" mindestens soviele Komponenten besitzen, wie Anforderungen vor dem Schlüsselwort *TO* aufgeführt sind. Enthält er mehr Komponenten, so werden nur soviele Elemente belegt, wie für die Speicherung von Werten benötigt werden.

Anzeigen von Variablen

Wollen wir uns über den jeweils aktuellen Inhalt des Speicherbereichs mit den Variablenwerten informieren, so können wir dazu den *DISPLAY MEMORY*-Befehl in der Form

```
DISPLAY MEMORY [ TO { PRINTER | FILE text-dateiname } ]
```

eingeben, woraufhin die Variablennamen und die zugehörigen Variablenwerte am Bildschirm ausgegeben werden. Bei der Angabe von "*TO PRINTER*" erfolgt eine zusätzliche Ausgabe auf einen angeschlossenen Drucker, während bei der Aufführung von "*TO FILE*" eine Übertragung in die angegebene Text-Datei vorgenommen wird.

Fügen wir etwa am Ende der Prozedur ARRAY vor dem RETURN-Befehl den Befehl

```
DISPLAY MEMORY
```

ein, so wird die folgende Übersicht am Bildschirm angezeigt:

```
                    Benutzer-Speichervariable

J          private N          2  (2,000000000000000000)   ARRAY @ array.prg
I          private N          1  (1,000000000000000000)   ARRAY @ array.prg
STUECKZAHL private A  [4, 2]
   [1, 1]  elem    N         70 (70,00000000000000000)   ARRAY @ array.prg
   [1, 2]  elem    N         40 (40,00000000000000000)   ARRAY @ array.prg
   [2, 1]  elem    N         50 (50,00000000000000000)   ARRAY @ array.prg
   [2, 2]  elem    N          0 (0,000000000000000000)   ARRAY @ array.prg
   [3, 1]  elem    N         40 (40,00000000000000000)   ARRAY @ array.prg
   [3, 2]  elem    N          0 (0,000000000000000000)   ARRAY @ array.prg
   [4, 1]  elem    N         10 (10,00000000000000000)   ARRAY @ array.prg
   [4, 2]  elem    N         35 (35,00000000000000000)   ARRAY @ array.prg

   3 von 500 Speichvar definiert (und 8 Array-Elemente)
```

Sicherung von Variablen

Um die im Hauptspeicher eingerichteten Variablen für eine spätere Anwendung zu sichern, kann durch den *SAVE TO*-Befehl in der Form

```
SAVE TO dateiname [ ALL { LIKE | EXCEPT } namensmaske ]
```

eine *Variablen-Datei* mit den aktuellen Variablenwerten eingerichtet werden. Diese Datei wird durch die Namensergänzung "*MEM*" (kürzt "MEMORY" ab) gekennzeichnet. Für einen hinter dem Schlüsselwort TO aufgeführten Grundnamen ohne die Ergänzung "MEM" wird diese Namensergänzung automatisch vorgenommen.

Bei der Sicherung werden entweder alle Variablen übertragen oder es wird durch die Angabe des Schlüsselworts *ALL* eine Auswahl getroffen, die durch eine Namensmaske festgelegt ist (siehe die Angaben im Abschnitt 5.4).

Legen wir z.B. den oben durch die Bildschirmausgabe beschriebenen Variablenbereich zugrunde, so werden etwa durch den Befehl

```
. SAVE TO SICHER ALL LIKE *NAME_V
```

die Namen "TABNAME_V" und "FELDNAME_V" für die Übertragung bestimmt, da diese Namen durch die Zeichenfolge "NAME_V" beendet werden. Durch die Angabe des Befehls

```
. SAVE TO SICHER ALL LIKE ???NAME_V
```

wird dagegen nur die Variable TABNAME_V für die Übertragung gekennzeichnet, da die vor dem Text "NAME_V" einzusetzende Zeichenfolge aus genau 3 Zeichen bestehen muß.

Über die Schlüsselwörter *LIKE* und *EXCEPT* läßt sich bestimmen, ob die durch die Namensmaske gekennzeichneten Variablen gespeichert (bei LIKE) oder von der Übertragung ausgeschlossen werden sollen (bei EXCEPT).

Bereitstellen von gesicherten Variablen

Die in einer Variablen-Datei gespeicherten Variablen lassen sich durch den *RESTORE FROM*-Befehl in der Form

```
RESTORE FROM dateiname [ ADDITIVE ]
```

wieder in den Hauptspeicher übertragen. Ohne Angabe des Schlüsselworts *ADDITIVE* wird *zuvor* der aktuelle Inhalt des Gedächtnisses gelöscht, während bei Angabe von ADDITIVE die Variablen aus der Variablen-Datei zu den im Gedächtnis vereinbarten Variablen hinzugefügt werden. Bei *Namensgleichheit* wird jeweils der Variablenwert aus der Variablen-Datei übernommen.

Löschen von Variablen

Sollen alle aktuell im Gedächtnis enthaltenen Variablen gelöscht werden, so können wir dazu den *CLEAR MEMORY*-Befehl in der Form

```
CLEAR MEMORY
```

bzw. den *RELEASE*-Befehl in der Form

```
RELEASE ALL
```

eingeben (siehe auch Abschnitt 16.2).

Zur Löschung von ausgewählten Variablen müssen wir den *RELEASE*-Befehl in der Form

```
RELEASE varname-1 [ varname-2 ]...
```

oder

```
RELEASE ALL [ { LIKE | EXCEPT } namensmaske ]
```

einsetzen, bei dem wir über die Angabe von LIKE oder EXCEPT mit Hilfe der Wildcard-Zeichen "*" und "?" die Namen der zu löschenden Variablen beschreiben können.

Datenaustausch zwischen Variablen und Tabellen-Dateien

Es besteht die Möglichkeit, den gesamten Inhalt bzw. Teile einer Tabellen-Datei zur weiteren Bearbeitung in ein Array zu übertragen. Dazu dient der *COPY TO*-Befehl mit dem Schlüsselwort *ARRAY* in der Form

```
COPY TO ARRAY varname [ bereich ]
              [ FIELDS feldname-1 [ , feldname-2 ]... ]
              [ WHILE bedingung-1 ] [ FOR bedingung-2 ]
```

Abhängig von den evtl. angegebenen Bedingungen bzw. dem spezifizierten Satzbereich werden alle Feldinhalte bzw. allein die durch das Schlüsselwort *FIELDS* gekennzeichneten Feldinhalte in den Array "varname" übertragen. Dieser Array muß zuvor durch einen DECLARE-Befehl als *Matrix* (mit Zeilen- und Spalten-Index) vereinbart worden sein und sollte mindestens so viele Spalten-Indizes besitzen wie Feldelemente innerhalb des Satzes vorliegen. Der erste zu übertragende Satz wird in den durch den Zeilen-Index 1 spezifizierten Bereich übertragen, der 2. zu übertragende Satz in den durch den Zeilen-Index 2 gekennzeichneten Bereich, usw. Sind mehr Sätze als Zeilen-Indizes vorhanden, so wird die Übertragung abgebrochen, falls der Array vollständig gefüllt ist.

So werden z.B. durch die Befehle

```
. USE UMSATZ
. DECLARE NUMMERN[5, 2]
. COPY TO ARRAY NUMMERN FIELDS V_NR, A_NR
        FOR DATUM = CTOD("24.06.89")
```

bis zu 5 Paare von Vertreter- und Artikelnummern in das Feld NUMMERN für diejenigen Umsätze übertragen, die am 24.06.89 getätigt wurden.

Der sich anschließende Befehl

```
. DO AUSGABE
```

für die Ausführung der Programm-Datei AUSGABE.PRG mit dem Inhalt

```
SET TALK OFF
J = 1
DO WHILE J <= 5
   ? NUMMERN[J, 1], NUMMERN[J, 2]
   J = J + 1
ENDDO
SET TALK ON
```

führt zu folgendem Ergebnis:

```
8413 12
5016 22
8413 11
8413 13
1215 13
```

Sind Daten, die als Satzinhalte in eine Tabellen-Datei ausgegeben werden sollen, vor ihrer Übertragung geeignet aufzubereiten, so ist (nach der Dateneingabe über die Tastatur oder aus einer Text-Datei) unter Umständen eine Zwischenspeicherung sinnvoll. Dazu eignet sich ein als Matrix (mit Zeilen- und Spalten-Index) definierter Array, dessen Spalten-Indizes die jeweiligen Datenfeldinhalte und dessen Zeilen-Indizes die jeweiligen Satzinhalte kennzeichnen.

Haben wir z.B. neue Umsatzdaten in die Tabellen-Datei UMSATZ.DBF einzutragen, so können wir sie etwa in den durch den Befehl

```
. DECLARE UMSATZ_V[1, 4]
```

vereinbarten Array UMSATZ_V zwischenspeichern:

8413	22	10	25.06.89
↑	↑	↑	↑
UMSATZ_V [1, 1]	UMSATZ_V [1, 2]	UMSATZ_V [1, 3]	UMSATZ_V [1, 4)

Anschließend läßt sich der *APPEND FROM*-Befehl mit dem Schlüsselwort *ARRAY* in der Form

```
APPEND FROM ARRAY varname [ FOR bedingung ]
```

einsetzen. Dadurch werden alle im Array "varname" enthaltenen Zeilen als Sätze in die im aktuellen Arbeitsbereich angemeldete Tabellen-Datei übertragen. Wird eine Bedingung angegeben, so erfolgt die Übertragung nur bei Gültigkeit dieser Bedingung. Enthält eine Zeile mehr Elemente als für den Datensatz benötigt werden, so werden nur die jeweils ersten Werte übertragen. Sind zu wenig Elemente vorhanden, so bleiben die restlichen Datenfelder des Datensatzes leer.

In unserem Fall geben wir im Anschluß an den Befehl

```
. USE UMSATZ
```

den folgenden APPEND FROM-Befehl ein:

```
. APPEND FROM ARRAY UMSATZ_V
```

Dadurch werden die 4 im Array UMSATZ_V enthaltenen Werte in die - gemäß der Reihenfolge - korrespondierenden Datenfelder des Satzpuffers übertragen.

16.2 Gültigkeitsbereich von Variablen

PUBLIC- und PRIVATE-Variable

Bislang haben wir dargestellt, wie Variable eingerichtet, gelöscht, gesichert und wieder bereitgestellt werden können. Dabei wurde nicht berücksichtigt, ob die Befehle innerhalb einer Prozedur oder unmittelbar im Dialog zur Ausführung gelangen.

Grundsätzlich werden Variable dadurch unterschieden, ob sie den Status *PUBLIC* oder den Status *PRIVATE* besitzen. Unabhängig vom jeweiligen Status teilen sich alle Variable den maximal zur Verfügung stehenden Speicherbereich.

Alle im Dialog vereinbarten Variable haben stets den Status *PUBLIC*. Dies bedeutet, daß ihre Namen *global*, d.h. für alle Befehle innerhalb von Prozeduren, zugänglich sind.

Alle innerhalb von Prozeduren definierten Variable haben den Status *PRIVATE*, d.h. ihre Namen sind nur *lokal* innerhalb der Prozedur bekannt, in der sie vereinbart wurden. Dies hat zur Folge, daß die Variablen innerhalb einer *rufenden* Prozedur nicht zugänglich sind. Allerdings kann auf sie von jeder gerufenen Prozedur zugegriffen werden.

Betrachten wir die folgende Situation:

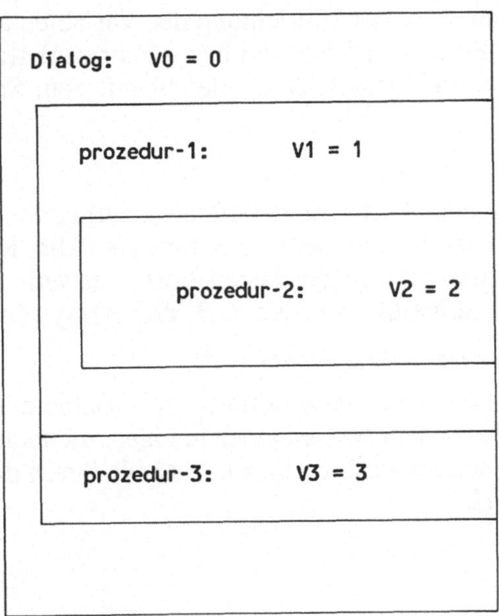

Diese Darstellung zeigt, daß

- der Befehl "V0 = 0" im Dialog bearbeitet wird,
- die Prozedur prozedur-1 mit der Ausführung von "V1 = 1" aufgerufen wird,
- die in der Prozedur prozedur-1 enthaltene Prozedur prozedur-2 aufgerufen und "V2 = 2" ausgeführt wird,
- nach der Rückkehr aus prozedur-2 die Prozedur prozedur-1 beendet wird, und letztlich
- prozedur-3 aufgerufen und "V3 = 3" ausgeführt wird.

Über den Gültigkeitsbereich der Variablen V0, V1, V2 und V3 läßt sich feststellen:

- auf V0 kann von allen Prozeduren zugegriffen werden,
- V1 steht nur in prozedur-1 und prozedur-2 zur Verfügung,
- V2 ist nur in prozedur-2 bekannt, und
- V3 läßt sich nur in prozedur-3 bearbeiten.

Soll eine innerhalb einer Prozedur vereinbarte Variable für Dialog-Befehle oder innerhalb einer rufenden Prozedur zugänglich sein - z.B. V2 innerhalb von prozedur-1 -, so muß sie als PUBLIC-Variable durch den *PUBLIC*-Befehl in der Form

```
PUBLIC varname-1 [ varname-2 ]...
```

deklariert werden. Dieser Befehl muß vor der Einrichtung der Variablen ausgeführt werden. Die als Arrays (in Form von Vektoren bzw. Matrizen) strukturierten Variablen sind in einem gesonderten PUBLIC-Befehl mit dem Schlüsselwort ARRAY in der Form

```
PUBLIC ARRAY varname [1]
```

anzugeben. Dieser Befehl ist vor dem DECLARE-Befehl einzutragen, durch den der Array "varname" definiert wird. Sind mehrere Arrays als PUBLIC-Variable zu vereinbaren, so können sie in der angegebenen Form - jeweils durch Kommata getrennt - hintereinander aufgeführt werden, z.B. drei Arrays durch:

```
PUBLIC ARRAY varname-1 [1], varname-2 [1], varname-3 [1]
```

Stimmt ein Variablenname einer in einer Prozedur definierten Variable mit dem Namen einer PUBLIC-Variablen bzw. dem Namen einer in einer rufenden Prozedur vereinbarten Variablen überein, so wird die lokale Variable durch die bereits vorhandene Variable "*überdeckt*".

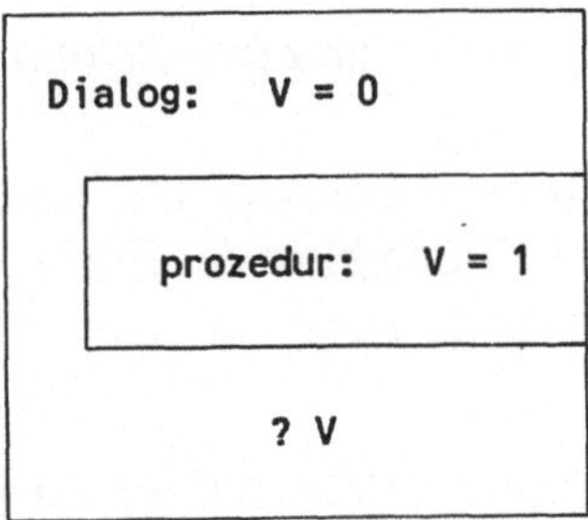

In dieser Situation liefert der Befehl "? V" den Wert 1, da bei der Zuweisung "V = 1" die während des Dialogs eingerichtete Variable V adressiert wird. Soll die Zuweisung "V = 1" für die innerhalb der Prozedur vereinbarte Variable V durchgeführt werden (der Befehl "? V" liefert den Wert 0), so ist der *PRIVATE*-Befehl in der Form

```
PRIVATE { varname-1 [ varname-2 ]...
          | ALL [ { LIKE | EXCEPT } namensmaske ] }
```

innerhalb der Prozedur einzusetzen. Durch die Ausführung dieses Befehls wird bestimmt, daß bei der Zuweisung an eine durch diesen Befehl festgelegte Variable stets die lokale, innerhalb der Prozedur vereinbarte Variable den zugewiesenen Wert erhält - und nicht eine PUBLIC-Variable bzw. in einer rufenden Prozedur vereinbarte Variable gleichen Namens.

Werden die Befehle RELEASE bzw. RESTORE innerhalb von Prozeduren eingesetzt, so wirken sie *nur* auf PRIVATE-Variable, d.h. RELEASE löscht PRIVATE-Variable und RESTORE legt PRIVATE-Variable an. Dabei ist zu beachten, daß bei RESTORE *ohne* Angabe des Schlüsselworts *ADDITIV* auch sämtlich vorhandene PUBLIC-Variable gelöscht werden.

Parameter

Bislang haben wir unsere Prozeduren so konzipiert, daß die für die Verarbeitung benötigten Werte interaktiv angefragt und die resultierenden Werte innerhalb der Prozedur ausgegeben wurden. Oftmals ist es jedoch wünschenswert, daß die Werte, die eine Prozedurausführung steuern sollen, beim Prozeduraufruf *übergeben* und die Ergebniswerte nach der Prozedurausführung in der rufenden Prozedur bzw. im Dialog zur weiteren Verarbeitung *zur Verfügung* stehen.

Hinweis:

Die nachfolgenden Angaben gelten sinngemäß auch für eine in einer Programm-Datei abgespeicherte Befehlsfolge.

Oben haben wir als Vorteile des PRIVATE-Befehls kennengelernt, daß eine Problemlösung - ohne Kenntnis der Prozedurumgebung - beschrieben werden kann, ohne daß die Gefahr eines falschen Zugriffs wegen einer Namensgleichheit besteht. Somit sollten die an eine Prozedur zu übermittelnden Werte und die Ergebniswerte nicht über PUBLIC-Variable, sondern an einer *Schnittstelle* durch Parameter ausgetauscht werden.

Die Kommunikation von Prozeduren ist über einen *Parameter-Mechanismus* möglich, bei der die gerufene Prozedur durch den *DO*-Befehl in der Form

```
DO { prozedurname | programm-dateiname }
                WITH parameter-1 [ parameter-2 ]...
```

zur Ausführung gelangt. Korrespondierend mit diesem Befehl muß in der gerufenen Prozedur - als erster Befehl - ein *PARAMETERS*-Befehl in der Form

```
PARAMETERS parameter-1 [ parameter-2 ]...
```

angegeben werden, wobei die Anzahl der Parameter mit der Anzahl der hinter dem Schlüsselwort WITH im DO-Befehl aufgeführten Parameter *übereinstimmen* muß.

Die im DO-Befehl angegebenen Parameter heißen *aktuelle* Parameter. Dies können Variable oder auch Ausdrücke sein. Die jeweiligen Werte dieser Größen werden beim Prozeduraufruf an die ihnen zugeordneten *formalen* Parameter übertragen, die innerhalb des PARAMETERS-Befehls an der - bzgl. der Reihenfolge - korrespondierenden Position als *lokale* Größen der gerufenen Prozedur angegeben sind.

Hinweis:

Formale Parameter dürfen nicht mit den Aliasnamen A, B, ... J und M benannt sein.

Ist ein aktueller Parameter eine Variable, so kann über eine innerhalb der gerufenen Prozedur erfolgende *Wertzuweisung* an den korrespondierenden formalen Parameter eine *Werteübermittlung* in die rufende Prozedur bzw. in den Bereich der PUBLIC-Variablen - beim Aufruf des DO-Befehls aus dem Dialog heraus - vorgenommen werden. Dabei wird stets der Wert der jeweils zuletzt innerhalb der Prozedur durchgeführten Zuweisung in die Variable auf der aktuellen Parameterposition gespeichert. Kennzeichnet der Name eines aktuellen Parameters sowohl eine Variable als auch ein Feld des aktuellen Satzpuffers, so wird die Variable durch den aktuellen Parameter adressiert. Soll der Name des Feldes als Parameter übergeben werden, so ist er durch einen *Aliasnamen* zu kennzeichnen.

Wollen wir etwa die im Abschnitt 14.5 vereinbarte Prozedur COUNT zur Ausführung bringen, ohne daß wir den Namen der Tabellen-Datei interaktiv erfragen, so können wir z.B. die Prozedur COUNT innerhalb der neu eingerichteten Prozedur-Datei AGREGAT2.PRG (mit den unveränderten Prozeduren SUM und AVERAGE) in der folgenden Form vereinbaren:

```
PROCEDURE COUNT
PARAMETERS TABNAME_P, COUNT_P
PRIVATE COUNT_V
SET TALK OFF
CLEAR
USE &TABNAME_P
STORE 0 TO COUNT_V
DO WHILE .NOT. EOF()
   STORE COUNT_V + 1 TO COUNT_V
   SKIP
ENDDO
STORE COUNT_V TO COUNT_P
USE
SET TALK ON
RETURN
```

Die so definierte Prozedur bringen wir wie folgt zur Ausführung:

```
. SET PROCEDURE TO AGREGAT2
. ANZAHL = 0
. DO COUNT WITH "UMSATZ", ANZAHL
. ?ANZAHL, ": Satzzahl"
```

Dadurch wird die Prozedur COUNT mit den zwei aktuellen Parametern "UMSATZ" und ANZAHL aufgerufen. Über die Variable ANZAHL soll die ermittelte Satzzahl zurückgemeldet werden. Obwohl der gerufenen Prozedur COUNT über diese Variable kein Wert übergeben wird, muß dieser aktuelle Parameter zuvor als Variable eingerichtet sein, was durch die vorausgehende Zuweisung

```
. ANZAHL = 0
```

geschehen ist.

16.3 Benutzerseitig vereinbarte Funktionen (FUNCTION)

Bei dem im Abschnitt 16.2 angegebenen Aufruf der Prozedur COUNT ist es störend, daß ein zweiter Parameter benötigt wird, um das Ergebnis der Prozedurausführung zurückzumelden. Eine Alternative dazu bietet das Konzept der *benutzerseitig definierten Funktion.* Eine derartige Funktion liefert als Ergebnis einen Wert, der an der Stelle, an der die Funktion aufgerufen wird, *unmittelbar* für die weitere Verarbeitung zur Verfügung steht.

Wir werden im folgenden zeigen, wie die Leistung von COUNT durch eine benutzerseitig definierte Funktion namens ZAEHLE erbracht werden kann, so daß sich z.B. die Satzzahl für die Datei UMSATZ.DBF durch den Befehl

```
. ?ZAEHLE("UMSATZ"), ": Satzzahl"
```

ermitteln läßt.

Genau wie bei den standardmäßig vom dBASE-System zur Verfügung gestellten Funktionen, wird jeder Funktionsaufruf durch einen Funktionsnamen eingeleitet, dem die Liste der aktuellen Parameter - eingeschlossen in Klammern und durch Kommata voneinander getrennt - folgen muß.

Die Vereinbarung von ZAEHLE als benutzerseitig definierte Funktion ist mit dem *FUNCTION*-Befehl in der Form

```
FUNCTION prozedurname
```

in eine Prozedur-Datei einzutragen. Es folgt der PARAMETERS-Befehl zur Vereinbarung der formalen Parameter, dem ein PRIVATE-Befehl zur Definition von lokalen Objekten folgen kann. Das Funktionsergebnis muß durch den *RETURN*-Befehl in der Form

```
RETURN ausdruck
```

zurückgemeldet werden.

Folglich können wir die Funktion ZAEHLE wie folgt innerhalb der Prozedur-Datei ZAEHLE.PRG vereinbaren:

```
FUNCTION ZAEHLE
PARAMETERS TABNAME_P
PRIVATE COUNT_V
SET TALK OFF
CLEAR
USE (TABNAME_P)
STORE 0 TO COUNT_V
DO WHILE .NOT. EOF()
   STORE COUNT_V + 1 TO COUNT_V
   SKIP
ENDDO
USE
SET TALK ON
RETURN COUNT_V
```

Anstelle des Textes "&TABNAME_P", der in der Prozedur COUNT innerhalb des USE-Befehls eingetragen ist (siehe Abschnitt 16.2), haben wir in der Datei ZAEHLE.PRG den Text "(TABNAME_P)" angegeben. Dies liegt daran, daß der &-Operator innerhalb einer benutzerseitig definierten Funktion *nicht* verwendet werden darf. Damit trotzdem für Datei- und Aliasnamen eine Substitution zum Zeitpunkt des Funktionsaufrufs möglich ist, sind diese Namen in die *Klammern* "(" und ")" einzufassen.

Vor ihrem erstmaligen Aufruf muß eine benutzerseitig definierte Funktion kompiliert werden, so daß wir in unserem Fall den *COMPILE*-Befehl

```
. COMPILE ZAEHLE
```

einzugeben haben. Dadurch wird der Inhalt von ZAEHLE.PRG in die Datei ZAEHLE.DBO mit den unmittelbar ausführbaren Maschinenbefehlen umgewandelt.

Aufgaben

Aufgabe 16.1

Übertrage die Sätze der Tabellen-Datei AUFPOS.DBF in den Array AUFPOS und zeige die Anzahl der Matrix-Zeilen durch den Aufruf der benutzerseitig definierten Funktion ANZAHL (gespeichert in ANZAHL.PRG) am Bildschirm an! Summiere die Teileanzahlen für die einzelnen Teilenummern durch den Aufruf der benutzerseitig definierten Funktion SUMME (gespeichert in SUMME.PRG) und zeige die Funktionswerte am Bildschirm an!

Anhang

A.1 Untersuchung auf redundanzfreie Speicherung

Normalformenlehre

Gegenstand der folgenden Erörterungen ist unsere Tabelle VERTRETER-TAETIGKEIT in der Form (siehe Abschnitt 2.1):

```
VERTRETER-TAETIGKEIT(V_NR,V_NAME,V_ANSCH,V_PROV,V_KONTO,
                     ----
                          A_NR,A_NAME,A_PREIS,A_STUECK,DATUM)
                          ----                          -----
```

Grundlegend für eine *theoretische* Untersuchung, ob Daten überflüssigerweise in einer Tabelle aufgeführt sind, ist die *Normalformenlehre* von Codd. Diese verfolgt unter anderem das Ziel, eine Tabelle so zu zergliedern, daß die Daten innerhalb der resultierenden Tabellen *redundanzfrei* auftreten. Zur Vertiefung der nachfolgenden Darstellung wird im Anhang A.2 ein Fallbeispiel zur Strukturierung von Auftragsdaten vorgestellt. Der dort aufgeführte Datenbestand bildet die Grundlage für die in diesem Buch angegebenen Übungsaufgaben.

Hinweis:

Die Normalformenlehre wurde auch deswegen entwickelt, um unerwünschte Effekte beim Einfügen (INSERT) und Löschen (DELETE) von Tabellenzeilen auf Grund von Abhängigkeiten zu vermeiden.

Die "1. Normalform"

Zunächst ist sicherzustellen, daß sich eine Tabelle in der "*1. Normalform*" befindet. Dies bedeutet, daß jeder Wert innerhalb einer Tabellenzeile ein einzelner Wert (atomar) ist, der keine Zusammenfassung von mehreren Werten sein darf.

Weil die von uns zu untersuchende Ausgangstabelle VERTRETER-TAETIGKEIT in jeder Zeile und jeder Spalte genau einen Wert enthält, befindet sie sich bereits in der "1. Normalform", so daß sie auf die "2. Normalform" überprüft werden kann.

Funktionale Abhängigkeit

Um zu entscheiden, ob sich eine Tabelle in der "2. Normalform" befindet, müssen wir "funktionale Abhängigkeiten" untersuchen.

Dabei ist eine Eigenschaft B von einer Eigenschaft A dann *funktional abhängig*, wenn zu jedem Wert von A höchstens ein Wert von B möglich ist.

Wir kennzeichen diesen Sachverhalt grafisch durch das Diagramm:

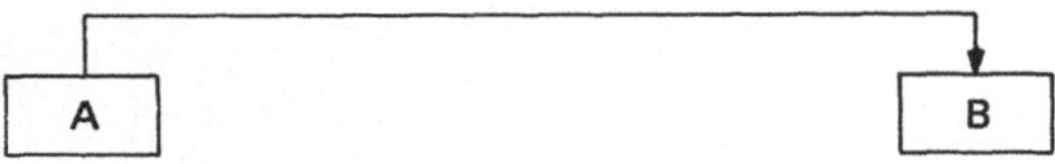

Z.B. ist V_NAME funktional abhängig von V_NR, weil zu jeder Vertreterkennzahl genau ein Vertretername gehört. Dagegen ist etwa DATUM nicht funktional abhängig von V_NR, da z.B. der Vertreterkennzahl 8413 sowohl der Datumswert "24.06.89" als auch der Datumswert "25.06.89" zugeordnet ist (siehe die Tabelle VERTRETER-TAETIGKEIT).

Grundsätzlich sind alle in einer Tabelle enthaltenen Merkmale funktional abhängig vom Identifikationsschlüssel, da durch jeden Wert dieses Schlüssels genau eine Tabellenzeile identifiziert ist.

Die "2. Normalform"

Redundanzen treten unter anderem dann auf, wenn der Identifikationsschlüssel aus mehreren Merkmalen aufgebaut ist. Daher sind Tabellen auf ihre "2. Normalform" hin zu untersuchen, die folgendermaßen vereinbart ist:

Eine Tabelle ist dann in der "2. *Normalform*", wenn sich die Tabelle in der "1. Normalform" befindet und jede Eigenschaft, die nicht zum Identifikationsschlüssel gehört, voll funktional abhängig vom Identifikationsschlüssel ist.

Dabei bedeutet die "*volle funktionale Abhängigkeit*", daß eine derartige Eigenschaft von keinem Merkmal funktional abhängig sein darf, das Bestandteil des Identifikationsschlüssels ist. Dies besagt, daß die folgende Situation nicht vorliegen darf:

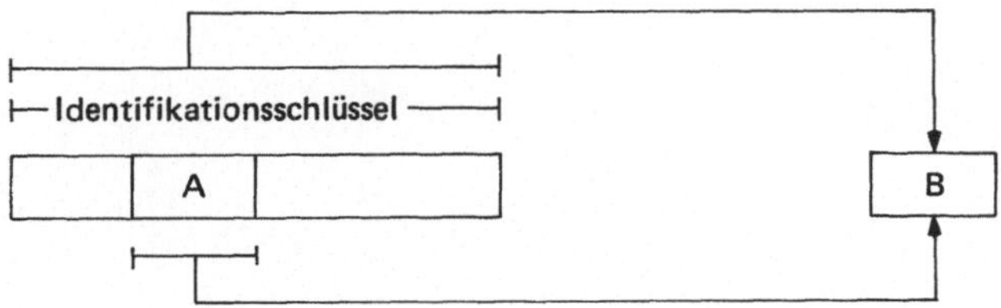

In dieser Konstellation ist der Identifikationsschlüssel aus mehreren Schlüsselwerten aufgebaut und die Eigenschaft B sowohl funktional abhängig vom Identifikationsschlüssel als auch von der Eigenschaft A als Teil des Identifikationsschlüssels.

Die Tabelle VERTRETER-TAETIGKEIT befindet sich nicht in der "2. Normalform", da gilt:

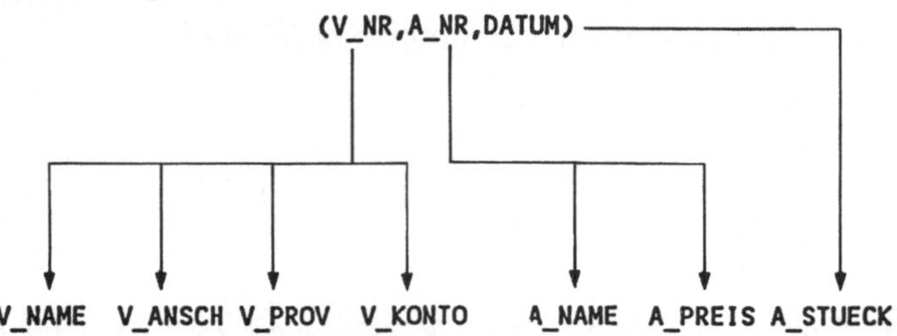

V_NAME, V_ANSCH, V_PROV und V_KONTO sind sowohl funktional abhängig vom Identifikationsschlüssel (V_NR,A_NR,DATUM) als auch vom Schlüsselbestandteil V_NR. A_NAME und A_PREIS sind sowohl funktional abhängig vom Identifikationsschlüssel (V_NR,A_NR,DATUM) als auch vom Schlüsselbestandteil A_NR. Allein zu A_STUECK existiert kein Schlüsselbestandteil, von dem A_STUECK funktional abhängig ist.

Projektion

Bei einer Tabelle, die nicht in der "2. Normalform" ist, muß der zusammengesetzte Identifikationsschlüssel geeignet aufgespaltet und die Tabelle entsprechend zerlegt werden.

Wir stellen uns die Aufgabe, die Tabelle VERTRETER-TAETIGKEIT so zu zergliedern, daß sie aus den resultierenden Basistabellen rekonstruierbar ist (verlustfreie Zerlegung) und sich diese Basistabellen sämtlich in der "2. Normalform" befinden. Dazu leiten wir die Tabellen VERTRETER, ARTIKEL und UMSATZ aus der Tabelle VERTRETER-TAETIGKEIT durch Projektionen ab.

Eine *Projektion* führen wir dadurch aus, daß wir neue Tabellen erstellen, wobei wir ausgewählte Tabellenspalten der Ausgangstabelle weglassen. Dies kennzeichnen wir schematisch durch das Diagramm:

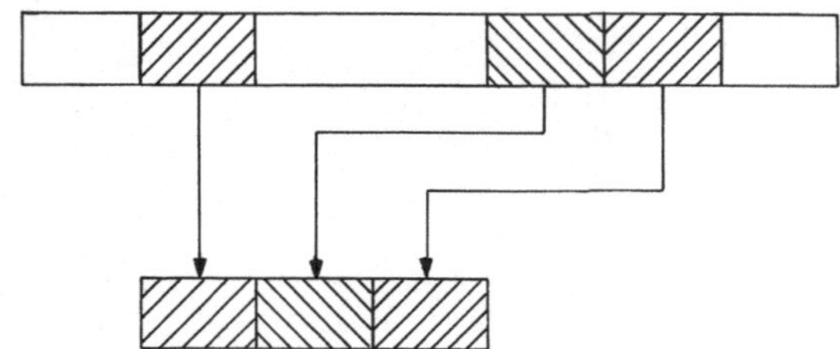

In der resultierenden Tabelle löschen wir die durch die Projektion evtl. entstandenen gleichen Tabellenzeilen, da wir die Redundanzfreiheit der Tabellen anstreben.

In unserem Fall führen wir die Projektionen in folgender Weise durch:

VERTRETER-TAETIGKEIT

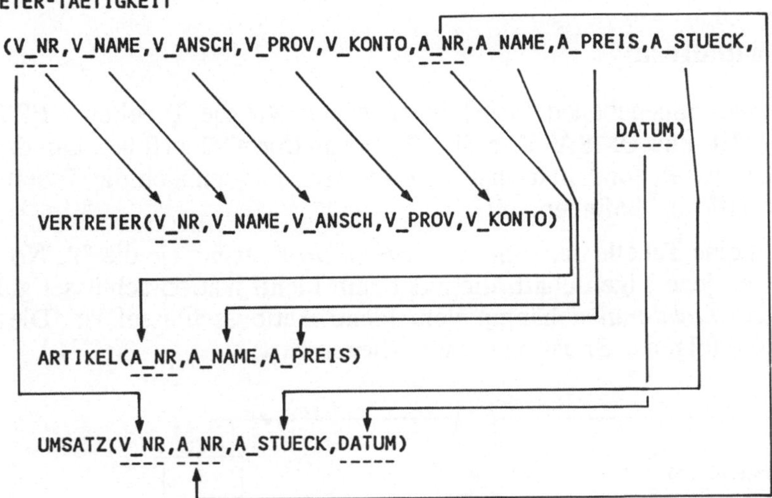

Verbund

Zur Wiederherstellung der Ausgangstabelle aus den Basistabellen muß ein *Verbund* (Join) durchgeführt werden. Dazu sind die Identifikationsschlüsselwerte abzugleichen und die Werte von korrespondierenden Tabellenzeilen zu einer neuen Tabellenzeile zusammenzufassen, was sich schematisch durch das folgende Diagramm kennzeichnen läßt:

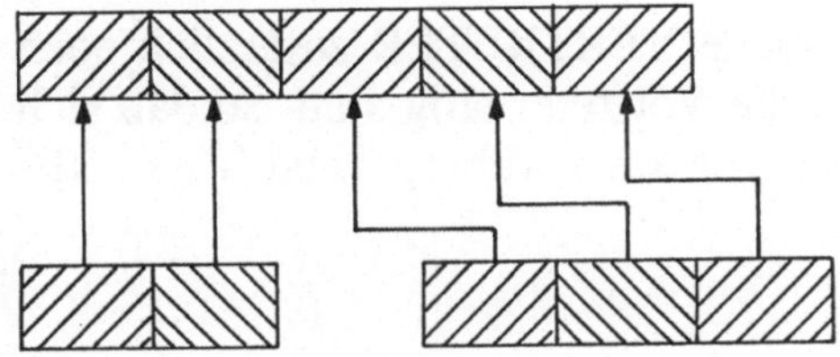

Soll die Ausgangstabelle VERTRETER-TAETIGKEIT aus den durch Projektionen ermittelten Tabellen VERTRETER, ARTIKEL und UMSATZ wiedergewonnen werden, so ist wie folgt zu verfahren:

Ausgehend von der 1. Tabellenzeile von UMSATZ werden über die Inhalte von V_NR und A_NR die korrespondierenden Tabellenzeilen von VERTRETER und ARTIKEL identifiziert. Anschließend werden die Werte aus den drei Tabellenzeilen zu einer neuen Tabellenzeile zusammengestellt, wobei die Schlüsselwerte von V_NR und A_NR nur einmal übernommen werden. Dieses Verfahren wird fortgesetzt, bis alle Zeilen der Tabelle UMSATZ durchlaufen sind. Als Resultat dieses Verbunds erhalten wir die Tabelle VERTRETER-TAETIGKEIT, die zuvor durch Projektionen zergliedert wurde.

Die "3. Normalform"

Durch die oben angegebenen Projektionen haben wir die Tabellen VERTRETER, ARTIKEL und UMSATZ in die "2. Normalform" überführt. Um das angestrebte Ziel der Redundanzfreiheit zu erreichen, müssen sich die Tabellen in der "3. Normalform" befinden.

Dabei besitzt eine Tabelle dann die "*3. Normalform*", wenn sie die "2. Normalform" hat, und jede Eigenschaft, die nicht zum Identifikationsschlüssel gehört, *nicht transitiv funktional* abhängig vom Identifikationsschlüssel ist. Dies bedeutet, daß die folgende Situation nicht vorliegen darf:

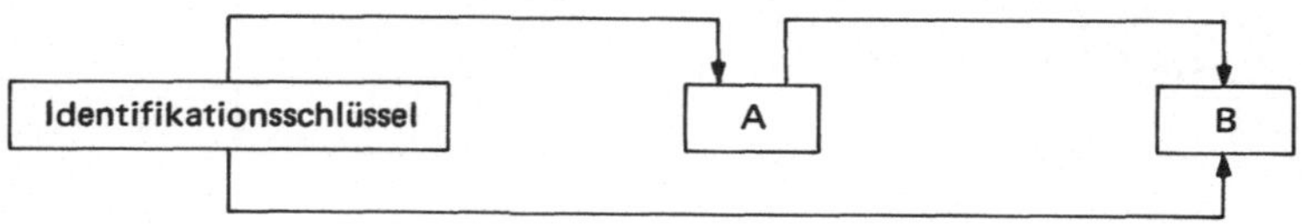

Wir stellen fest, daß sich alle drei Tabellen VERTRETER, ARTIKEL und UMSATZ in der "3. Normalform" befinden. Dabei ist zu bedenken, daß A_PREIS deswegen nicht funktional abhängig von A_NAME ist, weil Oberhemden zum Preis von 39,80 DM als auch von 44,20 DM umgesetzt werden. Auch V_ANSCH ist nicht funktional abhängig von V_NAME, weil nicht ausgeschlossen werden kann, daß zwei gleichnamige Vertreter mit verschiedenen Anschriften im Unternehmen beschäftigt sein können.

Anders wäre dies z.B., falls wir in der Tabelle VERTRETER zusätzlich noch Angaben über die Gebiete hätten, in denen die Vertreter tätig sind, so daß sich diese Tabelle - zur Unterscheidung nennen wir sie vorübergehend VERTRETER-GEBIET - etwa so darstellen würde:

```
VERTRETER-GEBIET(V_NR, V_NAME,           V_ANSCH, ...
                 ----

                 8413 Meyer, Emil   Wendeweg 10, 2800 Bremen
                 5016 Meier, Franz  Kohlstr. 1, 2800 Bremen
                 1215 Schulze,Fritz Gemüseweg 3, 2800 Bremen

                 ...      V_PROV,  V_KONTO, G_NR,  G_NAME)
                          0,07     725,15     1  Ostfriesland
                          0,05     200,00     2  Land Bremen
                          0,06      50,50     1  Ostfriesland
```

In diesem Fall wäre G_NAME von G_NR und G_NR von V_NR funktional abhängig, d.h. G_NAME wäre von V_NR transitiv funktional abhängig, so daß die "3. Normalform" über Projektionen erreicht werden müßte. Dabei wäre VERTRETER-GEBIET in folgender Weise auf die Tabellen VERTRETER und GEBIET zu projizieren:

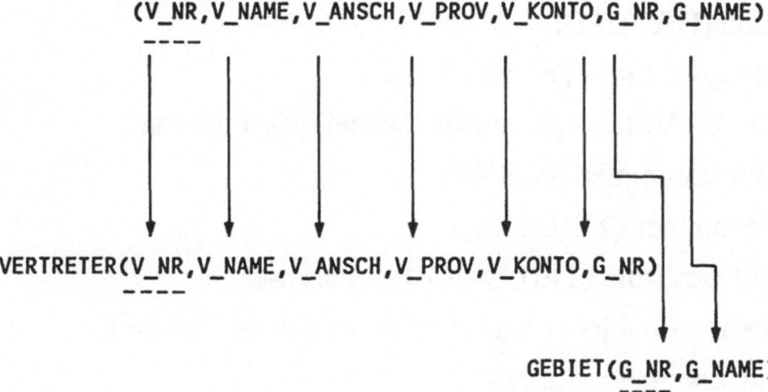

Zusammenfassung

Wir gelangen durch die Anwendung der Normalformenlehre zu denselben Tabellen, die im Abschnitt 2.1 abgeleitet sind. Es zeigt sich, daß wir durch die Ausführung der Normalisierungen schrittweise eine jeweils redundanzfreiere Strukturierung des Datenbestands erreicht haben und daß letztlich die drei resultierenden Tabellen VERTRETER, ARTIKEL und UMSATZ redundanzfrei aufgebaut sind.

Werden Tabellen aus inhaltlich orientierten Erwägungen aus einer Ausgangstabelle abgeleitet, so ist es selbstverständlich ausreichend, allein diese abgeleiteten Tabellen - ohne Rückgriff auf die Ausgangstabelle - auf ihre Normalformen hin zu untersuchen. Nur bei den Tabellen, die sich noch nicht in der "3. Normalform" befinden, sind dann weitere geeignete Projektionen durchzuführen, damit die redundanzfreie Speicherung ermöglicht wird.

Hinweis:

Nicht immer garantiert die "3. Normalform" eine vollständig redundanzfreie Speicherform. Für unsere Darstellung soll jedoch das Kriterium der "3. Normalform" genügen.

A.2 Fallbeispiel zur Strukturierung von Auftragsdaten

Datenbestand

Als weiteres Beispiel dafür, wie wir Zugriffsschlüssel festlegen und einen Datenbestand redundanzfrei speichern können, geben wir die Strukturierung eines Auftragsdatenbestands an. Dabei verstehen wir unter einem Auftragsdatenbestand die Gesamtheit aller Aufträge, die durch die folgenden Merkmale gekennzeichnet sind:

- die Auftragsnummer (AUFNR),
- das Bestelldatum (DATUM),
- den Fertigstellungstermin (TERMIN) und
- die Gesamtheit der Auftragspositionen, wobei jede Position
  - eine Positionsnummer (POSNR),
  - eine Teilenummer (TEILENR),
  - die Anzahl der Teile (TEILEANZ) enthält und
- die Kundendaten, wobei jeder Kunde gekennzeichnet ist durch
  - eine Kundennummer (KDNR),
  - den Namen (KDNAME) und
  - die Anschrift (KDANSCH).

Die diesbezüglich vorhandenen Daten sind für jeden Auftrag in einem Auftragsformular eingetragen, z.B.:

```
Auftragsnummer:  416  vom: 11.11.88          zum: 05.02.89


Auftragsposition:    Teilenummer:       Teileanzahl:
----------------     -----------        ------------
        1               116                 60
        2               037                 60
        3               128                 30


für:  Firma Meyer, Walterweg 10, 2800 Bremen
mit Kundennummer: 317
```

Informationswiedergewinnung

Wir stellen uns die Aufgabe, für den Auftragsbestand ein Datenmodell zu entwickeln und Zugriffsschlüssel festzulegen, so daß die folgenden Fragen im Rahmen der Informationswiedergewinnung beantwortet werden können:

- F1: Ermittlung des Auftragsbestands je Teilenummer (a)
- F2: Ermittlung des Auftragsbestands je Kunde (b)
- F3: Ermittlung von Datum und Termin je Auftrag (c)
- F4: Ermittlung der Teileanzahlen je Auftrag (d)
- F5: Ermittlung der Kundendaten je Auftrag (e)

Zunächst geben wir für jede einzelne Frage eine geeignete Tabellen-Struktur an, in der wir den Identifikationsschlüssel durch das Unterstreichungszeichen "_" und den jeweils erforderlichen Zugriffsschlüssel durch eine Punktunterstreichung markieren:

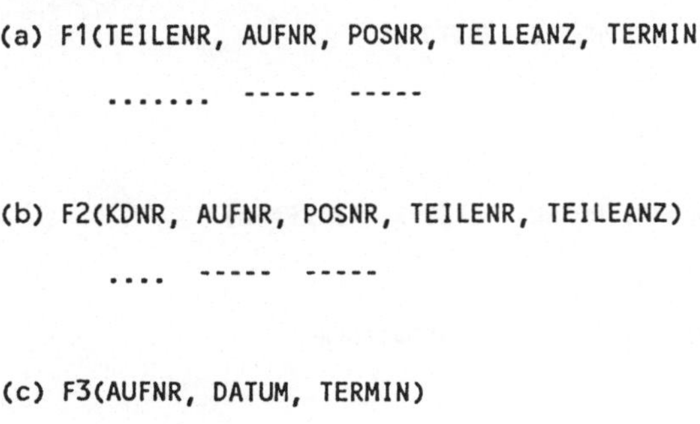

```
(a) F1(TEILENR, AUFNR, POSNR, TEILEANZ, TERMIN)
       .......  -----  -----


(b) F2(KDNR, AUFNR, POSNR, TEILENR, TEILEANZ)
       ....  -----  -----


(c) F3(AUFNR, DATUM, TERMIN)
       -----

       .....
```

```
(d) F4(AUFNR, POSNR, TEILEANZ)
       -----  -----
       .....


(e) F5(AUFNR, KDNR, KDNAME, KDANSCH)
       -----
       .....
```

Überführung in die "3. Normalform"

Die unter (a) bis (e) angegebenen Tabellen sind nicht sämtlich in der "3. Normalform". Im folgenden geben wir die Defizite stichwortartig an und nehmen die jeweils erforderlichen Projektionen vor, so daß sich abschließend alle resultierenden Tabellen in der "3. Normalform" befinden.

(a) Es besteht keine volle funktionale Abhängigkeit:

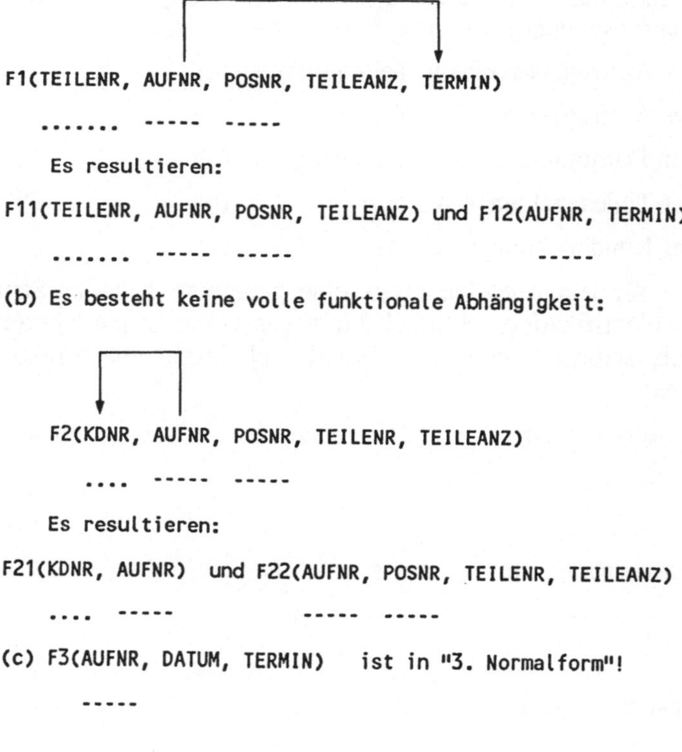

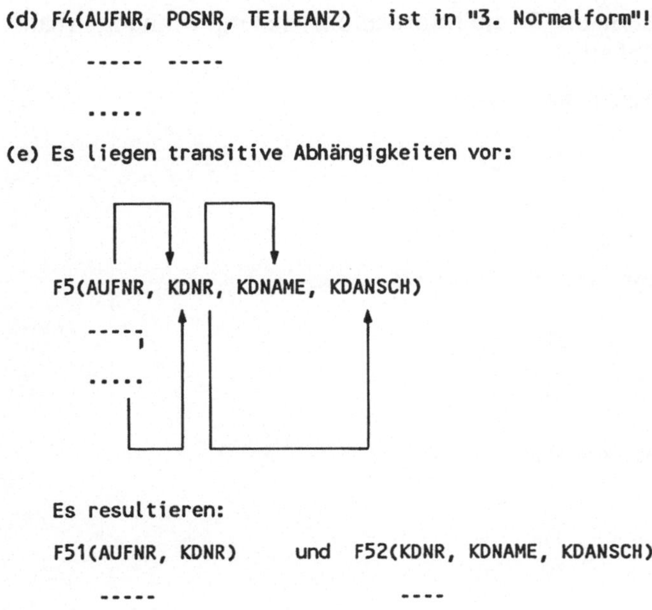

Speicherreduktion

Die abgeleiteten Tabellen fassen wir jetzt so zusammen, daß die Speicheranforderung zur Ablage der Tabellen insgesamt verringert wird.

Dazu verbinden wir die Tabellen F12, F21, F3 und F51 zur Tabelle:

```
F12_21_3_51(AUFNR, KDNR, DATUM, TERMIN)
            -----
            ..... ....
```

Die Tabellen F11, F22 und F4 verbinden wir zur Tabelle:

```
F11_22_4(AUFNR, POSNR, TEILENR, TEILEANZ)
         ----- -----
         .....         .......
```

Als ursprünglich abgeleitete Tabelle übernehmen wir:

```
F52(KDNR, KDNAME, KDANSCH)
    ----
    ....
```

Anstelle der bei der Ableitung verwendeten formalen Tabellennamen vergeben wir die durch die Anwendung bestimmten Namen AUFTRAG, AUFPOS und KUNDE. Als Datenmodell für den Auftragsbestand im Hinblick auf die oben formulierten Anforderungen für die Informationswiedergewinnung erhalten wir somit die folgenden Tabellen:

```
AUFTRAG(AUFNR, KDNR, DATUM, TERMIN)
        -----
        ..... ....


AUFPOS(AUFNR, POSNR, TEILENR, TEILEANZ)
       ----- -----
       .....        .......


KUNDE(KDNR, KDNAME, KDANSCH)
      ----
      ....
```

Zergliederung der Basistabelle

Wir sind bei der oben angegebenen Darstellung von den Fragen F1 bis F5 ausgegangen und haben anschließend die geeignet erscheinenden Tabellen einer Normalisierung unterzogen. Jetzt gehen wir den umgekehrten Weg und fassen als erstes die Merkmale zur Beschreibung des Auftragsbestands wie folgt in einer Tabelle zusammen:

```
AUFTRAGSBESTAND (AUFNR, DATUM, TERMIN, POSNR, TEILENR, TEILEANZ,
                 -----                 -----
                                                   KDNR, KDNAME, KDANSCH)
```

Unser Ziel besteht zunächst darin, diese Tabelle so zu zergliedern, daß sich die resultierenden Tabellen sämtlich in "3. Normalform" befinden.

Funktionale Abhängigkeit besteht jeweils zwischen AUFNR und den Merkmalen DATUM, TERMIN, KDNR, KDNAME und KDANSCH. Daher projizieren wir die Tabelle AUFTRAGSBESTAND und erhalten die Tabelle

```
AUFPOS(AUFNR, POSNR, TEILENR, TEILEANZ)
       ----- -----
```

und die Tabelle:

```
AUFTRAG_KUNDE(AUFNR, DATUM, TERMIN, KDNR, KDNAME, KDANSCH)
              -----
```

Die Tabelle AUFPOS befindet sich bereits in der "3. Normalform". Dagegen besitzt die Tabelle AUFTRAG_KUNDE nicht die "3. Normalform", da folgende transitive Abhängigkeiten bestehen:

AUFTRAG_KUNDE(AUFNR, DATUM, TERMIN, KDNR, KDNAME, KDANSCH)

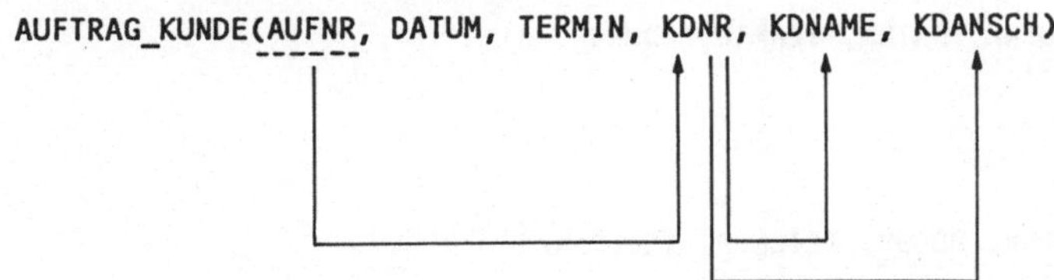

Die beiden erforderlichen Projektionen ergeben die Tabelle

AUFTRAG(AUFNR, DATUM, TERMIN, KDNR)

und die Tabelle:

KUNDE(KDNR, KDNAME, KDANSCH)

Somit führt die Normalisierung zur gleichen Tabellen-Struktur (jedoch noch ohne Zugriffsschlüssel!), wie wir sie oben abgeleitet haben.

Bestimmung der Zugriffsschlüssel

Um mit diesen Tabellen die Fragen F1 bis F5 zur Informationswiedergewinnung beantworten zu können, legen wir die Zugriffsschlüssel wie folgt fest:

für F1: AUFPOS(AUFNR, POSNR, TEILENR, TEILEANZ)

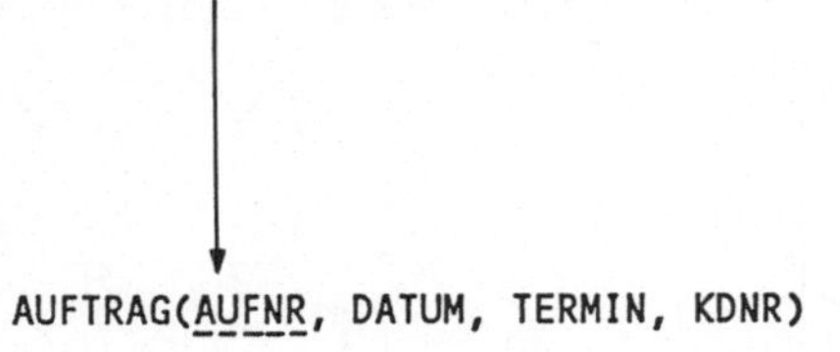

AUFTRAG(AUFNR, DATUM, TERMIN, KDNR)

für F2: AUFPOS(AUFNR, POSNR, TEILENR, TEILEANZ)

AUFTRAG(AUFNR, DATUM, TERMIN, KDNR)

für F3: AUFTRAG(AUFNR, DATUM, TERMIN, KDNR)

für F4: AUFPOS(AUFNR, POSNR, TEILENR, TEILEANZ)

für F5: AUFTRAG(AUFNR, DATUM, TERMIN, KDNR)

KUNDE(KDNR, KDNAME, KDANSCH)

Datenmodell

Insgesamt erhalten wir als Datenmodell für den Auftragsbestand die folgende Tabellen-Struktur:

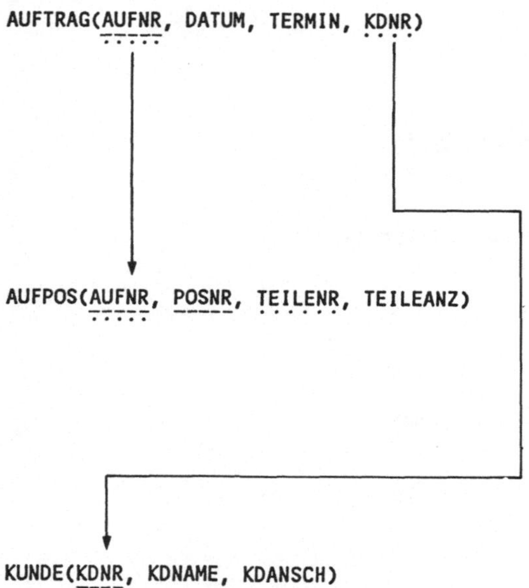

Dieses Modell bildet die Grundlage für die Aufgaben, die jeweils zum Abschluß der Kapitel angegeben sind.

A.3 Die Konfigurations-Datei CONFIG.DB

Sollen die standardmäßigen Voreinstellungen für das dBASE-System geändert werden, so muß die Konfigurations-Datei *CONFIG.DB* in dem Haupt- bzw. Unterverzeichnis vorhanden sein, von wo aus das dBASE-System gestartet wird. Vor Dialogbeginn wird der Inhalt dieser Datei, die in einer Basisform auf der Installations-Diskette der Firma Ashton-Tate ausgeliefert wird, vom dBASE-System ausgewertet. Unter anderem läßt sich durch geeignete Angaben in die CONFIG.DB-Datei auf die Größe von Speicherbereichen und die Voreinstellung von SET-Befehlen Einfluß nehmen. Die Datei CONFIG.DB ist eine *Text-Datei*, die sich mit einem Editierprogramm wie z.B. EDLIN bearbeiten läßt. Enthält diese Datei etwa die beiden Zeilen

```
COMMAND = ASSIST
HISTORY = 100
```

so ist dadurch festgelegt, daß zum Beginn des Dialogs das "*Regiezentrum*"-Menü angezeigt wird und der interne Befehlsspeicher Platz für 100 Befehle hat.

Grundsätzlich besteht jede Zeile von CONFIG.DB aus einer Zuordnung, die folgendermaßen aufgebaut ist:

```
schlüsselwort = wert
```

Die in dieser Form möglichen Zuweisungen geben wir nachfolgend an. Dabei kennzeichnen die Angaben "&&" und "*" Kommentare (siehe Abschnitt 12.1), die zur Erläuterung dienen und beim Eintrag der ausgewählten Zuweisungen in der Datei CONFIG.DB nicht angegeben werden müssen. Die jeweilige Voreinstellung bei der Alternative "{ ON | OFF }" markieren wir durch Großschreibung.

```
ALTERNATE = text-dateiname  && siehe Abschnitt 5.4

AUTOSAVE = { on | OFF }     && siehe Abschnitt 6.1

BELL = { ON | off }         && akustisches Signal am Feld-

*                           && bei der Dateneingabe

BLOCKSIZE = ganzzahl  && 512K * ganzzahl (Voreinstellung: 1)

*                     && Bytes als Blockgröße für den

*                     && Datentransport

BUCKET = ganzzahl     && 1024 * ganzzahl (Voreinstellung: 2)

*                     && Zeichen für PICTURE-Schablonen    (siehe

*                     && Abschnitt 6.5) und Bereichsüberprüfungen

*                     && (maximal 31)

BORDER = umrahmungs-angaben    && siehe Abschnitt 15.2.1

CARRY = { on | OFF }           && siehe Abschnitt 4.1
```

```
CATALOG = katalog-dateiname       && siehe Abschnitt 9.4
CENTURY = { on | OFF }            && Ausgabe des Jahrhundertwerts
CLOCK = ganzzahl-1, ganzzahl-2 && Uhrzeit wird an der
*                                 && gekennzeichneten Position
*                                 && eingeblendet
COMMAND = befehl            && dBASE-Befehl, der bei Dialogbeginn
*                           && ausgeführt werden soll
CONFIRM = { on | OFF }      && automatische
*                           && Cursorpositionierung beim
*                           && Editieren am Feldende
CONSOLE = { ON | off }      && stellt die Bildschirmausgabe
*                           && bei Ausführung einer
*                           && Befehlsfolge ein bzw. aus
CURRENCY = zeichenfolge     && Währungssymbol (1 bis 9 Zeichen)
DATE = schlüsselwort        && Format der Datumsanzeige
*                           && (Voreinstellung: GERMAN)
DEBUG = { on | OFF }        && siehe Abschnitt 12.5
DECIMALS = ganzzahl         && Stellenzahl (0 bis 8) bei der
*                           && Augabe numerischer Werte
DEFAULT = laufwerksbezeichnung  && siehe Abschnitt 3.3
DELETED = { on | OFF }          && siehe Abschnitt 6.4
DELIMITERS = { on | OFF }       && siehe Abschnitt 4.1
DELIMITERS = zwei-zeichen       && siehe Abschnitt 4.1
DEVELOPMENT = { ON | off }  && die zeitmäßige Zugehörigkeit von
*                           && Dateien im Hinblick auf ihre
*                           && Erstellung und ihre Kompilierung
*                           && wird überprüft
DEVICE = { SCREEN | PRINTER | FILE text-dateiname }
*                           && Ausgabe von @-Befehlen      mit SAY
DO = ganzzahl             && erlaubte Verschachtelungstiefe
*                         && (Voreinstellung:20) von DO-Befehlen
ECHO = { on | OFF }       && siehe Abschnitt 12.5
ESCAPE = { ON | off }     && Abbruch bei Druck der Escape-Taste
```

```
EXACT = { on | OFF }      && siehe Abschnitt 5.3
EXPSIZE = ganzzahl        && Anzahl der Bytes (Voreinstellung: 100)
*                         && für die Kompilierung von Ausdrücken
FILES = ganzzahl          && Anzahl der Dateien (Voreinstellung:
*                         && 99), die gleichzeitig eröffnet
*                         && werden dürfen (15 bis 99)
GETS = ganzzahl           && ganzzahl @-Befehle mit GET
*                         && (Voreinstellung: 128) können
*                         && gleichzeitig aktiviert sein
*                         && (35 bis 1023)
HEADING = { ON | off }    && siehe Abschnitt 5.4
HELP = { ON | off }       && Ausgabe einer Anfrage im Fehlerfall
HISTORY = ganzzahl        && Größe (Voreinstellung: 20) des
*                         && Befehlsspeichers (0 bis 16000)
*                         && siehe Abschnitt 3.3
HOURS = { 12 | 24 }       && Festlegung, ob die Zeitangabe im
*                         && 12- oder 24-Stundenzyklus erfolgen soll
INDEXBYTES = ganzzahl     && 1024 * ganzzahl (Voreinstellung: 2)
*                         && Bytes stehen zur Speicherung von
*                         && Indizes zur Verfügung (maximal 128)
INSTRUCT = { ON | off }   && bei den menü-orientierten Befehlen
*                         && werden die Meldungszeilen der Menü
*                         && -Oberfäche von dBASE IV angezeigt
INTENSITY = { ON | off }     && siehe Abschnitt 4.1
MARGIN = ganzzahl            && Abstand zum linken Druckrand
*                            && (1 bis 254),Voreinstellung:0
MEMOWIDTH = ganzzahl         && siehe Abschnitt 5.4
NEAR = { on | OFF }          && siehe Abschnitt 8.2
ODOMETER = ganzzahl          && Intervallänge (Voreinstellung: 1),
*                            && in denen die Satzzahl aktualisiert
*                            && wird (1 bis 200)
PATH = liste-von-pfadnamen   && Einstellung des Suchpfads für den
*                            && Zugriff auf vorhandene Dateien
```

```
*                               && (maximal 60 Zeichen)
PAUSE = { on | OFF }            && siehe Abschnitt 13.2
PDRIVER = dateiname             && Datei mit Druckertreiber
POINT = zeichen                 && für Dezimalpunkt
*                               && (Voreinstellung: ".")
PRECISION = ganzzahl            && Zahl (Voreinstellung: 16) der für
*                               && den Vergleich von Größen des Typs
*                               && "N" benutzten Ziffern (10 bis 20)
PRINTER = { on | OFF }          && siehe Abschnitt 5.4
PROMPT = zeichenfolge           && Vereinbarung der Promptzeichen
*                               && (1 bis 19 Zeichen)
SAFETY = { ON | off }           && Sicherung vorhandener
*                               && Dateien
*                               && gegenüber Überschreiben
SCOREBOARD = { ON | off }       && Ausgabe von Meldungen (z.B. über
*                               && eingestellte Insert-Taste)
SEPARATOR = zeichen             && Trennzeichen (Voreinstellung: ",")
*                               && bei Ausgabe der Ziffern vor dem
*                               && Dezimalpunkt
SPACE = { on | OFF }            && siehe Abschnitt 14.4
SQL = { on | OFF }              && siehe Abschnitt 13.1
SQLDATABASE = datenbasisname && diejenige Datenbasis, die beim
*                               && Wechsel in den SQL-Modus
*                               && automatisch aktiviert werden soll
SQLHOME = pfadname              && Verzeichnis, in dem die im
*                               && SQL-Modus erstellten Objekte
*                               && gespeichert werden
STATUS = { ON | off }           && siehe Abschnitt 3.3
STEP = { on | OFF }             && siehe Abschnitt 12.5
TALK = { ON | off }             && siehe Abschnitt 12.5
TRAP = { on | OFF }             && Aktivierung des Debug-Menüs, falls
*                               && bei der Ausführung von Befehlen
*                               && einer Programm- bzw. Prozedur-
```

```
*                             && Datei ein Fehler auftritt
TEDIT = editierprogrammname   && Ausführung bei MODIFY COMMAND
TYPEAHEAD = ganzzahl          && Puffergröße (Voreinstellung: 20)
*                             && für Tastatureingabe (0 bis 32000)
UNIQUE = { on | OFF }         && Behandlung von Sätzen mit
*                             && gleichem Satzschlüssel bei
*                             && der Indexierung
VIEW = view-dateiname         && siehe Abschnitt 9.3 und 10.6
WP = editierprogrammname      && Ausführung bei Editierung
*                             && von Memo-Feldern
```

Bis auf die Schlüsselwörter BUCKET, COMMAND, DO, EXPSIZE, FILES, GETS, INDEXBYTES, PDRIVER, PROMPT, SQLDATABASE, SQLHOME, TEDIT und WP können sämtliche Voreinstellungen im Dialog mit dem dBASE-System in der Form

```
SET schlüsselwort TO wert
```

bzw. durch

```
SET schlüsselwort { ON | OFF }
```

geändert werden. Darüberhinaus lassen sich die Zuweisungen auch menü-gesteuert in der Form

```
SET
```

durchführen. Zur Sicherung der vorgenommenen Änderungen ist in diesem Fall die *Esc-Taste* zu drücken.

A.4 Dateneingabe aus Fremd-Dateien und Datenausgabe in Fremd-Dateien

Zur Datenübertragung in Tabellen-Dateien können Daten aus Text-Dateien (SDF), aus dBASEII-Tabellen-Dateien (DBASEII) bzw. aus Dateien verwendet werden, die zuvor durch die Anwendersysteme VisiCalc (DIF), Framework II (FW2), Rapid File (RPD), Multiplan (SYLK) und Lotus 1-2-3 (WKS) zur Tabellenkalkulation aufgebaut wurden. Dazu ist der *APPEND FROM*-Befehl in der Form

```
APPEND FROM dateiname
        TYPE { SDF | DBASEII | DIF | FW2 | RPD | SYLK | WKS }
```

einzusetzen. Bei Text-Dateien müssen die Daten in jedem Datensatz gemäß der vereinbarten Struktur der Tabellen-Datei unmittelbar aufeinanderfolgen. Abweichungen davon sind nur dann erlaubt, wenn der *APPEND FROM*-Befehl in der Form

```
APPEND FROM dateiname
          DELIMITED [ WITH { begrenzungssymbol | BLANK } ]
```

eingegeben wird. Ist allein das Schlüsselwort DELIMITED angegeben, so wird unterstellt, daß die Daten jeweils durch Kommata voneinander getrennt sind.

Liegen etwa die Daten - abgegrenzt durch jeweils ein Komma - in der Form (nichtganzzahlige Werte sind mit Dezimalpunkt zu erfassen)

```
12,Oberhemd,39.80
22,Mantel,360.00
11,Oberhemd,44.20
13,Hose,110.50
```

in der Text-Datei ARTIKEL.TXT vor, und ist die Tabellen-Datei ARTIKEL.DBF - wie im Abschnitt 4.1 beschrieben - eingerichtet worden, so wird die Datenübertragung durch die Befehle

```
. USE ARTIKEL
. APPEND FROM ARTIKEL.TXT DELIMITED
```

ausgeführt.

Werden die Daten durch Leerzeichen abgegrenzt, etwa in der Form

```
12    Oberhemd     39.80
22    Mantel      360.00
11    Oberhemd     44.20
13    Hose        110.50
```

so ist die Klausel "DELIMITED WITH BLANK" aufzuführen, so daß in diesem Fall die Befehle

```
. USE ARTIKEL
. APPEND FROM ARTIKEL.TXT DELIMITED WITH BLANK
```

einzugeben sind.

Sollen alphanumerische Werte übertragen werden, in denen ein oder mehrere Kommata auftreten - wie etwa bei den in der Form

```
8413,"Meyer, Emil","Wendeweg 10, 2800 Bremen",0.07,725.15
5016,"Meier, Franz","Kohlstr. 1, 2800 Bremen",0.05,200.00
1215,"Schulze, Fritz","Gemüseweg 3, 2800 Bremen",0.06,50.50
```

innerhalb der Datei VRTRTR.TXT abgespeicherten Vertreterdaten -, so sind die Zeichenfolgen durch ein Begrenzungssymbol zu markieren. In unserem Fall haben wir das Zeichen (") zur Einleitung und zur Endebegrenzung verwendet, so daß wir für die Datenübertragung in die entsprechend eingerichtete Tabellen-Datei VRTRTR.DBF (siehe Abschnitt 4.1) die Befehle

```
. USE VRTRTR
. APPEND FROM VRTRTR.TXT DELIMITED WITH "
```

eingeben müssen. Liegt ein anderes Begrenzungssymbol vor, so ist dieses Zeichen - anstelle des Anführungszeichens (") - hinter dem Schlüsselwort WITH aufzuführen.

Sind Daten nicht in einer Text-Datei, sondern in einer Datei gemäß dem PFS:FILE-Dateiformat gespeichert, so muß anstelle des APPEND FROM-Befehls der *IMPORT FROM*-Befehl in der Form

```
IMPORT FROM dateiname TYPE PFS
```

eingegeben werden. Dadurch wird eine Tabellen-Datei, eine zugehörige Format-Datei und auch eine View-Datei vom dBASE-System eingerichtet.

Zur Erstellung einer Fremd-Datei im PFS:FILE-Dateiformat ist der *EXPORT*-Befehl in der Form

```
EXPORT TO dateiname TYPE PFS [ bereich ]
[ FIELDS feldname-1 [ feldname-2 ]... ]
[ WHILE bedingung-1 ] [ FOR bedingung-2 ]
```

einzugeben. Dadurch werden aus der aktuell angemeldeten Tabellen-Datei alle bzw. die gemäß der Satzauswahl bestimmten Satzinhalte umgewandelt.

Alle anderen möglichen Dateiformate lassen sich durch den *COPY TO*-Befehl in der Form

```
COPY TO dateiname
        TYPE { SDF | DBASEII | DIF | FW2 | RPD | SYLK | WKS }
        [ bereich ] [ FIELDS feldname-1 [ feldname-2 ]... ]
        [ WHILE bedingung-1 ] [ FOR bedingung-2 ]
```

einrichten. Zur Erstellung von Text-Dateien darf dieser Befehl in der folgenden Form verwendet werden:

```
COPY TO dateiname
        DELIMITED [ WITH { begrenzungssymbol | BLANK } ]
        [ bereich ] [ FIELDS feldname-1 [ feldname-2 ]... ]
        [ WHILE bedingung-1 ] [ FOR bedingung-2 ]
```

Dabei ist zu beachten, daß nichtganzzahlige Werte stets mit Dezimalpunkt ausgegeben werden. Ist allein das Schlüsselwort DELIMITED angegeben, so werden die Daten jeweils durch ein Komma voneinander getrennt.

Somit erhalten wir z.B. durch die Befehle

```
. USE UMSATZ

. COPY TO UMSATZ.TXT DELIMITED FIELDS V_NR, A_NR, A_STUECK
                                FOR DATUM = CTOD("25.06.89")
```

eine Text-Datei, deren Inhalt durch den TYPE-Befehl

```
. TYPE UMSATZ.TXT
```

wie folgt angezeigt wird:

```
1215,11,20
5016,22,35
8413,11,20
```

A.5 Funktionen

Zur Ermittlung von Werten, die sich aus vorgegebenen Größen ableiten lassen, stellt das dBASE-System eine Reihe von möglichen Funktionsaufrufen zur Verfügung. Jeder *Funktionsaufruf* muß in der Form

```
funktionsname( [ argument-1 [, argument-2 ]... ] )
```

erfolgen. Dabei ist die Anzahl der möglichen Argumente von der jeweiligen Funktion abhängig.

So liefert z.B.

```
STR(725.15, 6, 2)
```

die Zeichenfolge "725.15", während

```
STR(725.15, 3)
```

die Zeichenfolge "725" ergibt.

Funktionsaufrufe dürfen auch geschachtelt werden, so daß z.B. ein am 26.6.89 durchgeführter Aufruf von

```
DTOC( DATE() )
```

zur Zeichenkette "26.06.89" führt und der Aufruf

```
MONTH( DATE() )
```

den Ergebniswert 6 liefert.

Die anschließend angegebenen Funktionsaufrufe sind nach Funktionsgruppen gegliedert. Als Abkürzung für "numerischer Ausdruck", "ganze Zahl" und "Zeichenfolge" verwenden wir die Namen "num-ausdruck", "ganzzahl" und "zchflg". Bei numerischen Ausdrücken muß - aus syntaktischen Gründen - anstelle des Dezimalkommas der *Dezimalpunkt* angegeben werden.

Diejenigen Funktionen, die nicht innerhalb eines SQL-Befehls (siehe Kapitel 13) verwendet werden dürfen, sind durch einen Stern "*" markiert. Die allein für den Einsatz unter einem Mehrplatzsystem sinnvollen Funktionen werden nicht angegeben.

Mathematische Funktionen

`ABS(num-ausdruck)` :
absoluter Wert

`ACOS(num-ausdruck)` :
Wert (in Bogenlängen) der Arcuscosinus-Funktion

`ASIN(num-ausdruck)` :
Wert (in Bogenlängen) der Arcussinus-Funktion

`ATAN(num-ausdruck)` :
Wert (in Bogenlängen) der Arcustangens-Funktion

`ATN2(num-ausdruck)` :
Wert (in Bogenlängen) der Arcussinus- und Arcuscosinus-Funktion

`CEILING(num-ausdruck)` :
kleinste ganze Zahl, die größer oder gleich num-ausdruck ist

`COS(num-ausdruck)` :
Wert der Cosinusfunktion (num-ausdruck in Bogenlängen)

`DTOR(num-ausdruck)` :
zum Winkelwert num-ausdruck zugehörige Bogenlänge

`EXP(num-ausdruck)` :
Wert der Exponentialfunktion

`FIXED(num-ausdruck)` :
numerischer Wert vom Typ "N", zugehörig zur Gleitkommazahl num-ausdruck (Typ "F")

`FLOAT(num-ausdruck) :`
Gleitkommazahl (vom Typ "F"), zugehörig zu num-ausdruck (Typ "N")

`FLOOR(num-ausdruck) :`
größte ganze Zahl, die kleiner oder gleich num-ausdruck ist

`FV(num-ausdruck-1, num-ausdruck-2, ganzzahl) :`
zukünftiger Betrag, der sich bei gleichbleibender Zahlung von num-ausdruck-1 über ganzzahl Perioden bei einem Zinssatz von num-ausdruck-2 ergibt

`INT(num-ausdruck) :`
Abschneiden von Nachkommastellen

`LOG(num-ausdruck) :`
Funktionswert des natürlichen
Logarithmus

`LOG10(num-ausdruck) :`
Funktionswert des dekadischen Logarithmus (Basis 10)

`MAX(num-ausdruck-1, num-ausdruck-2) :` (*)
der größere der beiden Werte

`MIN(num-ausdruck-1, num-ausdruck-2) :` (*)
der kleinere der beiden Werte

`MOD(num-ausdruck-1, num-ausdruck-2) :`
Divisionsrest bei Division von
num-ausdruck-1 durch num-ausdruck-2

PAYMENT(num-ausdruck-1, num-ausdruck-2, ganzzahl) :
Betrag, der über ganzzahl Perioden bei einem Zinssatz von num-ausdruck-2 gleichbleibend gezahlt werden muß, um das Darlehen num-ausdruck-1 zu tilgen

`PI() :`
Wert der Kreiskonstanten Pi (3.14...)

`PV(num-ausdruck-1, num-ausdruck-2, ganzzahl) :`
gegenwärtiger Wert für eine sich bei einem Zinssatz von num-ausdruck-2 über ganzzahl Perioden erstreckende gleichbleibende Zahlung von num-ausdruck-1

`ROUND(num-ausdruck, ganzzahl) :`
auf ganzzahl Nachkommastellen gerundeter Wert num-ausdruck

`RTOD(num-ausdruck) :`
Winkelwert von num-ausdruck (in Bogenlängen)

`SIGN(num-ausdruck) :`
Vorzeichen von num-ausdruck (gleich 0 für den Wert 0)

`SIN(num-ausdruck) :`
Wert der Sinusfunktion (num-ausdruck in Bogenlängen)

`TAN(num-ausdruck) :`
Wert der Tangensfunktion (num-ausdruck in Bogenlängen)

`SQRT(positiver-num-ausdruck) :`
positive Quadratwurzel

Funktionen zur Zeichenverarbeitung

`AT(zchflg-1, { zchflg-2 | memo-feldname } ) :`
erste Zeichenposition in zchflg-2 bzw. innerhalb des Memo-Feldinhalts, ab der zchflg-1 identisch vorkommt

`DIFFERENCE(SOUNDEX(zchflg-1), SOUNDEX(zchflg-2)) :`
Zahl zwischen 1 (geringste Übereinstimmung) und 4 (größte Übereinstimmung), die den Grad der phonetischen Ähnlichkeit zwischen zchflg-1 und zchflg-2 angibt

`LEFT( { zchflg | memo-feldname } , ganzzahl) :`
ganzzahl lange Teilzeichenfolge von zchflg bzw. des Memo-Feldinhalts, die ab Zeichenposition 1 beginnt

`LEN( { zchflg | memo-feldname } ) :`
Anzahl der Zeichen von zchflg bzw. des Memo-Feldinhalts

`LIKE(zchflg-1, zchflg-2)` : (*)
zeigt an, ob zchflg-2 dem durch zchflg-1 (darf Wildcardzeichen "*" und "?" enthalten) gekennzeichneten Bildungsgesetz genügt

Hinweis:

Trifft dies zu, so ergibt sich der logische Wert ".T." (für "true"), andernfalls ist der Funktionswert gleich ".F." (für "false"). Diese Vereinbarung gilt für alle nachfolgend aufgeführten logischen Funktionen.

`LOWER(zchflg)` :
nur aus Kleinbuchstaben bestehende Zeichenfolge

`LTRIM(zchflg)` :
Zeichenfolge ohne führende Leerzeichen

`REPLICATE(zchflg, ganzzahl)` :
aus ganzzahl-facher Wiederholung von zchflg entstandene Zeichenfolge

`RIGHT( { zchflg | memo-feldname } , ganzzahl)` :
ganzzahl lange Teilzeichenfolge von zchflg bzw. des Memo-Feldinhalts, die mit dem letzten Zeichen von zchflg bzw. des Memo-Feldinhalts endet

`RTRIM(zchflg)` :
Zeichenfolge ohne Leerzeichen am Zeichenfolgenende

`SPACE(ganzzahl)` :
Zeichenfolge aus ganzzahl Leerzeichen

`STUFF(zchflg-1, ganzzahl-1, ganzzahl-2, zchflg-2)` :
die in zchflg-1 ab der Position ganzzahl-1 enthaltene Teilzeichenfolge der Länge ganzzahl-2 wird ersetzt durch zchflg-2*

`SUBSTR( { zchflg | memo-feldname } , ganzzahl-1, ganzzahl-2)` :
ganzzahl-2 lange Teilzeichenfolge von zchflg bzw. des Memo-Feldinhalts, die ab Zeichenposition ganzzahl-1 beginnt

`TRANSFORM(zchflg, PICTURE-schablone)` :
Zeichenfolge, die durch die Aufbereitung
von zchflg durch die PICTURE-Schablone entsteht

`TRIM(zchflg)` :
Zeichenfolge ohne Leerzeichen am Zeichenfolgenende

`UPPER(zchflg)` :
nur aus Großbuchstaben bestehende Zeichenfolge

Funktionen zur Menü-Verarbeitung

`BAR()` : (*)
Zeilennummer des Bars des zuletzt aktivierten Pop-up-Menüs

`MENU()` : (*)
Name (in Großbuchstaben) des zuletzt aktivierten Menüs

`PAD()` : (*)
Name (in Großbuchstaben) des zuletzt aktivierten Pads

`POPUP()` : (*)
Name (in Großbuchstaben) des zuletzt aktivierten Pop-up-Menüs

`PROMPT()` : (*)
hinter dem Schlüsselwort PROMPT innerhalb des DEFINE BAR- bzw. DEFINE PAD-Befehls angegebener Text des zuletzt ausgewählten Bars bzw. Pads

Funktionen zur Umwandlung des Datenformats

`ASC(zchflg)` :
ASCII-Kodewert des ersten Zeichens von zchflg

`CHR(ganzzahl)` :
Zeichen, dessen ASCII-Kodewert gleich
ganzzahl ist

`CTOD(zchflg)` :
der interne Datumswert, welcher dem als
Zeichenfolge in der Form "tt.mm.jj" angege-

`DMY(datumswert) :`
Zeichenfolge mit ausführlicher Monatsangabe in der Reihenfolge "Tag,Monat,Jahr", die dem Datumswert entspricht

`DTOC(datumswert) :`
Zeichenfolge, die dem Datumswert entspricht

`DTOS(datumswert) :`
8-stellige Zeichenfolge "Jahr,Monat,Tag", die dem Datumswert entspricht

`MDY(datumswert) :`
Zeichenfolge mit ausführlicher Monatsangabe in der Reihenfolge "Monat,Tag,Jahr", die dem Datumswert entspricht

`STR(num-ausdruck, ganzzahl-1[, ganzzahl-2]) :`
Zeichenfolge aus ganzzahl-1 Zeichen mit der Zeichendarstellung von num-ausdruck (bei nicht-ganzzahligem Ausdruck werden ganzzahl-2 Nachkommastellen berücksichtigt)

`VAL(zchflg) :`
numerischer Wert, dessen Zeichendarstellung gleich der angegebenen Zeichenfolge ist

Datumsfunktionen

`CDOW(datumswert) :`
Zeichenfolge mit dem Namen des Wochentags

`CMONTH(datumswert) :`
Zeichenfolge mit dem Namen des Monats

`DATE() :`
Zeichenfolge mit dem DOS-Systemdatum in der Form "tt.mm.jj"

`DAY(datumswert) :`
ganzzahlige Tagesangabe innerhalb des Monats

`DOW(datumswert)` :
ganzzahlige Tagesangabe innerhalb der Woche

`MONTH(datumswert)` :
ganzzahlige Monatsangabe innerhalb des Jahres

`TIME()` :
Zeichenfolge mit der DOS-Systemzeit in der Form "hh:mm:ss"

`YEAR(datumswert)` :
(vierstellige) ganzzahlige Jahresangabe

Funktionen zur Bearbeitung von Tabellen-Dateien

`ALIAS(ganzzahl)` :
Zeichenfolge mit dem Aliasnamen (in Großbuchstaben) des durch ganzzahl gekennzeichneten Arbeitsbereichs

`BOF()` :
zeigt an, ob der erste Satz der aktuelle Satz ist

`COMPLETED()` : (*)
zeigt an, ob die unmittelbar vorausgehende Transaktion erfolgreich beendet wurde

`DBF()` :
Zeichenfolge mit dem Namen der im aktuellen Arbeitsbereich angemeldeten Tabellen-Datei

`DELETED()` :
zeigt an, ob der aktuelle Satz löschmarkiert ist

`EOF()` :
zeigt an, ob hinter den letzten in der Tabellen-Datei vorhandenen Satz positioniert wurde

FIELD(ganzzahl) :
Zeichenfolge mit dem Feldnamen, dessen Position innerhalb der Tabellen-Datei-Struktur durch ganzzahl bestimmt ist

FILE(zchflg) : (*)
zeigt an, ob der als Zeichenfolge angegebene Dateiname existiert

FOUND() :
zeigt an, ob die vorausgehende Positionierung innerhalb der Tabellen-Datei erfolgreich war

ISMARKED([aliasname]) :
zeigt an, ob die aktuelle (bzw. durch den Aliasnamen gekennzeichnete) Tabellen-Datei auf Grund einer noch nicht abgeschlossenen Transaktion markiert ist

KEY([MDX-index-dateiname ,] ganzzahl [, aliasname]) :
Zeichenfolge mit dem Schlüsselausdruck, der für eine im aktuellen (bzw. durch den Aliasnamen gekennzeichneten) Arbeitsbereich angemeldete Index-Datei bzw. als Index-Tag innerhalb einer MDX-Index-Datei durch ganzzahl identifiziert wird

LOOKUP(feldname-1, ausdruck, feldname-2) :
Inhalt von feldname-1 des Datensatzes, für den erstmalig der Inhalt von feldname-2 gleich dem Wert von ausdruck ist

LUPDATE() :
Wert des Datums, an dem die Tabellen-Datei letztmalig verändert wurde

MDX(ganzzahl [, aliasname]) :
Zeichenfolge mit dem Namen der im aktuellen (bzw. durch den Aliasnamen gekennzeichneten) Arbeitsbereich angemeldeten MDX-Index-Datei, dessen Position in der Liste des angemeldeten MDX-Index-Dateien durch ganzzahl identifiziert wird

NDX(ganzzahl [, aliasname]) :
Zeichenfolge mit dem Namen der im aktuellen (bzw. durch den Aliasnamen gekennzeichneten) Arbeitsbereich angemeldeten Index-Datei, dessen Position in der Liste der angemeldeten Index-Dateien durch ganzzahl identifiziert wird

`ORDER( [ aliasname ] ) :`
Zeichenfolge mit dem Namen der im aktuellen (bzw. durch den Aliasnamen gekennzeichneten) Arbeitsbereich angemeldeten Index-Datei bzw. mit dem Namen des Index-Tags, der den aktuellen Zugriffsschlüssel festlegt

`RECCOUNT() :`
Anzahl der Sätze innerhalb der aktuellen Tabellen-Datei

`RECNO() :`
Nummer des aktuellen Satzes

`RECSIZE() :`
Anzahl der Zeichen, die für jeden Satz der aktuellen Tabellen-Datei benötigt werden

`ROLLBACK() :` (*)
zeigt an, ob der zuletzt ausgeführte ROLLBACK-Befehl erfolgreich ausgeführt wurde

`SEEK(zchflg [ , aliasname ] ) :`
zeigt an, ob innerhalb der im aktuellen (bzw. durch den Aliasnamen gekennzeichneten) Arbeitsbereich angemeldeten Tabellen-Datei ein Satzschlüssel mit zchflg übereinstimmt

`SELECT() :`
kleinste ganze Zahl, die größer ist als die Nummern der aktuell bearbeitbaren Arbeitsbereiche

`TAG( [ MDX-index-dateiname , ] ganzzahl [ , aliasname ] ) :`
Zeichenfolge mit dem Namen des durch ganzzahl gekennzeichneten Index-Tags innerhalb des aktuellen (bzw. durch den Aliasnamen gekennzeichneten) Arbeitsbereichs

Funktionen für Drucker und Bildschirm

`COL() :` (*)
aktuelle Spaltenposition des Cursors

`PCOL() :` (*)
aktuelle Spaltenposition des Druckers

PRINTSTATUS() : (*)
zeigt an, ob der angeschlossene Drucker druckbereit ist

PROW() : (*)
aktuelle Zeilenposition des Druckers

ROW() : (*)
aktuelle Zeilenposition des Cursors

DOS-spezifische Funktionen

DISKSPACE() : (*)
Anzahl der frei verfügbaren Bytes auf
dem Standardlaufwerk

GETENV(zchflg) : (*)
Belegung einer durch zchflg gekennzeichneten
DOS-Systemvariablen

MEMORY() : (*)
Anzahl der Kilobytes, die bislang innerhalb des Hauptspeichers nicht genutzt wurden

OS() : (*)
Zeichenfolge mit dem Namen der aktuellen
DOS-Betriebssystemversion

VERSION() : (*)
Zeichenfolge mit dem Namen der aktuellen
Version von dBASE IV

Sonstige Funktionen

ERROR() : (*)
Fehlernummer

FKLABEL(ganzzahl) : (*)
Kennung einer Funktionstaste

FKMAX() : (*)
Anzahl der belegbaren Funktionstasten

IIF(bedingung, ausdruck-1, ausdruck-2) : (*)
ergibt ausdruck-1 bei zutreffender bzw. ausdruck-2 bei nicht erfüllter Bedingung

INKEY() : (*)
ASCII-Kodewert des unmittelbar zuvor über die Tastatur eingegebenen Zeichens

ISALPHA(zchflg) : (*)
zeigt an, ob das erste Zeichen in zchflg alphabetisch ist

ISCOLOR() : (*)
zeigt an, ob der Bildschirm im Farbmodus arbeitet (T) oder im Monochrommodus (F)

ISLOWER(zchflg) : (*)
zeigt an, ob das erste Zeichen in zchflg ein Kleinbuchstabe ist

ISUPPER(zchflg) : (*)
zeigt an, ob das erste Zeichen in zchflg ein Großbuchstabe ist

LASTKEY() : (*)
ASCII-Kodewert des letzten über die Tastatur eingegebenen Zeichens bei der Ausführung eines menü-orientierten Befehls

LINENO() : (*)
Nummer der Zeile innerhalb einer Programm- bzw. Prozedur-Datei, in welcher der aktuell ausgeführte Befehl eingetragen ist

MEMLINES(memo-feldname) :
Anzahl der Zeilen, die der Inhalt des im aktuellen Datensatz enthaltenen, durch memo-feldname gekennzeichneten Memo-Felds belegen würde

`MLINE(memo-feldname, ganzzahl) :`
Inhalt des Memo-Felds memo-feldname, der innerhalb der durch ganzzahl gekennzeichneten Zeile ausgegeben werden würde

`MESSAGE() :` (*)
ergibt eine Zeichenfolge mit der Fehlermeldung

`PROGRAM() :` (*)
Name der Programm-Datei bzw. der Prozedur, die gerade ausgeführt wird

`RAND() :`
Wert zwischen 0 ud 1 als Ergebnis des Aufrufs eines Pseudo-Zufallszahlen-Generators

`READKEY() :` (*)
ASCII-Kodewert des unmittelbar zuvor über die Tastatur eingegebenen Zeichens bei der Ausführung eines menü-orientierten Befehls

`SET(zchflg) :` (*)
Zeichenfolge "ON" bzw. "OFF" oder eine ganze Zahl als aktuelle Einstellung des durch das Schlüsselwort zchflg gekennzeichneten SET-Befehls

`TYPE(zchflg) :` (*)
ergibt ein Zeichen, das den Typ des als Zeichenfolge "zchflg" angegebenen Ausdrucks anzeigt ("C" für Zeichen, "N" für numerisch, "L" für logisch, "M" für den Typ Memo und "U" für eine bislang nicht definierte Größe)

`VARREAD() :` (*)
Name der Variablen bzw. des Datenfelds (in Großbuchstaben), das aktuell menü-orientiert bearbeitet wird

A.6 Das dBASE-Editierprogramm (MODIFY COMMAND)

Zur Editierung von Memo-Feldinhalten (bei der Ausführung des EDIT-Befehls), von Programm-, Prozedur-, Format- und Text-Dateien steht das *dBASE-Editierprogramm* zur Verfügung. Zur Bearbeitung von Programm- und Prozedur-Dateien ist es durch den *MODIFY COMMAND*-Befehl in der Form

```
MODIFY COMMAND { programm-dateiname | prozedur-dateiname }
                [ WINDOW window-name ]
```

und zur Bearbeitung von Format- und Text-Dateien in der Form

```
MODIFY COMMAND grundname.{ FRM | TXT }
          [ WINDOW window-name ]
```

aufzurufen. Durch das Schlüsselwort WINDOW kann ein zuvor geeignet definiertes Window für die Bildschirmanzeige vereinbart werden.

Mit dem MODIFY COMMAND-Befehl lassen sich bis zu 32000 Zeilen mit jeweils 1024 Zeichen (Leerzeichen innerhalb einer Zeile werden mitgezählt!) bearbeiten. Aus Gründen der Übersichtlichkeit sollten jedoch nur soviele Zeichen innerhalb einer Zeile eingetragen werden, wie auf dem Bildschirm angezeigt werden können. Ein zu langer Befehlstext ist vor dem Zeilenende - hinter dem letzten Sprachelement auf der Zeile - durch das Trennzeichen *Semikolon* ";" zu beenden und in der nächsten Zeile - nach Einrücken um mindestens eine Zeichenposition - fortzusetzen. Reicht eine Fortsetzungszeile nicht aus, so kann der Befehl in weiteren Zeilen fortgesetzt werden.

Bei der Texteingabe führt die Return-Taste zum Zeilenwechsel. Zur Editierung können die Cursorpositionierungs-Tasten, die Einfg-Taste (zum Einfügen von Zeichen) und die Entf- sowie die Backspace-Taste (zum Löschen von Zeichen) verwendet werden. Ferner wird die Editierung durch die folgenden Tasten bzw. Tastenkombinationen unterstützt:

"Strg+Y" : löscht die aktuelle Zeile

"Strg+N" : führt vor der aktuellen Cursorposition einen Zeilenwechsel durch, so daß eine neue Zeile eingerichtet werden kann

"Shift+F5" : durchsucht die Datei (ab der aktuellen Cursorposition) nach einer Zeichenfolge

"Shift+F4" : durchsucht die Datei (ab der aktuellen Cursorposition) nach der Zeichenfolge, die durch den zuletzt angegebenen Suchbefehl ("Strg+K"F) festgelegt ist

Esc : beendet die Editierung ohne Sicherung der Veränderungen

"Strg+Ende": beendet die Editierung und sichert alle Änderungen
Bild-Tief: positioniert um 20 Zeilen nach unten
Bild-Hoch: positioniert um 20 Zeilen nach oben
"Strg+K"R : liest den Inhalt einer Datei vor die aktuelle Cursorposition ein
"Strg+K"W : kopiert den gesamten bzw. einen (durch die F6-Taste) markierten Dateiinhalt in eine andere Datei
"Strg+Bild-Hoch" : positioniert auf den Anfang
"Strg+Bild-Tief" : positioniert auf das Ende
"Strg+Return" : Sicherung des Textes in die Datei

Zum Löschen, Verschieben und Kopieren von Zeichenfolgen, die innerhalb einer Zeile oder in mehreren aufeinanderfolgenden Zeilen eingetragen ist, muß der Cursor auf die erste Zeichenposition dieser Zeichenfolge bewegt werden. Nach Druck der Funktionstaste *F6* ist der Cursor auf das letzte Zeichen der Zeichenfolge zu positionieren. Die *Markierung* der gesamten Zeichenfolge geschieht durch den anschließenden Druck der Return-Taste. Soll die markierte Zeichenfolge gelöscht werden, so ist die *Entf*-Taste zu drücken und die daraufhin erfolgende Anfrage mit "Y" zu beantworten. Zum Kopieren bzw. Verschieben der markierten Zeichenfolge ist der Cursor an die Position zu bewegen, hinter der die markierte Zeichenfolge einzufügen ist. Zum Kopieren ist die Funktionstaste *F8* und zum Verschieben die Funktionstaste *F7* zu betätigen. Soll nach dem Kopieren die Markierung der Zeichenfolge entfernt werden, so ist die *Esc*-Taste zu drücken.

Zur Editierung können auch die (in der ersten Bildschirmzeile eingetragenen) Menü-Optionen "Layout", "Text", "Suchen", "Drucken" und "Ende" über die F10-Taste bzw. die Alt-Taste in Kombination mit derjenigen Buchstaben-Taste, die den Anfangsbuchstaben der Menü-Option enthält, angewählt werden. Die Bedeutung der jeweils durch die Cursorstellung gekennzeichneten Option wird stets in der letzten Bildschirmzeile angezeigt. Z.B. sind innerhalb der Menü-Option "Text" die Optionen "Zeilenlineal ausblenden" (zur optischen Anzeige der aktuellen Cursorposition innerhalb der ersten Bildschirmzeile), "automatischer Absatzeinzug" (automatischer Einzug bei "Shift+Tab"), "Hinzufügen einer Zeile" (neue Zeile hinter der aktuellen Zeile), "Remove line" (Entfernen einer Zeile) und "Textdatei lesen/schreiben" (Ausgabe und Eingabe von Texten) ansteuerbar:

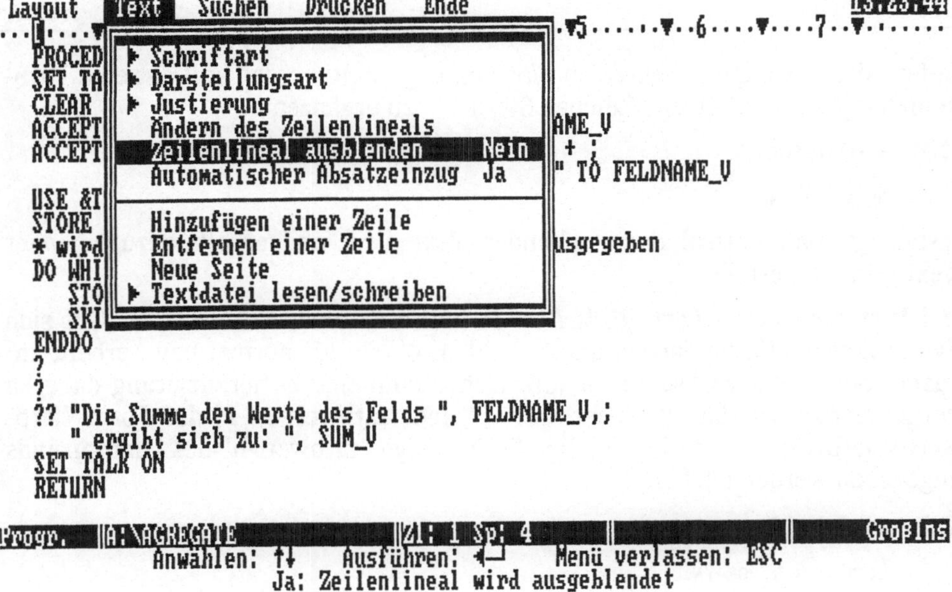

Hervorzuheben ist ferner, daß durch die Menü-Option "Drucken" eine komfortable Unterstützung einer Druckausgabe des aktuell editierten Textes angefordert werden kann. Dazu lassen sich unter anderem Angaben zur Ausgabesteuerung, zur Seitenzahl, zur Schriftart, zur Anzahl der Kopien und zur Strukturierung einer Druckseite machen.

Abschließend merken wir an, daß über die Menü-Option "Ende" ausgewählt werden kann, ob unmittelbar nach der Editierung von Befehlszeilen eine Programmausführung (Option "Programmausführung") bzw. eine Bearbeitung innerhalb des Debug-Menüs (Option "Im Testmodus ausführen") vorgenommen werden soll.

A.7 Wechsel der Farbgebung bei Farb-Bildschirmen

Standardmäßig wird normal darzustellender Text bei Farb-Bildschirmen in der Farbe Weiß (auf dunklem Hintergrund) und erhellt anzuzeigender Text in der Farbe Schwarz (auf hellem Hintergrund) ausgegeben. Diese vom dBASE-System voreingestellte *Farbwahl* läßt sich durch die Eintragung von

```
COLOR = [ farbwert-1 ] [ , [ farbwert-2 ] ]
```

innerhalb der Konfigurations-Datei CONFIG.DB abändern. Dabei geben die Farbwerte - in der gegebenen Reihenfolge - die Farben für normal bzw. erhellt anzuzeigenden Text an. Für die Farbwerte sind die folgenden Kennungen zugelassen:

Schwarz	Blau	Grün	Cyan	Grau	Rot	Magenta	Braun	Gelb	Weiß
N	B	G	BG	N+	R	RB	GR	GR+	W

Sofern der jeweilige Farbbereich *blinkend* angezeigt werden soll, ist eine Farbkennung jeweils durch das Zeichen Stern "*" zu ergänzen.

Z.B. wird durch

```
COLOR = W, G
```

festgelegt, daß normal darzustellender Text weiß und erhellt anzuzeigender Text grün dargestellt wird.

Bei leistungsfähigen *Farb-Bildschirmen* (mit z.B. einer EGA-Karte), läßt sich die Hintergrundfarbe danach unterscheiden, ob sie für normal bzw. erhellt anzuzeigenden Text wirksam sein soll. Dabei kann eine Differenzierung dadurch vorgenommen werden, daß "farbwert-1" und "farbwert-2" in der Form "farbwert-v/farbwert-h" für die jeweilige Farbanzeige "farbwert-h" des Hintergrunds angegeben werden dürfen.

Z.B. wird durch

```
COLOR = W/B, GR+/N
```

eine weiße Textanzeige auf blauem Hintergrund vorgenommen, und erhellt anzuzeigende Texte werden gelb auf schwarzem Hintergrund ausgegeben.

Sollen die Farbangaben nicht generell, sondern differenziert nach der Art der Ausgabe vereinbart werden, so läßt sich dies innerhalb der Datei CONFIG.DB durch Vereinbarungen vom Typ

```
COLOR OF { BOX | FIELDS | HIGHLIGHT | INFORMATION
                    | MESSAGES | NORMAL | TITLES } = farbwerte
```

festlegen. Dabei werden durch "BOX" z.B. Menü-Ränder, durch "FIELDS" z.B. angewählte Felder innerhalb des Browse-Menüs, durch "HIGHLIGHT" z.B. die Optionen von Auswahl-Menüs, durch "INFORMATION" z.B. die Status-Zeile, durch "MESSAGES" z.B. Menü-Anzeigen in der letzten Bildschirmzeile, durch "NORMAL" z.B. Window-Begrenzungen und durch "TITLES" z.B. Datei-Skelett-Begrenzungen innerhalb des View-Menüs gekennzeichnet.

Die Farbwahl läßt sich nicht nur statisch innerhalb der Konfigurations-Datei CONFIG.DB festlegen, sondern auch dynamisch durch die Eingabe des *SET COLOR*-Befehls in der folgenden Form vornehmen:

```
SET COLOR [ OF { BOX | FIELDS | HIGHLIGHT | INFORMATION
                    | MESSAGES | NORMAL | TITLES } ]
          TO [ farbwert-1 ] [ , [ farbwert-2 ] ]
```

So wird z.B. durch den Befehl

```
. SET COLOR TO W, G
```

gefordert, daß normale Texte weiß und erhellt darzustellende Texte grün angezeigt werden sollen.

Lösungsteil

Für die folgenden Lösungsvorschläge unterstellen wir, daß das benötigte Laufwerk voreingestellt ist - etwa durch die Ausführung des SET DEFAULT TO-Befehls "SET DEFAULT TO A".

Lösung der Aufgabe 4.1:

```
. CREATE KUNDE
```

Layout Verwaltung Hinzufügen Suchen Ende 14:26:24

Byte frei: 3947

Num	Feldname	Feldtyp	Länge	Dez	Index
1	KDNR	Numerisch	3	0	N
2	KDNAME	Zeichen	20		N
3	KDANSCH	Zeichen	30		N

```
. APPEND FROM KUNDE.TXT TYPE SDF
        3 Datensätze hinzugefügt
```

Lösung der Aufgabe 4.2:

```
. CREATE AUFPOSKD
```

Layout Verwaltung Hinzufügen Suchen Ende 14:29:30

Byte frei: 3971

Num	Feldname	Feldtyp	Länge	Dez	Index
1	AUFNR	Numerisch	3	0	N
2	DATUM	Datum	8		N
3	TERMIN	Datum	8		N
4	POSNR	Numerisch	1	0	N
5	TEILENR	Numerisch	3	0	N
6	TEILEANZ	Numerisch	3	0	N
7	KDNR	Numerisch	3	0	N

```
. SET CARRY ON
. APPEND
         <——————————— Eintrag der Belegdaten
```

Lösung der Aufgabe 4.3:

```
. USE KUNDE
. DISPLAY STRUCTURE
```

Datensatzformat der dB-Datei: A:\KUNDE.DBF

Anzahl der Datensätze: 3

Datum der letzten Aktualisierung: 29.03.89

Feld	Feldname	Typ	Länge	Dez	Index
1	KDNR	Numerisch	3		N
2	KDNAME	Zeichen	20		N
3	KDANSCH	Zeichen	30		N
** Gesamt **			54		

```
. USE AUFPOSKD
. DISPLAY STRUCTURE
```

Datensatzformat der dB-Datei: A:\AUFPOSKD.DBF

Anzahl der Datensätze: 10

Datum der letzten Aktualisierung: 29.03.89

Feld	Feldname	Typ	Länge	Dez	Index
1	AUFNR	Numerisch	3		N
2	DATUM	Datum	8		N
3	TERMIN	Datum	8		N
4	POSNR	Numerisch	1		N
5	TEILENR	Numerisch	3		N
6	TEILEANZ	Numerisch	3		N
7	KDNR	Numerisch	3		N
** Gesamt **			30		

Lösung der Aufgabe 4.4:

Fortsetzung des Dialogs von Lösung der Aufgabe 4.3:

```
. USE AUFPOSKD
. COPY TO AUFPOS
     10 Datensätze kopiert
. COPY TO AUFTRAG
     10 Datensätze kopiert
. USE AUFPOS
. MODIFY STRUCTURE
```

Layout Verwaltung Hinzufügen Suchen Ende 14:32:31

Byte frei: 3990

Num	Feldname	Feldtyp	Länge	Dez	Index
1	AUFNR	Numerisch	3	0	N
2	POSNR	Numerisch	1	0	N
3	TEILENR	Numerisch	3	0	N
4	TEILEANZ	Numerisch	3	0	N

```
. USE AUFTRAG
. MODIFY STRUCTURE
```

Layout Verwaltung Hinzufügen Suchen Ende 14:33:50

Byte frei: 3978

Num	Feldname	Feldtyp	Länge	Dez	Index
1	AUFNR	Numerisch	3	0	N
2	DATUM	Datum	8		N
3	TERMIN	Datum	8		N
4	KDNR	Numerisch	3	0	N

Lösung der Aufgabe 5.1:

```
. CLOSE DATABASES
. SELECT 1
. USE KUNDE
. SELECT 2
. USE AUFTRAG
. SELECT 3
. USE AUFPOS
. DISPLAY STATUS

Bereich: 1, Geöffnete dB-Datei: A:\KUNDE.DBF   ALIAS: KUNDE

Bereich: 2, Geöffnete dB-Datei: A:\AUFTRAG.DBF   ALIAS: AUFTRAG

dB-Datei im Arbeitsbereich:

Bereich: 3, Geöffnete dB-Datei: A:\AUFPOS.DBF   ALIAS: AUFPOS

Suchpfad für Datei:

Standardlaufwerk:   A:

     Rand                         =   0
     Aktualisierungszähler        =   0
     Wiederholungszähler          =   0
     Zahl der offenen Dateien     =   7
     Aktivierter Arbeitsbereich   =   3


     ALTERNATE  - OFF DELIMITERS - OFF  FULLPATH  - OFF SAFETY     - ON
     AUTOSAVE   - OFF DESIGN     - ON   HEADING   - ON  SCOREBOARD - ON
     BELL       - ON  DEVELOP    - ON   HELP      - ON  SPACE      - ON
     CARRY      - OFF DEVICE     - SCRN HISTORY   - ON  SQL        - OFF
Weiter mit beliebiger Taste
     CATALOG    - OFF ECHO       - OFF  INSTRUCT  - ON  STATUS     - ON
     CENTURY    - OFF ENCRYPTION - ON   INTENSITY - ON  STEP       - OFF
     CONFIRM    - OFF ESCAPE     - ON   LOCK      - ON  TALK       - ON
     CONSOLE    - ON  EXACT      - OFF  NEAR      - OFF TITLE      - ON
     DEBUG      - OFF EXCLUSIVE  - OFF  PAUSE     - OFF TRAP       - OFF
     DELETED    - OFF FIELDS     - OFF  PRINT     - OFF UNIQUE     - OFF
```

Programmierbare Funktionstasten:

```
F2    - assist;
F3    - list;
F4    - dir;
F5    - display structure;
F6    - display status;
F7    - display memory;
F8    - display;
F9    - append;
F10   - edit;
```

. LIST

Datensatz#	AUFNR	POSNR	TEILENR	TEILEANZ
1	416	1	116	60
2	416	2	37	60
3	416	3	128	30
4	417	1	37	20
5	417	2	116	20
6	418	1	128	10
7	418	2	116	15
8	419	1	37	10
9	419	2	116	5
10	419	3	128	10

. SELECT 2

. LIST

Datensatz#	AUFNR	DATUM	TERMIN	KDNR
1	416	11.11.88	05.02.89	317
2	416	11.11.88	05.02.89	317
3	416	11.11.88	05.02.89	317
4	417	11.11.88	15.02.89	406
5	417	11.11.88	15.02.89	406
6	418	12.11.88	29.01.89	177
7	418	12.11.88	29.01.89	177
8	419	12.11.88	10.02.89	317
9	419	12.11.88	10.02.89	317
10	419	12.11.88	10.02.89	317

```
. SELECT 1
. LIST

Datensatz#  KDNR   KDNAME          KDANSCH
       1     317   Firma Meyer     Walterweg 10, 2800 Bremen
       2     177   Firma Schulze   Hansestr. 22, 2800 Bremen
       3     406   Firma Kunze     Parkallee 20, 2800 Bremen
```

Lösung der Aufgabe 5.2:

```
. CLOSE DATABASES
. USE AUFTRAG
. LIST

Datensatz#  AUFNR  DATUM     TERMIN    KDNR
       1      416  11.11.88  05.02.89   317
       2      416  11.11.88  05.02.89   317
       3      416  11.11.88  05.02.89   317
       4      417  11.11.88  15.02.89   406
       5      417  11.11.88  15.02.89   406
       6      418  12.11.88  29.01.89   177
       7      418  12.11.88  29.01.89   177
       8      419  12.11.88  10.02.89   317
       9      419  12.11.88  10.02.89   317
      10      419  12.11.88  10.02.89   317
```

Zu löschen sind die Sätze 2, 3, 5, 7, 9 und 10!

Lösung der Aufgabe 5.3:

```
. CLOSE DATABASES
. SET ALTERNATE TO DIALOG.TXT
. SET ALTERNATE ON
. SELECT 1
. USE AUFTRAG
. GO 2
. SELECT 2
. USE AUFPOS
. DISPLAY AUFNR, AUFTRAG -> AUFNR FOR AUFNR <= 417
Datensatz#  AUFNR  AUFTRAG -> AUFNR
      1      416              416
      2      416              416
      3      416              416
      4      417              416
      5      417              416


. CLOSE ALTERNATE
```

Lösung der Aufgabe 5.4:

```
. CLOSE DATABASES
. USE KUNDE
. CREATE LABEL KUNDE
```

Inhalt des Label-Menüs:

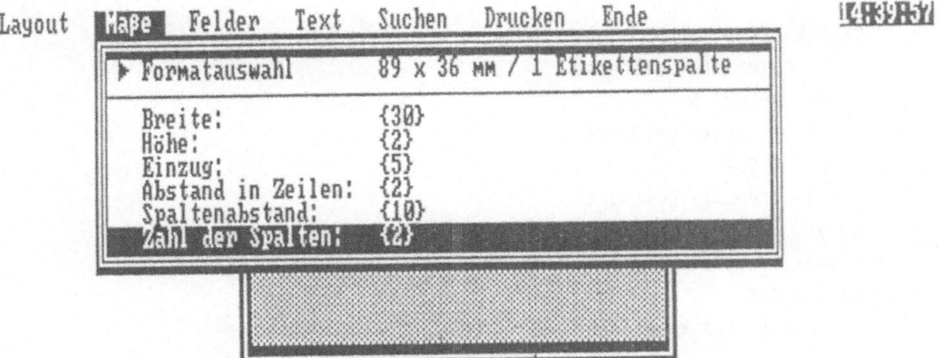

Inhalt des Label-Menüs:

```
Layout  Maße  Felder  Text  Suchen  Drucken  Ende          14:42:55
                                            Speichern und beenden
                                            Beenden, ohne zu speichern
```

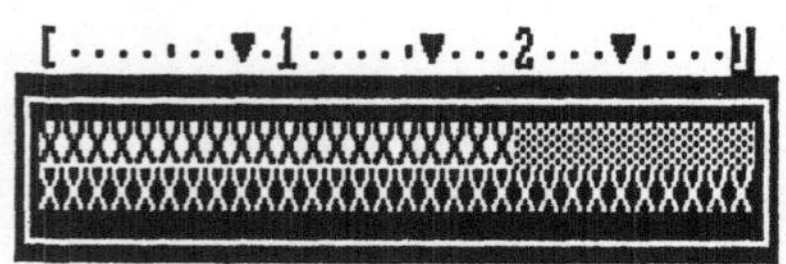

```
. LABEL FORM KUNDE

    Firma Meyer                  Firma Schulze
    Walterweg 10, 2800 Bremen    Hansestraße 22, 2800 Bremen


    Firma Kunze
    Parkallee 20, 2800 Bremen
```

Lösung der Aufgabe 6.1:

```
. CLOSE DATABASES
. USE AUFTRAG
. GO 2
AUFTRAG: Datensatznummer      2
. DELETE NEXT
      2 Datensätze gelöscht
. DELETE RECORD 5
      1 Datensatz gelöscht
. DELETE RECORD 7
      1 Datensatz gelöscht
. GO 9
AUFTRAG: Datensatznummer      9
. DELETE REST
      2 Datensätze gelöscht
. PACK
      4 Datensätze kopiert
```

Lösung der Aufgabe 6.2:

Fortsetzung des Dialogs von Lösung der Aufgabe 6.1:

```
. REPLACE ALL KDNR WITH 371 FOR KDNR = 317
     2 Datensätze ersetzt
. USE KUNDE
. REPLACE ALL KDNR WITH 371 FOR KDNR = 317
     1 Datensatz ersetzt
. USE AUFPOSKD
. REPLACE ALL KDNR WITH 371 FOR KDNR = 317
     6 Datensätze ersetzt
```

Lösung der Aufgabe 6.3:

```
. MODIFY COMMAND AUFTRAG.FMT
```

Eingabe der folgenden Befehlszeilen:

```
@ 3, 5 SAY "Auftragsnummer:" GET AUFNR PICTURE "999"
@ 3, 30 SAY "Datum:" GET DATUM PICTURE "99.99.99"
@ 3, 50 SAY "Termin:" GET TERMIN PICTURE "99.99.99"
@ 5, 5 SAY "Kundennummer:" GET KDNR PICTURE "999"
```

```
. MODIFY COMMAND AUFPOS.FMT
```

Eingabe der folgenden Befehlszeilen:

```
@ 3, 5 SAY "Auftragsnummer:" GET AUFNR PICTURE "999"
@ 5, 5 SAY "Positionsnummer:" GET POSNR PICTURE "9"
@ 5, 30 SAY "Teilenummer:" GET TEILENR PICTURE "999"
@ 5, 50 SAY "Teileanzahl:" GET TEILEANZ PICTURE "999"
```

Lösung der Aufgabe 6.4:

```
. CLOSE DATABASES
. USE AUFTRAG
. SET FORMAT TO AUFTRAG
. APPEND
    <———————— Eingabe der Daten: 420 12.11.88 05.02.89
```

```
. USE AUFPOS
. SET FORMAT TO AUFPOS
. APPEND
   <-------------- Eingabe der Daten: 420 1 116  20
                                      420 2 037  30
```

Lösung der Aufgabe 6.5:

```
. USE AUFTRAG
. CREATE SCREEN AUFTRSCR
```

Inhalt des Screen-Menüs:

```
Layout   Felder   Text   Suchen   Ende                                15:00:25

   Auftragsnummer:999      Datum:DD.MM.YY      Termin:DD.MM.YY
   Kundennummer:999
```

```
. USE AUFPOS
. CREATE SCREEN AUFPSCR
```

Inhalt des Screen-Menüs:

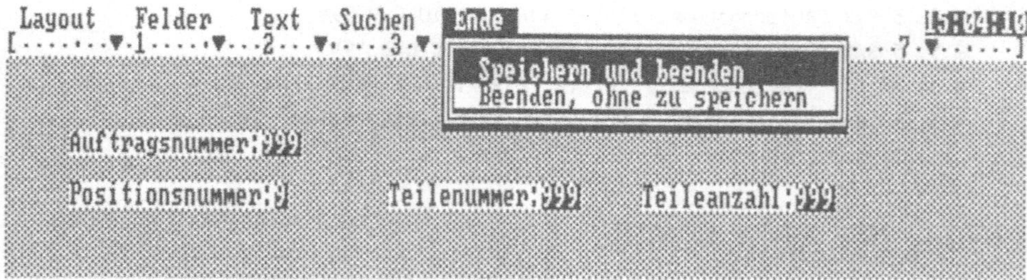

Lösung der Aufgabe 7.1:

```
. CLOSE DATABASES
. USE AUFTRAG
. COUNT
      5 Datensätze
```

Lösung der Aufgabe 7.2:

Weiterführung des Dialogs von Lösung der Aufgabe 7.1:

```
. USE AUFPOS
. SUM ALL TEILEANZ FOR TEILENR = 116 .OR. TEILENR = 128
      8 Datensätze summiert
  TEILEANZ
        170
```

Lösung der Aufgabe 7.3:

Weiterführung des Dialogs von Lösung der Aufgabe 7.2:

```
. AVERAGE TEILEANZ FOR TEILENR = 37
      4 Datensätze gemittelt
  TEILEANZ
         30
```

Lösung der Aufgabe 7.4:

```
. CLOSE DATABASES
. USE AUFPOS
. SORT TO AUFPOSS ON TEILENR
  100% sortiert      12 Datensätze sortiert
```

Lösung der Aufgabe 7.5:

```
. CLOSE DATABASES

. USE AUFPOSS

. CREATE REPORT AUFPOSS
```

Inhalt des Report-Menüs:

Gruppenwechsel über TEILENR
Summation über TEILEANZ

```
Layout   Felder   Bereiche   Text   Suchen   Drucken   Ende          15:32:50
[·······▼·1·····▼···2···▼·····3·▼·········▼········▼·5·····▼···6···▼·····7·▼·······
Seite     Kopfzeile          Bereich
Bericht   Vorspann           Bereich
 Teileanzahl

Gruppe  1 Vorspannbereich
** Teilenummer 999
Daten                        Bereich
Gruppe  1 Zusammenfassung
** Gruppensumme **
          999

Bericht   Zusammenfassung Bereich
***  Gesamt  ***
          999
Seite     Fußzeile           Bereich
```

```
. REPORT FORM AUFPOSS


Teileanzahl


** Teilenummer  37
** Gruppensumme **
         120


** Teilenummer 116
** Gruppensumme **
         120
```

```
** Teilenummer 128
** Gruppensumme **
        50


***  Gesamt  ***
       290
```

Lösung der Aufgabe 7.6:

Weiterführung des Dialogs von Lösung der Aufgabe 7.5:

```
. TOTAL ON TEILENR TO TEILETOT FIELDS TEILEANZ
     12 Datensätze gesamt
      3 Datensätze erstellt
. USE TEILETOT
. MODIFY STRUCTURE
```

```
Layout   Verwaltung   Hinzufügen   Suchen   Ende                      15:29:29

                                                  Byte frei:   3994
```

Num	Feldname	Feldtyp	Länge	Dez	Index
1	TEILENR	Numerisch	3	0	J
2	TEILEANZ	Numerisch	3	0	N

```
IST

nsatz#  TEILENR  TEILEANZ
   1         37       120
            116       120
            128        50
```

Lösung der Aufgabe 8.1:

```
. CLOSE DATABASES
. * zu(F3)
. USE AUFTRAG
. INDEX ON AUFNR TO NR_AUFTR
  100% indexiert         5 Sätze Indexierte Datensätze
. * zu (F1)
. USE AUFPOS
. INDEX ON TEILENR TO TEILENR
  100% indexiert        12 Sätze Indexierte Datensätze
. * zu (F4)
. INDEX ON AUFNR TO NR_AUFP
  100% indexiert        12 Sätze Indexierte Datensätze
```

Lösung der Aufgabe 8.2:

Weiterführung des Dialogs von Lösung der Aufgabe 8.1:

a)

```
. SET INDEX TO TEILENR

Hauptindex: TEILENR

. SEEK 037
. DISPLAY WHILE TEILENR = 37

Datensatz#  AUFNR  POSNR  TEILENR  TEILEANZ
         2    416      2       37        60
         4    417      1       37        20
         8    419      1       37        10
        12    420      2       37        30
```

b)

```
. USE AUFTRAG INDEX NR_AUFTR

Hauptindex: NR_AUFTR

. SEEK 418
. DISPLAY DATUM, TERMIN

Datensatz#   DATUM      TERMIN
         3   12.11.88   29.01.89
```

c)

```
. USE AUFPOS INDEX NR_AUFP

Hauptindex: NR_AUFP
```

```
. SEEK 418
. DISPLAY TEILENR, POSNR WHILE AUFNR = 418

Datensatz#  TEILENR  POSNR
      6         128      1
      7         116      2
```

Lösung der Aufgabe 8.3:

```
. USE AUFPOS INDEX TEILENR, NR_AUFP

Hauptindex: TEILENR

. COPY INDEXES TEILENR
  100% indexiert        17 Indexierte Datensätze
. COPY INDEXES NR_AUFP
  100% indexiert        17 Indexierte Datensätze
. USE AUFTRAG INDEX NR_AUFTR

Hauptindex: NR_AUFTR

. COPY INDEXES NR_AUFTR
  100% indexiert         8 Indexierte Datensätze
. USE AUFPOS
. SET ORDER TO TEILENR

Hauptindex: TEILENR
```

Lösung der Aufgabe 9.1:

```
. CLOSE DATABASES
. SELECT 2
. USE KUNDE
. INDEX ON KDNR TO KUNDE
  100% indexiert         3 Sätze Indexierte Datensätze
. SELECT 1
. USE AUFTRAG
. SET RELATION TO KDNR INTO KUNDE
. LOCATE FOR AUFNR = 417

Datensatz  =       2

. DISPLAY AUFNR, KDNR, KUNDE->KDNR, KUNDE->KDNAME, KUNDE->KDANSCH
Datensatz# AUFNR KDNR KUNDE->KDNR KUNDE->KDNAME KUNDE->KDANSCH
      2      417  406         406 Firma Kunze   Parkallee 20, 2800 Bremen
```

Lösung der Aufgabe 9.2:

Inhalt der View-Environment-Datei AUFTRAG.VUE muß sein:

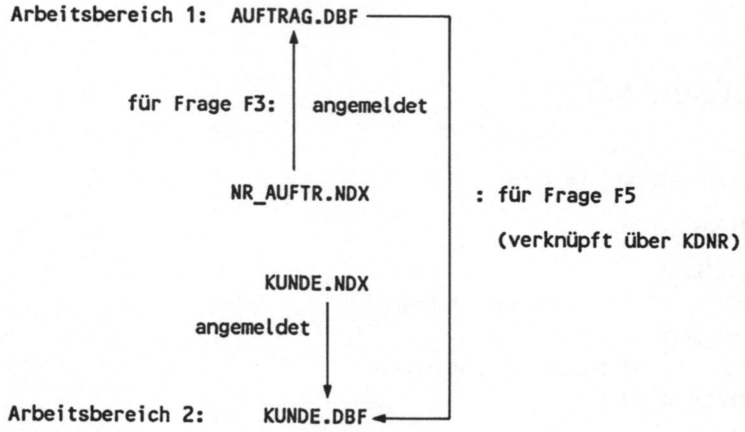

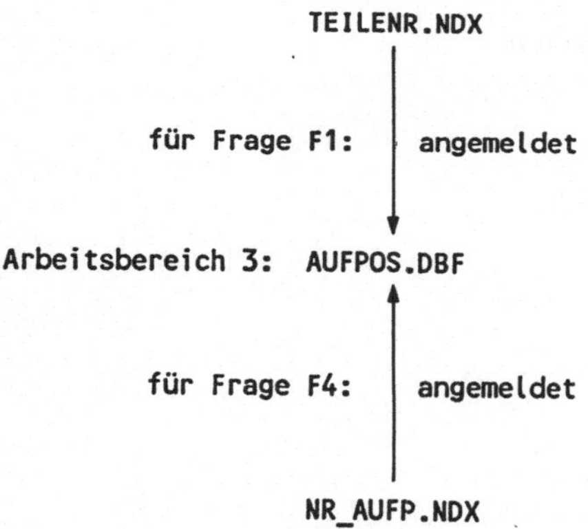

Dies läßt sich wie folgt umsetzen:

```
. CLOSE DATABASES
. SELECT 1
. USE AUFTRAG INDEX NR_AUFTR
Hauptindex: NR_AUFTR
. SELECT 2
. USE KUNDE INDEX KUNDE
Hauptindex: KUNDE
. SELECT 3
. USE AUFPOS INDEX TEILENR, NR_AUFP
Hauptindex: TEILENR
```

```
. SELECT 1
. SET RELATION TO KDNR INTO KUNDE
. CREATE VIEW AUFTRAG FROM ENVIRONMENT
. DISPLAY STATUS

dB-Datei im Arbeitsbereich:

Bereich: 1, Geöffnete dB-Datei: A:\AUFTRAG.DBF   ALIAS: AUFTRAG
     Haupt Indexdatei: A:\NR_AUFTR.NDX  Ausdruck: AUFNR
    Verbunden mit: KUNDE
    Verbindung:    KDNR


Bereich: 2, Geöffnete dB-Datei: A:\KUNDE.DBF   ALIAS: KUNDE
     Haupt Indexdatei: A:\KUNDE.NDX  Ausdruck: KDNR


Bereich: 3, Geöffnete dB-Datei: A:\AUFPOS.DBF   ALIAS: AUFPOS
     Haupt Indexdatei: A:\TEILENR.NDX  Ausdruck: TEILENR
           Indexdatei: A:\NR_AUFP.NDX  Ausdruck: AUFNR


Suchpfad für Datei:
Standardlaufwerk:   A:
Rand                       =    0
Aktualisierungszähler      =    0
Wiederholungszähler        =    0
Zahl der offenen Dateien   =   16
Weiter mit beliebiger Taste    <--- durch Druck der Esc-Taste
```

Lösung der Aufgabe 9.3:

```
. CLOSE DATABASES
. SET CATALOG TO AUFTRAG
Keine Dateien im Katalog
. USE AUFTRAG INDEX NR_AUFTR
```

```
Hauptindex: NR_AUFTR

. SET FORMAT TO AUFTRAG
. MODIFY SCREEN AUFTRSCR
. SELECT 2
. USE KUNDE INDEX KUNDE

Hauptindex: KUNDE

. MODIFY LABEL KUNDE
. SELECT 3
. USE AUFPOS INDEX TEILENR, NR_AUFP

Hauptindex : TEILENR

. SET FORMAT TO AUFPOS
. MODIFY SCREEN AUFPSCR
. USE AUFPOSKD
. USE TEILETOT
. USE AUFPOSS
. MODIFY REPORT AUFPOSS

. SELECT 10
. DISPLAY ALL

Datensatz#  PATH           FILE_NAME      ALIAS      TYPE
         1  NR_AUFTR.ndx   NR_AUFTR.ndx   NR_AUFTR   ndx
         2  AUFTRAG.DBF    AUFTRAG.DBF    AUFTRAG    dbf
         3  AUFTRAG.fmt    AUFTRAG.fmt    AUFTRAG    fmt
         4  AUFTRSCR.SCR   AUFTRSCR.SCR   AUFTRSCR   scr
         5  AUFTRSCR.fmt   AUFTRSCR.fmt   AUFTRSCR   fmt
         6  KUNDE.ndx      KUNDE.ndx      KUNDE      ndx
         7  KUNDE.DBF      KUNDE.DBF      KUNDE      dbf
         8  KUNDE.LBL      KUNDE.LBL      KUNDE      lbl
         9  KUNDE.lbg      KUNDE.lbg      KUNDE      lbg
        10  TEILENR.ndx    TEILENR.ndx    TEILENR    ndx
        11  NR_AUFP.ndx    NR_AUFP.ndx    NR_AUFP    ndx
        12  AUFPOS.DBF     AUFPOS.DBF     AUFPOS     dbf
        13  AUFPOS.fmt     AUFPOS.fmt     AUFPOS     fmt
        14  AUFPSCR.SCR    AUFPSCR.SCR    AUFPSCR    scr
        15  AUFPSCR.fmt    AUFPSCR.fmt    AUFPSCR    fmt
        16  AUFPOSKD.DBF   AUFPOSKD.DBF   AUFPOSKD   dbf
```

```
17      TEILETOT.DBF     TEILETOT.DBF  TEILETOT    dbf
18      AUFPOSS.DBF      AUFPOSS.DBF   AUFPOSS     dbf
19      AUFPOSS.FRM      AUFPOSS.FRM   AUFPOSS     frm
20      AUFPOSS.frg      AUFPOSS.frg   AUFPOSS     frg
```

Lösung der Aufgabe 10.1:

```
. CLOSE DATABASES
. USE AUFPOSKD
. COPY TO P_AUFTRK FIELDS AUFNR, DATUM, TERMIN, KDNR
     10 Datensätze kopiert
. COPY TO P_AUFPOS FIELDS AUFNR, POSNR, TEILENR, TEILEANZ
     10 Datensätze kopiert
. USE P_AUFTRK
. INDEX ON AUFNR TO P_AUFTRK UNIQUE
  100% indexiert        4 Sätze Indexierte Datensätze
. COPY TO P_AUFTR
      4 Datensätze kopiert
. USE
. ERASE P_AUFTRK.DBF
Datei wurde gelöscht
. ERASE P_AUFTRK.NDX
Datei wurde gelöscht
. USE P_AUFTR
. LIST
Datensatz#   AUFNR   DATUM      TERMIN     KDNR
      1        416   11.11.88   05.02.89   371
      2        417   11.11.88   15.02.89   406
      3        418   12.11.88   29.01.89   177
      4        419   12.11.88   10.02.89   371
```

```
. USE P_AUFPOS
. LIST

Datensatz#  AUFNR   POSNR  TEILENR TEILEANZ
         1    416       1      116       60
         2    416       2       37       60
         3    416       3      128       30
         4    417       1       37       20
         5    417       2      116       20
         6    418       1      128       10
         7    418       2      116       15
         8    419       1       37       10
         9    419       2      116        5
        10    419       3      128       10
```

Lösung der Aufgabe 10.2:

```
. CLOSE DATABASES
. SELECT 2
. USE P_AUFTR
. SELECT 1
. USE KUNDE
. JOIN WITH P_AUFTR TO HILFE FOR KDNR = P_AUFTR -> KDNR
     4 Datensätze verbunden
. USE HILFE
. SELECT 2
. USE P_AUFPOS
. SELECT 1
. JOIN WITH P_AUFPOS TO BESTAND FOR AUFNR = P_AUFPOS -> AUFNR
    10 Datensätze verbunden
```

Lösung der Aufgabe 10.3:

```
. CLOSE DATABASES
. USE AUFTRAG
. SET FILTER TO DATUM >= CTOD("12.11.88")
. COUNT
     3 Datensätze
. COUNT FOR TERMIN < CTOD("1.2.89")
     1 Datensatz
```

Lösung der Aufgabe 10.4:

```
. CLOSE DATABASES
. USE AUFTRAG
. CREATE VIEW AUFTRAG1
```

Inhalt des View-Menüs:

```
Layout   Felder   Bedingung   Aktualisierung   Ende                15:48:52
```

Auftrag.dbf	↓AUFNR	↓DATUM	↓TERMIN
		<=CTOD("11.11.88")	

View auftrag1	Auftrag-> AUFNR	Auftrag-> DATUM	Auftrag-> TERMIN	Auftrag-> KDNR

```
. COPY FILE AUFTRAG1.QBE TO AUFTRAG2.QBE
  2750 Bytes kopiert
. MODIFY VIEW AUFTRAG2
```

Inhalt des View-Menüs:

```
Layout   Felder   Bedingung   Aktualisierung   Ende                15:51:14
```

Auftrag.dbf	↓AUFNR	↓DATUM	↓TERMIN
			<=CTOD("1.2.89")

View AUFTRAG2	Auftrag-> AUFNR	Auftrag-> DATUM	Auftrag-> TERMIN	Auftrag-> KDNR

```
. COPY FILE AUFTRAG1.QBE TO AUFTRAG3.QBE
  2750 Bytes kopiert
. MODIFY VIEW AUFTRAG3
```

Inhalt des View-Menüs:

```
Layout   Felder   Bedingung   Aktualisierung   Ende                 15:53:07

Auftrag.dbf | ↓AUFNR       | ↓DATUM               | ↓TERMIN
            |              | <=CTOD("12.11.88")   | <=CTOD("1.2.89")
```

```
View
AUFTRAG3   | Auftrag-> | Auftrag-> | Auftrag-> | Auftrag->
           | AUFNR     | DATUM     | TERMIN    | KDNR
```

```
. SET VIEW TO AUFTRAG1
. DISPLAY ALL
Datensatz#  AUFNR   DATUM      TERMIN    KDNR
         1    416   11.11.88   05.02.89   371
         2    417   11.11.88   15.02.89   406

. SET VIEW TO AUFTRAG2
. DISPLAY ALL
Datensatz#  AUFNR   DATUM      TERMIN    KDNR
         3    418   12.11.88   29.01.89   177

. SET VIEW TO AUFTRAG3
. DISPLAY ALL
Datensatz#  AUFNR   DATUM      TERMIN    KDNR
         3    418   12.11.88   29.01.89   177
```

Lösung der Aufgabe 10.5:

Inhalt des View-Menüs für die Projektion auf P_AUFTR.DBF:

Aufposkd.dbf	TEILENR	TEILEANZ	↓KDNR
UNIQUE			

View SICHT1	Aufposkd-> AUFNR	Aufposkd-> DATUM	Aufposkd-> TERMIN	Aufposkd-> KDNR

Inhalt des View-Menüs für die Projektion auf P_AUFPOS.DBF:

Aufposkd.dbf	↓POSNR	↓TEILENR	↓TEILEANZ
UNIQUE			

View SICHT2	Aufposkd-> AUFNR	Aufposkd-> POSNR	Aufposkd-> TEILENR	Aufposkd-> TEILEANZ

Lösung der Aufgabe 10.6:

Inhalt des View-Menüs:

P_auftr.dbf	↓AUFNR	↓DATUM	↓TERMIN
	LINK1		

P_aufpos.dbf	AUFNR	↓POSNR	↓TEILENR
	LINK1		

Kunde.dbf	↓KDNR	↓KDNAME	↓KDANSCH
	LINK2		

View SICHT3	P_aufpos-> TEILEANZ	Kunde-> KDNR	Kunde-> KDNAME	Kunde-> KDANSCH

Inhalt des Browse-Menüs (nach Druck auf die F2-Taste):

AUFNR	DATUM	TERMIN	POSNR	TEILENR	TEILEANZ	KDNR	KDNAME	KDANS
416	11.11.88	05.02.89	1	116	60	371	Firma Meyer	Walte
416	11.11.88	05.02.89	2	37	60	371	Firma Meyer	Walte
416	11.11.88	05.02.89	3	128	30	371	Firma Meyer	Walte
417	11.11.88	15.02.89	1	37	20	406	Firma Kunze	Parka
417	11.11.88	15.02.89	2	116	20	406	Firma Kunze	Parka
418	12.11.88	29.01.89	1	128	10	177	Firma Schulze	Hanse
418	12.11.88	29.01.89	2	116	15	177	Firma Schulze	Hanse
419	12.11.88	10.02.89	1	37	10	371	Firma Meyer	Walte
419	12.11.88	10.02.89	2	116	5	371	Firma Meyer	Walte
419	12.11.88	10.02.89	3	128	10	371	Firma Meyer	Walte

Lösung der Aufgabe 10.7:

Inhalt des View-Menüs:

Auftrag.dbf	↓AUFNR	DATUM	TERMIN
		>=CTOD("12.11.88")	<CTOD("1.2.89")

View SICHT5	Auftrag-> AUFNR	Auftrag-> KDNR

Lösung der Aufgabe 12.1:

```
. MODIFY COMMAND FRAGEN
```

Inhalt der Prozedur-Datei FRAGEN.PRG:

```
PROCEDURE FRAGE1
CLOSE DATABASES
SELECT 2
USE AUFPOS INDEX TEILENR ALIAS FRAGE1
RETURN

PROCEDURE FRAGE3
CLOSE DATABASES
SELECT 1
USE AUFTRAG INDEX NR_AUFTR ALIAS FRAGE3
RETURN


PROCEDURE FRAGE4
CLOSE DATABASES
SELECT 3
USE AUFPOS INDEX NR_AUFP ALIAS FRAGE4
RETURN

PROCEDURE FRAGE5
CLOSE DATABASES
SELECT 2
USE KUNDE INDEX KUNDE
SELECT 1
USE AUFTRAG INDEX NR_AUFTR ALIAS FRAGE5
SET RELATION TO KDNR INTO KUNDE
RETURN
```

Lösung von Aufgabe 13.1:

```
. SET SQL ON
SQL. CREATE DATABASE AUFTRAG;
Datenbank: AUFTRAG erstellt
SQL. COPY FILE A:AUFPOSKD.DBF TO A:\AUFTRAG\AUFPOSKD.DBF
    558 Bytes kopiert
SQL. DBDEFINE AUFPOSKD;
Tabelle(n) DBDEFINEd:
AUFPOSKD


DBDEFINE erfolgreich


SQL. SELECT * FROM AUFPOSKD;
```

AUFNR	DATUM	TERMIN	POSNR	TEILENR	TEILEANZ	KDNR
416	11.11.88	05.02.89	1	116	60	371
416	11.11.88	05.02.89	2	37	60	371
416	11.11.88	05.02.89	3	128	30	371
417	11.11.88	15.02.89	1	37	20	406
417	11.11.88	15.02.89	2	116	20	406
418	12.11.88	29.01.89	1	128	10	177
418	12.11.88	29.01.89	2	116	15	177
419	12.11.88	10.02.89	1	37	10	371
419	12.11.88	10.02.89	2	116	5	371
419	12.11.88	10.02.89	3	128	10	371

Lösung von Aufgabe 13.2:

```
SQL. SELECT DISTINCT AUFNR, DATUM, TERMIN, KDNR FROM AUFPOSKD
          SAVE TO TEMP P_AUFTR KEEP;
SQL. SELECT DISTINCT AUFNR, POSNR, TEILENR, TEILEANZ FROM AUFPOSKD
          SAVE TO TEMP P_AUFPOS KEEP;
SQL. SELECT * FROM P_AUFTR;
```

AUFNR	DATUM	TERMIN	KDNR
416	11.11.88	05.02.89	371
417	11.11.88	15.02.89	406
418	12.11.88	29.01.89	177
419	12.11.88	10.02.89	371

```
SQL. SELECT * FROM P_AUFPOS;

 AUFNR POSNR TEILENR TEILEANZ
   416     1     116       60
   416     2      37       60
   416     3     128       30
   417     1      37       20
   417     2     116       20
   418     1     128       10
   418     2     116       15
   419     1      37       10
   419     2     116        5
   419     3     128       10


SQL. UNLOAD DATA TO AUFTRAG.TXT
                   FROM TABLE P_AUFTR TYPE SDF;
SQL. UNLOAD DATA TO AUFPOS.TXT
                   FROM TABLE P_AUFPOS TYPE SDF;
SQL. TYPE AUFTRAG.TXT


4161988111119890205371
4171988111119890215406
4181988111219890129177
4191988111219890210371


SQL. TYPE AUFPOS.TXT


4161116 60
4162 37 60
4163128 30
4171 37 20
4172116 20
4181128 10
4182116 15
4191 37 10
4192116  5
4193128 10
```

Lösung von Aufgabe 13.3:

```
SQL. CREATE TABLE KUNDE ( KDNR NUMERIC(3),
                          KDNAME CHAR(20),
                          KDANSCH CHAR(30) );

Tabelle KUNDE erstellt

SQL. LOAD DATA FROM KUNDE.TXT
               INTO TABLE KUNDE TYPE SDF;
SQL. SELECT * FROM KUNDE

              ORDER BY KDNR;

 KDNR     KDNAME              KDANSCH
  177     Firma Schulze       Hansestraße 22, 2800 Bremen
  317     Firma Meyer         Walterweg 10,   2800 Bremen
  406     Firma Kunze         Parkallee 20,   2800 Bremen

SQL. UPDATE KUNDE SET KDNR = 371 WHERE KDNR = 317;
```

Lösung von Aufgabe 13.4:

```
SQL. SELECT P_AUFTR.AUFNR, DATUM, TERMIN, POSNR, TEILENR,
            TEILEANZ, P_AUFTR.KDNR, KDNAME, KDANSCH
                      FROM P_AUFTR, P_AUFPOS, KUNDE
                           WHERE P_AUFTR.AUFNR = P_AUFPOS.AUFNR
                             AND P_AUFTR.KDNR = KUNDE.KDNR
                      SAVE TO TEMP BESTAND KEEP;
SQL. SELECT SUM(TEILEANZ), TEILENR FROM BESTAND
                                   GROUP BY TEILENR
                                   ORDER BY TEILENR;

                SUM1 G_TEILENR
                  90        37
                 100       116
                  50       128


SQL. CREATE VIEW BEST_V
            AS SELECT * FROM BESTAND WHERE KDNR = 177;
```

```
Sicht BEST_V erstellt

SQL. SELECT * FROM BEST_V;
 AUFNR DATUM    TERMIN   POSNR TEILENR TEILEANZ KDNR KDNAME
 KDANSCH
   418 12.11.88 29.01.89     1     128       10  177 Firma Schulze
Hansestraße 22, 2800 Bremen
   418 12.11.88 29.01.89     2     116       15  177 Firma Schulze
Hansestraße 22, 2800 Bremen
```

Lösung von Aufgabe 13.5:

```
SQL. SELECT * FROM P_AUFTR
              WHERE DATUM >= CTOD("12.11.88");

 AUFNR    DATUM       TERMIN    KDNR
   418    12.11.88    29.01.89   177
   419    12.11.88    10.02.89   371


SQL. SELECT COUNT(*) FROM P_AUFTR
                     WHERE DATUM >= CTOD("12.11.88");
     COUNT1
          2
SQL. SELECT COUNT(*) FROM P_AUFTR
                     WHERE DATUM >= CTOD("12.11.88")
                       AND TERMIN < CTOD("1.2.89");
     COUNT1
          1
```

Lösung von Aufgabe 13.6:

```
SQL. SELECT * FROM P_AUFTR
              WHERE DATUM <= CTOD("11.11.88")
              ORDER BY AUFNR;
 AUFNR    DATUM       TERMIN    KDNR
   416    11.11.88    05.02.89   371
   417    11.11.88    15.02.89   406


SQL. SELECT * FROM P_AUFTR
              WHERE TERMIN <= CTOD("1.2.89")
              ORDER BY AUFNR;
```

```
 AUFNR    DATUM       TERMIN    KDNR
   418    12.11.88    29.01.89   177

SQL. SELECT * FROM P_AUFTR
              WHERE DATUM <= CTOD("12.11.88")
                AND TERMIN <= CTOD("1.2.89")
              ORDER BY AUFNR;

 AUFNR    DATUM       TERMIN    KDNR
   418    12.11.88    29.01.89   177
```

Lösung von Aufgabe 13.7:

```
SQL. SELECT SUM(TEILEANZ), TEILENR FROM P_AUFPOS
                                    GROUP BY TEILENR
            SAVE TO TEMP HILFE(SUMME,TEILENR);


SQL. SELECT TEILENR FROM HILFE
                WHERE SUMME = (SELECT MAX(SUMME) FROM HILFE);
 TEILENR
     116
```

Lösung der Aufgabe 14.1:

In die Programm-Datei ERFSSNG.PRG sind die folgenden Befehlszeilen mit "MODIFY COMMAND ERFSSNG" einzutragen:

```
* Programm zur Erfassung von Auftragsdaten

SET TALK OFF
USE KUNDE INDEX KUNDE.NDX
INPUT "Gib Kundennummer:" TO KDNR_V
SEEK KDNR_V
IF .NOT. FOUND()
   APPEND BLANK
   ACCEPT "Gib Kundenname:" TO KDNAME_V
   ACCEPT "Gib Kundenanschrift:" TO KDANSCH_V
   REPLACE KDNR WITH KDNR_V,;
           KDNAME WITH KDNAME_V, KDANSCH WITH KDANSCH_V
```

```
ELSE
   ?"Kundennummer ist Stammdatum"
ENDIF
USE AUFTRAG INDEX NR_AUFTR
APPEND BLANK
REPLACE KDNR WITH KDNR_V
CLEAR
AUFNR_V = 0
@ 0, 1 SAY "Gib Auftragsnummer:" GET AUFNR_V PICTURE "999"
@ 0, 26 SAY "Gib Datum:" GET DATUM PICTURE "99.99.99"
@ 0, 54 SAY "Gib Termin:" GET TERMIN PICTURE "99.99.99"
READ
REPLACE AUFNR WITH AUFNR_V
USE AUFPOS INDEX NR_AUFP, TEILENR
ABBRUCH_V = "N"
DO WHILE (ABBRUCH_V = "N" .OR. ABBRUCH_V = "n")
    CLEAR
    APPEND BLANK
   @ 0, 1 SAY "Gib Positionsnummer:" GET POSNR PICTURE "9"
   @ 0, 26 SAY "Gib Teilenummer:" GET TEILENR PICTURE "999"
   @ 0, 54 SAY "Gib Teileanzahl:" GET TEILEANZ PICTURE "999"
   READ
   REPLACE AUFNR WITH AUFNR_V
   ACCEPT "Abbruch(J/N):" TO ABBRUCH_V
ENDDO
USE
SET TALK ON
```

Lösung der Aufgabe 14.2:

In die Programm-Datei LOESCHEN.PRG sind die folgenden Befehlszeilen mit "MODIFY COMMAND LOESCHEN" einzutragen:

```
*Programm zur (logischen) Löschung von Auftragsdaten

SET TALK OFF
ABBRUCH_V ="N"
SELECT 1
USE AUFTRAG INDEX NR_AUFTR
SELECT 2
USE AUFPOS INDEX NR_AUFP, TEILENR
DO WHILE (ABBRUCH_V = "N" .OR. ABBRUCH_V = "n")
   INPUT "Gib Auftragsnummer:" TO AUFNR_V
   SELECT 1
   SEEK AUFNR_V
   IF FOUND()
      DELETE
      SELECT 2
      SEEK AUFNR_V
      DELETE WHILE AUFNR_V = AUFNR
      ?"(logische) Löschung wurde durchgeführt!"
   ELSE
      ?"Auftragsnummer nicht gefunden!"
   ENDIF
   ACCEPT "Abbruch(J/N):" TO ABBRUCH_V
ENDDO
SELECT 1
USE
USE IN AUFPOS
SET TALK ON
```

Lösung der Aufgabe 14.3:

Mit dem Befehl MODIFY COMMAND ist die Prozedur-Datei AUFTRAG.PRG einzurichten. Im Dialog werden die Inhalte der beiden Programm-Dateien ERFSSNG.PRG und LOESCHEN.PRG nacheinander in die Prozedur-Datei übertragen, indem die Tastenkombination "Strg+K" mit anschließendem Druck der Buchstaben-Taste "R" zur Eingabe von Dateiinhalten betätigt wird. Anschließend sind die übertragenen Befehlsfolgen in die Struktur von Prozeduren umzuformen, so daß sich ergibt:

```
PROCEDURE ERFSSNG

  | Inhalt der oben für ERFSSNG.PRG angegebenen Befehlsfolge

RETURN

PROCEDURE LOESCHEN

  | Inhalt der oben für LOESCHEN.PRG angegebenen Befehlsfolge

RETURN
```

Lösung der Aufgabe 14.4:

```
. CLOSE DATABASES
. SET PROCEDURE TO AUFTRAG
. DO LOESCHEN
  ←————————Eingabe von: 417
. DO ERFSSNG
  ←———————————————es sind die folgenden Werte einzugeben:
                        177
           1. Maske:    421   12.11.88   10.02.89

           2. Maske: 1. Satz: 1  116  60
                     2. Satz: 2  037  60
                     3. Satz: 3  128  30
. CLOSE PROCEDURE
```

Lösung der Aufgabe 14.5:

In die Prozedur-Datei AUFTRAG1.PRG sind die folgenden Befehlszeilen nachzutragen:

```
PROCEDURE ABFRAGE
* Programm zur Ausgabe der Teilenummern und der
* zugehörigen Teileanzahlen für eine Kundennummer
```

```
SET TALK OFF
SET HEADING OFF
SELECT 2
USE AUFPOS INDEX NR_AUFP
SELECT 1
USE AUFTRAG
SET RELATION TO AUFNR INTO AUFPOS
INPUT "Gib Kundennummer:" TO KDNR_V
LOCATE FOR KDNR = KDNR_V
IF FOUND()
   ?" "
   ?" NR  ANZ"
   ?" "
   DO WHILE .NOT. EOF()
      SELECT 2
      DO WHILE AUFNR = AUFTRAG -> AUFNR
         DISPLAY OFF TEILENR, TEILEANZ
         SKIP
      ENDDO
      SELECT 1
      SKIP
      LOCATE REST FOR KDNR = KDNR_V
   ENDDO
ELSE
?"Fehler: Kundennummer existiert nicht!"
ENDIF
USE
USE IN AUFPOS
SET TALK ON
SET HEADING ON
RETURN
```

Anschließend sind die folgenden Befehle auszuführen:

```
. SET PROCEDURE TO AUFTRAG1
. DO ABFRAGE
```

```
Gib Kundennummer: <-Eingabe des Werts 371 mit dem Resultat:

    NR  ANZ
   116   60
    37   60
   128   30
    37   10
   116    5
   128   10
```

Lösung der Aufgabe 15.1:

Es sind die folgenden Befehlszeilen in die Programm-Datei ERFSSG_W.PRG einzutragen:

```
* Programm zur Erfassung von Auftragsdaten
CLEAR
SET TALK OFF
define window FENSTER1 from  5,  0 to  7, 21 DOUBLE
define window FENSTER2 from  7,  0 to 10, 51 DOUBLE
define window FENSTER3 from 12,  0 to 14, 76 DOUBLE
define window FENSTER4 from 16,  0 to 18, 76 DOUBLE
define window FENSTER5 from 18, 50 to 20, 65 DOUBLE
USE KUNDE INDEX KUNDE
activate window FENSTER1
INPUT "Gib Kundennummer:" TO KDNR_V
SEEK KDNR_V
activate window FENSTER2
IF .NOT. FOUND()
    APPEND BLANK
    ACCEPT "Gib Kundenname:" TO KDNAME_V
    ACCEPT "Gib Kundenanschrift:" TO KDANSCH_V
    REPLACE KDNR WITH KDNR_V,;
    KDNAME WITH KDNAME_V, KDANSCH WITH KDANSCH_V
ELSE
?"Kundennummer ist Stammdatum"
ENDIF
USE AUFTRAG INDEX NR_AUFTR
APPEND BLANK
REPLACE KDNR WITH KDNR_V
CLEAR
AUFNR_V = 0
activate window FENSTER3
@ 0, 1 SAY "Gib Auftragsnummer:" GET AUFNR_V PICTURE "999"
@ 0, 26 SAY "Gib Datum:" GET DATUM PICTURE "99.99.99"
@ 0, 54 SAY "Gib Termin:" GET TERMIN PICTURE "99.99.99"
```

```
READ
REPLACE AUFNR WITH AUFNR_V
USE AUFPOS INDEX NR_AUFP, TEILENR
ABBRUCH_V = "N"
activate window FENSTER4
DO WHILE (ABBRUCH_V = "N" .OR. ABBRUCH_V = "n")
   CLEAR
   APPEND BLANK
   @ 0, 1 SAY "Gib Positionsnummer:" GET POSNR PICTURE "9"
   @ 0, 26 SAY "Gib Teilenummer:" GET TEILENR PICTURE "999"
   @ 0, 54 SAY "Gib Teileanzahl:" GET TEILEANZ PICTURE "999"
   READ
   REPLACE AUFNR WITH AUFNR_V
   activate window FENSTER5
   ACCEPT "Abbruch(J/N):" TO ABBRUCH_V
   deactivate window FENSTER5
ENDDO
USE
deactivate window all
SET TALK ON
```

Lösung der Aufgabe 15.2:

Es sind die folgenden Befehlszeilen in die Programm-Datei MENU.PRG einzutragen:

```
set talk off
set status off
set procedure to AUFTRAG1
clear
define window FENSTER_M from 8, 0 to 20, 76
define menu PULLDOWN_M  &&Definition des Pull-down-Menüs PULLDOWN_M
  *Definition der Pads innerhalb des Pull-down-Menüs PULLDOWN_M
  define pad PAD_1 of PULLDOWN_M;
     prompt "Erfassen" at 1, 5;
     message "Erfassung von Auftragsdaten"
```

```
    define pad PAD_4 of PULLDOWN_M;
       prompt "Ende" at 1, 65;
       message "Beende Bearbeitung von Auftragsdaten"
      *Verknüpfung der Pads mit den zugeordneten Pop-up-Menüs
      *(ON PAD) bzw. Verbindung eines Pads mit der Ausführung eines
      * Befehls (ON SELECTION PAD)
      on pad PAD_1 of PULLDOWN_M activate popup ERFSSNG
      on selection pad PAD_2 of PULLDOWN_M do AKTION
      on selection pad PAD_3 of PULLDOWN_M do AKTION
      on selection pad PAD_4 of PULLDOWN_M deactivate menu
      *                   Deaktivierung des aktuellen Pull-down-Menüs
        *Definition des Pop-up-Menüs ERFSSNG
            define popup ERFSSNG from 2, 5
            define bar 1 of ERFSSNG prompt "aus ERFSSNG.PRG";
                      message "führe diese Prozedur aus"
            define bar 2 of ERFSSNG prompt "aus ERFSSG_W.PRG";
                      message "führe diese Prozedur aus"
  *Verbindung der Bar-Auswahl innerhalb des Pop-up-Menüs ERFSSNG
  *mit der Ausführung eines Befehls
  on selection popup ERFSSNG do AKTION
  activate menu PULLDOWN_M
  close procedure
  clear
  set talk on
  set status on

  procedure AKTION
  do case
       case pad()="PAD_1"
            do case
               case bar() = 1
                    activate window FENSTER_M
                    do ERFSSNG
                    deactivate window FENSTER_M
                    clear
               case bar() = 2
                    do ERFSSG_W
             endcase
       case pad() = "PAD_2"
            activate window FENSTER_M
            set pause on
```

```
            do ABFRAGE
            set pause off
            deactivate window FENSTER_M
            clear
        case pad() = "PAD_3"
            activate window FENSTER_M
            do LOESCHEN
            deactivate window FENSTER_M
            clear
endcase
return
```

Lösung der Aufgabe 16.1:

Inhalt der Programm-Datei BESETZEN.PRG:

```
USE AUFPOS
DECLARE ANZAHL[20, 2]
I = 1
DO WHILE .NOT. EOF()
   ANZAHL[I, 1] = TEILENR
   ANZAHL[I, 2] = TEILEANZ
   I = I + 1
   SKIP
ENDDO
USE
?ANZAHL(), ": Zahl der Elemente des Arrays ANZAHL"
?SUMME(37), ": Teile der Teilenummer 37"
?SUMME(116), ": Teile der Teilenummer 116"
?SUMME(128), ": Teile der Teilenummer 128"
```

Inhalt der Datei ANZAHL.PRG:

```
FUNCTION ANZAHL
PRIVATE I, TEST
SET TALK OFF
TEST = 1
J = 0
DO WHILE TYPE("TEST") = "N"
   J = J + 1
   TEST = ANZAHL[J, 1]
ENDDO
SET TALK ON
RETURN J - 1
```

Inhalt der Datei SUMME.PRG:

```
FUNCTION SUMME
PARAMETERS TEILENR_P
PRIVATE SUMME, I, TEST
SET TALK OFF
TEST = 1
I = 0
SUMME = 0
DO WHILE TYPE("TEST") = "N"
   I = I + 1
   TEST = ANZAHL[I, 1]
   IF TYPE("TEST") = "N" .AND. ANZAHL[I, 1] = TEILENR_P
      SUMME = SUMME + ANZAHL[I, 2]
   ENDIF
ENDDO
SET TALK ON
RETURN SUMME
```

Literaturverzeichnis

Als Quelle für diese dBASE-Beschreibung dienten die Handbücher:

"dBASE IV, Language Reference, Ashton-Tate, 1988
"Advanced Topics", Ashton-Tate, 1988

Der Einsatz von DB-Systemen wird z.B. in dem folgenden Lehrbuch beschrieben:

"Informationssysteme und Datenbanken", C.A. Zehnder,
B.G. Teubner Stuttgart, 1985

Sachwortverzeichnis

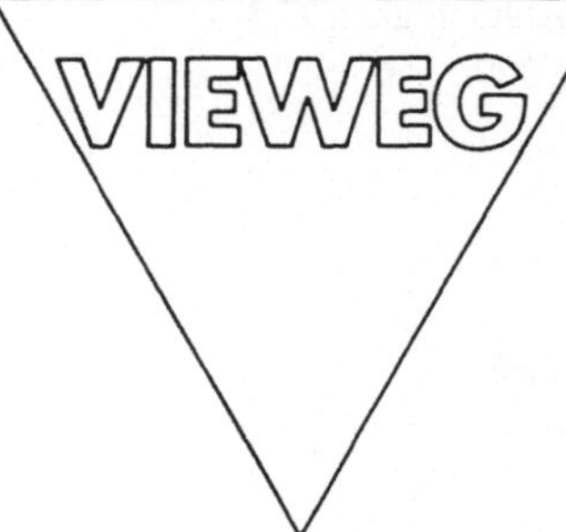

Wolf-Michael Kähler

SPSS/PC+ – Datenanalyse mit dem PC

1989. Ca. 180 Seiten. Kartoniert.

Diese problemorientierte Einführung wendet sich an Leser, die empirisch erhobenes Datenmaterial mit Hilfe eines PCs statistisch auswerten und dabei das Programmsystem SPSS/PC+ (Version 3.0) zur statistischen Datenanalyse einsetzen wollen. Die Darstellung ist so gehalten, daß keine Vorkenntnisse aus dem Bereich der EDV vorausgesetzt werden. Anhand eines durchgehenden Beispiels wird gezeigt, wie eine empirische Untersuchung mit den Mitteln des Systems durchgeführt wird, und erläutert, wie die Ergebnisse zu interpretieren sind.

Programmierleitfaden dBASE IV

Aus dem Amerikanischen übersetzt von Gerard Rosniatowski und Angelika und Andreas Dripke. Bearbeitet und aktualisiert von Joachim Drechsel. 1989. IV, 160 Seiten. Gebunden.

Dieser Programmierleitfaden richtet sich an dBASE IV-Programmierer, die bei ihrer täglichen Arbeit alle notwendigen Informationen gezielt zur Hand haben möchten. Der Leser findet die vollständige Syntax und eine prägnante Erklärung aller dBASE IV-Befehle. Zur Erklärung komplexer Befehle sind Beispiele eingefügt. Das Buch ist sowohl systematisch wie auch alphabetisch geordnet.